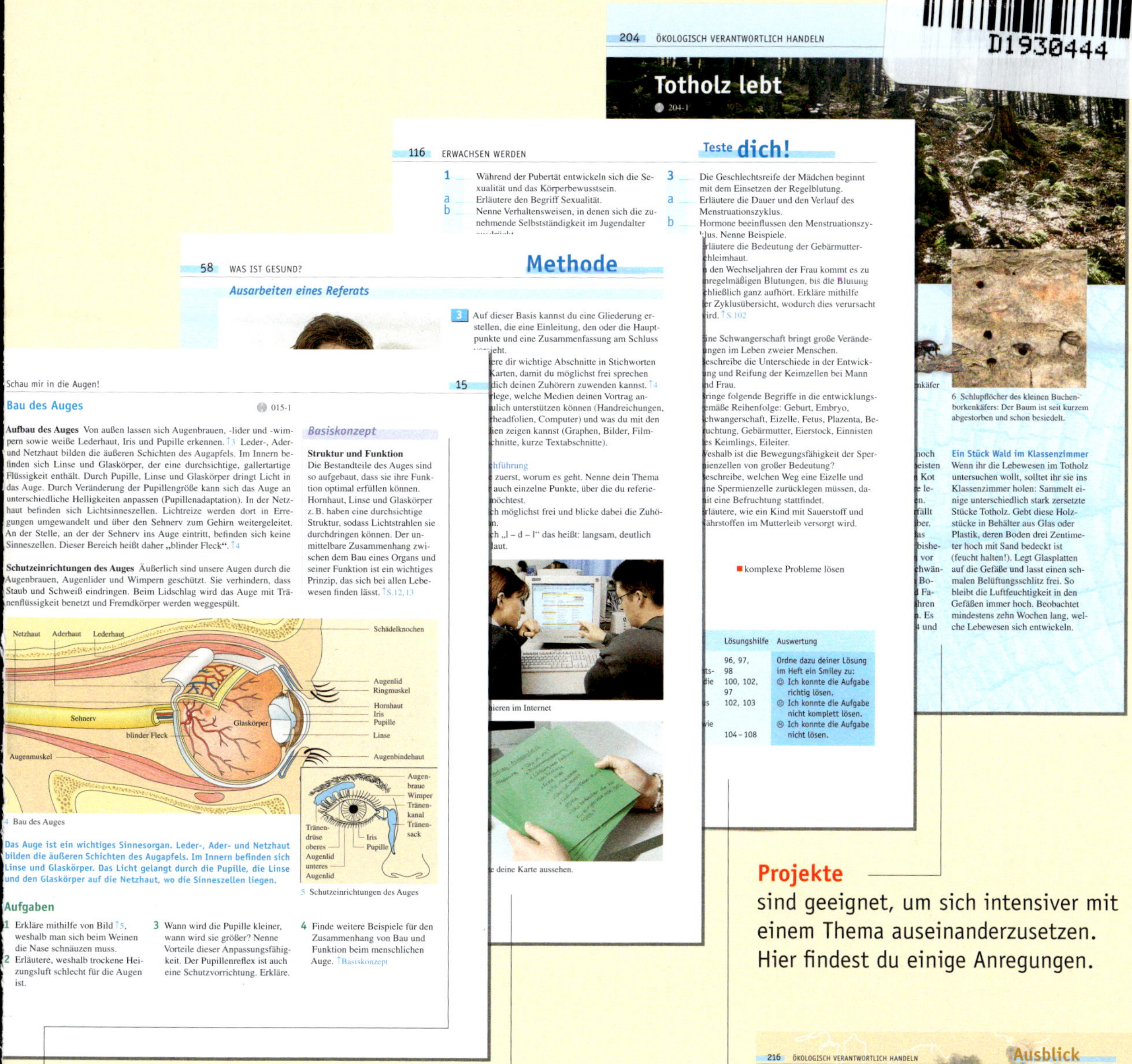

Projekte

sind geeignet, um sich intensiver mit einem Thema auseinanderzusetzen. Hier findest du einige Anregungen.

Methoden

Diese Seiten führen dich Schritt für Schritt in wichtige Arbeitsweisen ein.

Teste dich!

Hast du den Inhalt des Kapitels verstanden? Kannst du dein Wissen anwenden? Die Aufgaben auf dieser Seite helfen dir, dich selbst einzuschätzen. Die **Lösungen** findest du am Ende des Buches.

Ausblick

Auf diesen Seiten findest du Ausblicke auf Themen aus Umwelt, Technik oder Gesundheit. Sie regen zum Weiterlesen und -forschen an.

Herausgegeben von: Prof. Dr. Ulrike Spörhase-Eichmann, Kirchzarten

Autorinnen und Autoren: Elisabeth Eckershorn, Ottobrunn, Thomas Freiman, Bayreuth; Gabriele Gräbe, Spochhövel; Simone Jentsch, Wuppertal; Uwe Hertzsch, Pesterwitz; Dr. Walter Kleesattel, Schwäbisch-Gmünd; Dr. Gert Klepel, Leipzig; Dr. Georg Litsche, Berlin; Dr. Ursula Pälchen, Berlin; Dr. Peter Pondorf, Pellheim; Dr. Udo Hampl, Pörnbach; Anke Richert, Walzbachtal; Wolfgang Ruppert, Dreieich; Kristina Schnelle, Düsseldorf; Dr. Frank Scholz, Priesendorf; Harald Seufert, Düsseldorf; Silke Telschow-Malz, Berlin; Holger Weitzel, Bad Vilbel; Maria Woll, Bad Iburg

Redaktion: Christine Amling, Christine Braun, Horst-Dieter Gemeinhardt, Maren Glindemann, Ilse König, Andrea Weber

Bildrecherche: Kathrin Kretschmer

Grafik und Illustrationen: Ulrike Braun, Günther Biste, diGraph, Peter Hesse, Kurt Krischke, Jörg Mair, Karin Mall, Lutz-Erich Müller, Michael Schrörs, Hans Wunderlich

Umschlaggestaltung: Bonnie Siebke

Layoutkonzept: Wolfgang Lorenz

Layout und technische Umsetzung: Helga Rietdorf, Christian Seifert

www.cornelsen.de

1. Auflage, 1. Druck 2009

Alle Drucke dieser Auflage sind inhaltlich unverändert
und können im Unterricht nebeneinander verwendet werden.

Druck: CS-Druck CornelsenStürtz, Berlin

ISBN 978-3-06-014486-0

Inhalt gedruckt auf säurefreiem Papier aus nachhaltiger Forstwirtschaft.

Biologie Interaktiv 7–10

Hessen

Cornelsen

Inhalt

Wahrnehmen und orientieren

Ein Besuch auf der Kirmes ist ein Fest für die Sinne. Unzählige Seh- und Höreindrücke in Form von Lichtern und Geräuschen dringen an unsere Augen und Ohren. In der Achterbahn kann der Gleichgewichtssinn ganz schön durcheinander geraten. Der Duft von Zuckerwatte verführt uns zum Naschen und wenn wir den Geschmack von gebrannten Mandeln im Mund wahrnehmen, wollen wir gleich noch mehr davon essen.

Die Sinnesorgane Auge und Ohr

spielen bei uns Menschen eine besonders große Rolle. Dies können wir im Kino gut nachvollziehen. Aber auch die anderen Sinne sind hier beteiligt: Kino ist ein sinnliches Erlebnis.

1 Wie kann ich räumlich sehen?

Die Bilder auf der Leinwand, den Ton, aber auch den Geruch und Geschmack von Popcorn, das Sitzen im bequemen Kinosessel, das Drehen des Kopfes und die Temperatur im Raum nehmen unsere Sinne wahr. Aber erst unser Gehirn verarbeitet all diese Reize zu einem Gesamteindruck.

2 Die Notbeleuchtung ist immer an, zur Sicherheit. Im Dunkeln können wir uns nur schlecht orientieren. Welche Sinne nutzen wir, wenn wir nichts sehen?

3 Die Chipstüte raschelt so laut, – ich kann mich gar nicht mehr auf den Film konzentrieren!

4 Wieso weiß ich, dass jemand hinter mir Popcorn isst?

5 Die Lichtstrahlen des Filmprojektors treffen auf die Leinwand, wo die Bilder entstehen. Doch wie gelangen die Bilder in mein Auge?

6 Die Köpfe vor mir sehe ich unscharf, wenn ich auf die Leinwand schaue. Wie stellt das Auge Bilder scharf?

7 Wie gewöhnen sich unsere Augen an Hell und Dunkel?

8 Wann ist es zu laut?

Erfahrungen mit allen Sinnen

Ein Besuch auf der Kirmes ist ein Erlebnis, bei dem viele Sinne angesprochen werden. Von überallher dröhnt Musik, an den Fahrgeschäften blinken Lichter, bei den Imbissbuden riecht es nach gegrillten Würstchen, es duftet nach gebrannten Mandeln und Zuckerwatte. Bei einer Fahrt mit der Achterbahn wird es dir schon mal schwindlig. Welche Sinne sind an der Wahrnehmung dieser Eindrücke beteiligt?

1 Auf der Kirmes

Beobachten Untersuchen Experimentieren

Sinnesparcours

Um herauszufinden, welche Sinne für welche Erfahrungen sorgen, könnt ihr einen Sinnesparcours aufbauen. An verschiedenen Stationen lassen sich durch Experimente interessante Dinge über unsere Sinne herausfinden. Mit einem Laufzettel ↑2 könnt ihr eure Ergebnisse festhalten und im Anschluss vergleichen.

Station	*Wie heißt das Sinnesorgan?*	*Was machen wir damit?*	*Was nehmen wir wahr?*	*Beispiele*
Fühlbox				
Schüttelbox				
Schnupperbox	*Nase*	*Riechen*	*Geruch*	*fruchtig, nach Wald*

2 Laufzettel

1 Fühlbox

Vorbereitung und Material: Augenbinde, Schuhkarton mit Gegenständen. Überlegt, welche Gegenstände sinnvoll sind.

Durchführung: Verbindet der Versuchsperson die Augen. Sie darf die Gegenstände vorher nicht sehen.

a Die Versuchsperson nimmt einen Gegenstand aus der Schachtel und beschreibt ihn möglichst genau.

b Notiert, welche Gegenstände schnell erkannt werden, welche nicht so schnell. Woran werden sie erkannt?

2 Schüttelbox

Vorbereitung und Material: Undurchsichtige Filmdosen oder kleine Pappschachteln mit Deckel. Ihr könnt auch Papprollen von Toilettenpapier oder Küchenrollen zuschneiden. Verschließt sie an den Enden mit dünnem Papier oder Stoffstücken und spannt den Verschluss mit je einem Gummiband. Befüllt die Behälter vor dem Schließen mit verschiedenen Materialien, z. B. Sand, Kies, Nägel, Glaskügelchen oder Reis. Überlegt, ob ihr eine Liste mit Materialien dazulegen wollt.

Durchführung:

Schüttelt die Dosen vorsichtig und findet anhand der Geräusche heraus, welches Material enthalten ist.

3 Schnupperbox
Vorbereitung und Material: Filmdosen oder kleine PET-Flaschen, die ihr in undurchsichtige Tüten einpackt, Augenbinde. Überlegt, welche Speisen, Gewürze, Getränke oder weitere Duftstoffe ihr auswählt. Fragt vorher eure Lehrerin oder euren Lehrer, ob diese Dinge unbedenklich sind und ob jemand in eurer Klasse möglicherweise eine Allergie hat.

3 Versuchsdurchführung

Durchführung: Lasst die Versuchsperson mit verbundenen Augen an den Proben schnuppern. ↑3 Welche Materialien werden schnell erkannt, welche nur schwer?

4 Feinschmeckerstation
Vorbereitung und Material: Füllt ausgewählte Lebensmittel in undurchsichtige, verschließbare Dosen. Legt Löffel und Servietten bereit. Achtet auf eine Auswahl an verschiedenen Geschmacksrichtungen. Fragt eure Lehrerin oder euren Lehrer nach Unbedenklichkeit und Lebensmittelallergien. Gebt Auswahlmöglichkeiten vor, wie z. B. Pudding, Saure Bonbons, Salzstangen, Bitterschokolade.
Durchführung: Lasst die Versuchsperson mit verbundenen Augen die Proben schmecken.

a Welche Lebensmittel erkennt die Versuchsperson schneller?
b Ist die Versuchsperson unsicher, fragt sie nach der Geschmacksrichtung: süß, sauer, salzig oder bitter.

5 Immer geradeaus
Material und Vorbereitung: Augenbinde, Kreide. Mit Kreide einen Strich auf dem Boden ziehen.
Durchführung: Versucht unter verschiedenen Bedingungen mit verbundenen Augen möglichst geradeaus auf dem Kreidestrich zu laufen. Achtet darauf, dass ihr die Person jederzeit auffangen könnt.

a Zuerst vorwärts, dann rückwärts auf dem Kreidestrich laufen.
b Wiederholt den Versuch auf einem Bein hüpfend.
c Dreht euch fünfmal um die eigene Achse und versucht dann, geradeaus zu gehen.

Die Sinne arbeiten zusammen

011-1

Wir benötigen alle Sinne, um uns in unserer Umwelt zurechtzufinden. Das Sprichwort sagt, dass ein Mensch gesund und munter ist, wenn er seine „fünf Sinne" beisammen hat. Dazu gehören Sehen, Hören, Fühlen, Riechen und Schmecken. Wir können aber noch weitere Sinnesleistungen erbringen. Wir spüren, ob es kalt oder warm ist, und wissen, wo oben und unten ist. Auch können wir feststellen, ob wir uns bewegen und in welche Richtung die Bewegung verläuft.

Um uns in unserer Umwelt zurechtzufinden, benötigen wir alle Sinne: Sehen, Hören, Fühlen, Riechen, Schmecken, den Gleichgewichtssinn und den Temperatursinn.

Aufgaben

1 Schließe in Bus oder Bahn die Augen. Wenn du stehst, halte dich gut fest. Sage einem Partner, in welche Richtung die Fahrt geht. Berichte.

2 Beschreibe Sinneseindrücke im Kino oder auf der Kirmes. Welche Sinne sind beteiligt?

3 Bei einigen Experimenten an den Stationen mussten die Augen verbunden werden. Erkläre, weshalb das wichtig ist.

Nachgehakt Biologie mithilfe von Basiskonzepten verstehen

„Funktionieren" manche Lebewesen ganz anders? Wir stellen uns also jetzt die Frage, wie unser Körper mit seinen Sinnesorganen (z. B. Augen und Ohren) Reize aufnimmt und verarbeitet. Du weißt schon, warum Menschen bei sportlicher Betätigung intensiver atmen müssen und danach Durst oder auch Hunger haben. Du weißt, dass wir wachsen, wie unsere Gliedmaßen bewegt werden und wie Menschen Nachkommen erzeugen können. Wegen der großen Ähnlichkeit zwischen uns und anderen den Säugetieren zugeordneten Arten können wir dieses Wissen auch leicht auf andere Säugetiere (z. B. Schimpansen oder Hunde) übertragen. Vögel, Kriechtiere, Lurche und Fische „funktionieren" noch immer im Wesentlichen nach den gleichen Prinzipien wie Säugetiere. Sie haben einen Blutkreislauf, ein Skelett, Sinnesorgane und ein Nervensystem… – alles, was zu einem „richtigen" Tier gehört. Auch bei uns weniger nahe stehenden Tieren (z. B. Insekten) hilft das Wissen über Wirbeltiere weiter, weil wir es zum Vergleich heranziehen können. Schwieriger wird es bei uns fernerstehenden Tieren (z. B. Quallen), sehr schwierig bei Pflanzen, Pilzen oder Bakterien.

Grundlegende Basiskonzepte Immer wenn wir im Biologieunterricht Lebewesen und Lebensvorgänge untersucht haben, trafen wir dabei auf grundlegende gemeinsame Prinzipien:
Zu den von der Biologie untersuchten Einheiten oder Systemen gehören Lebewesen, ihre Zellen und Organe sowie auch Ökosysteme (z. B. der Wald; ↑S.194). Jedes System ist durch das Zusammenwirken von Teilen mit unterschiedlichen Aufgaben gekennzeichnet (z. B. unsere Sinnesorgane und das Gehirn; ↑S.33): **System-Konzept.**
Bestimmte Teile (Strukturen) sind in einem Lebewesen auf die Erfüllung spezieller Aufgaben (Funktionen) „vorbereitet". Beispiele: Der Bau des Auges ermöglicht die Aufnahme von Lichtreizen. ↑S.15 Der Bau des Zellkerns ermöglicht die Speicherung von Erbinformationen in einer Zelle; ↑S.119: **Struktur–Funktions-Konzept.**
Lebewesen verändern sich im Lauf ihres Lebens (z. B. Individualentwicklung des Menschen). ↑S.100 ff. Arten verändern sich im Lauf sehr langer Zeiträume (z. B. Entstehung des Menschen in der biologischen Evolution; ↑S.176): **Entwicklungskonzept.**
In Zusammenhang damit treffen bei allen Lebewesen die folgenden Prinzipien zu (Bild 1).

1 Diese Prinzipien sind allen Lebewesen gemeinsam.

Organisationsebenen: Alle Lebewesen bestehen aus Zellen, in denen einfachere Bestandteile (z. B. Zellkern, Zellmembran) zusammenwirken. Auf der untersten Ebene bestehen diese aus Atomen bzw. Molekülen bestimmter Stoffe. Bei Vielzellern bilden Zellen Gewebe. Unterschiedliche Gewebe wirken in Organen zusammen. Das abgestimmte Zusammenspiel der Organe und ihrer Funktionen ermöglicht das Leben des ganzen Organismus (z. B. Pflanze, Tier, Mensch).

Stoff- und Energieumwandlung: Alle Lebewesen nehmen Stoffe und Energie auf und wandeln diese so um, dass der Stoffwechsel sowohl Energie für die Lebensvorgänge als auch Körperbaustoffe bereitstellen kann. ↑S.208

Bewegung: Lebewesen können aktiv Körperteile bewegen und/oder ihren Aufenthaltsort verändern.

Information und Kommunikation: Lebewesen können Informationen senden, in Form von Reizen empfangen, verarbeiten, speichern und mit Reaktionen beantworten. ↑S.33

Wachstum: Der Körper von Lebewesen kann an Masse und Volumen zunehmen (z. B. Pflanzenwachstum). ↑S.106 ff.

Fortpflanzung: Lebewesen erzeugen mithilfe der von ihnen weitergegebenen Erbinformationen Nachkommen, die ihnen ähnlich sind. ↑S.104 ff.

Regulation: In den Lebewesen werden bestimmte Zustände (z. B. Körpertemperatur, Blutzuckergehalt) konstant gehalten.

Angepasstheit und Variabilität: Lebewesen sind in Bau, Funktion und Verhalten an das Überleben und die Fortpflanzung in ihrer Umwelt angepasst (z. B. Fische an das Leben im Wasser). Die Unterschiedlichkeit (Variabilität) der Lebewesen wird durch Veränderungen (Mutationen) und Neukombinationen von Erbanlagen ermöglicht. ↑S.161 ff.

Von den allgemeingültigen Prinzipien ausgehend können wir Fragen zu uns noch unbekannten Lebewesen und Lebensvorgängen stellen. So können wir fragen, ob und mit welchem „Bauteil" eine Qualle oder ein Bakterium wie wir Reize (also Informationen) aufnehmen oder woher Lebewesen eines Waldes oder eines Sees die notwendige Energie für ihre Lebensvorgänge bekommen. ↑S.209 f.

Aufgabe

In der Antike bereiteten sich Ärzte auf ihren Beruf durch das Sezieren von Schweinen und Affen vor. Erläutere, warum dieses Vorgehen biologisch begründet ist.

Schau mir in die Augen!

Man sieht seinem Gegenüber selten länger und ganz direkt in die Augen. Wenn du die Augen deines Tischnachbars aber einmal genau betrachtest, kannst du bereits viele Einzelheiten entdecken. Wie das Auge im Inneren gebaut ist und wie es funktioniert, lässt sich von außen allerdings nicht erkennen. Wie sind unsere Augen aufgebaut? Was leisten sie? Wie werden die Augen geschützt?

1 Ein Blick in die Augen

Beobachten Untersuchen Experimentieren

014-1

2

Äußerer Bau und Schutzeinrichtungen des Auges

In Partner- oder Selbstversuchen lässt sich einiges über den Bau und die Schutzeinrichtungen des Auges herausfinden. Achtet darauf, dass ihr dabei äußerst behutsam vorgeht. Betrachte das Auge einer Mitschülerin, eines Mitschülers oder dein eigenes im Spiegel.

1 Zeichne, was du siehst, mit einem Bleistift. Zeichne nicht zu klein. Beschrifte deine Zeichnung.

2 Berühre die Wimpern des oberen Augenlids. Was beobachtest du? Begründe.

3 Ziehe vorsichtig das untere Augenlid etwas abwärts. Du kannst nun die Augenbindehaut und auf der Nasenseite die Öffnung des unteren Tränenkanals sehen. Ergänze deine Zeichnung.

4 Ein Auge ist geschlossen. Halte das obere Lid des offenen Auges fest. Blicke nun nach unten, ohne den Kopf zu senken. Weshalb siehst du fast nichts? Wiederhole vor einem Spiegel und erkläre.

5 Setzt euch zu zweit gegenüber. Schließt für 30 Sekunden die Augen und haltet sie zusätzlich mit den Händen zu. Blickt danach eurem Gegenüber in die Augen. Achtet auf die Pupillen. Was geschieht? Findet eine Erklärung.

6 Schließe das rechte Auge, halte das Buch mit ausgestreckten Armen vor dich und fixiere mit dem linken Auge den weißen Punkt. ↑2
Bewege das Buch auf dich zu. Was geschieht mit dem Kreuz? Erkläre deine Beobachtung mithilfe von Bild ↑4.

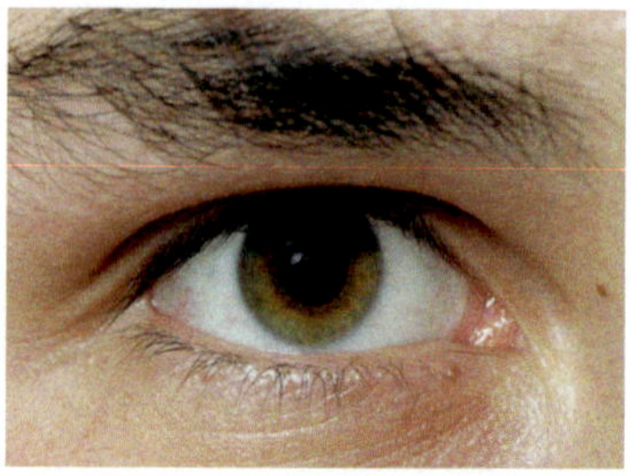

3

Bau des Auges

015-1

Aufbau des Auges Von außen lassen sich Augenbrauen, -lider und -wimpern sowie weiße Lederhaut, Iris und Pupille erkennen. ↑3 Leder-, Ader- und Netzhaut bilden die äußeren Schichten des Augapfels. Im Innern befinden sich Linse und Glaskörper, der eine durchsichtige, gallertartige Flüssigkeit enthält. Durch Pupille, Linse und Glaskörper dringt Licht in das Auge. Durch Veränderung der Pupillengröße kann sich das Auge an unterschiedliche Helligkeiten anpassen (Pupillenadaptation). In der Netzhaut befinden sich Lichtsinneszellen. Lichtreize werden dort in Erregungen umgewandelt und über den Sehnerv zum Gehirn weitergeleitet. An der Stelle, an der der Sehnerv ins Auge eintritt, befinden sich keine Sinneszellen. Dieser Bereich heißt daher „blinder Fleck". ↑4

Schutzeinrichtungen des Auges Äußerlich sind unsere Augen durch die Augenbrauen, Augenlider und Wimpern geschützt. Sie verhindern, dass Staub und Schweiß eindringen. Beim Lidschlag wird das Auge mit Tränenflüssigkeit benetzt und Fremdkörper werden weggespült.

Basiskonzept

Struktur und Funktion
Die Bestandteile des Auges sind so aufgebaut, dass sie ihre Funktion optimal erfüllen können. Hornhaut, Linse und Glaskörper z. B. haben eine durchsichtige Struktur, sodass Lichtstrahlen sie durchdringen können. Der unmittelbare Zusammenhang zwischen dem Bau eines Organs und seiner Funktion ist ein wichtiges Prinzip, das sich bei allen Lebewesen finden lässt. ↑S. 12, 13

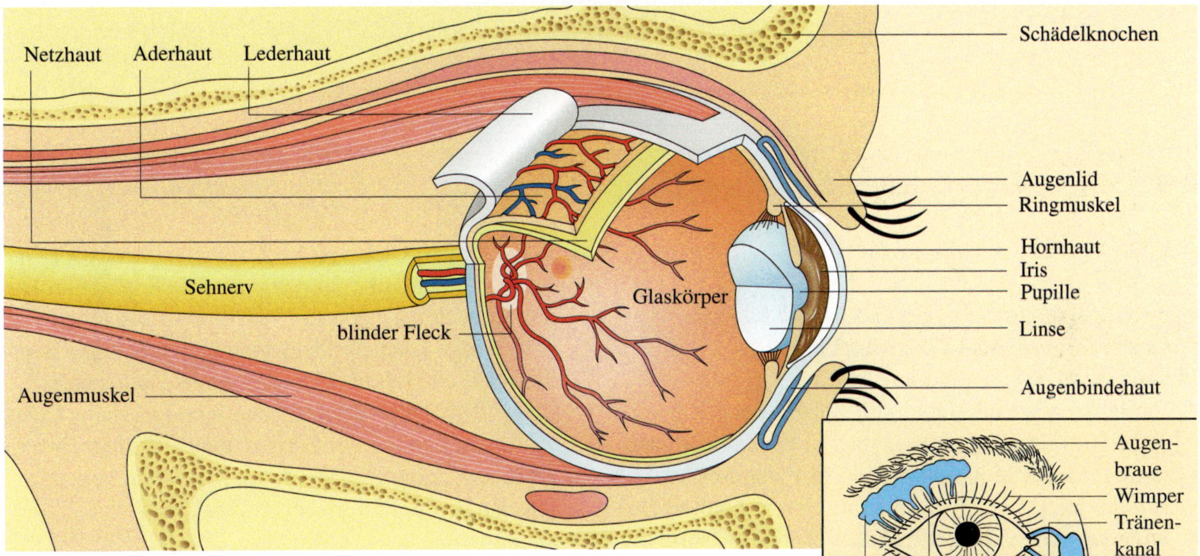

4 Bau des Auges

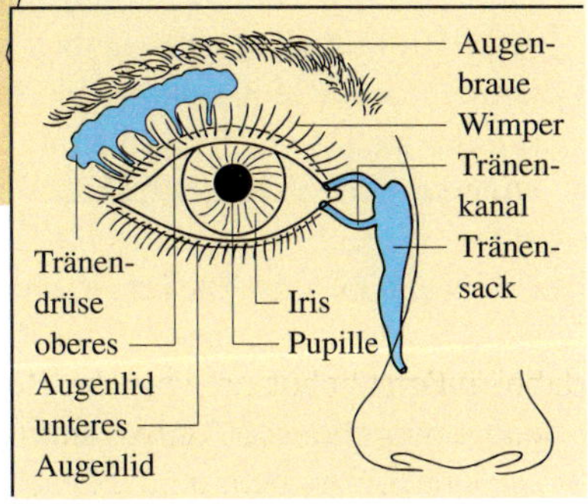

5 Schutzeinrichtungen des Auges

Das Auge ist ein wichtiges Sinnesorgan. Leder-, Ader- und Netzhaut bilden die äußeren Schichten des Augapfels. Im Innern befinden sich Linse und Glaskörper. Das Licht gelangt durch die Pupille, die Linse und den Glaskörper auf die Netzhaut, wo die Sinneszellen liegen.

Aufgaben

1 Erkläre mithilfe von Bild ↑5, weshalb man sich beim Weinen die Nase schnäuzen muss.

2 Erläutere, weshalb trockene Heizungsluft schlecht für die Augen ist.

3 Wann wird die Pupille kleiner, wann wird sie größer? Nenne Vorteile dieser Anpassungsfähigkeit. Der Pupillenreflex ist auch eine Schutzvorrichtung. Erkläre.

4 Finde weitere Beispiele für den Zusammenhang von Bau und Funktion beim menschlichen Auge. ↑Basiskonzept

Die Netzhaut enthält Lichtsinneszellen

Wir halten es für selbstverständlich, unsere Umwelt farbig zu erleben. Bei vielen Tieren ist das nicht so. Auch wir sehen nicht immer alles gleich farbig. Die Farbwahrnehmung beim Menschen ist je nach Lichtverhältnissen unterschiedlich. Bei einem Spaziergang in der Dämmerung stellst du fest, dass die Umgebung hauptsächlich blau und grau erscheint. Warum ist das so? Und warum können wir überhaupt verschiedene Farben sehen?

1 In der Dämmerung erscheint uns die Umgebung weniger farbig als bei Tageslicht.

Beobachten Untersuchen Experimentieren

„Nachts sind alle Katzen grau"

Wie wirkt sich die Helligkeit auf unsere Fähigkeit aus Farben wahrzunehmen? Das könnt ihr selbst ausprobieren.

a Stellt einen Mitschüler an die Tafel. Er erhält 3 etwa 10 cm große Pappscheiben in Blau, Grün und Orangerot sowie Klebestreifen. Ein weiterer Mitschüler stellt sich an den Verdunklungsschalter. Die anderen stellen sich im hinteren Drittel der Klasse auf.

b Erst wenn es ganz dunkel ist, werden die Pappscheiben nebeneinander an die Tafel geklebt.

c Nun wird der Raum schrittweise erhellt. Was lässt sich beobachten? Erkläre auch das alte Sprichwort in der Überschrift.

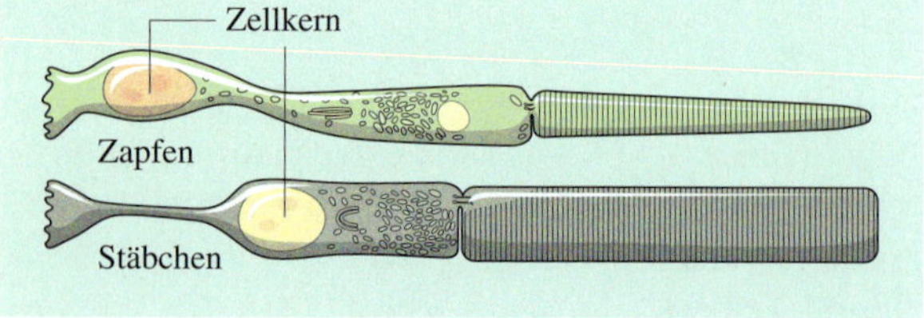

2 Lichtsinneszellen der Netzhaut

d Es gibt zwei Arten von Lichtsinneszellen in der Netzhaut: schlanke Stäbchen und dicke Zapfen. Jedes Auge enthält etwa 125 Millionen Stäbchen, die auf geringe Lichtstärke ansprechen. Mit ihnen kann der Mensch Hell und Dunkel unterscheiden. Die etwa 7 Millionen Zapfen benötigen viel mehr Licht, mit ihnen können wir Farben unterscheiden. Erkläre nun deine Beobachtungen aus dem Versuch mit der Verdunklung.

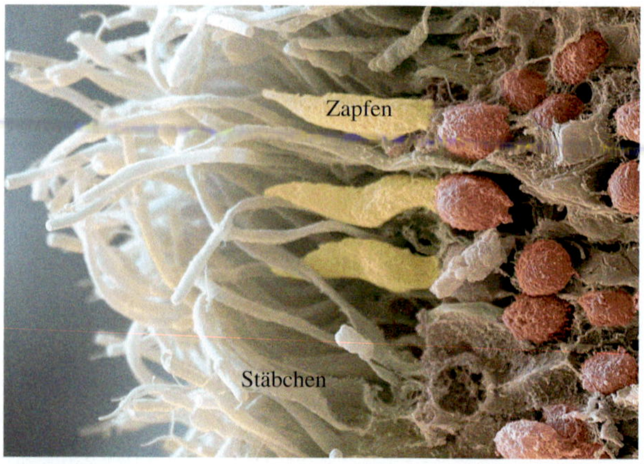

3 Schnitt durch die Netzhaut (elektronenmikroskopische Aufnahme)

Bau und Funktion der Netzhaut

Lichtsinneszellen und Nervenzellen Die Lichtsinneszellen (Stäbchen und Zapfen) befinden sich am Außenrand der Netzhaut auf einer Schicht von Pigmentzellen. Mehrere Sinneszellen sind über eine Schaltzelle mit einer Nervenzelle verbunden, die weiter zum Innern des Auges hin liegen. Von dort führen Ausläufer der Nervenzellen zum Sehnerv. ↑5 Betrachtet der Augenarzt durch die Pupille die Netzhaut, kann er etwas oberhalb der Mitte eine gelbliche Stelle erkennen: den gelben Fleck. ↑4 Dort befinden sich ausschließlich Zapfen. Hier ist jeder Zapfen nur über eine einzige Schaltzelle mit einer Nervenzelle verbunden. ↑5

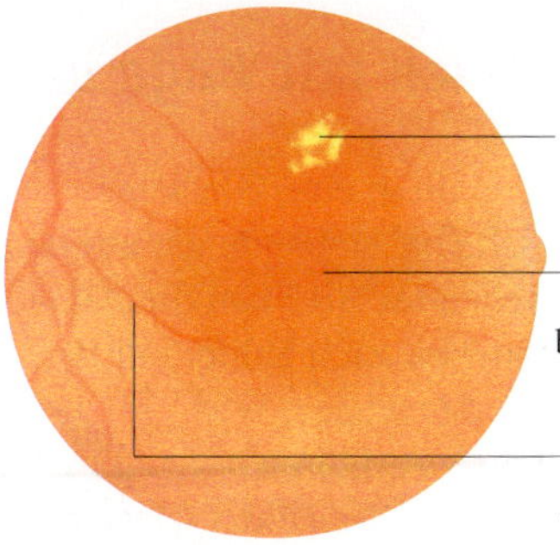

4 Blick auf die Netzhaut

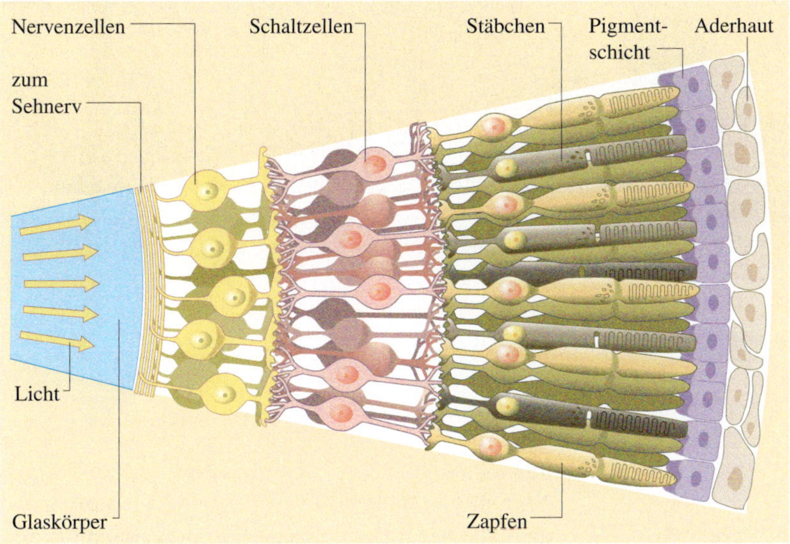

5 Schichtenaufbau der Netzhaut

Schon gewusst?

Farbfehlsichtigkeit
Eine häufige Form der Farbfehlsichtigkeit ist die Rotgrünblindheit. Menschen mit dieser Sehschwäche können Rot- oder Grüntöne nicht von hellem Grau unterscheiden. Die Ursache ist eine verminderte Empfindlichkeit der grün- oder rotempfindlichen Zapfen. Die Rotgrünblindheit kommt vererbungsbedingt viel häufiger bei Männern vor. Von Farbenblindheit spricht man erst, wenn alle drei Zapfentypen ausfallen.

Farbensehen In der Netzhaut befinden sich drei verschiedene Typen von Zapfen, die auf drei unterschiedliche Lichtfarben reagieren: Rot, Grün und Blau. Mit diesen Lichtfarben lassen sich alle sichtbaren Farben mischen. Je nach Mischung werden die Zapfentypen unterschiedlich gereizt. Werden beispielsweise rot- und grünempfindliche Zapfen gleich gereizt, nehmen wir die Farbe Gelb wahr. Werden alle drei Zapfenarten gleichermaßen gereizt, addieren sich die Farbeindrücke zu Weiß. ↑6

In der Netzhaut befinden sich zwei Arten von Lichtsinneszellen: Stäbchen und Zapfen. Mit den Stäbchen nehmen wir Hell und Dunkel wahr, mit den drei Zapfentypen die Farben Rot, Grün und Blau. Weitere Farbwahrnehmungen kommen durch Mischung zustande.

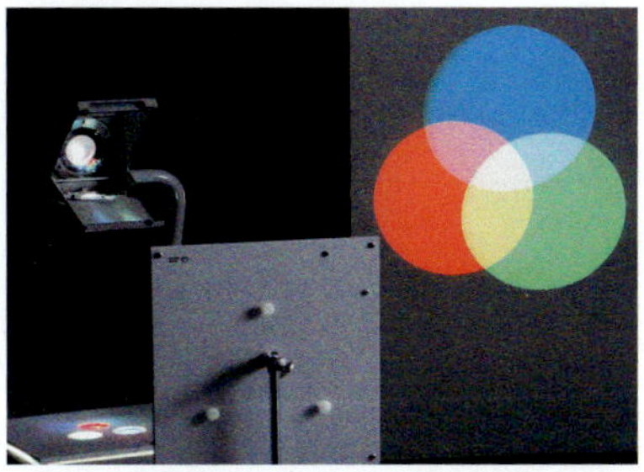
6 Aus den Grundfarben Rot, Grün und Blau gemischtes Licht ergibt den Eindruck Weiß.

Aufgaben

1 Erläutere, weshalb wir im Bereich des gelben Flecks am schärfsten sehen.
2 Überlegt euch eine Merkhilfe für die Aufgaben der Stäbchen und Zapfen.
3 Sollten rotgrünblinde Menschen am Straßenverkehr teilnehmen? Überlegt zuerst allein, tauscht euch dann mit einem Partner aus und tragt eure Ergebnisse in der Klasse zusammen.

Wir sehen mit Auge und Gehirn

Wenn du in eine Glaskugel schaust, siehst du ein auf dem Kopf stehendes Bild von dir. Ähnlich entstehen auch Bilder auf der Netzhaut des Auges. Wie lässt sich das erklären? Weshalb steht das Bild auf dem Kopf? Welche weiteren Bestandteile des Auges spielen beim Sehen eine Rolle?

1 Netzhautbild und Bild hinter einer Glaskugel

Beobachten Untersuchen Experimentieren

018-1

Wie Bilder im Auge entstehen

Mit diesen Modellversuchen kannst du herausfinden, wie im Auge Bilder erzeugt und scharf gestellt werden.

1 Material: Weißes Blatt Papier, Lupe
Durchführung: Lege das Blatt vor dich auf den Tisch, halte die Lupe vor dich, richte sie zum Fenster und bewege sie in Richtung Blatt. Was beobachtest du? Für welchen Bestandteil des Auges steht die Lupe, für welchen das Blatt Papier?

2 Material: Lineal (30 cm), Stift
Durchführung: Schließe ein Auge, halte den Stift mit gestrecktem Arm vor dich. Fixiere den Stift mit dem offenen Auge. Bewege den Stift langsam auf dich zu. Wie nah kannst du ihn heranführen bis er unscharf wird?
Die Entfernung kann ein Partner messen. Vergleicht die Werte und bildet einen Mittelwert. Wechselt das Auge und wiederholt die Messung. Finde mithilfe der Abbildung unten eine Erklärung.

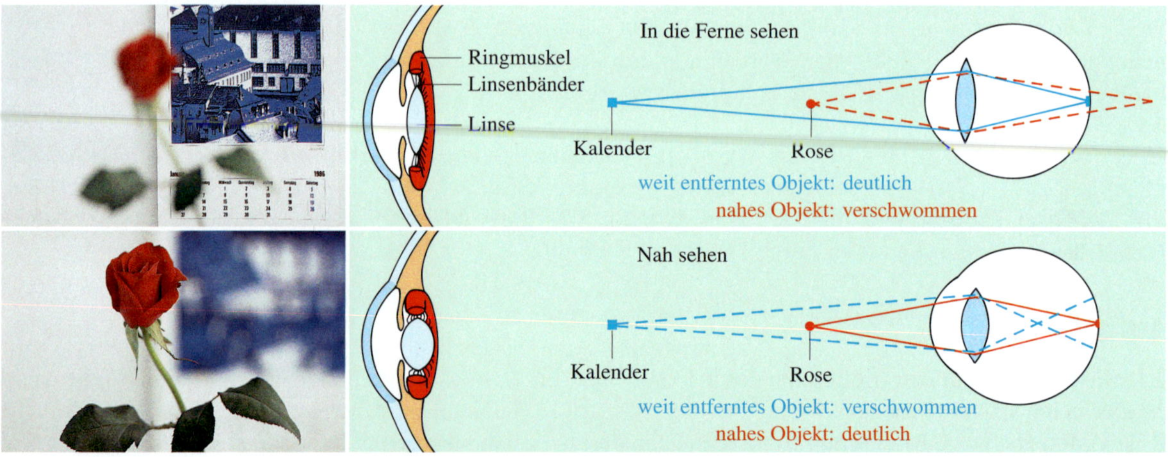

2 oben: Die Linse ist auf einen entfernten Gegenstand, den Kalender, eingestellt.
unten: Die Linse ist auf einen nahen Gegenstand, die Rose, eingestellt.

Das Auge erzeugt Bilder

Bildentstehung auf der Netzhaut Licht fällt durch die Pupille ins Auge. In der Linse wird das Licht gebündelt, so dass das Bild, das auf der Netzhaut entsteht, auf dem Kopf steht. ↑3 Darauf ist die Informationsverarbeitung im Gehirn eingestellt, die Wahrnehmung, die dabei entsteht, bildet den gesehenen Gegenstand richtig herum ab.

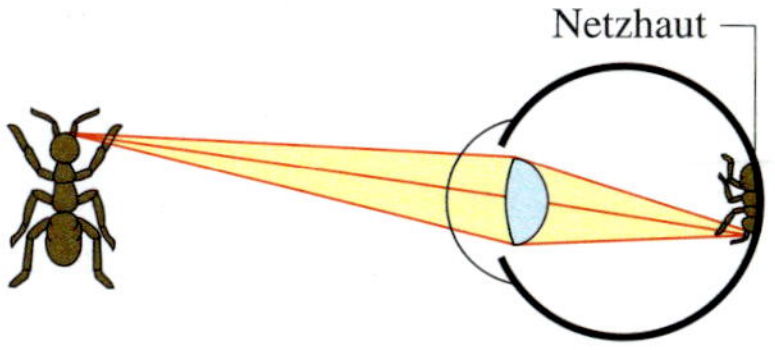

3 Auf der Netzhaut entsteht ein umgekehrtes Bild.

Akkommodation Die Linse ist elastisch und kann durch den Ringmuskel gestreckt oder gewölbt werden. ↑4 S.15 So kann das Auge Gegenstände in unterschiedlicher Entfernung scharf abbilden. Die Elastizität der Linse ist aber beschränkt. Ist der Gegenstand zu nah am Auge, können wir ihn nicht mehr scharf sehen. Der Abstand, bei dem wir einen Gegenstand gerade noch scharf wahrnehmen, heißt Nahpunkt.

Sehfehler Bei vielen Menschen ist der Augapfel nicht ganz kugelrund, sondern geringfügig in die Länge gezogen oder abgeflacht. Die Linse kann dann entweder nur weiter entfernte Dinge scharf abbilden (Weitsichtigkeit) oder näher gelegene Dinge (Kurzsichtigkeit). ↑S.21 Mit einer Brille oder durch Kontaktlinsen können diese Sehfehler ausgeglichen werden.

Licht, das durch die Pupille ins Auge gelangt, wird in der Linse gebündelt und erzeugt auf der Netzhaut ein umgekehrtes Bild. Im Gehirn entsteht bei der Informationsverarbeitung eine Wahrnehmung, die das Gesehene in der richtigen Stellung abbildet. Die Linse kann auf Gegenstände in unterschiedlicher Entfernungen scharf einstellen.

Aufgaben

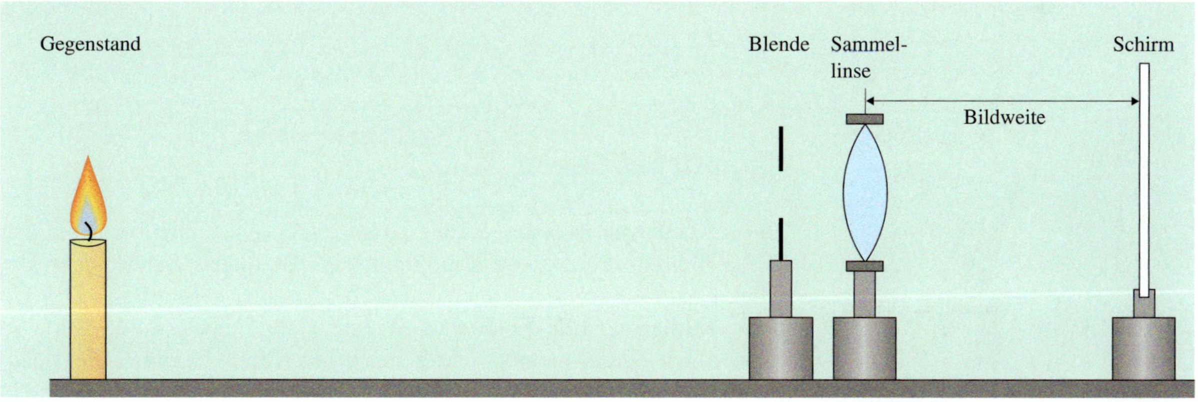

4 Modellauge

1 Baut ein Modellauge wie in Bild ↑4 dargestellt.

a Vergleicht das Modellauge mit dem echten Auge. Welche Teile des Modells entsprechen welchen Teilen des Auges?

b Stellt die Kerze so auf, dass auf dem Schirm ein scharfes Bild entsteht. Wie erscheint die Kerze auf dem Schirm?

c Entfernt nun die Kerze weiter von der Linse. Wie verändert sich das Bild?

d Probiert, ob eine dickere oder dünnere Linse an der gleichen Stelle ein besseres Bild liefert.

2 Erläutere die Rolle des Gehirns für den Sehvorgang.

Beobachten **Untersuchen** *Experimentieren* 020-1

Ein Augenpaar kann mehr

Einen Ball zu greifen, ein Glas vom Tisch zum Mund zu führen, das sind Bewegungen, die wir täglich ausführen. Wir haben gelernt, Entfernungen im Raum richtig einzuschätzen. ↑2

1 Strecke einen Arm vor dich aus und halte den Daumen nach oben. Schließe abwechselnd mal das linke, mal das rechte Auge. Beschreibe deine Beobachtung. Die Wirkung erhöht sich, wenn du mit der anderen Hand einen Stift vor den Daumen hältst.

2 Setzt euch paarweise gegenüber an einen Tisch.

a Eine Versuchsperson hält sich beide Augen zu. Der Partner stellt einen Gegenstand auf den Tisch. Die Versuchsperson öffnet ein Auge und soll nun den Gegenstand mit der freien Hand ergreifen. Beschreibe, was du beobachten kannst.

b Wechselt euch ab. Welche Veränderungen könnt ihr feststellen? Findet eine Erklärung.

3 Lege ein Buch hochkant auf die Linie in Bild ↑1. Lege Stirn und Nase auf das Buch, sodass das linke Auge den Würfel links anschaut und das rechte Auge den Würfel rechts. Warte eine Weile. Beschreibe, was mit den Würfeln geschieht. Versuche eine Erklärung zu finden.

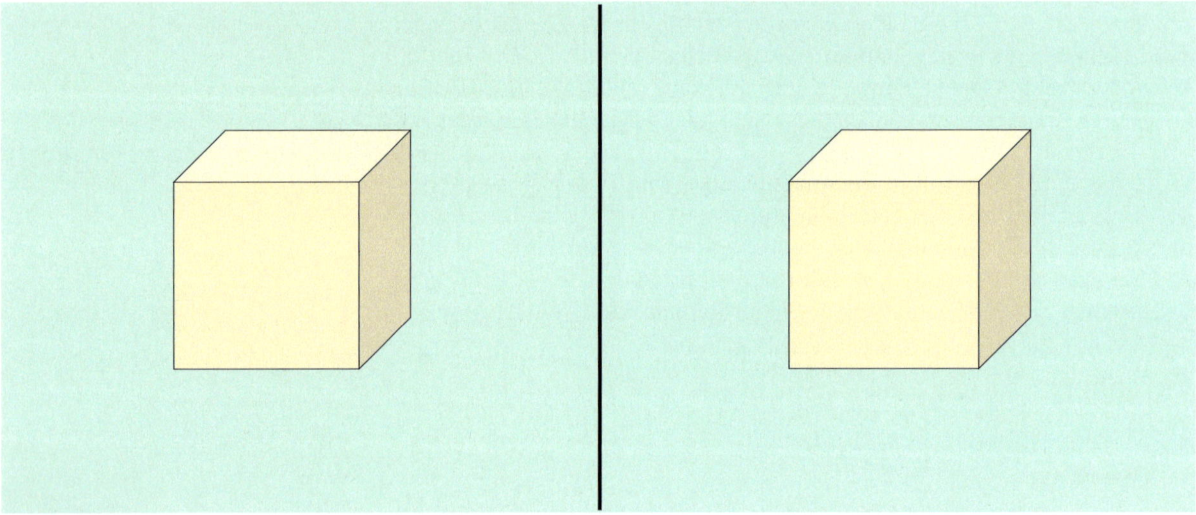

1

Räumliches Sehen

Unser Augenpaar ist so angeordnet, dass beide Augen nach vorne blicken. Diese Stellung der Augen ermöglicht ein räumliches Sehen, denn die Blickwinkel der beiden Augen unterscheiden sich geringfügig. Das Gehirn verarbeitet beide Eindrücke zu einem dreidimensionalen Bild. So können wir Entfernungen richtig einschätzen und Gegenstände sicher greifen. ↑2 Der Nachteil dieser Augenstellung ist, dass unser Gesichtsfeld zu den Seiten hin eingeschränkt ist.

Unser Augenpaar ist nach vorn gerichtet. Diese Anordnung ermöglicht räumliches Sehen. Das Gehirn verrechnet die Eindrücke beider Augen.

2 Sicheres Fangen eines Balls

Gesundheit Sehfehler und ihre Korrektur sowie Erste-Hilfe-Maßnahmen

Kurzsichtigkeit
Der Augapfel ist zu lang. Das scharfe Bild entfernter Gegenstände entsteht vor der Netzhaut. Zur Korrektur hilft eine Brille mit Zerstreuungslinsen.

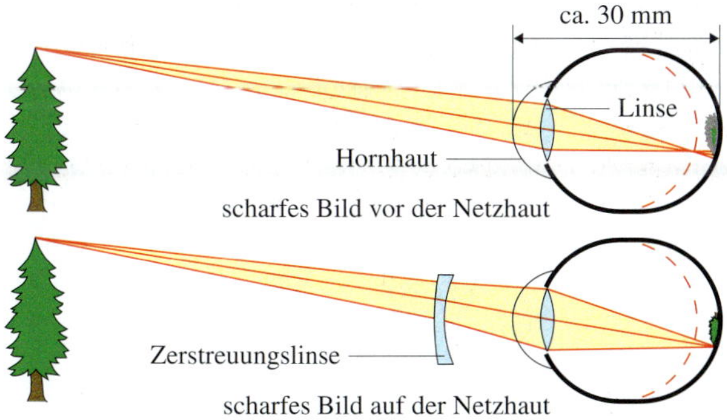

3 Kurzsichtiges Auge ohne (oben) und mit Brille (unten)

Weitsichtigkeit
Der Augapfel ist zu kurz. Das scharfe Bild naher Gegenstände entsteht hinter der Netzhaut. Zur Korrektur hilft eine Brille mit Sammellinsen.
Im Alter von etwa 50 Jahren hat die Linse ihre Elastizität verloren und kann sich deshalb nicht mehr ausreichend krümmen. Das scharfe Bild naher Gegenstände entsteht hinter der Netzhaut.

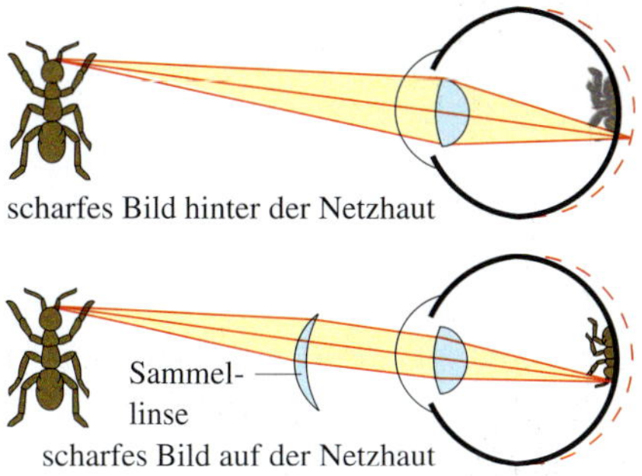

4 Weitsichtiges Auge ohne (oben) und mit Brille (unten)

Erste Hilfe

Entfernen von Fremdkörpern: Ziehe das obere Augenlid vorsichtig über das Auge nach unten. ↑5 Nun bewegst du die Augen nach allen Seiten, um den Fremdkörper an die Vorderseite des Auges zu befördern. Spürst du etwas am unteren Augenrand, ziehst du das untere Lid nach unten und blickst dabei nach oben. Ein Helfer tupft mit der Spitze eines sauberen Tuchs den Fremdkörper vorsichtig ab.

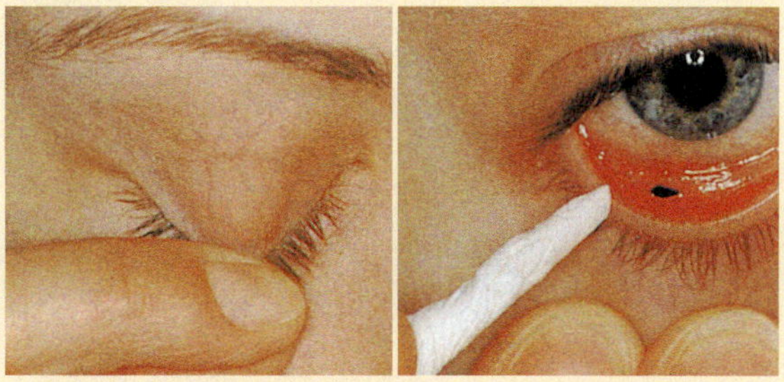

5 Entfernen eines Fremdkörpers

Augenspülung: Bei Verätzungen spülst du sofort und lange mit Leitungswasser beide Augen – auch das scheinbar nicht betroffene. In jedem Labor sollte dafür eine spezielle Augendusche ↑6 zur Verfügung stehen. Dann musst du zum Arzt gehen, möglichst gleich zum Augenarzt.

6 Augendusche

Aufgaben

1 Weshalb schließt man beim Zielen ein Auge?

2 Vergleiche die Augenstellung des Menschen mit der von verschiedenen Tieren. Welcher Zusammenhang lässt sich in den meisten Fällen finden?

3 Bei vielen Experimenten mit Chemikalien ist das Tragen von Schutzbrillen vorgeschrieben. Begründe.

4 Finde aus Alltag, Sport und Arbeitsleben weitere Beispiele für Vorrichtungen zum Schutz der Augen.

5 Schließe ein Auge und halte es mit den Fingerspitzen zu. Schaue mit dem offenen Auge in alle Richtungen. Was spürst du? Erkläre, weshalb man bei Augenverletzungen immer beide Augen verbinden soll.

Blindsein – Leben mit Hindernissen

Blinde und stark sehgeschädigte Menschen meistern ihren Alltag oft sehr selbstständig. Viele stehen genauso wie Nichtbehinderte im Beruf und treiben in ihrer Freizeit Sport. Einige spielen sogar Fußball. Wie können die Fußballspieler beim Blindenfußball wissen, wo der Ball ist? Woher wissen sie, wo sie hinspielen müssen, wo ihre Mitspieler oder Gegner sind?

1 Blindenfußball

Beobachten Untersuchen Experimentieren

022-1

Blindsein und Orientierung

Bei den folgenden Versuchen könnt ihr herausfinden, wie sich Blinde im Alltag zurechtfinden. Bevor ihr anfangt, sorgt dafür, dass genug Bewegungsfreiheit im Klassenraum ist, oder geht auf den Schulhof. Achtet dabei auf die Sicherheit und beseitigt Stolperfallen.

Blindes Vertrauen

1 Arbeitet zu zweit. Verbindet dem Partner die Augen und führt ihn durch die Klasse oder über den Schulhof.

a Führt den Partner an der Hand, ohne mit ihm zu sprechen.

b Berührt den Partner nicht, sondern leitet ihn nur mit gesprochenen Anweisungen.
Wechselt die Rollen und sprecht nachher über eure Erfahrungen. Wann habt ihr euch sicher gefühlt, wann unsicher?

2

Wie orientieren sich Blinde?

2 Beschreibe, mit welchen Sinnen sich die Person in Bild ↑2 orientieren kann.

3 Beim Blindenfußball spielen je vier Blinde oder sehgeschädigte Spieler gegeneinander. ↑1 Unterschiede im Sehvermögen werden durch eine Augenbinde ausgeglichen. Die Torhüter sind nicht blind. Stellt Vermutungen darüber an, wie sich die Spieler beim Blindenfußball orientieren könnten.

4 Informiert euch im Internet über Blindenfußball (z. B. bei www.wikipedia.de).

Blinde können Bücher lesen

023-1

Geschärfte Sinne Blinde Menschen sind entweder von Geburt an blind oder durch eine Verletzung oder Krankheit erblindet. Sie orientieren sich mit den anderen Sinnen, die bei ihnen durch das Fehlen des Sehsinns geschärft sind, z. B. mithilfe des Tastsinns. Besonders große Bedeutung hat für sie das Gehör. Viele Blinde sind musikalisch begabt und einige, wie Ray Charles oder Stevie Wonder, haben in der Musikgeschichte Berühmtheit erlangt. ↑6

Basiskonzept

Information und Kommunikation
Ohne Sinnesorgane könnten wir keine Informationen über unsere Umwelt erhalten. Nur mithilfe von Sinnesorganen können wir Informationen austauschen.

3 Blindenschrift lesen

4 Braillezeile

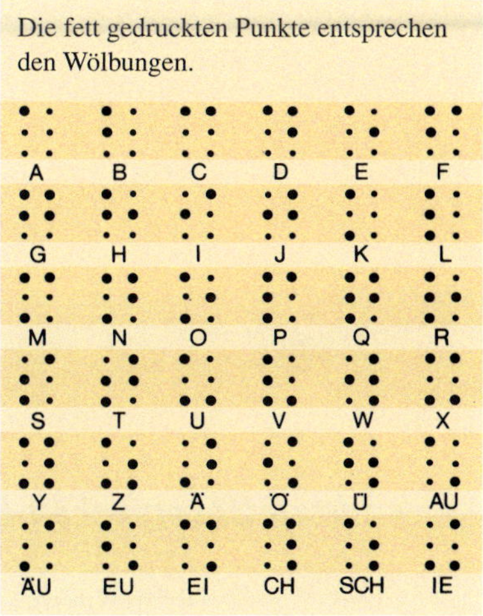

5 Blindenschrift

Hilfsmittel In heutiger Zeit steht Blinden, wie auch hochgradig Sehbehinderten, eine Vielzahl von Hilfsmitteln zur Verfügung. Mithilfe der Blindenschrift, der Brailleschrift ↑5, können sie auch Bücher lesen. Mit dem Computer können sie in normaler Schrift schreiben. Eine besondere Vorrichtung, die Braillezeile, übersetzt den Text auf dem Bildschirm in Blindenschrift. ↑4

Blinde und stark sehbehinderte Menschen sind in besonderer Weise auf ihre anderen Sinne angewiesen. Diese Sinne sind bei ihnen geschärft. Heute stehen Sehbehinderten viele technische Hilfsmittel zur Verfügung.

6 Ray Charles

Aufgaben

1 Befrage einen blinden oder sehbehinderten Menschen. Wie kommt er im Alltag zurecht? Welche Hilfsmittel nutzt er?

2 Informiere dich über bestehende Hilfsmittel für blinde Menschen. Denke dir eigene Hilfsmittel aus. Notiere jeweils, welche Sinne diese Hilfen ansprechen.

3 Nimm einen Bogen festes Papier und schreibe deinen Namen in Blindenschrift, indem du mit einem Stift von hinten hineindrückst.

4 Schreibe eine kurze Botschaft in Blindenschrift an deine Nachbarin oder deinen Nachbarn.

5 Informiere dich über blinde oder beinahe blinde Tierarten. Wie orientieren sie sich? Welche Sinne oder Sinnesorgane sind besonders ausgebildet? Beschreibe jeweils den Lebensraum und die Lebensweise der Tiere.

Wie wir hören

Im Straßenverkehr sind wir einer Fülle von Geräuschen ausgesetzt: Motorengeräusche von Autos und Motorrädern, Sirenen von Polizei- oder Rettungsfahrzeugen, Stimmen von Menschen und vieles mehr. Wie nehmen wir dies wahr? Was hören wir laut, was hören wir leise?

1 Auf einer Straße gibt es vielerlei Geräusche.

Beobachten **Untersuchen Experimentieren**

Was können unsere Ohren wahrnehmen? Welche Körperteile sind beteiligt, wenn wir etwas hören? Diese Fragen kannst du mithilfe von kleinen Versuchen selbst beantworten.

1 Was Geräusche verraten

Setze dich mit geschlossenen Augen ans Fenster. Konzentriere dich auf Geräusche von draußen.

a Welche Geräusche kannst du erkennen und zuordnen? An welchen Merkmalen erkennst du die Geräusche?

b Aus welcher Richtung kommt das Geräusch? Kannst du sagen, wie weit die Geräuschquelle entfernt ist? Bewegt sie sich?

c Sind dir die Geräusche schon vorher aufgefallen? Hast du eine Erklärung dafür, dass du manche Geräusche erst jetzt bemerkst, obwohl sie die ganze Zeit schon da waren?

2 Eine Geräuschelandkarte erstellen

Zeichne einen Plan eures Unterrichtsraums. Trage alle Geräusche ein, die du hörst. Ergänze, wenn nötig, die Umgebung des Unterrichtsraums.

a Unterscheide zwischen natürlichen Geräuschen und solchen, die von Maschinen oder Geräten erzeugt werden. Welche überwiegen?

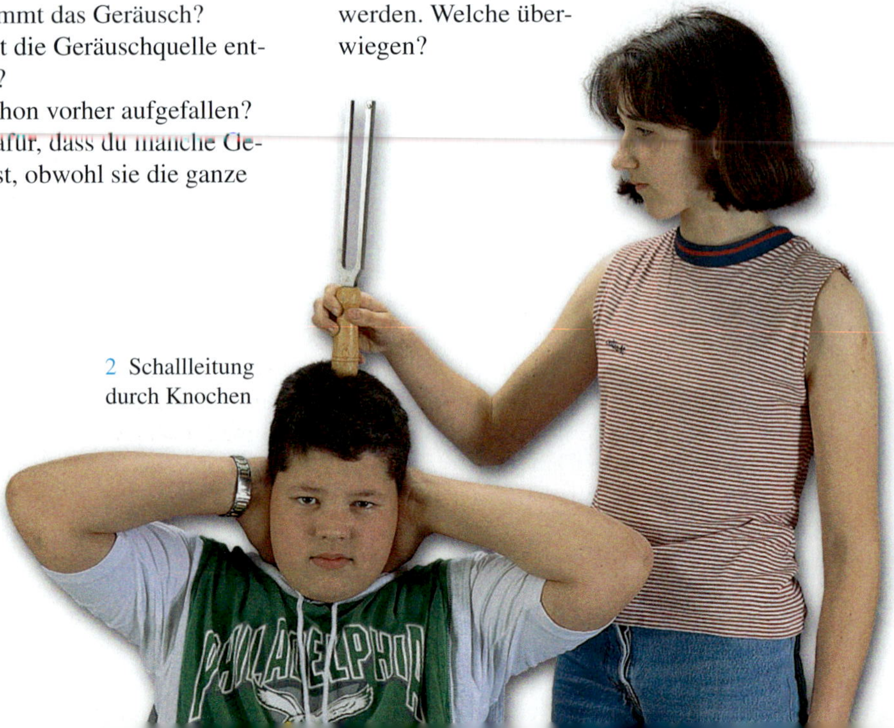

2 Schallleitung durch Knochen

Beobachten Untersuchen Experimentieren

b Vergleiche deine Karte mit der deines Nachbarn. Was fällt euch auf?

c Überlegt euch andere Orte – in der Schule, draußen oder zu Hause –, an denen ihr Geräuschelandkarten erstellen könnt. Vergleicht eure Ergebnisse.

3 Hörfähigkeit

Eine Versuchsperson aus der Klasse sitzt mit verbundenen Augen vorne im Unterrichtsraum. Flüstert der Versuchsperson aus einer Richtung in verschiedenen Entfernungen Worte zu.

a Prüft zunächst, ob beide Ohren gleich gut hören. Dabei muss die Versuchsperson jeweils ein Ohr zuhalten.

b Hört die Versuchsperson mit zwei Ohren besser?

4 Knochen leiten Schall

Halte dir beide Ohren zu, sodass du nichts hörst. Deine Partnerin oder dein Partner hält dir nun eine angeschlagene Stimmgabel direkt ans Ohr. Dann setzt sie oder er dir die Stimmgabel direkt auf den Kopf, erst in die Mitte, dann rechts und links davon. ↑2

a Wann hörst du den Ton? Ändert sich der Höreindruck, wenn die Stimmgabel seitlich aufgesetzt wird?

b Warum kannst du hören, obwohl dein Gehörgang verschlossen ist?

c Für dich klingt deine Stimme anders, wenn du eine Aufnahme von dir hörst. Erkläre diese Wahrnehmung.

5 Tonhöhe

Ermittelt mithilfe eines Tongenerators bei mehreren Schülern die obere und die untere Hörgrenze.

a Bis zu welcher Tonhöhe könnt ihr hören? Lest die Frequenz in Hertz ab und notiert die Ergebnisse in einer Tabelle.

b Vergleicht die Ergebnisse der Schüler untereinander. Ergibt sich ein Unterschied zu denen der Lehrkraft?

Leistungen des Gehörs

Unser Gehör unterscheidet laut und leise, hoch und tief. Außerdem erkennen wir, woher ein Geräusch kommt. Viele Geräusche aus unserer vertrauten Umgebung nehmen wir erst dann bewusst wahr, wenn wir uns auf sie konzentrieren. Das Gehirn erfasst sie aber dennoch.
Die Leistungsfähigkeit unseres Gehörs ist aber auch begrenzt. Eine Hundepfeife beispielsweise können wir nicht hören. Sie erzeugt einen Ton, der oberhalb unserer Hörgrenze liegt. Manche Tiere hören noch viel höhere Töne, die man Ultraschall nennt. ↑3 Unser Hörbereich ist auch abhängig vom Alter und dem Einfluss schädlicher Lautstärken. Mittlere Tonhöhen können wir am deutlichsten hören.

Das Gehör unterscheidet laut und leise, hoch und tief. Viele Geräusche nehmen wir nur wahr, wenn wir uns darauf konzentrieren. Nach oben hin gibt es eine Hörgrenze, die vom Alter und dem Einfluss schädlicher Lautstärken beeinflusst wird.

Hörbereich verschiedener Lebewesen

Lebewesen	Frequenz in Hertz
Mensch	
Kind	16 bis 20 000
35-Jähriger	16 bis 15 000
55-Jähriger	16 bis 12 000
Greis	16 bis 5 000
Hund	15 bis 50 000
Buchfink	240 bis 30 000
Heuschrecke	100 bis 100 000
Fledermaus	20 000 bis 150 000
Delphin	150 bis 280 000

3

Aufgaben

1 Man kann sagen, unser Gehirn filtert die Geräusche aus der Umgebung.

a Erläutere diese Aussage.

b Nenne mögliche Vorteile.

2 Schwerhörige alte Menschen verstehen besser, wenn man mit etwas tieferer Stimme spricht, ohne dabei lauter zu werden. Erkläre.

3 Warum halten Menschen bei Gesprächen hin und wieder eine Hand hinter ein Ohr?

4 Begründe, weshalb man beim Radfahren im Stadtverkehr auf Musik aus dem Kopfhörer verzichten sollte.

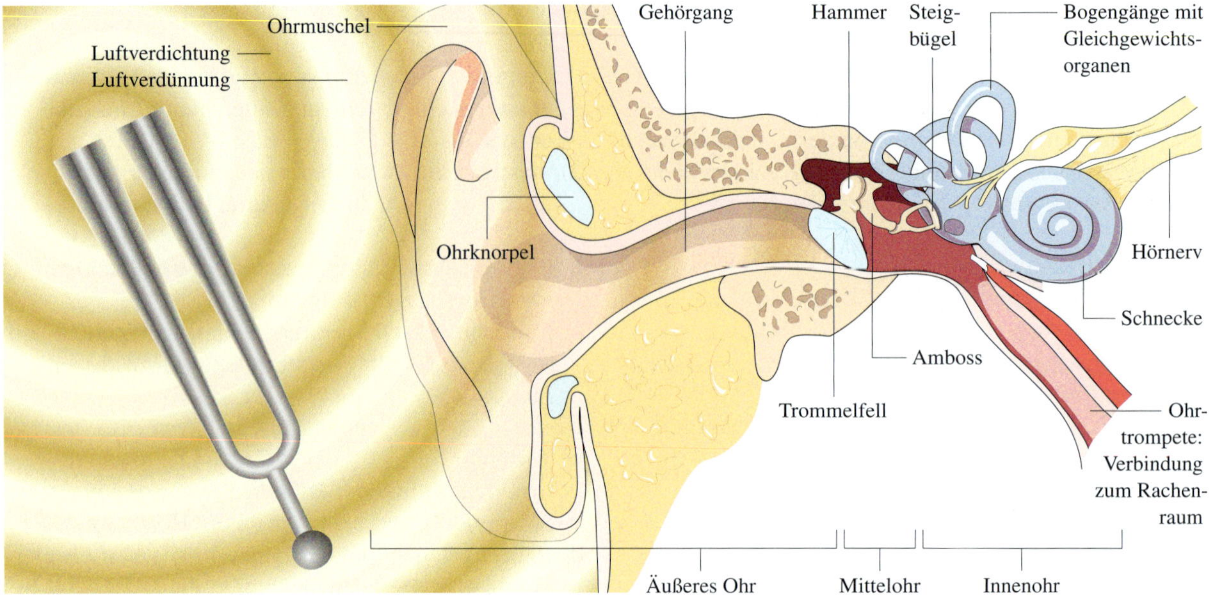

1 Bau des Ohrs. Man unterscheidet äußeres Ohr, Mittelohr und Innenohr.

Schallempfang mit dem Ohr

026-1

Bau des Ohrs Das Außenohr besteht aus Ohrmuschel, Gehörgang und Trommelfell. Das Mittelohr liegt in einer kleinen luftgefüllten Knochenhöhle. Es enthält die Gehörknöchelchen ↑2, die das Trommelfell mit dem Innenohr verbinden. Das Innenohr ist mit Flüssigkeit gefüllt.

Außenohr Die Ohrmuscheln fangen den Schall auf. Der Schall wird durch den Gehörgang zum Trommelfell geleitet und versetzt es in Schwingung. Das Trommelfell ist ein dünnes Häutchen, eine Membran. ↑3

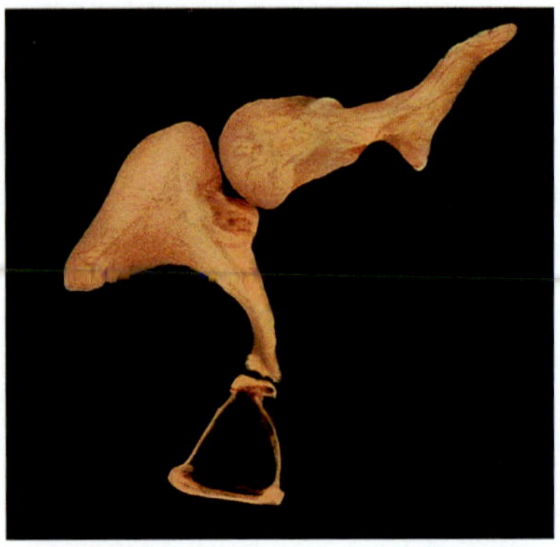

2 Gehörknöchelchen

Mittelohr Die Gehörknöchelchen Hammer, Amboss und Steigbügel sind die kleinsten Knochen des Menschen. Sie werden durch das Trommelfell mitbewegt und übertragen die Schwingungen auf die Membran am Eingang des Innenohrs. Da die Knöchelchen wie Hebel wirken, verstärken sie den Schall. Diese Verstärkung ist nötig, weil im Innenohr eine Flüssigkeit in Schwingungen versetzt werden muss. Flüssigkeiten lassen sich schwerer in Bewegung setzen als Luft. Zum Druckausgleich ist das Mittelohr mit dem Rachenraum verbunden.

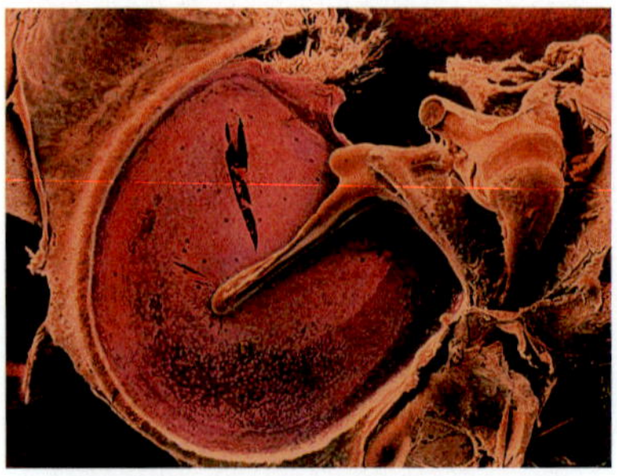

3 Trommelfell und Hammer

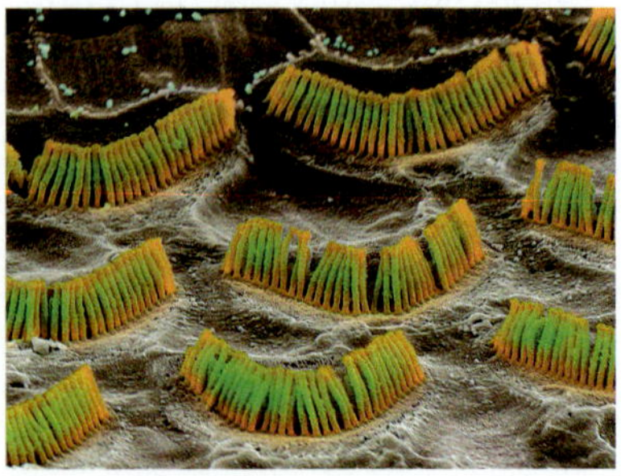

4 Hörsinneszellen in der Schnecke

Innenohr Die Schnecke im Innenohr ist das eigentliche Hörorgan. Hier befinden sich die Hörsinneszellen. ↑4 Diese Sinneszellen werden gereizt, wenn sich Schwingungen in der Flüssigkeit im Innenohr ausbreiten.
Über den Hörnerv senden die gereizten Sinneszellen Signale an das Gehirn. Das Gehirn wertet die Signale aus. Erst dadurch hören wir unser Lieblingslied, erkennen eine bekannte Stimme und wissen, dass ein Geräusch weit weg ist.

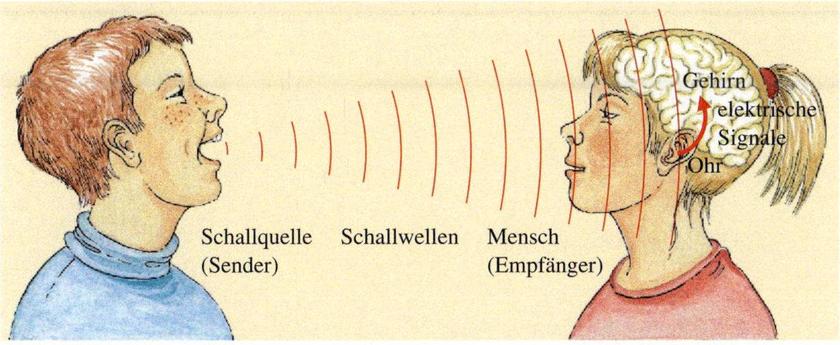

5 Im Ohr werden Schallwellen in elektrische Signale „übersetzt“. Diese werden an das Gehirn weitergeleitet.

Die Schallwellen werden von den Ohrmuscheln aufgefangen und zum Trommelfell geleitet (Außenohr). Im Mittelohr übertragen die Gehörknöchelchen die Schwingungen auf die Schnecke im Innenohr. Dort werden Wellen hervorgerufen, die die Hörsinneszellen in der Schnecke reizen. Im Gehirn werden die Signale ausgewertet.

Gesundheit

Pflege des Ohrs
Drüsen in der Wand des Gehörgangs bilden Ohrenschmalz. Es verklebt Staubteilchen, sodass sie nicht bis zum Trommelfell gelangen und sich dort ablagern können. Wenn wir die Kiefer bewegen, wird das Ohrenschmalz nach außen befördert. Das kannst du spüren, wenn du deine Finger leicht in den Gehörgang steckst und dann Kaubewegungen machst. Du musst deshalb deine Ohren nur äußerlich reinigen. Nimm am besten einen Handtuchzipfel, sei aber sehr vorsichtig. Bohre nie in den Gehörgang hinein, auch nicht mit einem Wattestäbchen. Dabei würdest du das Ohrenschmalz zu einem Pfropf zusammenschieben, der das Trommelfell behindert. Nur ein Arzt kann einen solchen Pfropf entfernen. Stecke niemals spitze Gegenstände ins Ohr!

Aufgaben

1 Beschreibe den Weg eines Musikstücks vom Instrument bis zur Wahrnehmung im Gehirn.

2 Stelle in einer Tabelle die Bestandteile des Ohrs und ihre jeweiligen Aufgaben zusammen.

3 Führe folgenden Versuch zur Bedeutung der Ohrmuscheln durch: Im Zimmer wird eine Schallquelle aufgestellt, z. B. ein laut tickender Wecker.

a Lausche auf das Geräusch. Drücke deine Ohrmuscheln mit den Fingern ganz zurück an den Kopf.
Dann biegst du sie nach vorne. Halte die Handflächen hinter die Ohrmuscheln und vergrößere sie so. ↑6

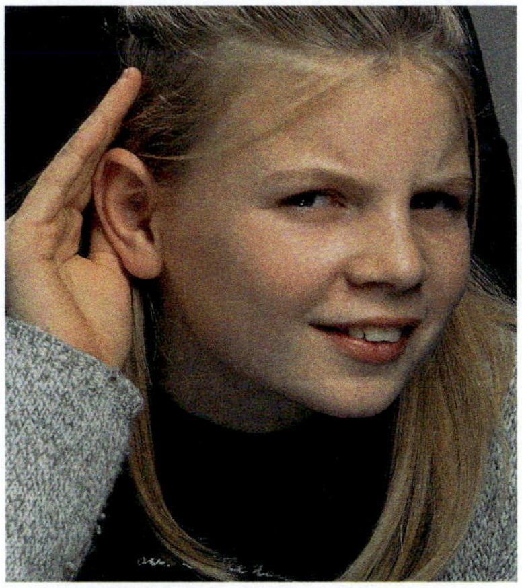
6

Decke die Ohrmuscheln mit den Händen von vorne ab.

b Wie ändert sich jeweils der Höreindruck? Erkläre die Ergebnisse.

4 Weshalb hört man sich auch dann sprechen, wenn beide Ohren fest verschlossen sind?

5 Bei einem Schnupfen kann das Fahren in einem schnellen Lift Ohrenschmerzen hervorrufen. Erkläre.

6 Eine bakterielle Erkrankung des Nasen-Rachen-Raums kann zu einer Mittelohrentzündung führen.

a Erläutere mithilfe von Bild ↑1, auf welchem Weg die Bakterien in das Mittelohr gelangen.

b Die dabei auftretenden starken Schmerzen sind ein Alarmzeichen. Ohne Behandlung kann die Entzündung auf die Gehörknöchelchen, das Trommelfell oder das Innenohr übergreifen. Überlege dir mithilfe des Textes mögliche Folgen.

Unsere Ohren können noch mehr

Kinder spielen auf der Straße. Sie sind sehr in ihr Spiel vertieft. Ein Auto nähert sich. Ein Junge ruft: „Achtung, ein Auto!". Die Kinder schauen schnell in die Richtung, aus der das Auto kommt, und laufen beiseite.
Wieso wussten sie, woher das Auto kommt, noch bevor sie es gesehen hatten?

1 Die Kinder sind in ihr Spiel vertieft.

Beobachten Untersuchen *Experimentieren*

Wir hören, aus welcher Richtung ein Geräusch kommt. Wie genau können wir die Richtung erkennen? Brauchen wir zwei Ohren dafür? Probiert es aus!

1 Aus welcher Richtung klatscht es?
Material: dunkler Schal, Watte oder Ohrstöpsel
Durchführung: Verbindet einer Versuchsperson die Augen. Stellt euch im Kreis um die Versuchsperson herum auf und klatscht einzeln in die Hände. Kann sie angeben, aus welcher Richtung das Klatschen kommt? Nun verschließt sich die Versuchsperson ein Ohr mit einem Wattebausch oder einem Ohrstöpsel. Wieder soll sie sagen, woher das Klatschen kommt.
Auswertung: Vergleicht die Anzahl der „Treffer" ohne und mit Ohrstöpsel. Was zeigt dieser Versuch über das Richtungshören?

2 Wie wir die Richtung hören
Material: Gummischlauch (etwa 1 m), Stift, Filzstift
Durchführung: Markiere mit dem Filzstift die Mitte des Gummischlauchs. Dein Partner setzt sich mit dem Rücken zum Tisch und hält die Schlauchenden in seine Ohren. Der Schlauch liegt dabei hinter ihm auf dem Tisch. Klopfe mit dem Stift leicht an verschieden Stellen auf den Schlauch. Tauscht die Rollen.
Auswertung: Kann dein Partner angeben, ob du links, rechts oder in der Mitte geklopft hast? Ist er sich immer sicher? Findet eine Erklärung für das Ergebnis.

3 „Vertauschte Ohren"
Material: 2 Trichter, 2 Gummischläuche (je 1 m), Klebeband, Holzleiste (ca. 1 m)
Durchführung: Stecke die Gummischläuche auf die Trichter und befestige sie mit Klebeband auf der Leiste. ↑2 Stelle dich in die Mitte des Klassenzimmers, schließe die Augen und halte die Enden der Schläuche an deine Ohren. Deine Mitschüler klatschen wieder abwechselnd in die Hände. Vertausche die Enden der Schläuche. Versuche jeweils anzugeben, aus welcher Richtung das Klatschen kommt.
Auswertung: Vergleicht die Anzahl der „Treffer". Beurteilt, wie sich das „Vertauschen der Ohren" auf das Richtungshören auswirkt.

2 Versuchsdurchführung

Richtungshören

Unser Gehör unterscheidet nicht nur, ob ein Geräusch laut oder leise, ein Ton hoch oder tief ist. Es kann auch wahrnehmen, aus welcher Richtung der Schall kommt. Das funktioniert aber nur mit beiden Ohren. Der Schall trifft in einem unserer Ohren etwas schneller ein als in dem anderen. ↑3 Aus dem kleinen Zeitunterschied ermittelt das Gehirn die Richtung. Das Richtungshören ermöglicht uns beispielsweise im Straßenverkehr, Gefahrenquellen sicher zu orten.

Mit zwei Ohren können wir hören, aus welcher Richtung Geräusche kommen. So können wir Gefahren sicher ausweichen und uns im Straßenverkehr besser zurechtfinden.

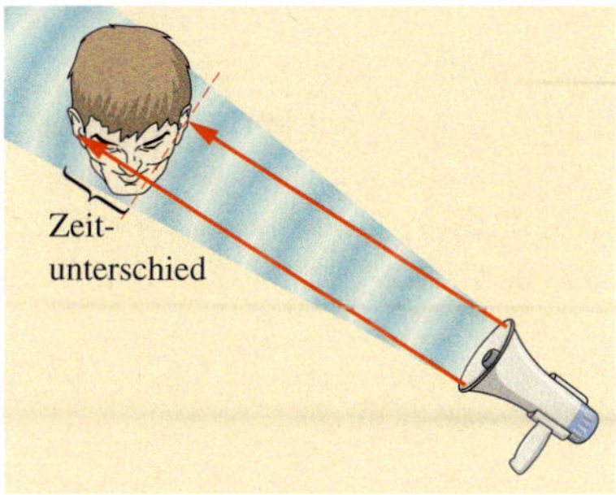

3 Richtungshören

Schon gewusst?

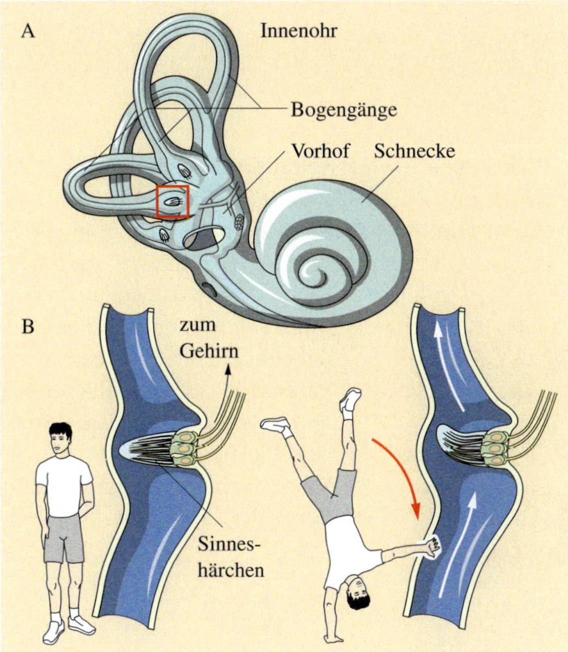

4 Wenn wir unsere Lage verändern, werden die Sinneshärchen abgelenkt.

Gleichgewicht halten mit den Ohren
Im Innenohr befindet sich neben der Schnecke auch unser Gleichgewichtsorgan. Es besteht aus dem Vorhof und den drei Bogengängen. ↑4A Sie sind mit einer zähen Flüssigkeit gefüllt. In ihrem Innern befinden sich feine Sinneshärchen, die von der Flüssigkeit abgelenkt werden, wenn wir uns bewegen. ↑4B Sie melden jede Änderung dem Gehirn, sodass wir immer wissen, wo oben und unten ist, ob wir uns vorwärts oder rückwärts bewegen oder den Kopf drehen.

5 Auch in der Kurve hält der Snowboardfahrer das Gleichgewicht.

Aufgaben

1 Du bist auf dem Weg zur Schule. Hinter dir klingelt ein Radfahrer. Erkläre anhand einer Skizze, wie dein Gehör die Richtung erkennt. Nimm Bild ↑3 als Vorlage.

2 Stelle dir vor, unsere Ohren säßen auf der Stirn oder am Hinterkopf. Welche Funktion unseres Gehörs wäre dadurch beeinträchtigt? Erläutere.

3 Manche Tiere können ihre Ohrmuscheln getrennt voneinander drehen. Welche Vorteile ergeben sich daraus?

4 Fülle eine große Schale zur Hälfte mit Wasser. Gib vorsichtig eine kleine Schale hinein und stelle beide auf einen Drehstuhl. Drehe den Stuhl und halte ihn dann an. Was zeigt dieses Modell?

Viel Lärm macht krank

Der Junge in der S-Bahn hat alles um sich herum vergessen. Er hört seine Lieblingsmusik vom MP3-Player – in voller Lautstärke! Was er seinen Ohren da zumutet, ist unter Umständen genauso gefährlich, wie ohne Gehörschutz neben einem Presslufhammer zu sitzen. Laute Musik oder Lärm – für unsere Ohren macht das keinen Unterschied.
Was richtet Lärm im Körper an? Wie kann ich mich schützen?

1 Wenn andere Fahrgäste mithören können, ist die Musik mit Sicherheit zu laut!

Beobachten **Untersuchen** Experimentieren

Was Lärm ist, empfindet jeder anders. Es kommt darauf an, welche Einstellung man hat und in welcher Situation man sich gerade befindet. Allgemein gilt: Lärm ist Schall, der unangenehm ist und stört.

1 „Lärmtagebuch" Schreibe auf, wann und wo du Geräusche als unangenehm empfindest.

a Schätze die Lautstärke nach der unten abgebildeten Skala. ↑2
Was fällt dir auf?

b Notiere, wie sich in den genannten Situationen der Lärm auf deinen Körper auswirkt.

c Vergleiche deine Erfahrungen mit denen deines Nachbarn. Überlegt gemeinsam, wie ihr euch vor Lärm schützen könnt.

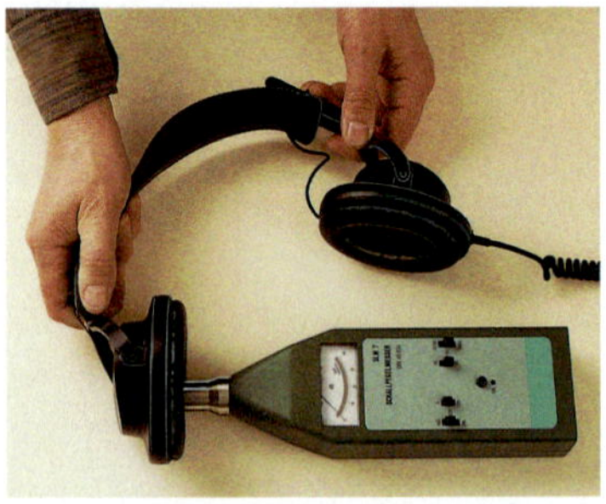

3

2 Schallpegelmessung
Messt den Schallpegel mit einem Schallpegelmessgerät an verschiedenen Stellen in der Schule. Richtet dabei das eingebaute Mikrofon immer direkt auf die Schallquelle.
Vergleicht mit der dB(A)-Skala und tragt die Ergebnisse auf einem Plakat zusammen.
Messt auch an einem Kopfhörer mit voller Lautstärke. ↑3

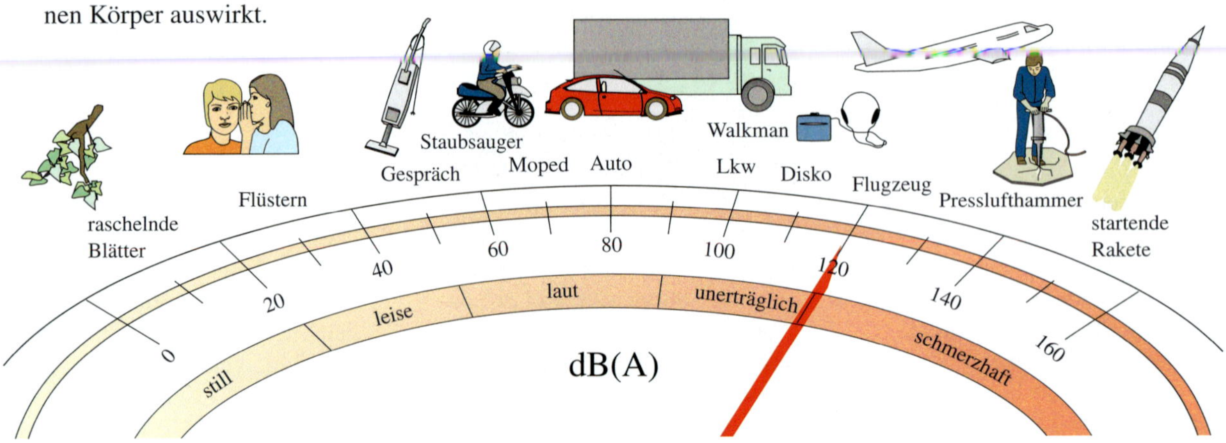

2 Verschiedene Lautstärken auf der Dezibel-A-Skala, abgekürzt dB(A)

Schall kann die Ohren „betäuben“

Die Musik in der Disko war super, nur ein bisschen zu laut. Draußen fühlt man sich wie betäubt. Das liegt daran, dass die Hörsinneszellen überlastet sind und nicht mehr richtig funktionieren. Sie können sich innerhalb einiger Tage wieder erholen.
Sehr laute oder andauernde Geräusche können das Gehör jedoch auch dauerhaft schädigen. Gefährlich ist dabei die hohe Schallenergie, die auf die Sinneszellen im Innenohr einwirkt. Dies kann dazu führen, dass die Sinneshärchen abknicken und die Zellen absterben.

4 Lärm wirkt sich auf den ganzen Körper aus.

Aufgaben

1 Beschreibe, wie sich große Schallstärken auf den menschlichen Körper auswirken. ↑4

2 Ein Teil unserer Hörsinneszellen stirbt durch natürliches Altern ab. Sie können nicht ersetzt werden. Laute Musik kann zusätzliche Sinneszellen zerstören. ↑5 Erläutere mögliche Folgen.

3 Mehr als 3 Millionen Menschen empfinden ständig Geräusche in ihrem Ohr, obwohl von außen kein Schall ins Ohr dringt. Die Ärzte nennen diese Krankheit Tinnitus (von lateinisch *tinnire:* zwitschern). Informiere dich, wie diese Krankheit entsteht und wie sie behandelt werden kann.

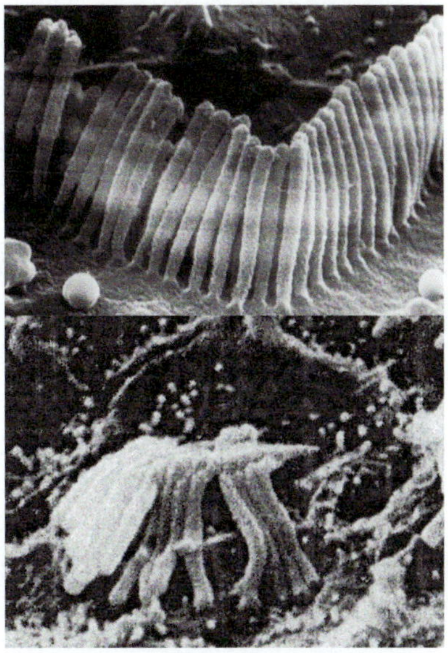

5 Gesunde (oben) und geschädigte (unten) Sinneshärchen im Innenohr

4 Fasse die Aussage der Abbildung 6 in wenigen Sätzen zusammen. ↑6

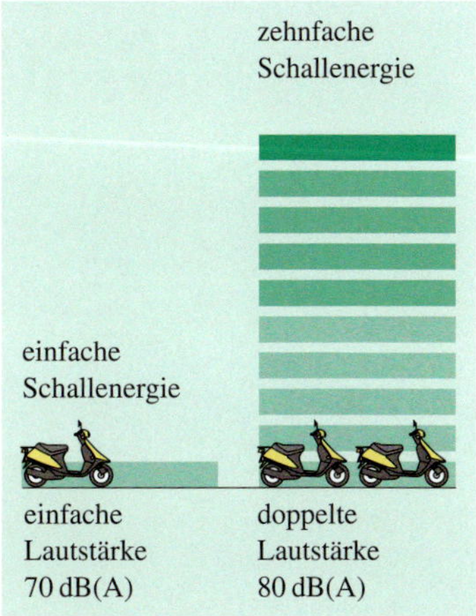

6 Lautstärke und Schallenergie

Alle Sinnesorgane arbeiten mit dem Gehirn zusammen

Jeder weiß aus Erfahrung, dass man die Sonne nicht in die Hand nehmen kann. Trotzdem sieht es auf dem Foto so aus, als ob sie auf die Größe eines Tennisballs geschrumpft wäre. Unser Gehirn bekommt hier über die Augen Informationen, die seiner Erfahrung widersprechen.
Wie kommen Sinnestäuschungen zustande? Welche Rolle spielt das Gehirn bei Sinneswahrnehmungen?

1 Geschrumpfte Sonne?

Beobachten Untersuchen Experimentieren

032-1

Getäuschte Sinne

Viele Sinneseindrücke werden durch unsere Erfahrungen bestätigt oder ergänzt.

1 Betrachte die Bilder unten und beschreibe deine Eindrücke.

2 Stell dir vor, du hast noch niemals ein Motorrad gesehen. Wirst du es in Bild ↑2 erkennen? Begründe.

2 Nur schwarze Flecke?

3 Eine alte oder eine junge Frau?

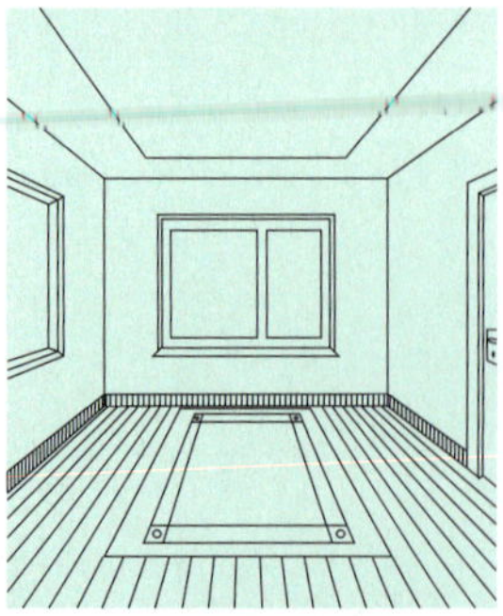

4 Teppich im Raum

3 Kannst du beide Frauen in Bild ↑3 gleichzeitig sehen? Versuche eine Erklärung zu finden.

4 Miss in Bild ↑4 mit einem Lineal die hintere Wand und die vordere Teppichkante. Finde heraus, wie dieses Bild unsere Wahrnehmung beeinflusst.

5 Führt folgendes Experiment durch:
a Wählt eine oder mehrere Versuchspersonen und schickt sie vor die Klassentür.
b Füllt je eine Plastikschale mit kaltem (etwa 10 °C), warmem (etwa 35 °C) und lauwarmem Wasser (kaltes und warmes Wasser mischen). Beschriftet die Schalen. ↑5 Die Versuchspersonen sollen die Schilder aber nicht sehen können.

5 Versuchsanordnung

c Eine Versuchsperson wird hereingebeten. Sie taucht die linke Hand etwa 30 Sekunden lang in das warme Wasser und gleichzeitig die rechte Hand in das kalte Wasser. Anschließend soll sie beide Hände zugleich in die Schale mit dem lauwarmen Wasser tauchen.
d Die Versuchperson soll ihre Empfindungen schildern.
e Wiederholt den Versuch mit den anderen Versuchspersonen. Vergleicht und diskutiert die Ergebnisse.

Vom Reiz zur Wahrnehmung

Verarbeitung von Reizen Alles, was wir über die Umwelt wissen, wird uns mithilfe der Sinnesorgane übermittelt. Sie nehmen Reize aus der Umwelt auf und wandeln sie in Nervensignale (Erregungen) um. Diese Informationen werden über Nervenfasern zum Gehirn geleitet und dort zu einem Gesamteindruck verarbeitet. Dabei vergleicht das Gehirn das Wahrgenommene auch mit Erfahrungen. Jedes Sinnesorgan ist mit seinen Bau auf die Aufnahme einer Reizart spezialisiert. ↑6 Mithilfe der Augen kann man nur sehen, mithilfe der Haut nur tasten, Kälte und Wärme fühlen oder Schmerz empfinden.

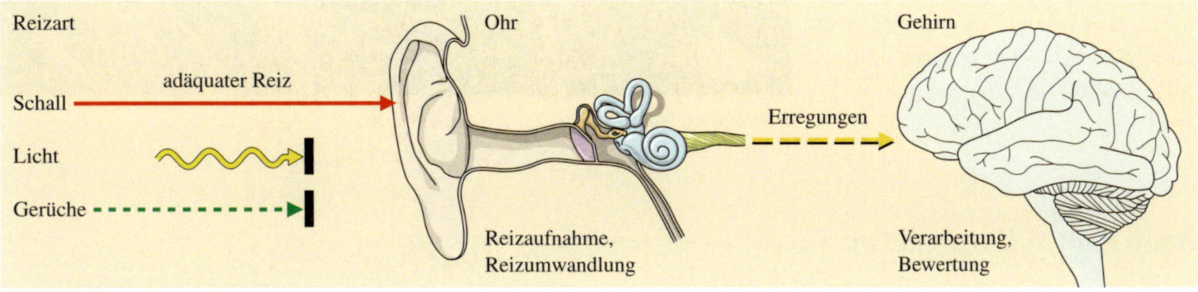

6 Das Gehirn verarbeitet Sinneseindrücke und bewertet sie.

Nicht wahrnehmbare Umweltwirkungen Es gibt auch Umwelteinflüsse, die wir mit unseren Sinnesorganen nicht aufnehmen können (z. B. Funkwellen und radioaktive Strahlen). Wir benötigen technische Geräte, die beispielsweise Funkwellen in Sprache, Musik oder Bilder umwandeln. Diese Eindrücke können wir dann wahrnehmen.

Sinnesorgane nehmen Reize auf, wandeln sie in Erregungen um und leiten diese Informationen zum Gehirn. Jedes Sinnesorgan kann nur seine spezielle Reizart aufnehmen. Aus allen Wahrnehmungen und Erfahrungen bildet das Gehirn einen „Gesamteindruck" von unserer Umwelt.

Aufgaben

1 Lies aus der Liste in Bild ↑7 nicht die Wörter, sondern sage laut und schnell nur die Farben, in denen sie gedruckt sind. Schaffst du es ohne Fehler? Welche Erklärung hast du für diese Erscheinung?

7 Wortliste

2 Kinder im Vorschulalter kennen die Farben, können aber noch nicht lesen. Können sie die Aufgabe 1 besser lösen? Stelle eine Vermutung auf und probiere es mit einem Vorschulkind aus.

3 Die Haut ist unser vielseitigstes Sinnesorgan. Begründe diese Behauptung.

Signale werden weitergeleitet

Wem ist nicht schon einmal etwas „auf die Nerven gegangen"? Wer sehr „viel Nerv" oder gar „Nerven wie Stahlseile hat", der hält ganz schön was aus. Unser Körper besitzt bis zu 100 Milliarden Nervenzellen. Zu einer Kette aneinandergereiht ergäbe das eine Strecke von der Erde bis zum Mond und wieder zurück. Was ist ein Nerv? Wie ist er aufgebaut und wie funktioniert er?

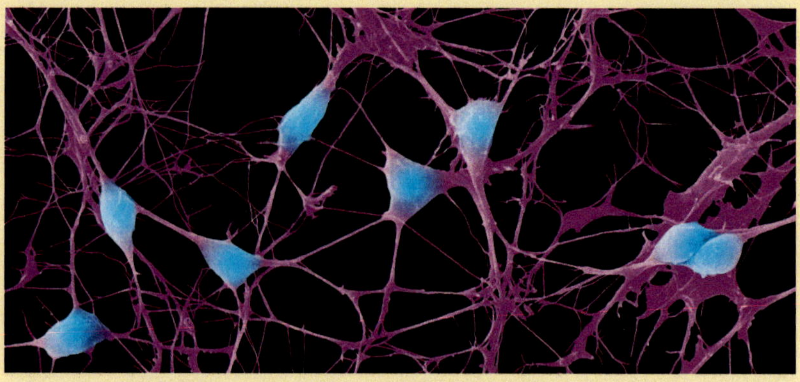

1 Einzelne Nervenzellen bilden ein Geflecht.

Beobachten Untersuchen Experimentieren

Untersuchung von Nervenzellen

Material: Fertigpräparate von Nervenzellen, Mikroskop, Zeichenmaterial
Durchführung: Betrachte das mikroskopische Bild einer Nervenzelle und fertige davon eine Zeichnung an.
Auswertung: Beschrifte die Zeichnung mithilfe von Bild ↑3.
Bild ↑2 zeigt unterschiedliche Nervenzellen. Welchen ähneln die Nervenzellen in deinem Präparat? Welche Baumerkmale sind bei allen Nervenzellen gleich, worin unterscheiden sie sich?

2 Verschiedene Nervenzellen

Aufbau von Nervenzellen

Grundbauplan Die kleinste Einheit des Nervensystems ist die Nervenzelle, die auch als Neuron bezeichnet wird. Nervenzellen transportieren Informationen in Form von elektrischen Impulsen. Sie selbst empfangen die Impulse von einer Sinneszelle oder einer Nervenzelle und übertragen diese dann an eine andere Zelle. Dabei kann es sich zum Beispiel um eine Nerven-, Muskel- oder Drüsenzelle handeln.
Alle Nervenzellen besitzen denselben Grundbauplan: ↑3 Der Zellkörper enthält den Zellkern und alle Zellorganellen, die für den Stoffwechsel notwendig sind. Die Dendriten sind weit verzweigte Fortsätze, die sich, aus-

gehend vom Zellkörper, wie Antennen im Raum ausbreiten. Die Dendriten stellen eine große Oberfläche für den Empfang von Signalen anderer Nervenzellen bereit.

Das Axon ist ein einzelner Zellfortsatz, der länger als die Dendriten ist. Über das Axon werden die von den Dendriten aufgenommenen Impulse weitergeleitet. Obwohl Axone eine Länge von über einem Meter erreichen können, sind sie nur 0,01 Millimeter dünn. Bei Wirbeltiernervenzellen sind sie oft von Hüllzellen umgeben. Sie isolieren das Axon elektrisch und haben eine wichtige Funktion bei der Impulsleitung. An ihren Enden verzweigen sich die Axone und schließen mit Endknöpfchen ab. Die Endknöpfchen stellen die Verbindung zu anderen Zellen her.

Axon und Hüllzellen bilden zusammen eine Nervenfaser. Bündel von mehreren parallel verlaufenden Nervenfasern, die von einer gemeinsamen Bindegewebshülle umgeben sind, bezeichnet man als Nerv.

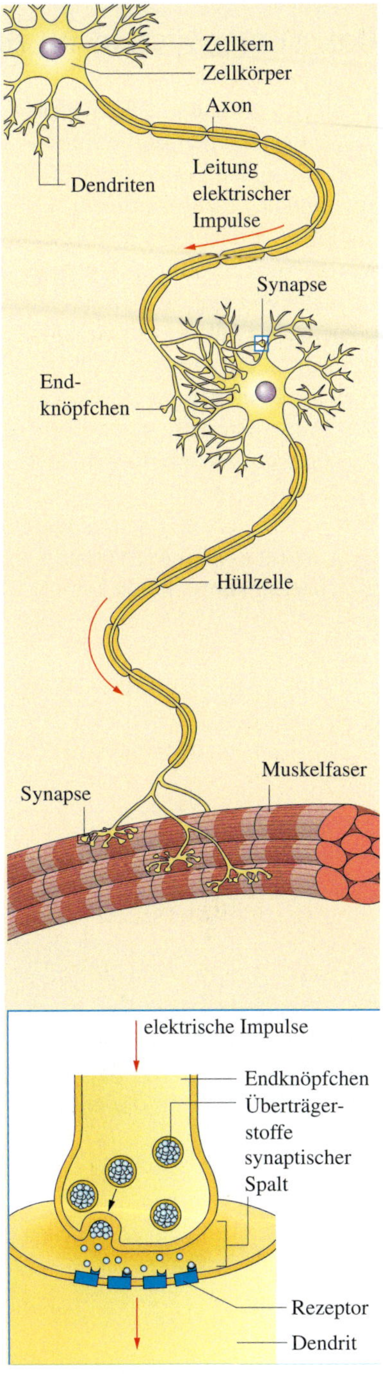

3 Bau und Kontakte einer Nervenzelle

Synapsen Die Verbindungen, die eine Nervenzelle mit anderen Zellen eingeht, bezeichnet man als Synapsen. Man unterscheidet chemische und elektrische Synapsen. Bei elektrischen Synapsen kann ein elektrischer Impuls direkt an die Nachbarzelle weitergegeben werden.

Bei den chemischen Synapsen handelt es sich nicht um feste Verbindungen zwischen den Zellen, sondern es bleibt ein winziger Spalt, der synaptische Spalt. Elektrische Impulse, die über das Axon laufen, können diesen nicht überspringen. Sie enden am Endknöpfchen.

Damit der Impuls nicht verloren geht, findet nun eine chemische Weiterleitung statt. In den Endknöpfchen befinden sich kleine Bläschen, die mit Überträgerstoffen gefüllt sind. Erreicht ein elektrischer Impuls die Endknöpfchen, so werden die Überträgerstoffe in den synaptischen Spalt ausgeschüttet. Die benachbarte Zelle besitzt im Bereich der Synapse spezielle Rezeptoren, die von den Überträgerstoffen besetzt werden und neue elektrische Impulse auslösen. Anschließend werden die Überträgerstoffe unwirksam gemacht und vielfach in den Endknöpfchen recycelt. Der gesamte Vorgang kann sich bis zu tausendmal in der Sekunde wiederholen.

Ventilfunktion Da nur die Endknöpfchen Überträgerstoffe enthalten und meist nur der kontaktierte Bereich der Nachbarzelle über die passenden Rezeptoren verfügt, können elektrische Impulse an einer Synapse nur in eine Richtung weitergeleitet werden. Synapsen wirken also ähnlich wie Ventile.

Nervenzellen bestehen aus dem Zellkörper, den Dendriten und einem Axon mit Endknöpfchen. Synapsen sind die Kontaktstellen von Nervenzellen mit anderen Zellen. Innerhalb der Nervenzellen erfolgt die Reizleitung über elektrische Impulse, zwischen Zellen häufig mithilfe von Überträgerstoffen.

Aufgaben

1 Elektrische Impulse breiten sich mit einer Geschwindigkeit von bis zu 125 m/s aus. Um den durchlaufen, benötigen sie 0,008 Se-

2 Eine Nervenzelle kann man mit einem Kabel vergleichen. Finde einige Gemeinsamkeiten und Unterschiede.

Das Nervensystem im Überblick

Ein Tennismatch: Der Gegner hat gerade den Ball gespielt. Nun gilt es, die Flugbahn des Balls zu erahnen, einen Plan für die eigene Platzierung des Balls zu entwerfen und die dafür notwendige Schlagbewegung zu koordinieren. Gleichzeitig müssen der Herzschlag und die Atmung an die körperliche Betätigung angepasst werden. Außerdem wird gerade der hinuntergeschluckte Bissen einer Banane verdaut.
Wie ist das Nervensystem aufgebaut, damit es all diese Vorgänge gleichzeitig koordinieren kann?

1 Bei einer sportlichen Betätigung sind alle Teile des Nervensystems aktiv.

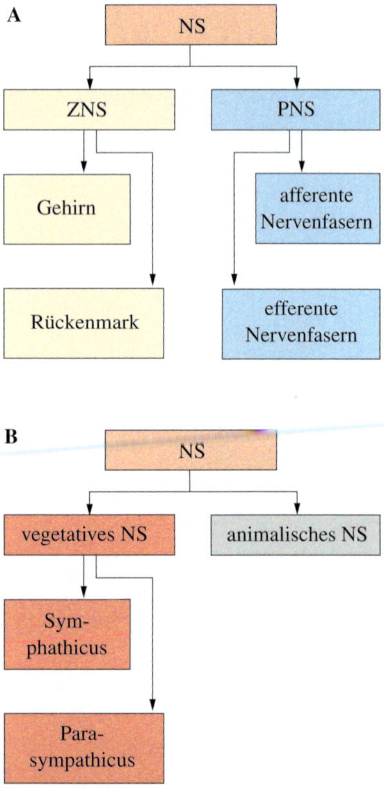

2 Gliederung des Nervensystems (NS): A räumlich, B funktionell

Bau des Nervensystems

Nervensystem Alle Nervenzellen des Körpers bilden das Nervensystem. Es übernimmt die folgenden Funktionen: Wahrnehmung, Übertragung, Verarbeitung und Speicherung von Informationen. Dadurch werden alle Organe des Körpers gezielt gesteuert. Die Bestandteile des Nervensystems können nach räumlichen und funktionellen Gesichtspunkten unterschieden werden. ↑2

Gliederung nach dem räumlichen Aufbau Bei dieser Einteilung wird das Nervensystem in das Zentralnervensystem (ZNS) und das periphere („am Rande liegende") Nervensystem (PNS) gegliedert. ↑3, 4
Die oberste Schalt- und Entscheidungszentrale unseres Nervensystems ist das ZNS. Es besteht aus dem Gehirn und dem Rückenmark. Im ZNS werden elektrische Impulse, die in den Sinnesorganen, den Muskeln und den inneren Organen erzeugt werden, verarbeitet und ausgewertet.
Im Gehirn werden Reaktionen geplant und entsprechende Befehle zur Steuerung in den Körper gesendet, die sich schließlich in Bewegungen, Verhalten oder Organtätigkeiten zeigen. Hier ist auch der Ort der Wahrnehmung und der Erinnerung. Das Rückenmark ist ein im Wirbelkanal der Wirbelsäule gelegenes Nervenbündel. Es verbindet das Gehirn mit den restlichen Regionen des Körpers und ist in der Lage, einfache Reaktionen auch selbst zu steuern. ↑S.38
Nervenbahnen, die Nervenimpulse von den Sinneszellen zum ZNS leiten, bezeichnet man als afferente Nervenbahnen. Diejenigen, die in umgekehrter Richtung leiten, also vom Gehirn oder Rückenmark zu den Muskeln, Drüsenzellen oder inneren Organen, werden als efferente Nervenfasern bezeichnet. Afferente und efferente Nervenfasern bilden zusammen das periphere Nervensystem.

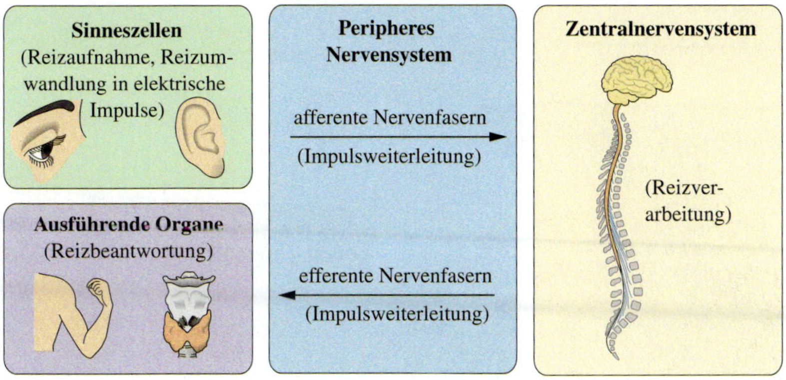

3 Vom Reiz zur Reaktion: Zusammenwirken von PNS und ZNS

Gliederung nach der Funktion Hier unterscheidet man das animalische vom vegetativen Nervensystem.
Der Mensch steht mithilfe der Sinnesorgane mit seiner Umwelt in Verbindung. Er muss dabei ständig auf äußere Reize reagieren. Viele Reaktionen werden auch bewusst geplant und gesteuert. Hierfür ist das animalische Nervensystem verantwortlich.
Darüber hinaus müssen ständig Informationen über die Innenwelt, also die inneren Organe, den Blutdruck usw., verarbeitet werden. Dies geschieht weitgehend unbewusst. Die Steuerung übernimmt das vegetative Nervensystem. Es ist in zwei Bereiche aufgeteilt, die eine entgegengesetzte Wirkung haben. Funktionen, die dazu dienen, die Leistungsfähigkeit des Körpers zu erhöhen, werden vom Sympathicus aktiviert, diejenigen, die für Erholung und Verdauung wichtig sind, werden vom Parasympathicus gesteuert. Animalisches und vegetatives Nervensystem sind im Gehirn eng verbunden.

Vom Reiz zur Reaktion ↑3 Wie gelingt es nun dem Tennisspieler so schnell auf den Schlag seines Gegners zu reagieren? ↑1 Zunächst nehmen seine Sinnesorgane die Ausholbewegung mit dem Schläger, den Schlag und das Schlaggeräusch wahr und wandeln diese Reize in elektrische Impulse um. Diese werden von afferenten Nerven an das Gehirn weitergeleitet und dort verarbeitet. Resultat ist der Plan für eine Reaktion. Diese wird so analysiert, dass sie in einzelne Muskelbewegungen aufgeteilt wird. Über efferente Nerven werden die entsprechenden Muskeln, man spricht hier von Erfolgsorganen, erregt, die Reaktion wird in Form eines mehr oder weniger gelungenen Returns ausgeführt.

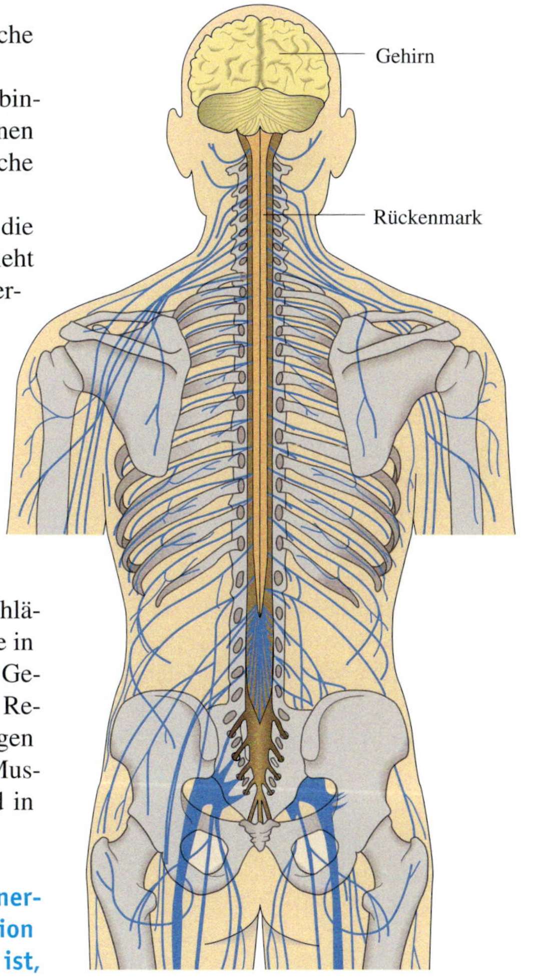

4 Organisation von ZNS (gelb, orange) und peripherem Nervensystem (blau)

Das Nervensystem gliedert sich nach seinem Aufbau in Zentralnervensystem und peripheres Nervensystem. Hinsichtlich der Funktion kann man das animalische Nervensystem, das bewusst steuerbar ist, und das vegetative Nervensystem unterscheiden. Afferente Nerven leiten Impulse zum ZNS, efferente von dort in die Peripherie.

Aufgaben

1 Das vegetative Nervensystem wird auch als selbst-
… bezeichnet. Begründe.

2 Ein Reh läuft über die Straße. Was geschieht im Körper des Autofahrers vom Reiz bis zur Reaktion?

Wozu dienen Reflexe?

Jeder kennt das: Man geht barfuß und tritt plötzlich auf einen spitzen Stein. Noch ehe man weiß, was eigentlich geschehen ist, hat man das Bein bereits zurückgezogen.
Warum erfolgt die Reaktion so schnell, schneller als sie mir bewusst wird?

1 „Aua! Was hat dort im Gras gelegen?“

Beobachten Untersuchen Experimentieren

Gestolpert und nicht hingefallen!

Das ist ja noch mal gut gegangen! Die Kante auf dem Weg hattest du glattweg übersehen. Du stolperst, aber dein Körper hat blitzschnell reagiert. Eine Teilreaktion kannst du nun untersuchen.
Material: Stuhl
Durchführung: Arbeitet in Zweiergruppen (A und B).
A: Setze dich auf einen Stuhl und schlage ein Bein über das andere. Lass das Bein ganz locker hängen und schau entspannt zur Zimmerdecke.
B: Erfühle unterhalb des Knies das Ende der Kniescheibe. Schlage mit der Außenkante der Hand von vorne dosiert gegen die Sehne unterhalb der Kniescheibe (Nicht so wie in Bild ↑2!).

Auswertung: Beschreibt eure Beobachtung.
Wurde die Reaktion bewusst ausgeführt? Zur Beantwortung dieser Frage versucht die Ausführung zu verhindern. Aber ohne die Muskeln anzuspannen!
Schätzt die Länge der Reaktionszeit ab.
Die Reaktion war: sehr langsam, langsam, mittel, schnell oder sehr schnell.

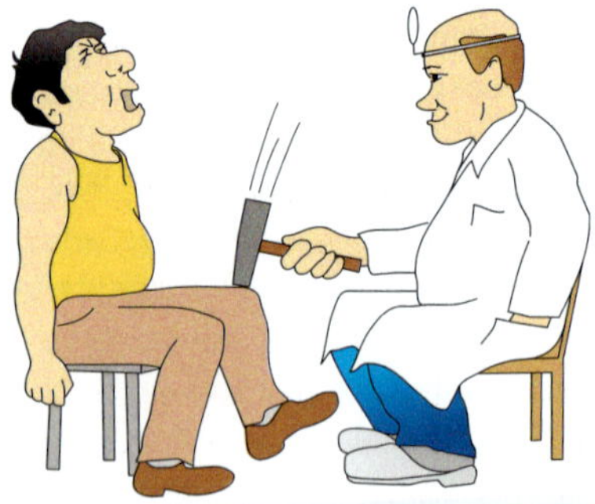

2 „Aua, das hat weh getan!“

Das Rückenmark

Aufbau des Rückenmarks Als bei Erwachsenen etwa fingerdicker Nervenstrang liegt das Rückenmark im Wirbelkanal der Wirbelsäule. Hier ist es durch die knöchernen Wirbel gut geschützt. Ähnlich wie beim Gehirn sorgt ein flüssigkeitsgefüllter Raum für zusätzliche Polsterung. So ist das empfindliche Nervengewebe vor Erschütterungen geschützt.
Im Querschnitt des Rückenmarks erkennt man im Innern eine schmetterlingsförmige Gestalt, die graue Substanz. ↑3 Sie besteht vor allem aus Zellkörpern. Der sie umgebende Bereich besteht überwiegend aus den Axonen der Nervenzellen und ist durch die Hüllzellen hell gefärbt. Diese Fläche wird als weiße Substanz bezeichnet.

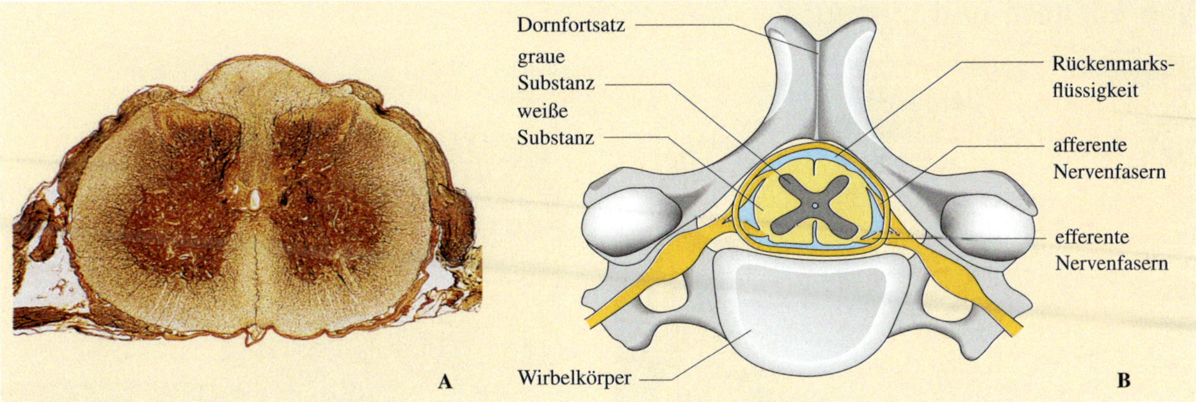

3 A Querschnitt durch das Rückenmark; B Aufsicht auf einen Wirbel im Bereich der Halswirbelsäule

Zwischen den Wirbeln verlassen seitlich auf der dem Bauch zugewandten Seite efferente Nerven das Rückenmark und ziehen zur Skelettmuskulatur. Ebenfalls seitlich, doch mehr dem Rücken zugewandt, treten afferente Nerven in das Rückenmark ein und übermitteln Impulse von den Sinnesorganen.

Beugereflex ↑4 Auf der Fußunterseite finden sich besonders viele Sinneszellen in der Haut, darunter auch Schmerzrezeptoren. Werden diese gereizt, so senden sie elektrische Impulse über afferente Nerven zum Rückenmark. Dort werden Impulse direkt auf efferente Nerven übertragen, die zur Beinmuskulatur ziehen: Schon hat der Unterschenkelbeuger den Fuß weggezogen. Man spricht von einem Reflexbogen. Gleichzeitig werden auch Nerven erregt, die ins Gehirn ziehen. Die Reaktion hat aber bereits stattgefunden, noch ehe der Schmerz bewusst wird.
Viele Reflexe sind angeboren und haben vor allem Schutzfunktion. Der Körper reagiert auf einen bestimmten Reiz immer gleich: Beim Stolpern bringt ein Stolperreflex, zu dessen Gruppe auch der Kniesehnenreflex gehört, das Bein schnell nach vorne, sodass wir uns abfangen können. Berühren wir mit der Hand versehentlich eine heiße Herdplatte, so haben wir sie bereits zurückgezogen, wenn uns klar wird, dass sie heiß ist. Meist beschränken sich Reflexe auf einfache Bewegungsmuster.

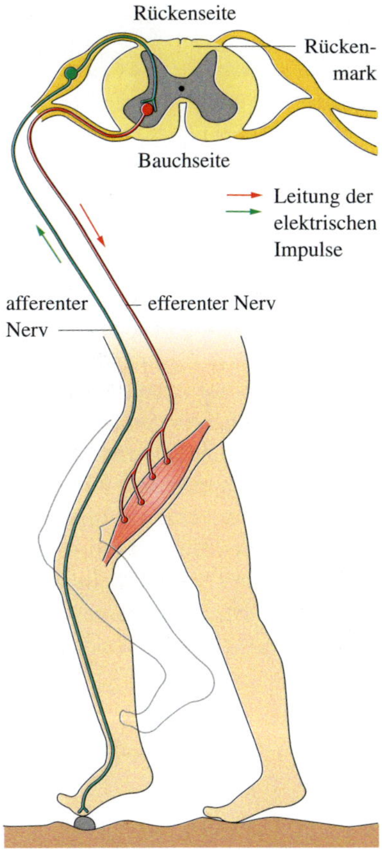

4 Ablauf des Beugereflexes

Das Rückenmark verbindet als dicker und gut geschützter Nervenstrang das Gehirn mit dem Körper. In ihm verlaufen sowohl afferente als auch efferente Nerven. Zudem ist das Rückenmark die Schaltzentrale für Reflexe. Hierbei handelt es sich um rasch ablaufende, unbewusste Reaktionen des Körpers ohne Beteiligung des Gehirns. Sie besitzen häufig Schutzfunktion.

Aufgaben

1 Ein Fußballspiel: Der Stürmer schießt aus kurzer Distanz. Mit einer blitzschnellen Bewegung kann der Torwart den Ball zur Ecke lenken. Der Repor- [illegible] Reflex. Beurteile diese

2 Vergleiche die Aufgaben von Rückenmark und Gehirn. Nenne Gemeinsamkeiten und Unterschiede.

3 Wird das Rückenmark verletzt, so treten je nach Ort der Verletzungen Lähmungen auf. Erkläre mit- [illegible] Bild ↑4 S. 37.

Projekt

Von Löchern und Linsen

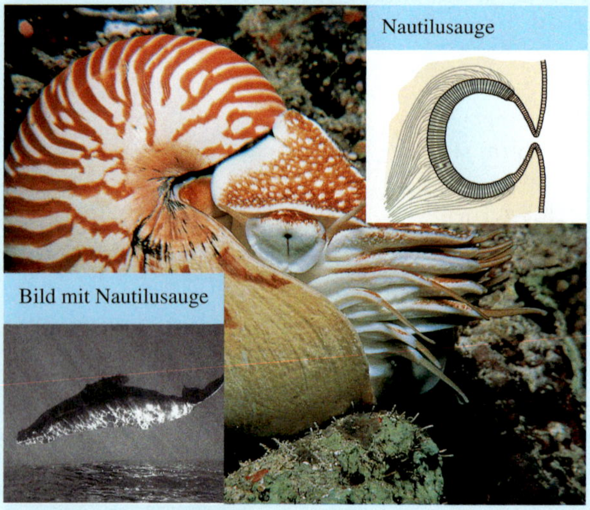

1 Der Nautilus ist ein Tintenfisch. Er lebt in 100 Metern Tiefe im Pazifik. Sein Auge enthält eine wassergefüllte Kammer, die vorn ein Loch hat, aber keine Linse.

2 Dieser Kamera fehlt das Objektiv. Statt der Linsen des Objektivs ist vorne im Deckel ein 1 Millimeter großes Loch. Trotzdem kann man mit so einer Lochkamera Bilder machen.

Aufgaben

1 Vergleiche das Bild, das der Nautilus sieht, mit dem Bild der Lochkamera.

2 Informiert euch in einem Physiklehrbuch über den Aufbau einer Lochkamera. Überlegt in kleinen Gruppen, wie ihr möglichst einfach eine Lochkamera selbst bauen könnt. Fertigt eine Zeichnung an und erstellt eine Materialliste. Als Material für den Schirm empfiehlt sich durchsichtiges Pergamentpapier. Ein Beispiel für eine einfache Lochkamera zeigt Bild 3.

3 Baut eure Lochkamera und probiert sie aus. Stellt eure Kamera in der Klasse vor. Vergleicht eure Kameras miteinander und stellt Vorzüge und Nachteile heraus.

4 Haltet eine Lupe oder eine nach außen gewölbte Linse vor die Lochblende eurer Kamera und bewegt sie vor und zurück. Was bewirkt die Linse? Vergleiche mit dem Modellauge. ↑S.19

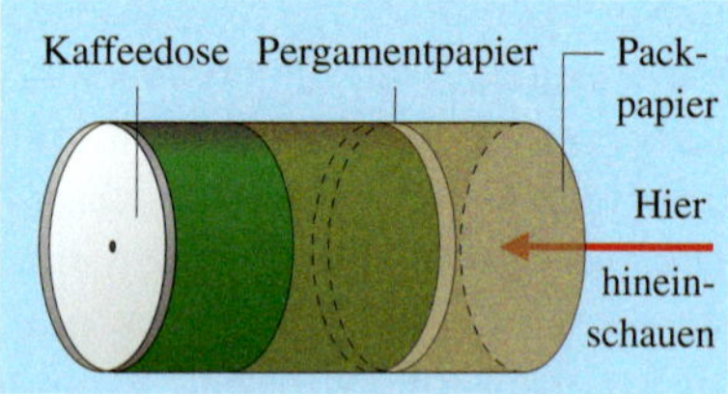

3 Lochkamera

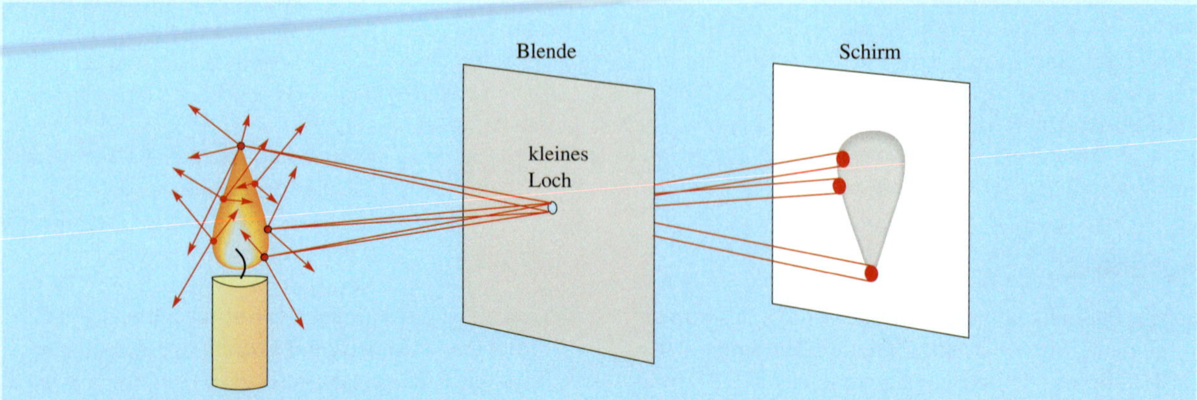

4 Bildentstehung bei einer Lochblende

Überblick

041-1

Die Sinne ergänzen sich
Mit unseren Sinnen nehmen wir die Umwelt wahr. Wir können sehen, hören, fühlen, riechen und schmecken und haben außerdem einen Temperatursinn in der Haut und einen Gleichgewichtssinn im Innenohr. Meist sind mehrere Sinne an der Wahrnehmung beteiligt.

Sinnesorgane und Gehirn arbeiten zusammen
Sinnesorgane nehmen Umweltreize auf, wandeln sie in Erregungen um und leiten diese zum Gehirn. Jedes Sinnesorgan kann nur seine spezielle Reizart aufnehmen. Aus den Wahrnehmungen und Erfahrungen erzeugt das Gehirn einen Gesamteindruck von unserer Umwelt.

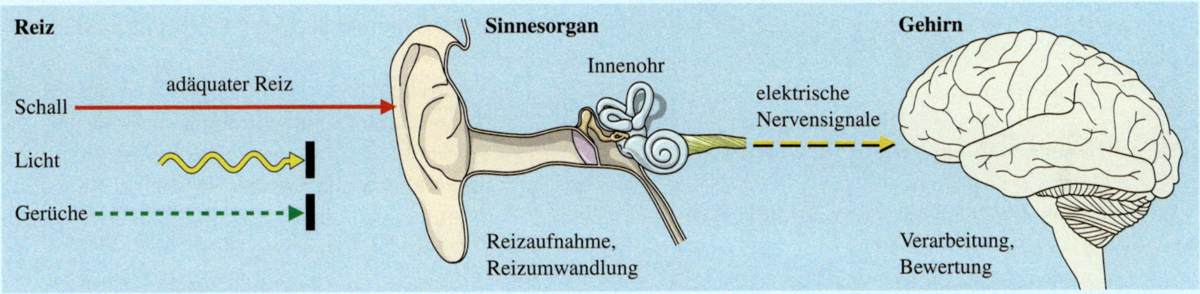

1 Das Gehirn bewertet die Informationen von den Sinnesorganen. So entsteht die Wahrnehmung.

Vom Reiz zur Reaktion
Zum Zentralnervensystem (ZNS) gehören das Gehirn und das Rückenmark. Reize (z. B. Licht) lösen in Sinneszellen die Entstehung von Erregungen aus (elektrische Nervenimpulse). Afferente Nervenbahnen (z. B. der Sehnerv) leiten diese Informationen von Sinnesorganen zum ZNS. Im Gehirn werden Informationen der Sinnesorgane verarbeitet sowie Wahrnehmungen, Vorstellungen und „Handlungspläne“ erzeugt. Das Rückenmark verbindet als im Wirbelkanal der Wirbelsäule gelegenes Nervenbündel das Gehirn mit den anderen Körperteilen. Einfache Reaktionen kann es auch selbst auslösen. Vom Gehirn bzw. vom Rückenmark aus werden über efferente Nervenbahnen Nervensignale zu Muskeln, Drüsen und anderen Organen gesendet. Dadurch wird das Zusammenwirken der Organe gesteuert.

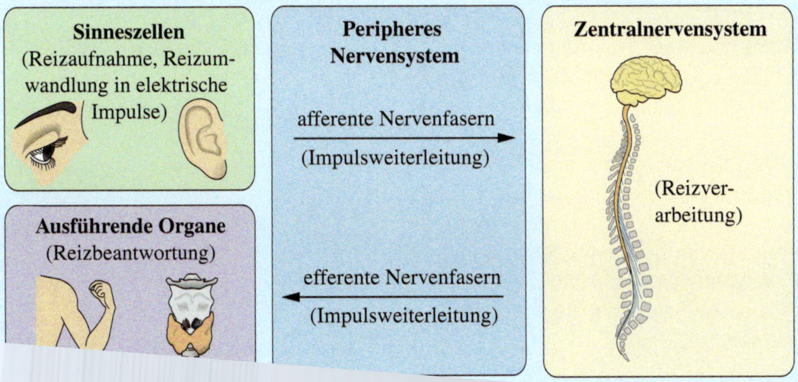

Das Ohr – Bau und Funktion
Das Ohr besteht aus dem Außenohr mit Ohrmuschel, Gehörgang und Trommelfell, dem Mittelohr mit den Gehörknöchelchen und dem Innenohr mit der Schnecke, dem Vorhof und den Bogengängen. Außen- und Mittelohr dienen der Schallübertragung und -verstärkung. Im Innenohr befinden sich die Sinneszellen des Gehörs und des Gleichgewichtssinns.

Das Auge – Bau und Funktion
Mit Änderungen der Pupillengröße kann sich das Auge an unterschiedliche Helligkeiten anpassen. Die Linse kann auf Gegenstände in unterschiedlicher Entfernung eingestellt werden. Durch die Pupille einfallendes Licht erzeugt auf der Netzhaut ein umgekehrtes Bild, Lichtsinneszellen nehmen Lichtreize auf und werden erregt. Der Sehnerv leitet die Informationen in Form elektrischer Impulse zum Gehirn.

Teste dich!

1 Das Auge ist aus zahlreichen Bestandteilen aufgebaut. ↑1

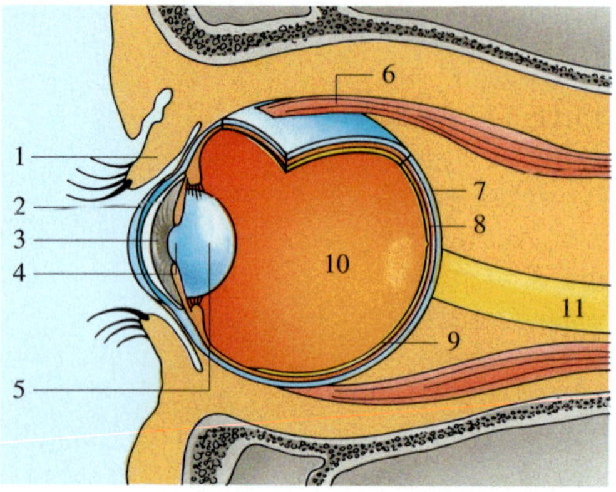

1 Bau des Auges

a Benenne die mit Ziffern versehenen Teile.
b Ordne den Bestandteilen eine Funktion zu.
c Dort, wo der Sehnerv aus dem Auge austritt, liegen keine Sinneszellen. Man nennt diese Stelle blinder Fleck. Erläutere, warum wir trotzdem vollständige Bilder wahrnehmen.
d Wenn man durch die Pupille in das Auge hineinschaut, erkennt man feine Äderchen. Was kannst du daraus schließen?

2 Du siehst ein Flugzeug am Himmel. Es wird von der Sonne beschienen.
a Erkläre, wie das Flugzeug mit Auge und Gehirn wahrgenommen wird.
b Das Flugzeug verschwindet hinter einer Häuserreihe. Du kannst es nicht mehr sehen. Wieso kannst du es noch hören? Nutze deine Kenntnisse aus der Physik.
c Wenn du das Flugzeug zwischen Daumen und Zeigefinger „hältst", ist es nur ein paar Zentimeter groß. Du weißt, dass das nicht stimmt. Wieso bist du dir sicher?

3 „Kein Sehen ohne Licht, kein Hören ohne Schall."
a Nimm begründet Stellung zu der Aussage.
b Nenne weitere Sinne und passende Reize.
c Finde eine Erklärung für die Begriffe Fernsinn und Nahsinn. Ordne die Sinne aus b) jeweils zu und begründe.

4 Rettungs- und Polizeifahrzeuge sind mit Blaulicht und Martinshorn ausgestattet.
a Du stehst an einer Ampel und hörst ein Rettungsfahrzeug, ohne es zu sehen. Weshalb weißt du, woher es kommt?
b Begründe, warum Rettungsfahrzeuge während der Fahrt nur beide Sondersignale gleichzeitig einsetzen dürfen.

042-1

Die Farben zeigen, worauf es bei einer Aufgabe ankommt:
■ Sachverhalte wiedergeben ■ Wissen anwenden ■ komplexe Probleme lösen

› Die Lösungen findest du im Anhang.

Schätze deine Kenntnisse und Fähigkeiten ein.

Aufgabe	Lerngebiet/Fähigkeit	Lösungshilfe	Auswertung
1	Ich kann die Bestandteile des Auges und deren Funktion benennen. Ich kann erklären, warum der blinde Fleck das Sehen nicht beeinträchtigt und warum man bis auf den Augenhintergrund ins Auge hineinschauen kann.	15	Ordne dazu deiner Lösung im Heft ein Smiley zu: ☺ Ich konnte die Aufgabe richtig lösen. 😐 Ich konnte die Aufgabe nicht komplett lösen. ☹ Ich konnte die Aufgabe nicht lösen.
2	Ich kann erklären, dass man um die Ecke hören, aber nicht um die Ecke sehen kann, und erläutern wie Sinne und Gehirn zusammenarbeiten.	18, 19, 26, 27, 32, 33	
3	Ich kann begründen, dass Sinnesorgane nur bestimmte Reize wahrnehmen können sowie Fern- und Nahsinne unterscheiden.	33	
4	Ich kann begründen, warum verschiedene Sondersignale von Polizei und Rettungsdienst eingesetzt werden.	28, 29	

Was ist gesund?

Über Gesundheit und Krankheit entscheiden nicht die Risiken, denen sich Menschen aussetzen oder denen sie ausgesetzt sind. Viel wichtiger ist eine Lebensweise, die sich durch Optimismus, Bewegungsfreude, Stresstoleranz und Genussfähigkeit auszeichnet.

Gesund ist,

was Spaß macht!
Das ist die Sichtweise einer neuen Medizin, die sich nicht nur damit beschäftigt, was unserer Gesundheit schadet, sondern vor allem mit unseren natürlichen Fähigkeiten gesund zu bleiben.

Dass gesunde Ernährung und Bewegung im Alltag dazu beitragen, dass du fit bleibst, weißt du ja schon. In diesem Kapitel kannst du mehr darüber erfahren, was zu deiner Leistungsfähigkeit und deinem Wohlbefinden beiträgt und wodurch du eher aus der Form gerätst.

1 Wovon hängt es ab, ob Stress uns zu Höchstleistungen antreibt oder uns überfordert und krank macht?

2 „Computerspiele machen mir eben mehr Spaß als das Training im Sportverein. Na und? Ist das schlimm?“

4 Ist Alkohol eine „harmlose“ Droge? Wie wirkt Alkohol und welche Schäden kann er bewirken?

3 „Klar will ich gesund bleiben! Aber wenn ich mich dafür stressen muss …“

5 Jugendliche werden besonders leicht von Drogen abhängig. Warum?

6 Wie giftig ist Nikotin? Wie wirkt es und warum macht es so leicht süchtig?

7 In die Drogenabhängigkeit hineingerutscht? Es gibt Möglichkeiten, so eine Entwicklung zu verhindern: Sag nein!

Gesundheit – Risikofaktoren und Schutzfaktoren

Gesundheit ist nicht nur auf körperliches Wohlbefinden beschränkt.
Ebenso gehören dazu psychische (seelische) Ausgeglichenheit und intakte Beziehungen zu anderen Menschen (z. B. in der Familie, in der Schulklasse, im Sportverein). Gesunderhaltung ist für die Menschen schon lange eines der wichtigsten Lebensziele. Jedoch bewältigen viele Menschen ihre Alltagsaufgaben nicht mehr, ohne zwanghaft nach bestimmten Stoffen zu greifen, die ihr Wohlbefinden scheinbar positiv beeinflussen.

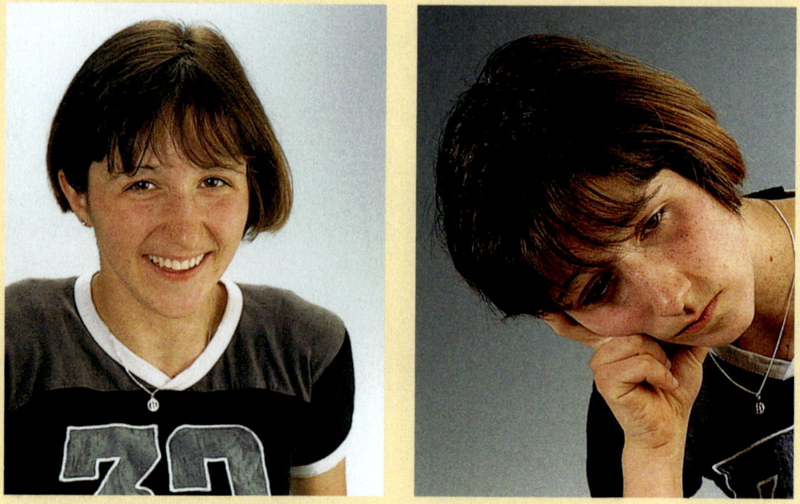

1 Stimmungsschwankungen mit Höhen und Tiefen – was tun?

Beobachten **Untersuchen** *Experimentieren*

1 Was meinst du: Wie entsteht Gesundheit?
Bewerte die folgenden Aussagen: 4 bedeutet „trifft voll zu“, 3 „trifft teilweise zu“, 2 „trifft weniger zu“, 1 „trifft überhaupt nicht zu“.

A Wer krank wird, ist überwiegend selbst schuld.
B Wer nie krank wird, hat eben Glück.
C Wenn man auf sich achtet, bleibt man gesund.
D Man kann für seine Gesundheit nicht viel tun.
E Jeder ist für seine Gesundheit selbst verantwortlich.
F Gute Gesundheit ist überwiegend eine Sache des Zufalls.

Addiere die Zahlenwerte bei den Aussagen A, C und E zu einer Summe V und bei den Aussagen B, D und F zu einer Summe Z. Ist die Summe V größer als die Summe Z, dann glaubst du, dass du selbst für deine Gesundheit verantwortlich bist und sie aktiv beeinflussen kannst. Ist die Summe Z größer als die Summe V, dann nimmst du eher an, keinen Einfluss auf deine Gesundheit zu haben, und schreibst sie dem Zufall zu.

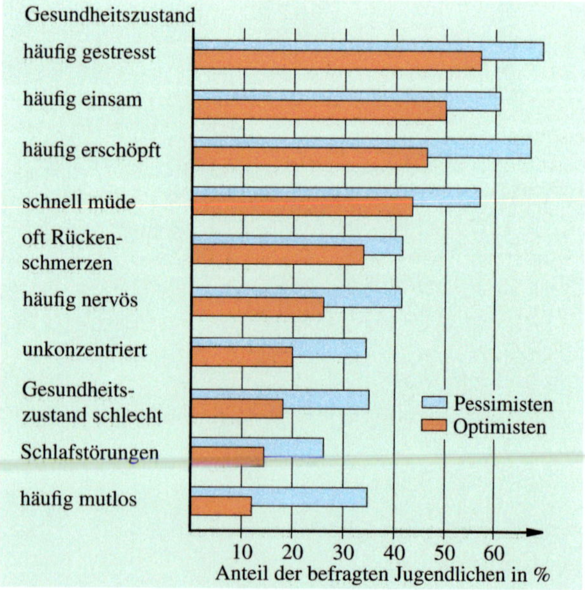

2 Der Einfluss positiver und negativer Zukunftsaussichten auf den Gesundheitszustand

2 Ist Gesundheit Einstellungssache?
Bild ↑2 zeigt das Ergebnis einer Befragung von 10 000 Jugendlichen und jungen Erwachsenen im Alter von 14 bis 25 Jahren zu ihrem Gesundheitszustand. Dabei wurde unterschieden, ob die Befragten die Zukunft für sich eher positiv sahen (Optimisten) oder eher negativ (Pessimisten). Wie erklärst du dir die Unterschiede?

Gesundheit und Krankheit

Wenn wir uns gesund fühlen, funktioniert unser Körper, ohne dass wir viel davon spüren. Eine Störung der geregelten Abläufe vermindert die körperliche und manchmal auch die geistige Leistungsfähigkeit. Wir fühlen uns dann unwohl oder sogar krank. Oft treten deutliche körperliche Anzeichen auf, wie zum Beispiel Schmerzen oder Fieber.

Risikofaktoren In den letzten 150 Jahren sind die Krankheiten, die durch Krankheitserreger hervorgerufen werden, stark zurückgegangen. Dafür haben die Zivilisationskrankheiten zugenommen. Zu ihnen gehören vor allem Herz-Kreislauf-Erkrankungen und Krebs, psychosomatische Erkrankungen wie Schlaf- und Essstörungen und psychische Erkrankungen wie Depressionen. Zum Ausbruch und zum Verlauf dieser Krankheiten tragen vor allem Faktoren bei, die mit unserer modernen Lebensweise zusammenhängen: viel Stress, wenig Bewegung, Zeitdruck, falsche Ernährung, Alkoholkonsum und Rauchen.

Schutzfaktoren Jeder weiß heute um diese Risikofaktoren. Aber selbst wenn man alle meidet, gibt es keine Garantie, dass man gesund bleibt. Forschungsergebnisse belegen, dass unsere Gesundheit vor allem von Schutzfaktoren bestimmt wird, die nur wenig damit zu tun haben, ob wir uns gesund ernähren, ausreichend bewegen oder auf Alkohol und Zigaretten verzichten. Vielmehr hängt unsere Gesundheit entscheidend von positiven Erlebnissen ab: der Erfahrung zum Beispiel,
- dass wir Ereignissen nicht willkürlich ausgeliefert sind,
- dass wir mit Aufgaben weder über- noch unterfordert werden,
- dass wir Situationen beeinflussen und gestalten können.

Aus solchen Erfahrungen formt sich eine Grundhaltung gegenüber der Welt und dem eigenen Leben, die darüber entscheidet, wie gut wir mit den Belastungen des Alltags fertig werden. Leider sind solche Erfahrungen für Menschen, die unter sozial benachteiligten Umständen leben, sehr viel seltener möglich.

Gesundheit ist die Fähigkeit, trotz Mängel, Störungen und Schäden (körperlicher oder seelischer Art) leben, arbeiten, genießen und zufrieden sein zu können.

Zur Diskussion

Wer bleibt gesund?
Eine Forschungsgruppe im Hamburger Universitätskrankenhaus Eppendorf befragte mehr als 60 Personen zwischen 30 und 60 Jahren, die längere Zeit nicht krank waren und sich körperlich und seelisch gesund fühlten.
Auch sie waren von Lebenskrisen nicht verschont geblieben. Was hatten diese Gesunden getan, um nicht davon krank zu werden?
Die Interviewten nannten die folgenden Handlungsmuster:
- Sich auf eigene Fähigkeiten besinnen
- Einen Neuanfang machen
- Aus der Krise lernen und das Beste daraus machen
- Sich der Herausforderung stellen
- Sich auf eine optimistische Grundhaltung stützen
- Handeln und aktiv werden
- Das Leid akzeptieren und trauern

3 Auch der Rückhalt im Freundeskreis trägt zum Wohlbefinden bei.

Aufgaben

1 Überprüfe anhand der Ergebnisse der WHO-Studie „Health Behaviour in School-aged Children“, die du im Internet findest, für Deutschland: 047-1
a den gegenwärtigen Gesundheits- und Krankheitsstatus von Jugendlichen,
b das Gesundheits- und Freizeitverhalten von Jugendlichen.

2 Risiko- und Schutzfaktoren wirken sich verschieden stark auf die Gesundheit aus. Erläutere den Unterschied zwischen beiden Faktorengruppen.

3 Suche nach Gründen dafür, weshalb das Meiden der Risikofaktoren noch keine Gesundheit garantiert.

4 Schreibe auf, welche Erlebnisse deine Gesundheit positiv beeinflusst haben könnten.

Stresserleben und Stressbewältigung

Alle kennen ihn, fast alle haben ihn: Stress! Wer in unseren Zeiten keinen Stress hat, mit dem stimmt etwas nicht. Wer Stress hat, gehört dazu.
Dabei ist mit Stress nicht zu spaßen. Stress ist zwar einer der wirksamsten Antriebe für unser Handeln und befähigt uns dazu, große Leistungen zu vollbringen. Zu viel und zu lang anhaltender Stress kann jedoch auch krank machen. Wovon hängt es ab, ob sich Stress letztlich nachteilig auf unsere Gesundheit auswirkt?

1 Der Schulalltag ist oft mit Stress verbunden.

Beobachten **Untersuchen** Experimentieren

048-1

2 Jeder reagiert anders auf Stress.

1 Stressauslöser Stress bekommst du nicht aus heiterem Himmel. Mit dem Wochen-Stress-Test kannst du herausfinden, was dich denn eigentlich stresst. Notiere für jeden Tag, wie oft du
A sehr viel und unter Druck arbeiten musstest,
B zu wenig Zeit für Freizeitaktivitäten hattest,
C mit anderen Menschen Ärger oder Probleme hattest,
D an dir und deinen Fähigkeiten gezweifelt hast,
E schlecht oder zu wenig geschlafen hast,
F dich für andere Menschen verantwortlich gefühlt hast.
Ergänze die Liste. Werte den Test nach einer Woche aus. Jedes Stressereignis zählt einen Punkt. Je höher deine Gesamtpunktzahl ist, desto mehr Stress hattest du. Vergleiche deinen Wert und die Stressfaktoren mit denen deiner Mitschülerinnen und Mitschüler.

2 Ob dir Stress zu schaffen macht oder du sogar davon krank wirst, hängt vor allem davon ab, wie du mit Stressereignissen umgehst. Es gibt viele Bewältigungsmethoden, die unterschiedlich effektiv sind. Beurteile, ob die folgenden Methoden deinen Stress verringern, kaum eine Wirkung haben oder ihn sogar noch verschlimmern:
A Ich diskutiere das Problem mit meinen Eltern oder anderen Erwachsenen.
B Ich versuche, nicht über das Problem nachzudenken.
C Ich versuche, meine Probleme durch Alkohol oder andere Drogen zu vergessen.
D Ich reagiere mich ab, zum Beispiel durch Tanzen oder Sport.
E Ich ziehe mich zurück.
F Ich akzeptiere die Situation, weil ich sie doch nicht ändern kann.

Stress gehört zum Leben

Was ist Stress? Stress ist eine Anpassungsreaktion des Körpers an Belastungen jeglicher Art. Auch bei sportlicher Betätigung gerät unser Körper in Stress. Er reagiert mit einer enormen Kraftbereitstellung, indem er Funktionen drosselt, die nicht lebenswichtig sind. Dadurch werden wir leistungsfähiger. Dieses uralte Programm sicherte unseren stammesgeschichtlichen Vorfahren das Überleben. Inzwischen haben sich die Stressauslöser verändert, aber das Programm ist dasselbe. Auch heute kann es uns leistungsfähiger machen, wenn es uns gelingt, mit den Stressereignissen fertig zu werden. Sind wir aber ständig überfordert, macht Stress uns langfristig krank.

Stressauslöser Stress ist eine individuelle Angelegenheit. Das gilt sowohl für die Ereignisse, die wir als stressig erleben, als auch für unsere Reaktionen darauf. Da jeder Mensch anders ist, kann ein Ereignis den einen fürchterlich nerven und in große Wut versetzen, während es den anderen überhaupt nicht aus der Ruhe bringen kann.

Stressbewältigung Für die Bewältigung von Stressereignissen gibt es drei Ansatzpunkte:

1. *Die Stressauslöser.* Du kannst versuchen, deine Stressdosis zu verringern, indem du einige der Stressauslöser vermeidest (z. B. den Wecker früher stellen, um nicht schon wieder zu spät zu kommen), ausschaltest (z. B. das ständig klingelnde Handy abstellen) oder zumindest entschärfst (z. B. die laute Musik leiser stellen).
2. *Die Stressreaktion.* Du kannst mit Methoden, die eine kurzfristige Erleichterung bewirken, gezielt deine Erregung drosseln, weiteres Aufschaukeln verhindern und dir schnell kurzzeitige Erholung verschaffen, zum Beispiel indem du dich ablenkst und an etwas Angenehmes denkst, dir selbst gut zuredest, dich abreagierst oder durch Spontanentspannung.
3. *Du selbst.* Du kannst langfristig deine Bewertung von Stressereignissen verändern und deine Belastbarkeit erhöhen, zum Beispiel durch Erlernen einer Entspannungstechnik oder systematische Problemlösung, und regelmäßiger für angenehmen Ausgleich sorgen.

Stress gehört zum Leben. Werden Stressereignisse bewältigt, führt das zu einer Leistungssteigerung. Bei zu viel oder zu lang andauerndem Stress besteht die Gefahr der Überforderung, die sich in Form von Krankheiten äußern kann. Aber Stressbewältigung lässt sich trainieren.

Schon gewusst?

Zwei Stresstypen

Bei Stress wird unser Körper vor allem durch zwei Hormone in Alarmzustand versetzt: Adrenalin und Cortisol. Immer sind beide Hormone an der Stressreaktion beteiligt. Forscher haben jedoch an Spitzhörnchen herausgefunden, dass bei einigen Tieren mehr Adrenalin, bei anderen mehr Cortisol freigesetzt wird. Die „Adrenalin-Tiere" waren aggressiv und feindselig. Sie starben öfter an Herzinfarkten, während die ängstlichen und hilflosen „Cortisol-Tiere" öfter an Krebs oder Infektionskrankheiten starben. Auch Menschen reagieren sehr unterschiedlich auf Stressereignisse. Die Forscher vermuten daher, dass die Persönlichkeit wesentlich darüber entscheidet, welche Krankheiten Stress hervorrufen können.

3 Spitzhörnchen dienen als Versuchstiere in der Stressforschung.

Aufgaben

1 Bei Stressereignissen fällt das Denken schwerer, das Herz schlägt schneller, der Blutdruck steigt und man hat plötzlich keinen Appetit mehr.

a Nenne weitere Symptome, die du von dir kennst.

b Versuche den biologischen Sinn dieser körperlichen Reaktionen zu erklären.

2 Stressbewältigungsmethoden können deinen Stress verringern, wirkungslos sein oder ihn verschlimmern. Woran liegt das? Erläutere.

3 Betrachte nochmals das Ergebnis deines Wochen-Stress-Tests. Was kannst du tun, um deine Stressereignisse besser zu bewältigen? Welche Ansatzpunkte gibt es? Worin unterscheiden sie sich?

Alles unter Kontrolle?

Endlich Wochenende! Alle freuen sich auf die Party, die zwei Mitschüler steigen lassen. Viele Gäste haben alkoholische Getränke mitgebracht: Bier, Wein, Sekt, Schnaps, vor allem aber Alkopops. Und geraucht wird natürlich auch – das gehört für manche einfach dazu.

Gegen Mitternacht ist allerdings für einige die Party schon vorbei: Sie haben mit anderen um die Wette getrunken. Ergebnis: Filmriss! Was ist hier schief gelaufen?

1 Partys halten viele für eine Gelegenheit, zu rauchen und Alkohol zu trinken.

Beobachten **Untersuchen** Experimentieren

050-1

1 **Erste Erfahrungen** Zigaretten rauchen und Alkohol trinken ist unter Erwachsenen weit verbreitet. Kein Wunder, dass Jugendliche neugierig darauf sind, auszuprobieren, wie sich das anfühlt.

a In welchem Alter sollten Jugendliche deiner Meinung nach ihre ersten Erfahrungen mit dem Rauchen und Trinken machen?

b Schätze das Durchschnittsalter der Jugendlichen beim Erstkonsum von Zigaretten und Alkohol.

c Wenn du dich im Internet (www.bzga.de) über das tatsächliche Alter informierst, wirst du feststellen, dass die Erstkonsumenten immer jünger werden. Was vermutest du, woran das liegt?

2 **Erklärungsversuche** Die meisten Menschen rauchen oder trinken wegen der Wirkungen von Nikotin und Alkohol auf ihr Empfinden und Erleben. In einer Befragung gaben 12- bis 16-Jährige an, dass sie wenigstens einmal pro Woche Alkohol trinken …

- wegen der Geselligkeit,
- weil es schmeckt,
- um abzuschalten,
- um sich Mut zu machen,
- weil alle trinken.

a Welchen dieser Motive kannst du zustimmen und welchen nicht?

b Vergleiche dein Ergebnis mit Bild ↑2A.

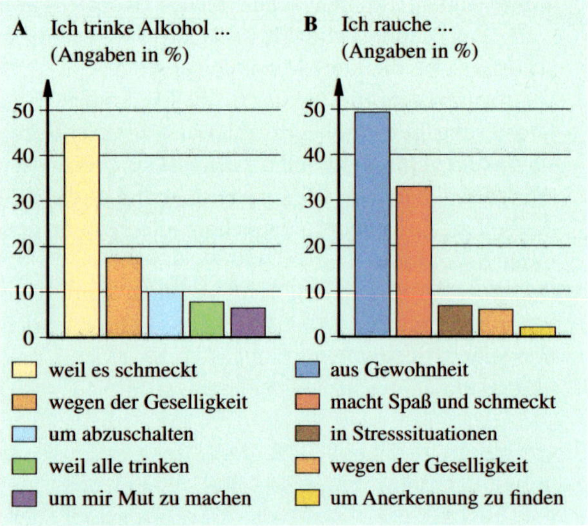

2 Jugendliche der 8. Klasse geben an, warum sie regelmäßig rauchen oder Alkohol trinken.

c Fallen dir Trinkmotive ein, die in der Liste fehlen?

d Zähle auf, aus welchen Gründen vermutlich geraucht wird, und vergleiche dein Ergebnis mit Bild ↑2B.

e Der Anteil der Jugendlichen, die angaben, „aus Gewohnheit" zu rauchen, verdoppelte sich von Klasse 6 mit etwa 30 Prozent auf fast 60 Prozent in Klasse 10. Welchen Schluss kannst du daraus ziehen?

Drogen können süchtig machen

Wie wirken Drogen? Nikotin und Alkohol wirken – wie auch die „harten“ Drogen Heroin, Kokain, Ecstasy, LSD usw. – im Gehirn auf das so genannte Belohnungssystem. Das ist ein Gehirnbereich, der natürlicherweise, also ohne Drogeneinnahme, immer bei Verhaltensweisen aktiviert wird, die unserem eigenen Überleben oder dem unseres Nachwuchses dienen (zum Beispiel wenn wir essen, trinken, Sex haben oder eine Herausforderung meistern). Mit diesen Verhaltensweisen sind gute Gefühle verbunden, die entstehen, weil im Belohnungssystem bestimmte Botenstoffe freigesetzt werden. Alle Drogen greifen so in den Haushalt der Botenstoffe im Belohnungssystem ein, dass gute Gefühle entstehen, ohne dass wir etwas dafür getan haben – allerdings nur für kurze Zeit! Drogen werden deshalb als „Abkürzungen zum Glück“ bezeichnet.

Warum Drogen süchtig machen können Wird eine Droge nur gelegentlich konsumiert, kann das Gehirn sein natürliches Gleichgewicht im Haushalt der Botenstoffe meist wieder herstellen (das ist von der jeweiligen Droge abhängig). Wird sie jedoch häufig konsumiert, stellt sich das Gehirn auf die regelmäßige Zufuhr ein. Nach einiger Zeit ist das Gehirn so sehr an die Zufuhr von außen gewöhnt, dass es nicht mehr ohne die Droge auskommt. Wenn dem Gehirn die Droge vorenthalten oder die Zufuhr verringert wird, treten Entzugserscheinungen wie Nervosität, Gereiztheit, Abgeschlagenheit, Depressivität und Aggressionen auf.

Warum werden Jugendliche besonders leicht süchtig? Das Gehirn von Jugendlichen verändert sich schneller als das von Erwachsenen. Erfahrungen mit Drogen graben sich daher sehr viel schneller und stabiler ins jugendliche Gehirn ein. Dabei entsteht ein so genanntes Suchtgedächtnis, das der Drogenkonsument meist sein Leben lang nicht mehr loswird.
Je früher und je mehr Alkohol, Nikotin und andere Drogen ein Mensch zu sich nimmt, desto abhängiger wird sein Belohnungssystem im Gehirn.

Wer regelmäßig Drogen wie Nikotin und Alkohol konsumiert, stört das Gleichgewicht der Botenstoffe im Belohnungssystem des Gehirns nachhaltig. Das Gehirn gewöhnt sich so an die Zufuhr der Drogen (Suchtgedächtnis), dass es mit Entzugserscheinungen reagiert, wenn ihm die Droge vorenthalten oder die Zufuhr verringert wird.

Schon gewusst?

Was ist Sucht?
Ob jemand als süchtig gilt, hängt von folgenden Kriterien ab:
1. Kontrollverlust. Der Genusstrinker kann nach dem zweiten Glas aufhören, während der Süchtige nicht in der Lage ist, den Konsum zu kontrollieren und sich in der Regel betrinkt.
2. Dosissteigerung. Genießer trinken stets in Maßen, während Süchtige immer mehr von ihrer Droge brauchen. Sie steigern die Menge oder die Qualität.
3. Abstinenzunfähigkeit. Genusstrinker kommen wochenlang ohne Alkohol aus, während Süchtige ohne Alkohol nicht leben können.
4. Entzugserscheinungen. Genusstrinker können auch ohne Alkohol gut drauf sein, während Süchtige wegen der Gewöhnung des Gehirns unter Entzugserscheinungen leiden.
5. Interessenverlust. Bei süchtigen Trinkern dreht sich das Leben zunehmend um Alkohol und dessen Beschaffung.

3 Die Droge Alkohol ist gesellschaftlich akzeptiert.

Aufgaben

1 Überlege, warum es ein Belohnungssystem überhaupt gibt.
2 Warum bezeichnet man Drogen als „Abkürzungen zum Glück“?
3 Welche Möglichkeiten ergeben sich daraus für drogenfreie Wege zum Glücklichsein?
4 Die meisten Jugendlichen glauben, ihren Drogenkonsum unter Kontrolle halten zu können. Weshalb ist diese Annahme naiv?
5 Es gibt auch Sucht ohne Drogenkonsum.
a Nenne einige Verhaltenssüchte, die du kennst.
b Passen die Suchtkriterien auf Verhaltenssüchte?

Nicht nur Drogen machen süchtig

Wenn Carla von der Schule kommt, schaut sie zuerst nach, ob sich einer ihrer vielen virtuellen Freunde gemeldet hat. Sie verbringt täglich mehrere Stunden am Computer, um Freunde zu finden, zu chatten, zu flirten und Beziehungen zu pflegen. Mit ihrer Familie redet sie kaum noch. Manchmal steht sie spät abends noch einmal auf, um die letzten E-Mails abzurufen. Einen Tag ohne ihre Netzkontakte kann sie sich nicht vorstellen. Kann es sein, dass Carla süchtig ist?

1 Viele Jugendliche verbringen täglich mehrere Stunden vor dem Bildschirm.

Beobachten *Untersuchen* Experimentieren

Computernutzung im Kindes- und Jugendalter

Viele Kinder und Jugendliche verbringen täglich mehrere Stunden vor dem Fernseher, am Computer oder mit dem Gameboy. Aktivitäten wie Sport und andere Hobbys, aber auch Hausaufgaben und Freunde werden dann meist vernachlässigt. Der übermäßige Medienkonsum ist oft mit Bewegungsmangel und falscher Ernährung verbunden. Er kann auch zu Schlaf- und Konzentrationsstörungen, Gereiztheit und Nervosität führen.

1 Wissenschaftler haben die Computernutzung von Kindern und Jugendlichen untersucht und ihnen eine Reihe von Fragen gestellt. ↑2

a Beantworte die Fragen für dich selbst und notiere deine Antworten.

b Vergleiche deine Antworten mit denen deiner Mitschüler. Was fällt euch auf? Gibt es Unterschiede zwischen Mädchen und Jungen?

2 Als Spieler mit übermäßigem, also „exzessivem" Konsum wurden Kinder und Jugendliche eingestuft, die zwei- bis dreimal pro Woche für mindestens zwei Stunden am Computer spielen.

Wie viele Stunden spielst du an einem normalen Nachmittag nach der Schule?

Wie häufig spielst du Computerspiele?

Spielst du auch um Ärger zu vergessen?

Hast du schon mal etwas Wichtiges vergessen, weil du die ganze Zeit gespielt hast?

Hattest du schon mal das Gefühl, du hast zu viel gespielt?

Hattest du schon mal Streit mit Freunden oder der Familie, weil du zuviel am Computer gespielt hast?

Denkst du auch noch nach dem Spielen, zum Beispiel während des Unterrichts, über ein besonders spannendes Spiel nach?

2 Fragebogen zur Computernutzung

a Diskutiere dieses Kriterium in einer Kleingruppe.

b Kinder und Jugendliche, die übermäßig am Computer spielen, neigen dazu, Probleme mit sich selbst auszumachen, anstatt mit anderen darüber zu sprechen. Sie berichten häufiger von Konzentrationsproblemen im Unterricht.
Seht ihr Zusammenhänge?

Sucht ohne Drogen

Abhängig vom eigenen Verhalten Unter Sucht verstehen die meisten Menschen die Abhängigkeit von einer Droge wie Alkohol oder Cannabis. Es gibt aber auch Abhängigkeiten, bei denen gar kein Stoff konsumiert wird. Man nennt sie Verhaltenssüchte. Am weitesten verbreitet ist die Spielsucht. Dabei handelt es sich um ein eigentlich normales Verhalten, das übermäßig, also exzessiv ausgeübt wird und alle Kriterien einer Sucht erfüllt. ↑S. 51 Zwischen 6 und 8 Prozent der Deutschen gelten als verhaltenssüchtig. Weltweit sind Millionen von Menschen betroffen.

Welche Verhaltenssüchte gibt es? Vermutlich kann jedes Verhalten zur Sucht werden. Derzeit sind zwar nur Spielsucht und Essstörungen medizinisch anerkannt. Aber Psychologen behandeln auch Menschen, die süchtig sind nach Arbeit, Sex, Sport oder Einkaufen. Immer öfter sind auch Kinder und Jugendliche von einer oder mehreren Formen von Mediensucht betroffen: Computerspielen, Chatten, Telefonieren und SMS-Schreiben oder Fernsehen.

Wie kann man vom eigenen Verhalten süchtig werden? Alle Verhaltensweisen, die süchtig machen können, haben eine belohnende Wirkung. Sie führen im Belohnungssystem des Gehirns zur Freisetzung bestimmter Botenstoffe und lösen so gute Gefühle aus. Je öfter man sich so verhält, desto mehr Botenstoffe werden freigesetzt. Nach einiger Zeit gewöhnt sich das Gehirn an die erhöhte Botenstoffmenge und kommt nicht mehr ohne sie aus. Um sich wieder gut zu fühlen, muss der Süchtige das Verhalten aufrechterhalten. Hört er damit auf, hat er Entzugserscheinungen. An der Entstehung und Aufrechterhaltung einer Verhaltenssucht sind also die gleichen Mechanismen beteiligt wie bei einer Drogensucht.

Nicht nur Drogen, sondern auch exzessiv ausübte Verhaltensweisen stören das Gleichgewicht der Botenstoffe im Belohnungssystem des Gehirns. Das Gehirn gewöhnt sich auch an die Zufuhr der eigenen Botenstoffe, sodass es mit Entzugserscheinungen reagiert, wenn das exzessive Verhalten nicht aufrechterhalten wird.

Schon gewusst?

Lotto kann reich machen, aber auch süchtig!
Nach einer Studie können etwa 15 Prozent der Lottospieler nicht mehr ohne das Glücksspiel leben. Lottosüchtige spielen häufiger und geben mehr Tipps ab, als sie sich vornehmen. Zwar sind die Geldeinsätze vergleichsweise gering. Dennoch verschulden sich die meisten Lottosüchtigen. Sie versuchen Verluste durch höhere Einsätze auszugleichen. Dabei werden berufliche und soziale Aktivitäten vernachlässigt.

3 Am Spielautomaten

Aufgaben

1 Erläutere die Unterschiede und Gemeinsamkeiten von Drogensucht und Verhaltenssucht.
2 Informiere dich im Internet über Handysucht. Welche Hilfen gibt es?
3 Bei Drogensucht besteht die Möglichkeit, auf die Einnahme des Suchtmittels völlig zu verzichten. Gilt das auch für Verhaltenssüchte?
4 Heute arbeiten Kinder bereits in der Grundschule mit dem Computer. Befürworter meinen, so könnten Kinder lernen verantwortlich mit Medien umzugehen. Kritiker behaupten, Kinder würden dadurch bereits frühzeitig „angefixt". Diskutiert in der Klasse.

4 Handys – ein Suchtmittel?

Rauchst du noch oder lebst du schon?

Zigaretten rauchen und Alkohol trinken ist unter Erwachsenen weit verbreitet. Diese Alltagsdrogen sind in der Gesellschaft so sehr akzeptiert, dass dafür sogar ganz legal Werbung betrieben wird. Jugendliche sind also ständig mit Zigaretten und Alkohol konfrontiert und müssen lernen, verantwortlich damit umzugehen. Was sind die Unterschiede zwischen Genuss, Missbrauch und süchtigem Konsum?

1 Plakate einer Anti-Rauch-Kampagne

2 Selbst viele Raucher finden überquellende Aschenbecher ekelerregend.

Umgang mit Alltagsdrogen

054-1

Probierverhalten Die Neugier zu befriedigen, wie sich das anfühlt, eine Zigarette zu rauchen oder Alkohol zu trinken – das gehört für viele Jugendliche zum Erwachsenwerden einfach dazu. Einige stellen fest, dass es ihnen gar nicht schmeckt, und lassen fortan die Finger davon.

Risikokonsum Manchen reicht dieser Probierkonsum nicht. Sie wollen zeigen, dass sie sich die Welt der Erwachsenen erobern und sich gleichzeitig abgrenzen, sie wollen sich selbst und ihre Grenzen austesten. Benutzen sie dazu Zigaretten und Alkohol, können sich riskante Verhaltensmuster ausprägen, die möglicherweise in die Abhängigkeit führen.

Keine Macht den Drogen Es gibt Jugendliche, die ihr Leben ohne Zigaretten und Alkohol nicht mehr bewältigen und den Konsum nicht mehr kontrollieren können. Doch so weit muss es nicht kommen.

- Am besten ist es, gar nicht erst damit anzufangen, sein Wohlbefinden mit Suchtmitteln steuern zu wollen. Denn eine Sucht kann sich schnell entwickeln, das Aufhören fällt jedoch unendlich schwer. Vorbeugen ist also besser als Reparieren.
- Ein wichtiger Aspekt ist das Wissen über Wirkungen, Nebenwirkungen und Folgerisiken. Nur wer ein Suchtmittel einzuschätzen weiß, kann sich in Acht nehmen.
- Auch wenn die Neugier noch so groß ist und der Freundeskreis Druck ausübt: Nein zu sagen ist keine Schwäche, sondern das Durchsetzen gegen den Gruppenzwang beweist Selbstbewusstsein und Willensstärke.
- Um Spaß zu haben, brauchst du keine Suchtmittel. Gemeinsame Unternehmungen und Hobbys mit Gleichaltrigen können dazu beitragen, den eigenen „Kick“ auszulösen.

Steckbrief

Nikotin

055-1

Der erste Kontakt mit Zigaretten findet oft schon im Kindesalter statt. Nach einer Statistik der AOK haben 69 Prozent der Acht- bis Zwölfjährigen schon geraucht – aus Neugier, als Mutprobe oder um in der Gruppe akzeptiert zu werden. Je früher der Körper mit Zigarettenrauch in Kontakt kommt, desto eher und stärker treten Gesundheitsschäden auf.
Nikotin ist der Hauptbestandteil des Tabaks. Beim Tabak handelt es sich um die getrockneten und zum Rauchen aufbereiteten Blätter der Tabakpflanze *(Nicotiana tabacum)*.

Herkunft Ursprünglich stammt die Tabakpflanze aus Mittelamerika. Bereits die Maya und die Azteken bedienten sich ihrer berauschenden Wirkung. Während der Tabak in Nordamerika in Pfeifen geraucht wurde, ist aus Südamerika auch das Kauen und Schnupfen bekannt. Mitte des 16. Jahrhunderts kamen die Tabakpflanze und das Rauchen auch nach Europa.

Wirkstoff Tabak enthält mehr als 4000 Inhaltsstoffe, unter denen das Nikotin in erster Linie für die Wirkungen des Rauchens und die Entwicklung der Abhängigkeit verantwortlich ist. Nikotin gilt als sehr giftig: Für ein Kleinkind kann schon eine zerkaute Zigarette tödlich sein.

Wirkungsweise Beim Rauchen werden rund 30 Prozent des in der Zigarette enthaltenen Nikotins inhaliert und über die Lungenbläschen ins Blut aufgenommen. Innerhalb von sieben bis acht Sekunden gelangt das Nikotin ins Gehirn, wo es sich an besondere Bindungsstellen anlagert. In der Folge nimmt die Herzfrequenz zu, der Blutdruck steigt und die Hauttemperatur sinkt ab. Zugleich werden Aufmerksamkeit und Gedächtnisleistung gesteigert, und zwar durch die Beeinflussung von Botenstoffen im Belohnungssystem des Gehirns, die auch für das hohe Suchtpotenzial von Nikotin verantwortlich ist. Da mit der regelmäßigen Zufuhr der Droge die Zahl der Bindungsstellen für Nikotin schnell ansteigt, bewirkt ausbleibende Nikotinzufuhr Entzugserscheinungen.

Risiken und Folgeschäden Ungewohnter Tabakkonsum bewirkt Vergiftungserscheinungen wie Speichelfluss, Schwindelgefühl, Übelkeit, Erbrechen, Kopfschmerzen und Herzrasen. Wegen der schnellen Gewöhnung verschwinden sie schnell, was die Entstehung einer Nikotinabhängigkeit begünstigt.
Neben Nikotin verursachen vor allem die vielen Schadstoffe im Zigarettenrauch – darunter Kohlenstoffmonooxid, Formaldehyd oder Benzol –, von denen mehr als 40 nachweislich krebserregend sind, die gesundheitsschädigenden Folgen des Rauchens. Da sie auch im Nebenstromrauch enthalten sind, den der Raucher selbst nicht einatmet, sind so auch Nichtraucher gefährdet (Passivrauchen).
Der Teer im Rauch zerstört die Flimmerhärchen in den Atemwegen. Dadurch gelangen auch mehr Umweltgifte und Krankheitserreger in den Körper. Er versucht sie durch erhöhte Schleimproduktion und Husten wieder auszuscheiden („Raucherhusten").
Häufige Langzeitfolgen sind chronische Bronchitis und andere Lungenerkrankungen.
Die chronische Verengung der Blutgefäße mindert langfristig die körperliche Leistungsfähigkeit und führt oft zu Herz-Kreislauf-Erkrankungen.

3 Tabakpflanzen auf dem Feld

4 Bereits Kinder beginnen mit dem Rauchen.

Steckbrief

Alkohol

056-1

Im Alter zwischen 10 und 14 Jahren trinken viele Kinder und Jugendliche zum ersten Mal Alkohol – meist bei Familienfeiern oder im Freundeskreis. Jugendliche trinken, weil sie dazugehören und etwas erleben möchten, aus Langeweile oder um Hemmungen abzubauen. Je früher sie damit beginnen, desto größer ist die Gefahr von Missbrauch, Abhängigkeit und gesundheitlichen Folgeschäden.
Alkohol bezeichnet umgangssprachlich das in allen alkoholischen Getränken enthaltene Ethanol.

Herkunft Alkoholische Getränke haben eine lange Tradition, die bis ins 4. Jahrtausend v. Chr. reicht. Zunächst waren sie den Wohlhabenden vorbehalten, weil die Grundstoffe der Alkoholherstellung in erster Linie der Ernährung dienten. Seit dem Mittelalter ist aber der Alkoholkonsum aller Gesellschaftsschichten belegt. Teilweise wurden Leibeigene und Tagelöhner sogar mit alkoholischen Getränken entlohnt.

Wirkstoff Ethanol ist eine klare, farblose Flüssigkeit, die durch Vergären von Traubenzucker aus stärke- oder zuckerhaltigen Grundstoffen gewonnen wird. Neben Weintrauben als traditionellem Rohstoff werden auch Getreidearten wie Weizen, Gerste, Mais und Reis sowie Kartoffeln, andere Früchte und Zuckerrohr verwendet. Daraus werden die am häufigsten konsumierten Alkoholika hergestellt: Biere, die 4–8, und Weine, die 10,5–14 Volumenprozent Alkohol enthalten. Alkoholgehalte von 40–50 Volumenprozent bei Wein- und Obstbränden werden durch Destillieren erreicht.

Wirkungsweise Alkohol wird über die Schleimhäute im Magen und im Dünndarm ins Blut aufgenommen und im Körper verteilt. 30–60 Minuten nach der Aufnahme erreicht die Alkoholkonzentration im Blut den höchsten Wert. Ein Teil des Alkohols gelangt bereits nach wenigen Minuten ins Gehirn. Dort beeinflusst er die Informationsübertragung zwischen den Nervenzellen. In geringer Dosis wirkt sich das anregend aus, während bei höherer Dosierung die heitere Stimmung umschlagen kann. Mit ansteigendem Alkoholspiegel kommt es zu Sprach-, Wahrnehmungs- und Koordinationsstörungen, Gereiztheit, Aggressivität und Kontrollverlust. Schließlich stellen sich Benommenheit und Müdigkeit ein, die bei sehr hohem Alkoholspiegel bis zum Koma führen können.

Risiken und Folgeschäden Wegen der verminderten Reaktions- und Konzentrationsfähigkeit bestehen unmittelbare Risiken vor allem beim Autofahren unter Alkoholeinfluss. Der Alkohol im Blut wird zwar relativ rasch abgebaut. ↑2 Der „Kater“ stellt sich jedoch erst Stunden nach dem Rausch ein, weil ein Zwischenprodukt des Alkoholabbaus, das Acetaldehyd, länger im Körper verbleibt. Acetaldehyd verursacht auch die „Fahne“, denn ein geringer Teil davon wird mit der Atemluft ausgeschieden.
Alkohol greift Zellen im gesamten Körper an – nicht nur im Gehirn. Regelmäßiger hoher Alkoholkonsum schädigt die Leber, die Bauchspeicheldrüse und den Magen sowie das Herz und die Gefäße. Da die Droge auch in das Belohnungssystem eingreift, führt regelmäßige Alkoholzufuhr zu einer Vermehrung der Bindungsstellen im Belohnungssystem und damit langfristig zur Alkoholsucht.

1 Alkopops liegen bei Jugendlichen im Trend.

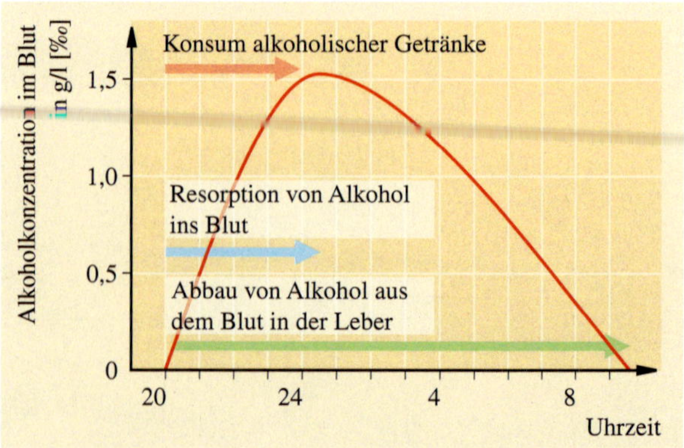

2 Resorption und Abbau von Alkohol im Körper

Steckbrief

Cannabis

057-1

Die Hanfpflanze (Cannabis sativa) wird als Haschisch oder Marihuana verwendet. Beide gehören zu den illegalen Drogen. Besitz, Anbau und Handel sind verboten und werden strafrechtlich verfolgt. Dennoch zählt Cannabis neben Tabak und Alkohol zu den häufigsten Drogen. Etwa jeder Siebte der 12- bis 19-Jährigen hat schon mindestens einmal Cannabis konsumiert. Allerdings bleibt es bei den meisten beim Probieren. Den ersten Joint rauchen Jugendliche durchschnittlich mit 15,4 Jahren. Während der letzten Jahrzehnte hat der Gebrauch von Cannabis stark zugenommen. Bei 18- bis 20-Jährigen ist Cannabiskonsum am stärksten verbreitet. Unter den Nutzern finden sich doppelt so viele Männer wie Frauen.

Herkunft Cannabis ist eine seit langem bekannte Nutz- und Heilpflanze. In China wurde bereits vor rund 4000 Jahren Hanf angebaut und für die Herstellung von Stoffen und Seilen sowie als Heilmittel verwendet. Über den Mittleren und Nahen Osten gelangte die Pflanze schließlich auch nach Europa.

Wirkstoff Der Hauptwirkstoff der Cannabispflanze ist Tetrahydrocannabinol (THC), dessen Gehalt je nach Pflanzensorte stark schwankt. Die häufigsten Cannabisprodukte sind Haschisch und Marihuana. Haschisch besteht im Wesentlichen aus dem Harz der weiblichen Blütenstände, das zu Platten gepresst wird. Bei Marihuana handelt es sich um getrocknete Teile von Stängel, Blättern und Blütenständen der weiblichen Cannabispflanze. Haschisch und Marihuana werden meist zerkleinert und mit Tabak vermischt als Joint oder Stick geraucht.

Wirkungsweise Die Wirkung setzt meist unmittelbar ein und dauert ein bis vier Stunden an. Der Rauschzustand wird erheblich von der jeweiligen Grundstimmung des Konsumenten beeinflusst, da die Droge bereits vorhandene Gefühle und Stimmungen verstärkt. In der Regel hebt sich die Stimmungslage, verbunden mit einem Gefühl der Entspannung, der inneren Ruhe und Ausgeglichenheit sowie einem verminderten Antrieb und einer Tendenz zur Passivität. Möglich sind auch ausgesprochene Heiterkeit und ein gesteigertes Kommunikationsbedürfnis. Als eher unerwünschte Nebeneffekte treten häufig Denkstörungen auf. Aufmerksamkeit und Konzentrationsfähigkeit können ebenso vermindert sein wie die Leistung des Kurzzeitgedächtnisses.

Risiken und Folgeschäden Körperliche Auswirkungen sind relativ selten und meist nicht stark ausgeprägt. Allerdings enthält der Rauch von Cannabis zahlreiche Schadstoffe, die im Vergleich zum Tabak um ein Vielfaches giftiger eingeschätzt werden. Sie können Erkrankungen der Lungen und Bronchien verursachen.
Sehr viel schwerwiegender können die Auswirkungen auf die seelische Gesundheit und das Sozialverhalten sein. Dabei ist entscheidend, ob es sich um Probier- und Gelegenheitskonsum oder um dauerhaften, gewohnheitsmäßigen Konsum handelt. Regelmäßiger starker Konsum kann zu wachsender Teilnahmslosigkeit und Aktivitätsverlust führen und außerdem eine psychische Abhängigkeit erzeugen. Typische Entzugserscheinungen sind innere Leere, Freudlosigkeit, Antriebsmangel, Konzentrationsstörungen und Unruhe. Davon ist allerdings nur ein geringer Teil der Cannabiskonsumenten betroffen.

3 Hanfpflanze mit Blütenständen

4 Jugendliche beim gemeinsamen Joint

Methode

Ausarbeiten eines Referats

1 Totale Erschöpfung nach einer Ecstasy-Party

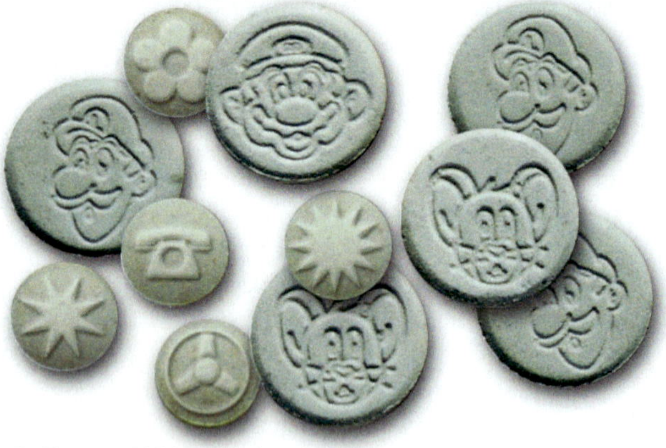

2 Ecstasy-Tabletten sehen harmlos aus.

Um ein Referat erfolgreich halten zu können, solltest du einige Dinge beachten:

1 Vorbereitung
Zu Beginn steht meist ein Gegenstand oder ein Stoff wie beispielsweise „Rauschdrogen“. Dieser Begriff ist aber häufig zu weit gefasst und sollte eingeschränkt werden. Das kannst du, indem du einen bestimmten Aspekt hervorhebst, z. B. „Rauschdrogen – Flucht aus der Realität“, „Ecstasy – eine Droge?“ oder eine Leitfrage formulierst: „Wie gefährlich sind Rauschdrogen?“ Auch eine Gedankenkarte kann hilfreich sein. ↑1, 2

2 Wenn du dich für einen Aspekt entschieden hast, kannst du gezielt recherchieren, Materialien suchen und Sachinformationen sammeln. ↑3

3 Auf dieser Basis kannst du eine Gliederung erstellen, die eine Einleitung, den oder die Hauptpunkte und eine Zusammenfassung am Schluss vorsieht.

4 Notiere dir wichtige Abschnitte in Stichworten auf Karten, damit du möglichst frei sprechen und dich deinen Zuhörern zuwenden kannst. ↑4

5 Überlege, welche Medien deinen Vortrag anschaulich unterstützen können (Handreichungen, Overheadfolien, Computer) und was du mit den Medien zeigen kannst (Graphen, Bilder, Filmausschnitte, kurze Textabschnitte).

Durchführung

a Sage zuerst, worum es geht. Nenne dein Thema oder auch einzelne Punkte, über die du referieren möchtest.

b Sprich möglichst frei und blicke dabei die Zuhörer an.

c Sprich „l – d – l“ das heißt: langsam, deutlich und laut.

3 Recherchieren im Internet

4 So könnte deine Karte aussehen.

Überblick
059-1

Gesundheit und Krankheit
Gesund fühlen wir uns, wenn unser Körper funktioniert, ohne dass wir viel davon spüren. Krank fühlen wir uns, wenn eine Störung der geregelten Abläufe die körperliche und manchmal auch die geistige Leistungsfähigkeit vermindert.
Risikofaktoren
Zum Ausbruch und zum Verlauf von Krankheiten tragen heute vor allem Faktoren bei, die mit unserer modernen Lebensweise zusammenhängen.
Schutzfaktoren
Unsere Gesundheit wird vor allem von Schutzfaktoren bestimmt, die damit zu tun haben, ob wir regelmäßig die Erfahrung machen,
- dass wir Ereignissen nicht willkürlich ausgeliefert sind,
- dass wir mit Aufgaben weder über- noch unterfordert sind,
- dass wir Situationen beeinflussen und gestalten können.

Stress
Stress ist eine Anpassungsreaktion des Körpers an Belastungen. Unser Körper reagiert mit einer enormen Kraftbereitstellung, indem er Funktionen drosselt, die nicht lebenswichtig sind. Dadurch werden wir leistungsfähiger. Wenn wir mit den Stressereignissen nicht fertig werden, macht Stress uns langfristig krank.
Stressauslöser
Stress ist eine ausgesprochen individuelle Angelegenheit. Das gilt sowohl für die Ereignisse, die wir als stressig erleben, als auch für unsere Reaktionen darauf.
Stressbewältigung
Für die Bewältigung von Stressereignissen gibt es drei Ansatzpunkte: die Stressauslöser, die Stressreaktion und du selbst.
Und: Stressbewältigung lässt sich trainieren.

Drogenkonsum
Drogen wirken im Gehirn auf das Belohnungssystem. Sie greifen in den Haushalt der Botenstoffe ein und erzeugen so für kurze Zeit gute Gefühle.
Warum Drogen süchtig machen
Wird eine Droge häufig und regelmäßig konsumiert, stellt sich das Gehirn auf die regelmäßige Zufuhr ein. Nach einiger Zeit ist es so daran gewöhnt, dass es nicht mehr ohne die Droge auskommt. Deshalb treten Entzugserscheinungen auf, wenn dem Gehirn die Droge vorenthalten oder die Zufuhr verringert wird.
Umgang mit Drogen
Es gibt Jugendliche, die ihr Leben ohne Drogen nicht mehr bewältigen und den Konsum nicht mehr kontrollieren können. Doch so weit muss es nicht kommen, denn es bestehen Möglichkeiten, das Hineinrutschen in eine Drogenabhängigkeit zu verhindern.

1 Bewegung ist ein gutes Mittel zum Stressabbau und trägt zur Gesundheit bei.

2 Computerspiel als Droge

Sucht ohne Drogen
Nicht nur Drogen, sondern auch exzessiv ausgeübte Verhaltensweisen können süchtig machen, indem sie das Gleichgewicht der Botenstoffe im Belohnungssystem des Gehirns stören. Das Gehirn gewöhnt sich auch an die Zufuhr der eigenen Botenstoffe und reagiert mit Entzugserscheinungen, wenn das exzessive Verhalten nicht aufrechterhalten wird.

Teste dich!

1 Ob wir gesund bleiben oder krank werden, hängt von Risiko- und Schutzfaktoren ab.
a Zähle möglichst viele Risikofaktoren auf.
b Warum gibt es keine Garantie, gesund zu bleiben, auch wenn alle Risikofaktoren gemieden werden?
c Von welchen Erfahrungen hängen unsere Schutzfaktoren ab?

2 Stress ist eine Anpassungsreaktion des Körpers an Belastungen jeglicher Art.
a Nenne körperliche Reaktionen, die bei Stressereignissen typischerweise auftreten.
b Warum kann Stress krank machen?
c Welche Ansatzpunkte gibt es für die Bewältigung von Stressereignissen?
d Ist Wütendwerden eine geeignete Stressbewältigungsmethode?

3 Drogen können süchtig machen.
a Was passiert dabei im Gehirn?
b Drogen werden als „Abkürzungen zum Glück“ bezeichnet. Erkläre.
c Jugendliche sind besonders gefährdet. Warum ist das so?
d Woran erkennst du, ob jemand süchtig ist?
e Ist ein Mensch, der ohne Glücksspiel nicht mehr leben kann, süchtig? Begründe.

4 Wer Zigaretten raucht, gefährdet seine Gesundheit – und die seiner Mitmenschen.
a Nenne Gesundheitsschäden, die durch die Inhaltsstoffe von Zigaretten entstehen.
b Welcher Inhaltsstoff im Tabak ist dafür verantwortlich, dass Rauchen zur Sucht werden kann? Wie kommt es dazu?
c Werden durch das Rauchen auch andere Menschen gefährdet? Begründe.
d Alle wissen, wie gefährlich Rauchen ist. Es steht auf jeder Zigarettenpackung. Geraucht wird trotzdem. Erkläre.

5 Wie gefährlich Alkohol ist, hängt von der getrunkenen Menge ab.
a Nenne die Wirkungen, die Alkohol mit zunehmender Dosis im Gehirn hat.
b Unter Alkoholeinfluss am Straßenverkehr teilzunehmen ist gefährlich. Begründe.
c Woher kommt der „Kater“ am Morgen nach einer durchzechten Nacht?

6 Nicht nur Drogen, auch exzessiv ausgeübte Verhaltensweisen können süchtig machen.
a Nenne einige Verhaltenweisen, die süchtig machen können.
b Was passiert im Gehirn eines Menschen, der von seinem eigenen Verhalten süchtig wird?
c Anders als bei Drogensucht besteht bei vielen Verhaltenssüchten nicht die Möglichkeit, völlig abstinent zu leben. Begründe.

060-1

Die Farben zeigen, worauf es bei einer Aufgabe ankommt:
■ Sachverhalte wiedergeben ■ Wissen anwenden ■ komplexe Probleme lösen

Die Lösungen findest du im Anhang.

Schätze deine Kenntnisse und Fähigkeiten ein.

Aufgabe	Lerngebiet/Fähigkeit	Lösungshilfe	Auswertung
1	Ich kann beschreiben, wie Risiko- und Schutzfaktoren die Gesundheit beeinflussen.	46, 47	Ordne dazu deiner Lösung im Heft ein Smiley zu:
2	Ich kann geeignete Stressbewältigungsmethoden nennen.	48, 49	☺ Ich konnte die Aufgabe richtig lösen.
3	Ich kann erläutern, warum Drogen süchtig machen können.	50, 51	
4	Ich weiß, warum Zigarettenrauchen die Gesundheit gefährdet.	55	😐 Ich konnte die Aufgabe nicht komplett lösen.
5	Ich kann erläutern, welche Wirkungen Alkohol im Gehirn hat.	56	
6	Ich kenne Verhaltensweisen, die süchtig machen können, und weiß, wie Verhaltenssüchte entstehen.	52, 53	☹ Ich konnte die Aufgabe nicht lösen.

Krankheitserreger und körpereigene Abwehr

Unser Körper ist täglich zahlreichen Einflüssen und Angriffen ausgesetzt. Diesen muss er sich ständig zur Wehr setzen. Wenn der Körper dabei einmal „schlapp macht", kann es uns schnell erwischen, wie zum Beispiel bei einer Erkältung.

Krankheitserreger sind mit dem bloßen Auge nicht zu erkennen und können dem Menschen doch so gefährlich werden.
Sie machen uns jedoch nicht in jedem Fall krank.

Durch die **körpereigene Abwehr** verfügt der Körper über Mechanismen, die Krankheiten abwehren und uns vor Neuerkrankungen schützen.

1 Was haben blühende Gräser mit tränenden und juckenden Augen zu tun?

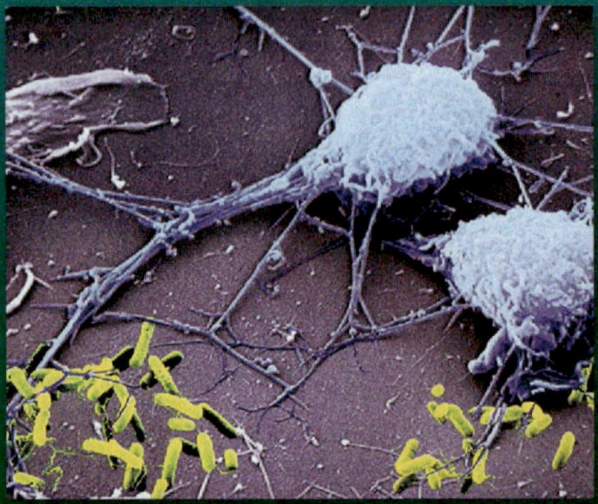

2 Unser Körper kommt im Lauf unseres Lebens öfters mit Krankheitserregern in Kontakt. Wie schafft er es, sich dagegen zu wehren?

3 Muss ich bei leichten Erkrankungen denn immer gleich zum Arzt gehen oder kann ich auch selber etwas tun?

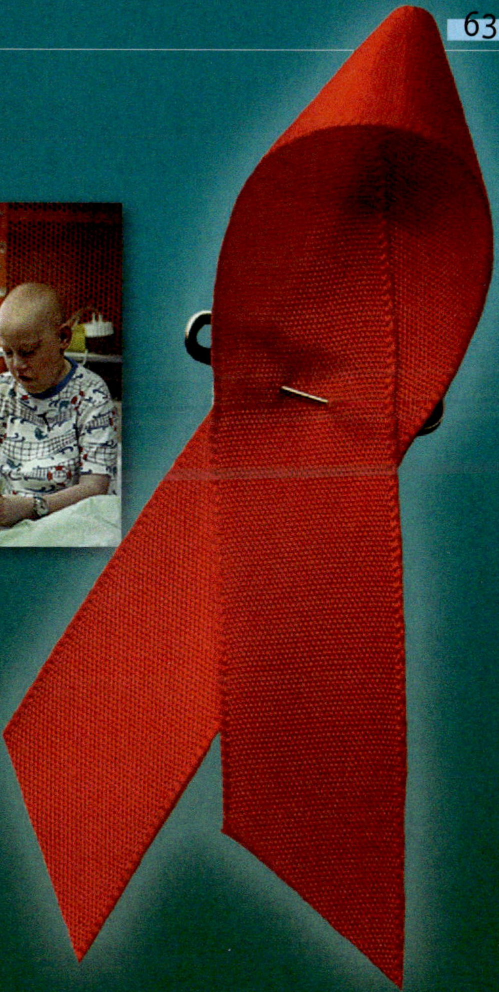

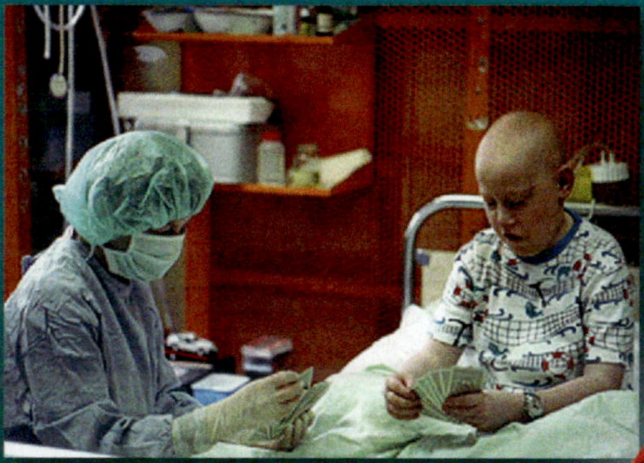

6 Was passiert bei Krebs im Körper?

4 Was kann ich tun, um mich vor schweren Erkrankungen zu schützen?

GIB AIDS KEINE CHANCE

7 Das habe ich schon oft gesehen. Doch was ist Aids eigentlich?

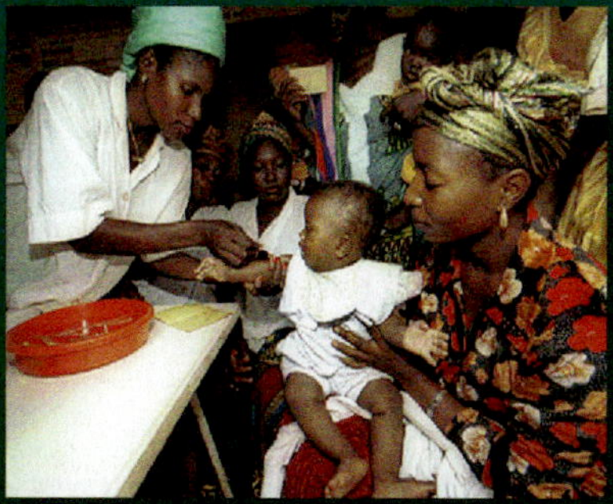

5 Andere Länder – andere Krankheiten. Warum ist das so?

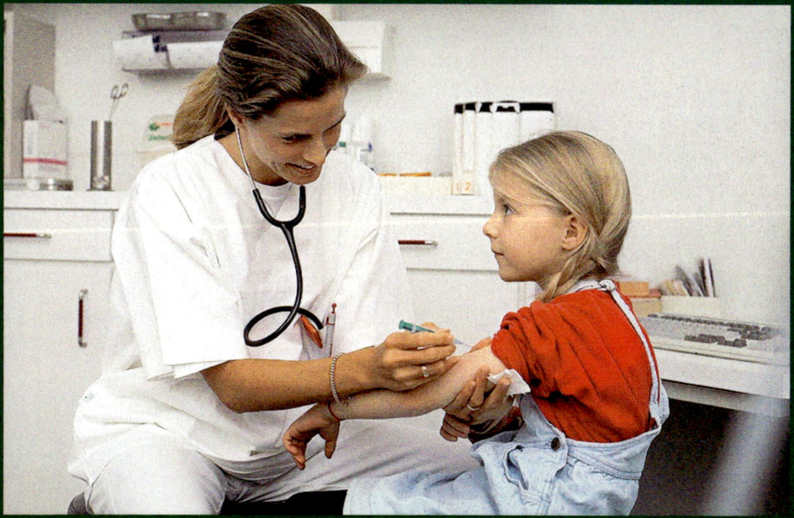

8 Viele Impfungen schützen vorbeugend, andere wirken heilend. Worin besteht der Unterschied bei den Impfstoffen?

Wenn es einen „erwischt“ hat!

Kaum zu glauben, dass die im Bild rechts dargestellten, winzig kleinen Grippeviren (Influenzaviren) einen gesunden Menschen innerhalb weniger Tage schwer krank machen können. Wie gelingt es den Viren, in den Körper einzudringen? Wie kommt es, dass diese „Winzlinge“, die gar nicht zu den Lebewesen gezählt werden, einen Menschen in so kurzer Zeit außer Gefecht setzen, manchmal sogar töten können?

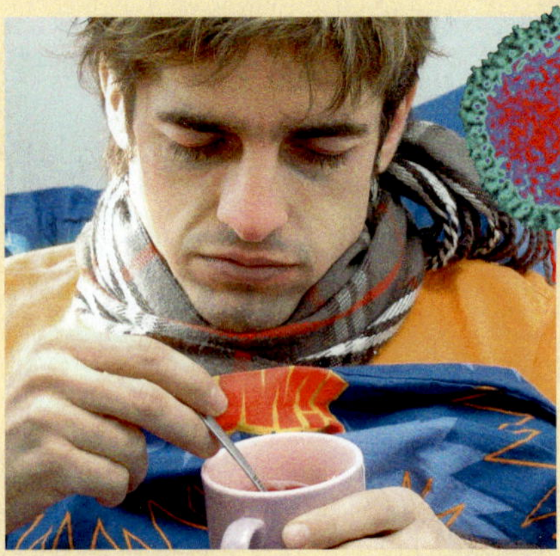

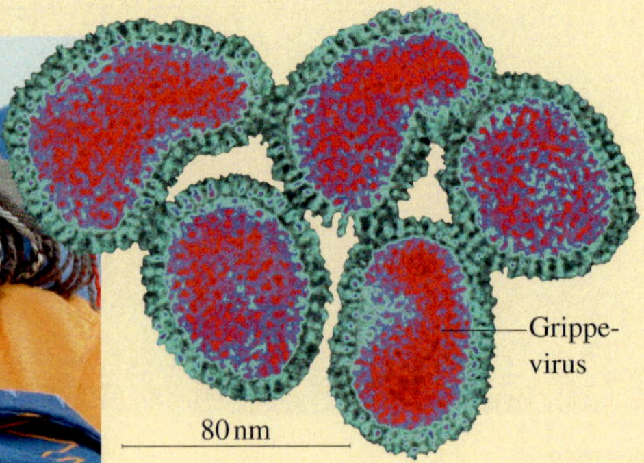

1 Hat man sich eine Grippe „eingefangen“, fühlt man sich elend.

Beobachten ***Untersuchen*** *Experimentieren*

Wir untersuchen den Verlauf der Grippe

Die Vorgeschichte Peter kann sich im Unterricht kaum konzentrieren. „Was ist nur los mit mir? Der Kopf tut weh und alle Gelenke und Muskeln schmerzen. Ob den anderen auch so kalt ist? Hoffentlich ruft mich Herr Huber nicht auf. Ich habe heute gar nichts vom Unterricht mitbekommen! Oh, jetzt kommt er auf mich zu! Keine Gefahr! Er meint, ich sei krank, und sagt, ich soll im Sekretariat Bescheid sagen, dass man mich von der Schule abholt.“

Die eigentliche Geschichte Zu Hause legt sich Peter sofort ins Bett. Seine Mutter misst die Körpertemperatur. Er hat leichtes Fieber. Dann ruft sie den Arzt an. Beim späteren Hausbesuch sagt dieser: „Peter hat sich eine handfeste Grippe geholt. Ich verordne ihm strenge Bettruhe. Bitte messen und notieren Sie täglich seine Körpertemperatur. So können wir den Krankheitsverlauf besser beurteilen.“

a Übernimm das Koordinatenkreuz in Bild ↑2 in dein Heft. Vervollständige mithilfe der Tabelle ↑3 die Temperaturkurve.

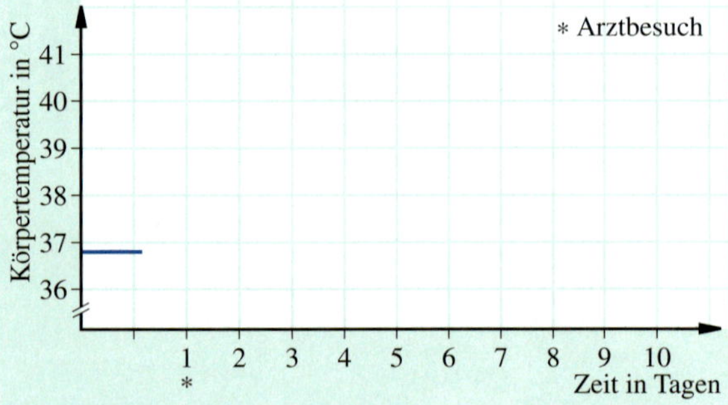

2 Diagrammvorlage des Verlaufs der Körpertemperatur

b Ab einer Körpertemperatur von 38 °C spricht man von Fieber. Kennzeichne den Temperaturverlauf bei Fieber mit Rot, den fieberfreien Bereich Grün.

c In wie viele Phasen kannst du die Krankheit Grippe aufgrund des Verlaufs der Temperaturkurve untergliedern? Beachte dabei, dass Peter an dem mit * gekennzeichneten Tag bereits krank war.

d Beschreibe kurz jede dieser Krankheitsphasen. In welcher Phase treten deiner Meinung nach die typischen Grippesymptome auf? Begründe.

1. Tag *	2. Tag	3. Tag	4. Tag	5. Tag	6. Tag	7. Tag	8. Tag	9. Tag	10. Tag
38,1 °C	38,9 °C	39,3 °C	40,1 °C	39,1 °C	38,7 °C	39,3 °C	38,4 °C	37,2 °C	37,1 °C

3 Verlauf von Peters Körpertemperatur ab dem Tag des Arztbesuchs*

Verlauf einer Grippeerkrankung

Grippe wird durch Influenzaviren verursacht und deshalb auch Influenza genannt. ↑2, 3 S.64 Sie ist keine harmlose Erkältungskrankheit. In Deutschland führte sie im Winter 2003/04 zu schätzungsweise 20000 Todesfällen.

Infektion Die Influenzaviren gelangen häufig durch feine Speicheltröpfchen beim Niesen oder Husten eines Kranken in die Atemwege einer anderen Person. Das Eindringen von Krankheitserregern in einen Organismus und ihre anschließende Vermehrung in ihm bezeichnet man als Infektion. ↑S.64

Inkubationszeit Die Ansteckung selbst bemerkt der spätere Patient meist nicht. Erst nach ein bis drei Tagen bricht die eigentliche Grippe sicht- und fühlbar aus. Den Zeitraum zwischen der Ansteckung und den ersten Anzeichen der Krankheit nennt man Inkubationszeit.

Erkrankung Die Anzeichen, mit denen eine Krankheit in Erscheinung tritt, nennt man Symptome. Die typischen Symptome einer Grippeerkrankung sind neben einer allgemeinen Müdigkeit und Erschöpfung Gelenk- und Muskelschmerzen, Fieber, Frösteln sowie Husten und Halsschmerzen. Verursacht werden sie durch die Krankheitserreger, die sich während der Inkubationszeit explosionsartig im Körper des Infizierten vermehrt haben.

Gesundung Sobald der Körper in der Lage ist, die Vermehrung der Krankheitserreger zu hemmen und diese schließlich auch zu vernichten, setzt die Gesundung ein. Dabei klingen die Symptome ab.
Meist verläuft eine Grippe unkompliziert. Bettruhe und fiebersenkende Mittel lassen die Krankheitssymptome allmählich wieder verschwinden. Allerdings kann eine nicht beachtete Grippe zu einem schweren Krankheitsverlauf führen. Ältere oder durch eine andere Krankheit geschwächte Menschen sind besonders gefährdet. Wenn eine weitere Infektion, zum Beispiel eine durch Bakterien verursachte Lungenentzündung dazukommt, dann besteht absolute Lebensgefahr. Deshalb ist bei Verdacht auf Grippe immer ein Arzt aufzusuchen.

Infektionskrankheiten, wie zum Beispiel die Grippe, werden durch Krankheitserreger ausgelöst. Bei der Infektion dringen sie in den Körper ein und vermehren sich hier stark. Viele Infektionskrankheiten sind ansteckend. Sie verlaufen in typischen Phasen: Inkubationszeit – Erkrankung – (meist) Gesundung.

Historisches

Die spanische Grippe
Zwischen 1918 und 1919 wütete die spanische Grippe. Weltweit forderte sie fast 50 Millionen Opfer. Viele Menschen starben innerhalb nur weniger Tage.
Mit den Truppentransporten kam die Krankheit am Ende des Ersten Weltkriegs von den USA nach Europa. Besonders viele Menschen starben in Spanien – daher der Name der Krankheit. In Deutschland waren etwa 300000 Tote zu beklagen.
Die gefährlichen Viren hatten nach dem Ersten Weltkrieg leichtes Spiel: Viele Häuser waren zerstört. Die durch Hunger geschwächten Menschen mussten auf engstem Raum zusammenleben – und steckten sich so gegenseitig an.

Aufgaben

1 Begründe, weshalb die Grippe nicht unmittelbar nach der Infektion ausbricht.
2 Wie bei jeder Infektionskrankheit kann man bei der Grippe drei Stadien unterscheiden. Nenne und beschreibe diese kurz.
3 Beim Niesen und Husten sollte man sich stets die Hand vor Nase und Mund halten. Begründe.
4 Der Erreger von Grippe gehört zu den Viren. Fasse zusammen, was du damit über das Influenzavirus aussagen kannst.

Historisches

Kampf gegen Krankheiten
Krankheiten sind ein uralter Begleiter des Menschen. Bereits in der Bibel wird der Aussatz (Lepra) erwähnt. Im Mittelalter entvölkerte die Pest ganze Landstriche. Der Franzose LOUIS PASTEUR und der Deutsche ROBERT KOCH erkannten als Erste, dass bestimmte Bakterienarten die Verursacher vieler gefährlicher Krankheiten sind. ↑1, 2 Mit ihnen begann ein vielfach erfolgreicher Kampf gegen bakterielle Erreger.

1 LOUIS PASTEUR (1822–1895)

2 ROBERT KOCH (1843–1910)

Krankheitserreger

066-1

Neben den Viren ↑S.68 sind auch Bakterien ↑S.69, Pilze, Einzeller und sogar bestimmte Würmer Erreger von Infektionskrankheiten.

Viren Die Kinderlähmung oder Poliomyelitis wird durch das Poliovirus verursacht. Die Ansteckung erfolgt meist über den Mund durch Schmierinfektion, selten durch Tröpfcheninfektion. Lediglich ein Prozent der Infizierten erkranken ernsthaft an Polio. Die Inkubationszeit beträgt bis zu 14 Tage. Die Viren vermehren sich im Nasen-Rachen-Raum sowie im Darm. Über das Blut gelangen sie ins Rückenmark, wo sie Nervenzellen befallen und zerstören. Es kommt zu Lähmungen. Der einzige wirksame Schutz vor Kinderlähmung ist die Schutzimpfung.
Die Pocken sind eine Virusinfektion, an der seit 1978 niemand erkrankte. Mithilfe von Schutzimpfungen wurden sie ausgerottet.

Bakterien Die Ansteckung mit Diphtheriebakterien erfolgt durch Tröpfcheninfektion. Nach einer Inkubationszeit von etwa fünf Tagen treten hohes Fieber und die Symptome von Erkältungskrankheiten wie Husten und Halsschmerzen auf. An Mandeln und Schleimhäuten des Rachenraums bilden sich zähe Beläge, die immer dicker werden. In besonders schweren Fällen können sie zum Erstickungstod führen. Früher nannte man die Diphtherie deshalb auch den „Würgeengel der Kinder“. Die Gifte der Erreger schädigen zusätzlich den Herzmuskel.

Einzeller 2001 starben auf der Erde etwa 2,7 Million Menschen an der Malaria. Die Erreger sind tierische Einzeller, die durch blutsaugende Fiebermücken *(Anopheles)* übertragen werden. ↑3 Die Einzeller vermehren sich in den Leberzellen und roten Blutzellen (Erythrocyten) der Infizierten. ↑4 Dabei verursachen sie in regelmäßigen Abständen starke Fieberanfälle. Bei Reisen in die Tropen ist ein vorbeugender Schutz vor Malaria (Malariaprophylaxe) empfehlenswert.

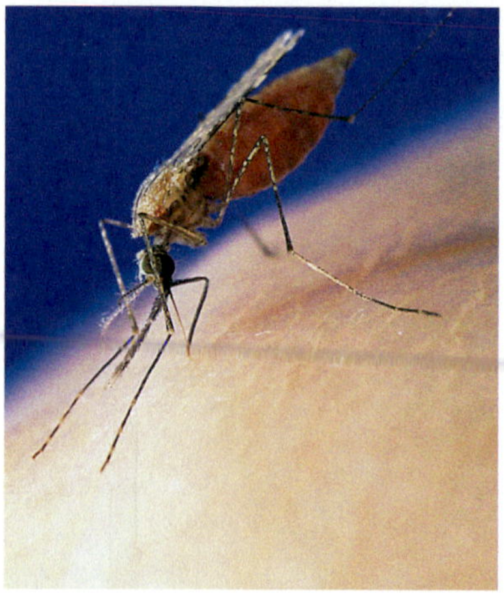

3 *Anopheles* bei der Blutmahlzeit

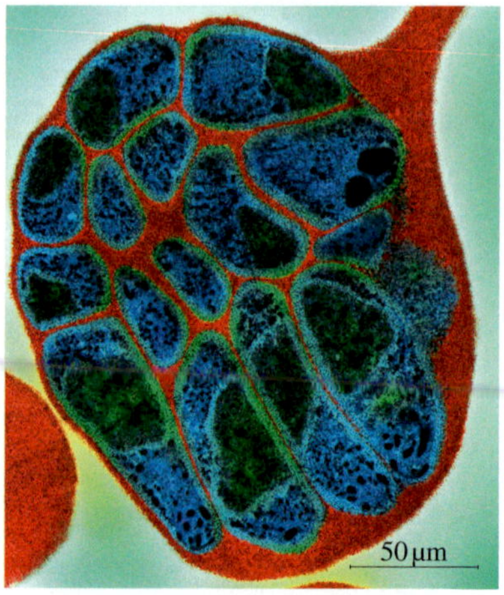

4 Erythrocyt mit Malariaerregern

Bakterien, Viren, Pilze, Einzeller und Würmer sind die Erreger von Infektionskrankheiten.

Aufgaben

1 Beschreibe den Erreger, die Infektionswege, Inkubationszeit und Symptome von drei weiteren Infektionskrankheiten.

2 Ein wirksamer Malariaschutz besteht darin, vor allem abends Arme und Beine mit Kleidung zu bedecken. Begründe.

Beobachten Untersuchen Experimentieren

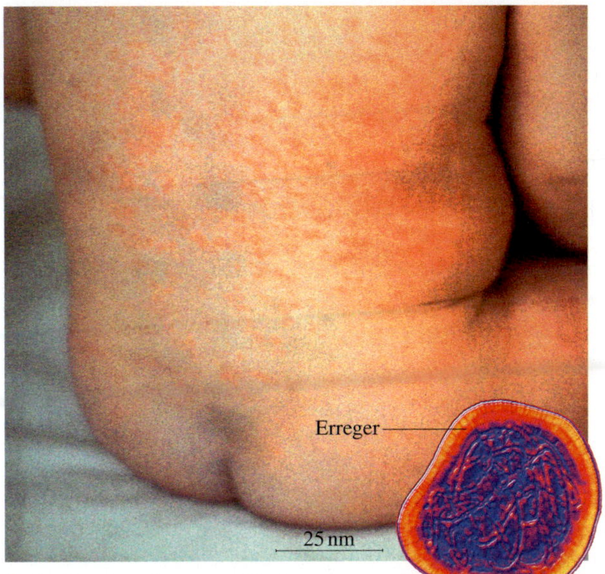

5 An Röteln erkranktes Kind

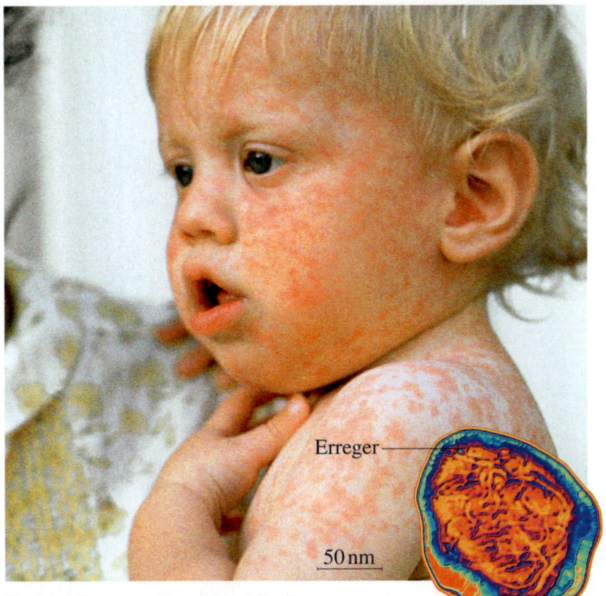

6 An Masern erkranktes Kind

Untersuchungsergebnisse	
Gemeinsame Symptome von Kind A und B …	
Alleinige Symptome von Kind A …	Alleinige Symptome von Kind B …

7 Tabellenformular für die Untersuchungsergebnisse

Wie finden ein Arzt oder eine Ärztin die richtige Diagnose?

Versetze dich in die Lage eines Arztes oder einer Ärztin. Die links abgebildeten Kinder werden von ihren Eltern in deine Sprechstunde gebracht. Sie suchen Hilfe bei dir.

Die Untersuchung Natürlich versuchst du zunächst herauszufinden, an welchen Krankheitssymptomen die Kinder leiden.

Auf den ersten Blick erkennst du, dass beide einen deutlich roten Hautausschlag haben. Die Eltern berichten dir, dass ihre Kinder unter Husten, Schnupfen und Halsschmerzen leiden.

Bei der Untersuchung misst du auch die Körpertemperatur der zwei kleinen Patienten. Dabei stellst du jeweils eine Temperatur von über 38 °C fest: Sie haben Fieber.

Nun schaust du ihnen in den Mund. Dabei siehst du, dass ein Kind weiße Flecken im Mund hat. Bei dem anderen kannst du keine Flecken erkennen.

Um ganz sicher zu sein, fasst du beiden Kranken mit den Fingern hinter die Ohren. Aber nur bei dem Kind, das keine weißen Flecken im Mund hat, fühlst du hinter den Ohren deutliche Schwellungen.

Die Diagnose Mithilfe der von dir beobachteten Krankheitssymptome versuchst du herauszufinden, an welchen Krankheiten deine Patienten leiden:

a Fasse in einer Tabelle nach dem unteren Muster ↑7 zusammen, welche Krankheitssymptome beiden Kindern gemeinsam sind.

b In welchen Symptomen unterscheiden sich die Krankheitsbilder voneinander? Trage auch das in die Tabelle ein.

c Ein erfahrener Arzt weiß jetzt natürlich, welches der beiden Kinder Masern bzw. Röteln hat. Wir Schülerärzte dürfen in einem Gesundheitslexikon nachschauen. Zu welcher Diagnose kommst du?

Die Behandlung Wie behandelst du beide Kinder, damit sie schnell gesund werden?

d Informiere dich über die Behandlungsmöglichkeiten beider Krankheiten.

e Gib den Eltern Tipps, wie sie zum Wohlbefinden ihrer Kinder beitragen können.

Steckbrief

Viren als Krankheitserreger

Bau und Wirkungsweise Ein Virus kann sich nicht selbst bewegen, atmet nicht und hat keinen Stoffwechsel. Damit gehört es nicht zur lebenden Natur. Andererseits haben Viren aber auch Merkmale von Lebewesen. Sie verfügen über Erbmaterial, das von einem Eiweißmantel umhüllt ist. Damit sich ein Virus vermehren kann, benötigt es aber immer eine Zelle eines anderen Lebewesens. Es schleust sein Erbmaterial in diese Wirtszelle ein. Dieses verursacht eine Veränderung des Stoffwechsels, so dass die Zelle in großer Anzahl neue Viren produziert. ↑2 bis 4 Je nach der Virus-Form reagiert unser Körper mit unterschiedlichen Krankheitssymptomen. ↑1 Es gibt eine Vielzahl verschiedener Viren, die Pflanzen, Tiere oder Menschen befallen. Manche Viren dringen auch in Bakterien ein.

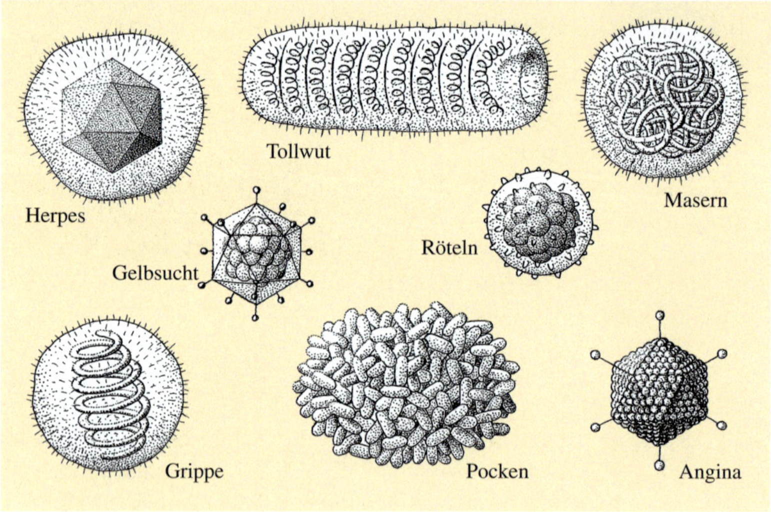

1 Verschiedene Viren und die von ihnen verursachten Krankheiten.

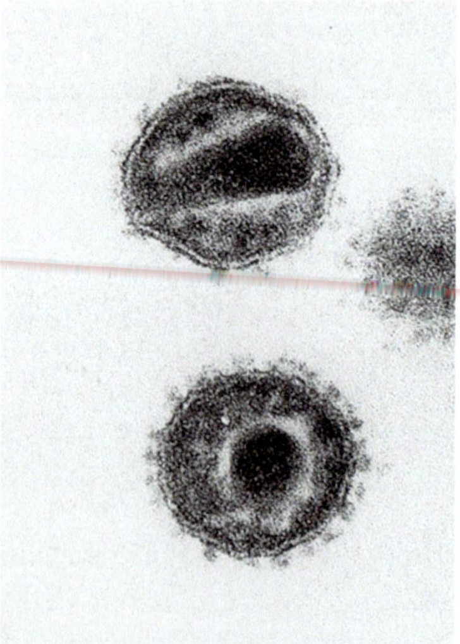

2 HI-Viren verursachen Aids. ↑S.88

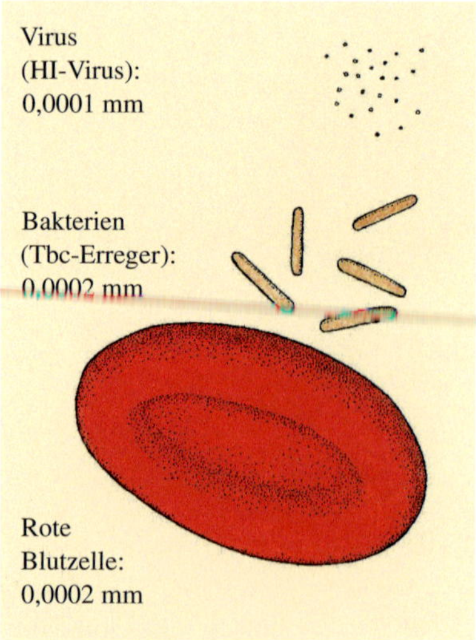

3 Der Größenvergleich zeigt, wie winzig Viren sind.

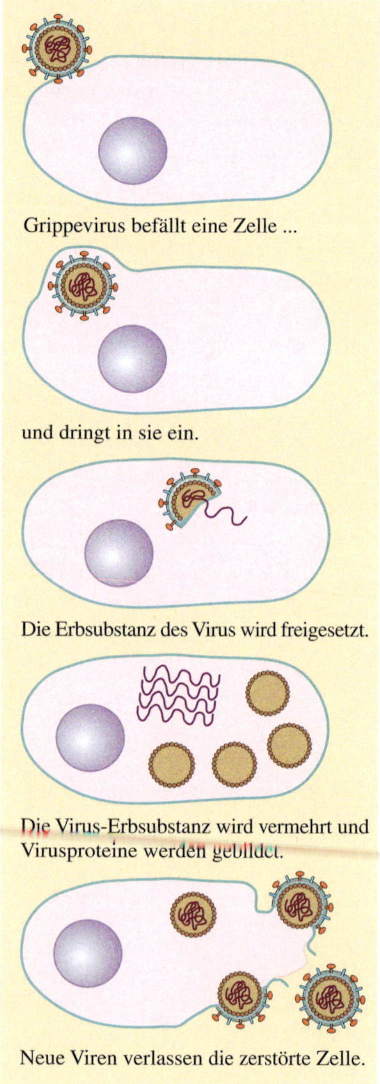

4 Vermehrung eines Grippevirus

Steckbrief

Bakterien als Krankheitserreger

Bakterien leben fast überall In der Luft, im Wasser und im Boden gibt es Milliarden von Bakterien. Auch im menschlichen Körper kommen sie vor, besonders im Verdauungssystem.
Bakterien sind so klein, dass man sie mit bloßem Auge nicht sehen kann. Die meisten von ihnen haben als Zersetzer (Destruenten) wichtige Funktionen im Stoffkreislauf der Natur ↑S.208
Einige Bakterien sind als Parasiten für den Menschen und andere Organismen gefährlich, da sie Infektionskrankheiten verursachen. Die Entdeckung und der Nachweis dieser Tatsache gelangen erst im 19. Jahrhundert. ↑S.66
Zu den von Bakterien verursachten Krankheiten gehören beispielsweise Scharlach, Keuchhusten, Lungenentzündung und Wundstarrkrampf. ↑S.66
Die Gefährlichkeit krankheitserregender Bakterien ist vor allem auf ihre durch schnell aufeinander folgende Zellteilungen ermöglichte hohe Vermehrungsgeschwindigkeit zurückzuführen. Sie bilden Giftstoffe, die als Toxine bezeichnet werden.

Bau und Vermehrung der Bakterien Bakterien sind zwischen 1 Tausendstel und 5 Tausendstel Millimeter große einzellige Organismen. Nach ihrer äußeren Form können wir kugelförmige, stäbchenförmige, schraubenförmige und bohnenförmige Bakterien unterscheiden. ↑6-9
Jede Bakterienzelle wird von einer Zellwand und einer Zellmembran begrenzt. Bei vielen Bakterien kommen Schleimhüllen vor, die den Zellwänden aufgelagert sind. Dadurch werden oft viele Einzelzellen nach Teilungen in Bakterienkolonien zusammengehalten, die mit bloßem Auge sichtbar sind. Bakterienzellen haben keinen Zellkern, ihr Erbmaterial befindet sich frei im Zellplasma. ↑5 Die Teilung einer Bakterienzelle bezeichnet man im Unterschied zur Teilung von Zellen mit Zellkern als Spaltung. Durch sehr schnell aufeinander folgende Spaltungen können in 24 Stunden aus einer einzigen Bakterienzelle etwa 10 000 000 000 (10 Milliarden) neue Bakterien entstehen. Für das Überleben vieler Bakterien sind Temperaturen zwischen 20° C und 40° C optimal.

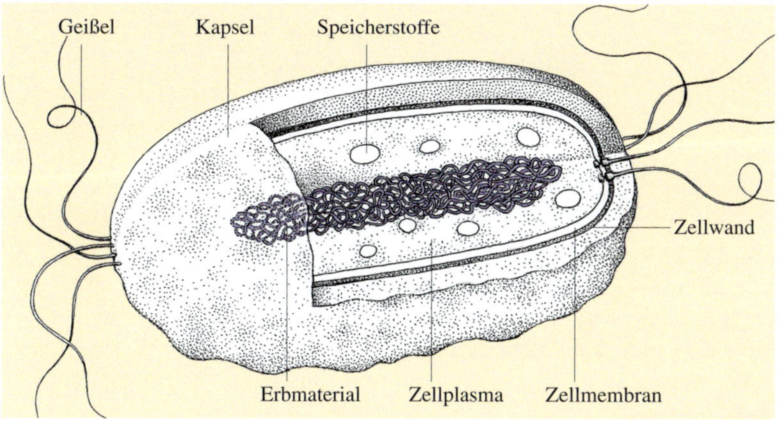

5 Aufbau einer Bakterienzelle

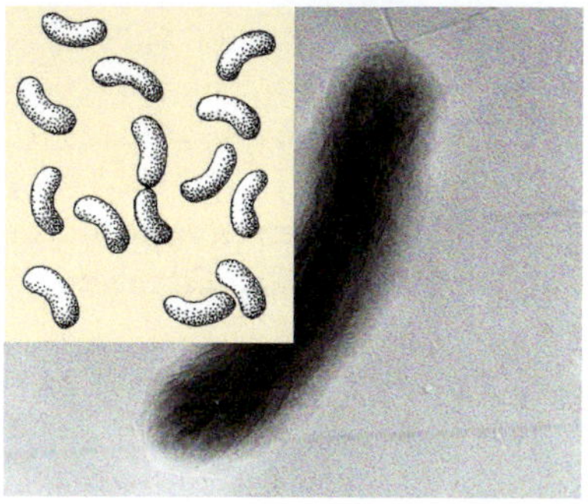
6 Erreger der Cholera (bohnenförmig)

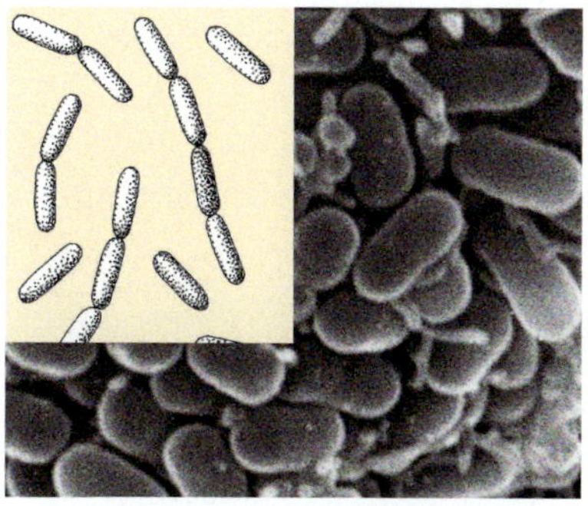
7 Erreger von Durchfallerkrankungen (stäbchenförmig)

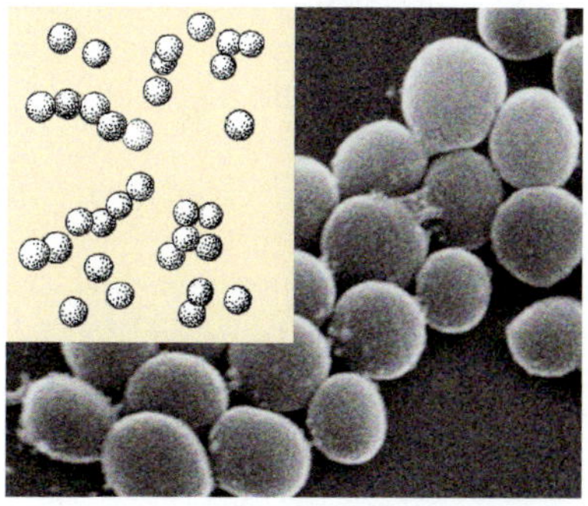
8 Eiter erregende Bakterien (kugelförmig)

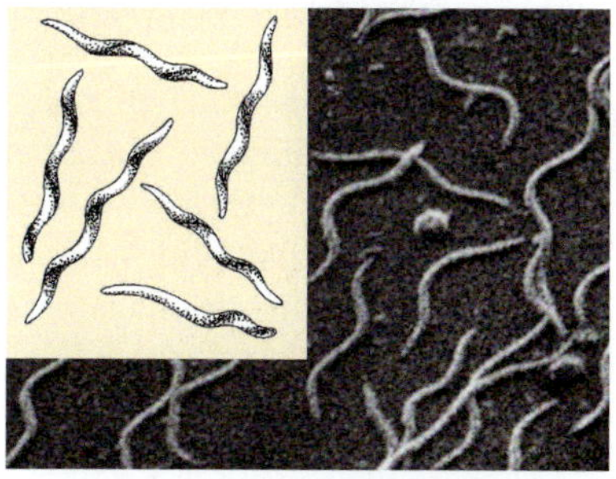
9 Manche bakterielle Krankheitserreger sind schraubenförmig.

Der Körper wehrt sich gegen Krankheitserreger

Die Gladiatoren im Bild ↑1 bereiten sich darauf vor, den Angriff des Tigers abzuwehren. Auch wir sind jeden Tag von Angreifern, nämlich den verschiedensten Krankheitserregern, umgeben. Gelingt es uns nicht, sie abzuwehren oder zu bekämpfen, ist unsere Gesundheit bedroht. Obwohl dies eine große Herausforderung für unseren Körper darstellt, erkranken die meisten Menschen nur selten. Wie funktioniert das Abwehrsystem unseres Körpers? Welche Organe und Zellen sind beteiligt?

1 Der Kampf zweier Gladiatoren im alten Rom (Szene des Films „Gladiator")

Methode *Wir recherchieren im Internet*

Das Stöbern im Internet, also im World Wide Web (www), kann viel Spaß machen. Ein bewusstes Surfen ist zudem eine sehr anspruchsvolle und interessante Beschäftigung. Damit man sich in der riesigen Informationsflut des Internets nicht verirrt, sollte man sich ein bestimmtes Schema zurechtlegen, nach dem man bei der Recherche vorgeht.

Recherchieren im Internet

1 Problemstellung: Am Anfang jeder Suche muss eine genau formulierte Frage oder Aufgabe stehen.

2 Suche: Am einfachsten ist die Recherche mithilfe einer Suchmaschine, wie etwa „Fireball", „Google" oder „Lycos".
Eine Auswahl von speziellen Suchmaschinen zum Thema Krankheiten erhältst du zum Beispiel bei der Eingabe von „Suchmaschinen + Krankheiten" unter www.google.de.
Durch die Eingabe eines gut ausgewählten Suchbegriffs und die Zugabe von „+" bei mehreren Begriffen kannst du deine Recherche immer genauer gestalten. So würdest du beispielsweise bei der Suche nach Informationen über Masernerreger „Masern+Erreger" in das Suchfeld eintragen.

3 Bewertung: Stets solltest du die gefundenen Materialien auf ihre Verwendbarkeit und Verlässlichkeit überprüfen. Die folgenden Fragen helfen dir dabei:
- Von wem wurde das Material erstellt?
- Helfen mir die angebotenen Texte, Tabellen oder Bilder, die gestellte Aufgabe zu lösen?
- Welche speziellen Daten bzw. Informationen kann ich direkt übernehmen?
- Welche Links liefern zusätzliche Informationen oder helfen weiter?
- Kann man zum Beispiel in einem „Forum" auch Fragen an Experten richten?

4 Auswertung: Schließlich kannst du die gefundenen Informationen auswerten und anhand deiner Ergebnisse die gestellte Aufgabe lösen.

Entwerft mithilfe des Internets einen Steckbrief über eine Infektionskrankheit, zum Beispiel Windpocken. Stellt dabei die folgenden Inhalte vor:
- Erreger in Text und Bild,
- Infektionsweg,
- Inkubationszeit,
- Krankheitssymptome und mögliche Spätfolgen,
- Behandlungsmethoden,
- Gesundung.

Das körpereigene Abwehrsystem

Zur Abwehr und Bekämpfung von Krankheitserregern, körperfremden Stoffen sowie zur Beseitigung von entarteten Körperzellen verfügt unser Körper über sehr wirkungsvolle Schutzmechanismen: Die unspezifische Abwehr ist angeboren und richtet sich gegen alle körperfremden Strukturen. Die spezifische Abwehr wird dagegen erst im Lauf des Lebens erworben und richtet sich jeweils gegen einen bestimmten Erreger oder Fremdstoff. Beide Systeme arbeiten als Immunsystem sich gegenseitig ergänzend zusammen.

Lymphsystem Es besteht aus den Lymphgefäßen und den lymphatischen Organen, dazu gehören Knochenmark, Thymus, Milz, Mandeln und Lymphknoten. ↑2 Es wird von der Lymphe, einer farblosen Flüssigkeit, durchströmt.
Die Lymphknoten dienen als Filterstationen für Giftstoffe, Reste abgestorbener oder veränderter Zellen und Bakterien in der Lymphe. Sie sind dicht von Abwehrzellen besiedelt, die sich mit diesen „Abfallstoffen" auseinander setzen. Bei einer Infektion werden besonders viele Abwehrzellen gebildet. Die dem Krankheitsherd am nächsten gelegenen Lymphknoten schwellen dabei an.

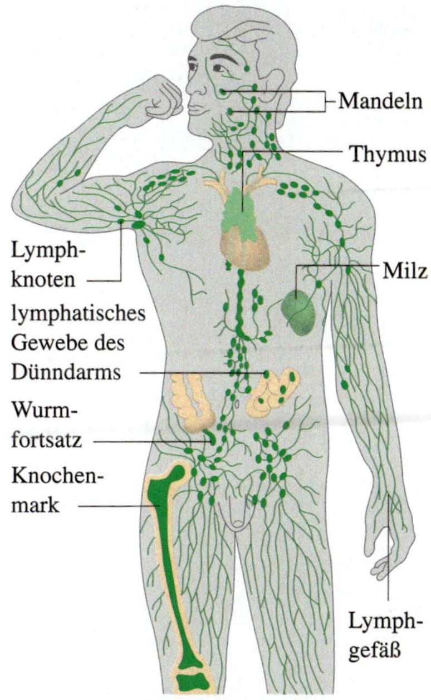

2 Das Lymphsystem des Menschen

Abwehrzellen Im Knochenmark, dem wichtigsten Bildungsgewebe für Blutzellen, entstehen die meisten Abwehrzellen, die weißen Blutzellen (Leukocyten). Sie sind im Blut etwa 1000-mal seltener als die roten Blutzellen. Ihre Hauptmasse hält sich allerdings im Lymphsystem auf. ↑2
Es gibt verschiedene Arten von weißen Blutzellen:
- Die nur wenige Tage lebensfähigen Granulocyten bilden zwei Drittel aller Abwehrzellen. Die meisten von ihnen sind so genannte Fresszellen. Sie vernichten Fremdkörper im Blut und Gewebe, indem sie die Fremdkörper umfließen, in sich aufnehmen und anschließend verdauen. Diese Funktion bezeichnet man als „Zellfraß" (Phagocytose).
- Monocyten sind große Fresszellen, die mehrere Monate alt werden. Sie können die Blutbahn verlassen und entwickeln sich dann zu „Riesenfresszellen" (Makrophagen). In dieser Form durchwandern sie amöbenartig alle Gewebe.
- Die Lymphocyten reagieren zum Beispiel auf bestimmte Krankheitserreger. Man unterscheidet B- und T-Lymphocyten. B-Lymphocyten entwickeln sich im Knochenmark (engl. bone marrow). Nach ihrer Entwicklung zu Plasmazellen bilden sie im Blut Antikörper. ↑S.72
T--Lymphocyten reifen in der Thymusdrüse heran. Sie sind an vielen Abwehrprozessen beteiligt, vor allem an der Zerstörung fremder, virusbefallener oder entarteter Zellen.

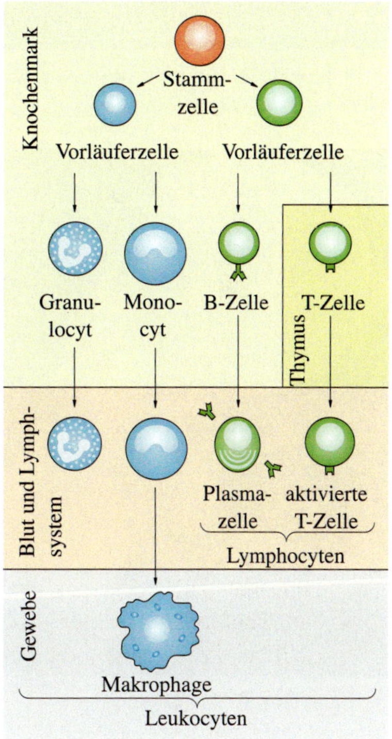

3 Entwicklung von Leukocyten

Das Immunsystem umfasst alle an der körpereigenen Abwehr beteiligten Organe und Zellen.

Aufgaben

1 Suche nach einer Erklärung dafür, weshalb man bei einer Erkältung oft Halsschmerzen hat.

2 Der Fachausdruck für Fresszellen lautet „Phagocyten". Begründe.

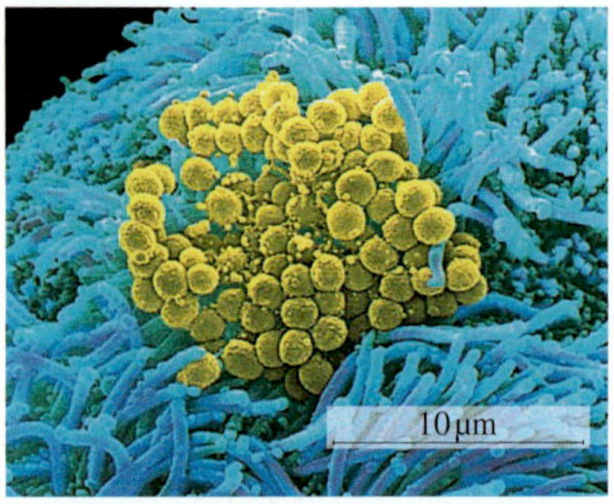

1 Bewegliche Flimmerhaare der Luftröhrenwand befördern Bakterien aus dem Körper.

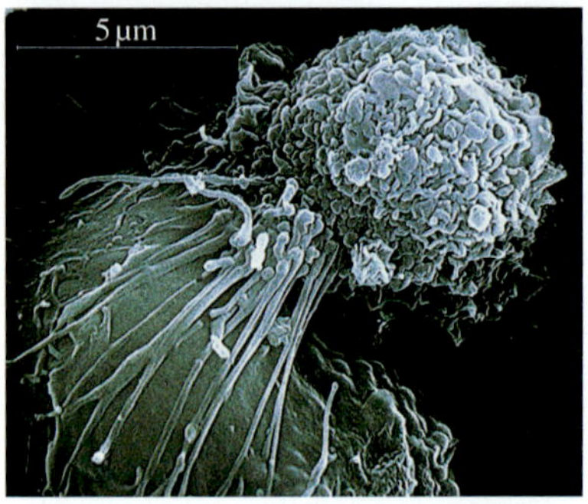

2 Phagozytose: Ein Makrophage umfließt („frisst“) einen Fremdkörper.

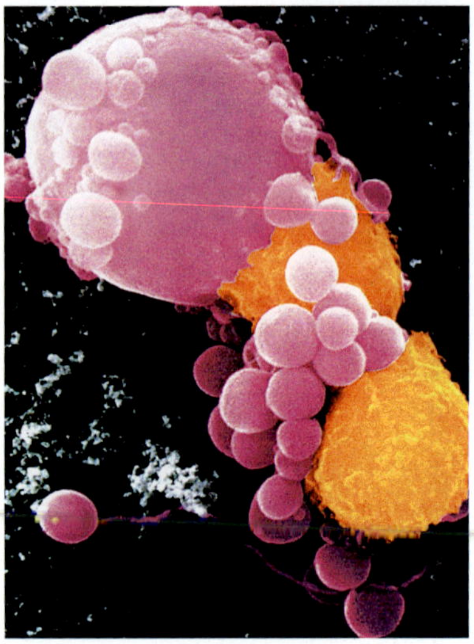

3 Ein cytotoxischer T-Lymphocyt (orange) bekämpft eine Krebszelle (violett).

Ein gutes Team

072-1

Unspezifische Abwehr Sie ist angeboren. Ihre Mechanismen greifen schnell und unmittelbar.
Die unverletzte Haut bildet eine für fast alle Krankheitserreger unpassierbare Abwehrfront. Die sauren Ausscheidungen der Talgdrüsen und Schweißdrüsen sowie die vielen natürlich auf der Haut vorkommenden ungefährlichen Bakterien erschweren die Ansiedlung von gefährlichen Mikroorganismen bzw. Krankheitserregern.
Auch die Schleimhäute, die zum Beispiel den Verdauungskanal und die Atemwege auskleiden, bilden eine Barriere. Zähflüssiger Schleim hüllt die Fremdkörper ein und wird dann beispielsweise durch Husten nach außen befördert. ↑1 Speichel und Tränen reinigen innere bzw. äußere Hautflächen. Der saure Magensaft macht viele mit der Nahrung aufgenommene Mikroorganismen unschädlich.
Sind die Krankheitserreger dennoch in den Körper gelangt, werden die Abwehrzellen der unspezifischen Abwehr aktiv. ↑S.71 Dabei handelt es sich um Granulocyten und Monocyten bzw. Makrophagen. ↑2
Fieber wird vor allem durch Giftstoffe der Krankheitserreger ausgelöst. Es fördert, wenn die Körpertemperatur nicht zu hoch ansteigt, die Abwehr- und Heilungsprozesse in unserem Körper.

Spezifische Abwehr Sie richtet sich gegen bestimmte Krankheitserreger, Fremdstoffe und entartete Körperzellen. Alle Stoffe, die einen Angriff der spezifischen Abwehr auslösen, werden als Antigene bezeichnet.
Die spezifische Abwehr ist bei der ersten Begegnung mit einem Erreger langsamer als die unspezifische Abwehr. Bei einem Zweitkontakt mit diesem zeichnet sie sich jedoch durch eine sehr gezielte und nun wesentlich schnellere Reaktion aus. Die Krankheit bricht meist gar nicht mehr aus. Der Körper ist gegen den Erreger immun (lat. immunis: frei, unberührt) geworden. Diese Immunität ist also nicht angeboren, sondern wird im Lauf des Lebens erworben.

Antikörper gegen Antigene Die Riesenfresszellen (Makrophagen) sind ein Bindeglied zwischen beiden Abwehrsystemen. Hat ein Makrophage ein Antigen (z. B. einen Erreger) aufgenommen und verdaut, „zeigt“ er Bruchstücke von ihm auf seiner Oberfläche. Nun können die Abwehrzellen der spezifischen Abwehr (verschiedene T- und B-Lymphocyten) eingreifen: ↑4 Passt eine T-Helferzelle zu einem so dargebotenen Antigenbruchstück, kann sie an dieses binden. Die T-Helferzelle wird so aktiviert und beginnt sich zu teilen.
Auch B-Lymphocyten können Antigene erkennen, verdauen und jeweils ein spezielles Bruchstück auf ihrer Oberfläche präsentieren. Dazu tragen sie auf der Oberfläche bestimmte Antikörper. Das sind Eiweiße, die wie ein Schlüssel zu einem Schloss genau zu einem bestimmten Antigenstück passen.
Bindet die aktivierte T-Helferzelle an ein zu ihr passendes Antigenbruchstück auf einem B-Lymphocyten, regt sie diesen zur Vermehrung an. Dabei entstehen Plasmazellen. Sie bilden bis zu 2000 freie Antikörper pro Sekunde. Die Antikörper verklumpen mit den Krankheitserregern und setzen sie so außer Gefecht.

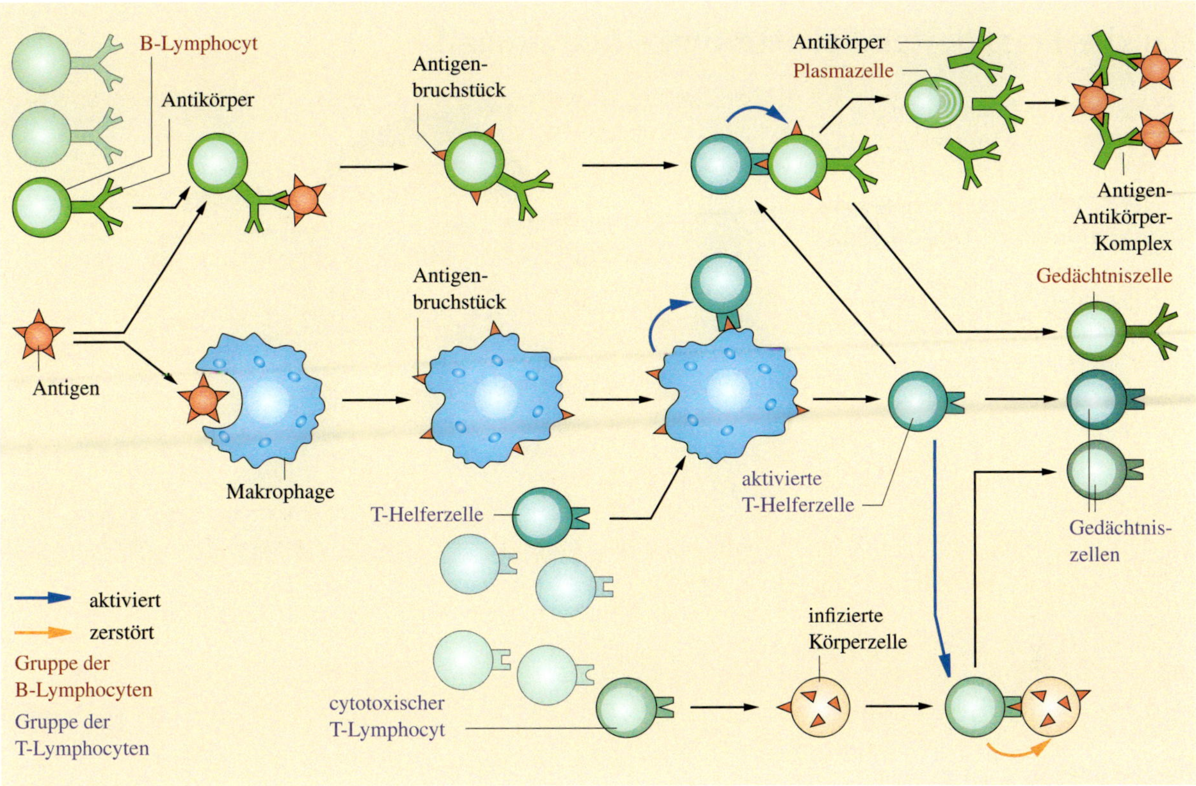

4 Spezifische Abwehr

Sind Krankheitserreger bereits in Körperzellen eingedrungen, können die Antikörper nicht mehr zu den Antigenen gelangen. Für diesen Fall regen die T-Helferzellen die cytotoxischen T-Lymphocyten an, sich zu vermehren. Diese vernichten Körperzellen, die von Krankheitserregern bereits infiziert sind, töten aber auch einige Krebszellen. ↑3 und S.87
Fünf bis zehn Tage nach dem Erstkontakt mit einem Antigen entstehen aus B- und vermutlich auch aus T-Lymphocyten Gedächtniszellen. Sie bleiben oft jahrzehntelang erhalten. Sie lösen bei einem späteren Kontakt mit dem passenden Antigen eine raschere und bessere Abwehr aus.

Die Mechanismen der unspezifischen Abwehr sind angeboren und bilden eine schnelle erste Abwehrfront gegen Erreger. Die spezifische Abwehr bildet sich im Lauf des Lebens nach dem Kontakt mit bestimmten Antigenen aus. Nach dem Erstkontakt mit einem Erreger entsteht ein immunologisches Gedächtnis, das bei einer erneuten Infektion mit demselben Erreger zu einer erhöhten Wirksamkeit der Abwehr führt.

Medizin 073-1

Organtransplantationen
Die Organübertragung von Lebendspendern und Verstorbenen auf kranke Menschen ist heute nahezu medizinischer Alltag. Bei den Spenderorganen handelt es sich um körperfremde Stoffe. Das Immunsystem des Empfängers reagiert deshalb mit einer Abstoßungsreaktion beispielsweise auf ein gespendetes Herz. Mithilfe von Medikamenten müssen die Abwehrreaktionen der Zellen des Immunsystems unterdrückt werden.

Aufgaben

1 Ordne die verschiedenen Abwehrzellen der spezifischen bzw. unspezifischen Abwehr zu. Welche Aufgaben übernehmen sie? Erstelle eine Tabelle.

2 Fieber zeigt, dass man krank ist. Begründe.

3 Erkläre deinem Nachbarn oder deiner Nachbarin Bild ↑4. Schreibe deine Erklärung auf.

Manche Krankheiten bekommt man nur einmal!

Alexander ist krank. Er hat Windpocken. Er geht nicht in die Schule, weil er die anderen Kinder nicht anstecken soll. Sein jüngerer Bruder Tobi versucht ihn aufzuheitern.
Tobi hat keine Angst, krank zu werden. Er hatte die Windpocken schon vor einem Jahr.
Warum kann Tobi nicht mehr krank werden, die Kinder aus Alexanders Klasse vielleicht aber schon?

1 Alexander und Tobi

Beobachten Untersuchen Experimentieren

Einmal und nie wieder!

Die meisten Kinderkrankheiten bekommt man nur einmal. Die Antwort auf die Frage, warum man kein zweites Mal erkrankt, selbst wenn man sich mit den Erregern infiziert, kannst du mithilfe von Bild ↑2 selbst finden.

a Beschreibe die Zahl der Antikörper im Verlauf einer Erstinfektion mit eigenen Worten.
b Vergleiche die Antikörperkonzentration bei der Erstinfektion mit der bei einer erneuten Infektion. Nenne zwei wesentliche Unterschiede.

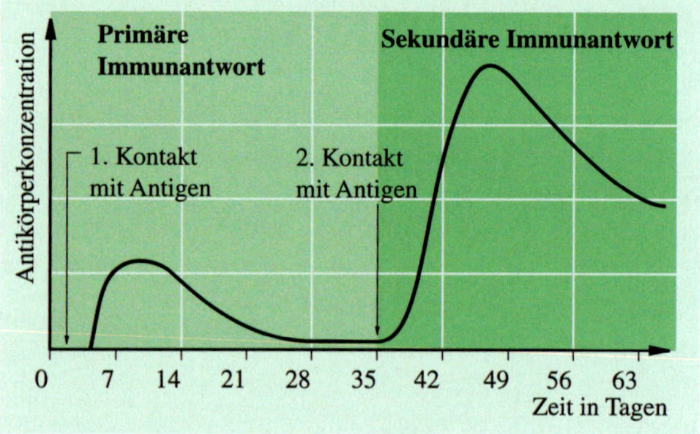

2 Immunantwort beim 1. und 2. Antigenkontakt

Das Immungedächtnis

Windpocken sind eine sehr häufige Kinderkrankheit, an der etwa 75 Prozent aller Kinder unter 15 Jahren erkranken.
Nach der Infektion durch das Varicella-Zoster-Virus vergehen meist zwei Wochen, bis der Erkrankte die typischen Symptome zeigt. Neben Kopf- und Gliederschmerzen und leichtem Fieber sind vor allem die vielen stark juckenden roten Flecken und Pusteln für das Krankheitsbild typisch. Nach etwa zehn weiteren Tagen klingen die Symptome wieder ab.
Wie der Name schon sagt, kann man sich sehr leicht mit Windpocken infizieren. Dies liegt daran, dass das Virus außerhalb des Körpers für etwa zehn Minuten ansteckend bleibt. Infizierte Personen können den Erreger

bereits ein bis zwei Tage vor dem Auftreten, aber auch noch bis zu einer Woche nach dem Abheilen des Ausschlags übertragen. Dies geschieht meist durch Tröpfcheninfektion.
Hat man die Windpocken überstanden, ist man lebenslang vor ihnen geschützt. Auch gegen Mumps, Röteln und viele andere Krankheiten entwickelt der Körper Abwehrkräfte, die dafür sorgen, dass man nur einmal erkrankt. Was geschieht dabei in unserem Körper?

Primäre und sekundäre Immunantwort Bei vielen Krankheiten ist das Immunsystem durch die spezifische Abwehr in der Lage, auf die wiederholte Infektion mit einem Antigen schneller und effektiver zu reagieren: Nach dem ersten Kontakt mit einem Antigen, wie zum Beispiel dem Varicella-Zoster-Virus, dauert es in der Regel fünf bis zehn Tage, bis wirksame B- und T-Lymphocyten gebildet werden. Denn diese müssen zunächst dem zu ihnen passenden Antigen begegnen, sich vermehren und dann zu aktivierten Zellen entwickeln. ↑4 S.73 Während dieser primären Immunantwort werden neben den kurzlebigen B- und T-Lymphocyten gleichzeitig antigenspezifische Gedächtniszellen gebildet, die lange, zum Teil lebenslang erhalten bleiben.
Die Gedächtniszellen sind bei der sekundären Immunantwort, also bei dem zweiten Kontakt mit einem bereits bewältigten Erreger, von besonderer Bedeutung. ↑3 Sie können sehr rasch auf ihr Antigen reagieren. Mit ihrer Hilfe ist es möglich, dass die für ein bestimmtes Antigen spezifischen B- und T-Lymphocyten sich sehr schnell vermehren. Ihre Zahl steigt mit einer bis zu 100-mal größeren Geschwindigkeit an als bei der Erstinfektion. Dadurch kann in sehr kurzer Zeit auch eine große Menge wirksamer Antikörper produziert werden. Diese passen noch besser zu dem Erreger als die der primären Immunantwort und bekämpfen ihn so effektiver. Auf diese Weise wird der Erreger schnell unschädlich gemacht und die Krankheit kommt nicht zum Ausbruch.

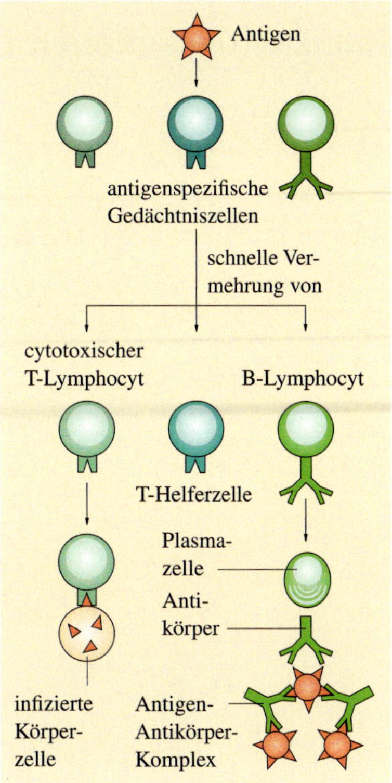

3 Gedächtniszellen ermöglichen eine schnelle Immunantwort. Der genaue Mechanismus ist noch ungeklärt.

Fluchtmöglichkeiten der Erreger Es gibt Erreger, die sich sehr schnell verändern. Sie bilden auf ihrer Oberfläche ständig neue Strukturen aus, sodass sie von den Gedächtniszellen nicht mehr erkannt werden können. Das Immunsystem kann dadurch nur mit der Geschwindigkeit und Effizienz der primären Immunantwort reagieren. Ein Ausbruch der Krankheit kann deshalb oft nicht verhindert werden.
Ein Beispiel für sich schnell verändernde Erreger sind die Grippeviren. Daher gibt es von Zeit zu Zeit große Grippeepidemien, die sich unter Umständen zu Pandemien entwickeln können. ↑S.81

Aufgrund des Immungedächtnisses kann ein zuvor erfolgreich bewältigter Erreger bei einer wiederholten Infektion häufig besonders schnell und effektiv bekämpft werden. Aus diesem Grund erkranken wir an manchen Krankheiten nur einmal.

Medizin

Antibiotika
Antibiotika sind wichtige Medikamente zur Vernichtung krankheitserregender Bakterien. Sie werden, gespritzt oder in Tablettenform, zur Behandlung von Infektionskrankheiten eingesetzt. Jedes Antibiotikum wirkt speziell nur gegen bestimmte Erreger. Penicillin ist das älteste und am häufigsten angewandte Antibiotikum. Es wurde ursprünglich aus Kulturen einer Schimmelpilzart gewonnen.

Aufgaben

1 An manchen Krankheiten erkrankt man nur einmal, an manchen öfter. Erkläre, worauf der Unterschied beruht.

2 Erstelle eine Tabelle mit Krankheiten, an denen man nur einmal erkrankt. Ordne die wichtigsten Symptome sowie die Krankheitserreger zu.

Krankheiten verlieren ihren Schrecken

Menschen sehen sich ständig durch Krankheiten und Kriege bedroht. Dies hat PIETER BREUGHEL DER ÄLTERE in einem der berühmtesten Gemälde der europäischen Malerei dargestellt. So starben durch Pocken, Pest, Diphtherie oder Tetanus viele Menschen. Heute haben diese Krankheiten ihre Schrecken jedoch zum Großteil verloren.
Was könnten die Gründe hierfür sein?

1 Ausschnitt aus „Triumph des Todes" (PIETER BREUGHEL D. Ä., 1568–1625)

Beobachten Untersuchen Experimentieren

Aus der Geschichte

EDWARD JENNER wurde 1749 in Berkeley (Gloucestershire, Großbritannien) geboren. Bereits mit zwölf Jahren assistierte er bei Operationen. Ab 1792 praktizierte er als Landarzt. In dieser Zeit waren die Pocken eine gefürchtete Krankheit. Ein typisches Symptom dieser Viruserkrankung sind Pusteln am ganzen Körper, die deutliche Narben hinterlassen. Etwa 30 Prozent der an Pocken Erkrankten sterben innerhalb von drei Wochen unter anderem an Fieber und Erschöpfung.
1798 veröffentlichte Jenner seine Beobachtungen und Vorschläge zur Bekämpfung dieser Krankheit.

2 EDWARD JENNER (1749–1823)

Edward Jenner: An Inquiry Into the Causes and Effects of the Variolæ Vaccinæ, Or Cow-Pox. 1798

Case I.– JOSEPH MERRET, lived as a servant with a farmer near this place in the year 1770, and assisted in milking his master's cows. The cows became affected with the cow-pox. Soon after several sores appeared on his hands. Swellings and stiffness in each axilla followed, and he was so much indisposed for several days as to be incapable of pursuing his ordinary employment. In April 1795, MERRETS family had the smallpox, one of whom had it very full, he remained in the house with them, but received no injury.

Erklärungen:
cow-pox: Kuhpocken; *sore:* Wunde; swellings: Schwellungen; *stiffness:* Steifheit; *axilla:* Achselhöhle; *to persue:* nachgehen; *smallpox:* Pocken des Menschen

a Lies den englischen Text und übersetze ihn sinngemäß ins Deutsche.
b Welche Beobachtung hat der Arzt notiert?
c Überlege: Welche Vermutung (Hypothese) könnte der Arzt aufgrund seiner Beobachtung aufgestellt haben?

Aktive Immunisierung

Ein sehr gewagtes Experiment JENNER machte die Beobachtung, dass viele Bauern und deren Familienmitglieder, die einmal mit den völlig harmlosen Kuhpocken infiziert waren, nicht an den für den Menschen gefährlichen Pocken erkrankten.
Aus dieser Beobachtung erstellte er eine Hypothese, die er am 14. Mai 1796 in ein Experiment umsetzte, dessen Ausgang nicht absehbar war:
Er entnahm ein wenig Sekret aus den Kuhpockenpusteln der Melkerin SARAH NELMS. Diese Flüssigkeit träufelte er auf eine winzige Wunde, die er dem achtjährigen Jungen JAMES PHIPPS zuvor beigebracht hatte. ↑3 Nachdem die für Kuhpocken typischen Pusteln abgeheilt waren, infizierte JENNER den Jungen mit dem Sekret echter Pockenblasen. Zum Glück trat das ein, was JENNER erhofft hatte. Der Junge zeigte keinerlei Krankheitssymptome, er blieb gegen die Pocken immun.

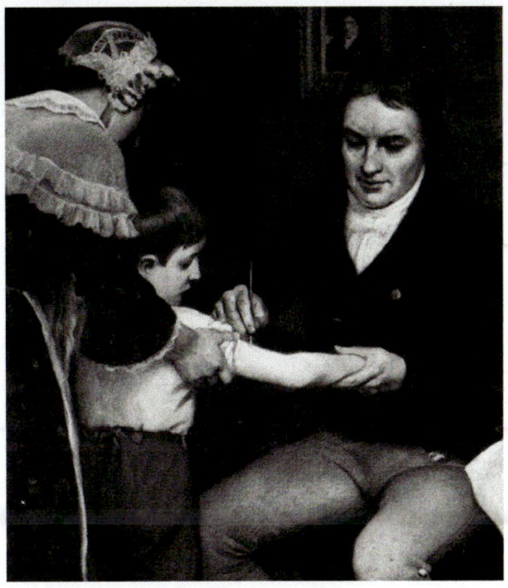

3 JENNER impft JAMES PHIPPS.

Was passiert bei der aktiven Immunisierung? Das Prinzip von JENNERS Methode wird heute als aktive Immunisierung oder Schutzimpfung bezeichnet. ↑4 Dabei wird ausgenutzt, dass unser Körper bei einer erneuten Infektion mit einem Antigen eine erhöhte Abwehrbereitschaft für dieses besitzt. Dafür sorgt das immunologische Gedächtnis.
Bei der aktiven Immunisierung führt man einem Gesunden ein bestimmtes Antigen zu. Dieses muss zwei Bedingungen erfüllen. Zum einen darf es für den Patienten nicht gefährlich sein. Zum anderen muss es dem eigentlichen Krankheitserreger stark ähneln. Denn das Immunsystem soll das ungefährliche Antigen mit diesem „verwechseln“ und so reagieren, als würde es sich um den gefährlichen Erreger handeln.
Man verwendet für die Schutzimpfung mit dem Erreger eng verwandte Bakterien bzw. Viren, in ihrer Gefährlichkeit abgeschwächte Erreger oder inaktivierte Bakteriengifte. Sie sind so schwach, dass der Betroffene in der Regel keine Krankheitssymptome entwickelt.
Trotzdem bildet er bei der auf die Impfung folgenden Antwort des Immunsystems aktiv Antikörper gegen das Antigen. Diese werden nach einiger Zeit wieder abgebaut. Durch die ebenfalls gebildeten Gedächtniszellen besteht jedoch meist für mehrere Jahre, teilweise sogar für das gesamte Leben ein Schutz vor dem Erreger. Denn das Immunsystem kann durch diese bei einer Infektion mit dem eigentlichen Erreger so schnell und heftig reagieren, dass die Krankheit nicht ausbricht.
Eine aktive Immunisierung muss stets vorbeugend durchgeführt werden. Bereits erkrankten Personen kann dadurch nicht geholfen werden.

Bei der aktiven Immunisierung wird dem Körper in ungefährlicher Form das Antigen eines Erregers oder dessen Gift zugefügt. Durch den Aufbau eines immunologischen Gedächtnisses für das Antigen entsteht ein lang anhaltender Schutz gegen den wahren Erreger bzw. sein Gift.

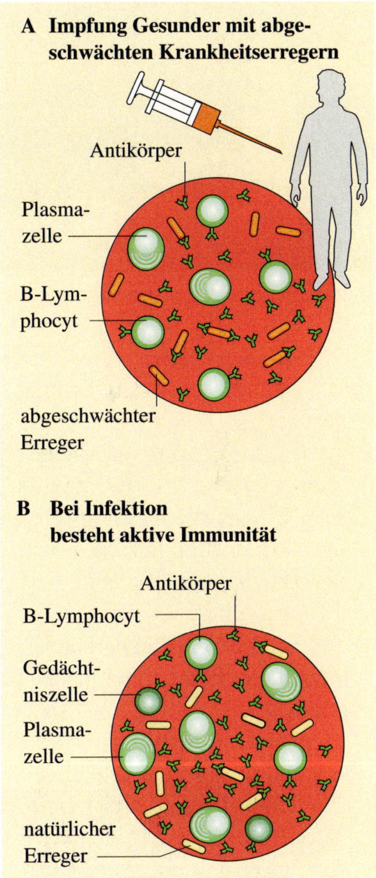

4 Prinzip der aktiven Immunisierung

Aufgaben

1 Begründe, warum JENNERS Experiment an dem Jungen J. PHIPPS ein gewagtes Experiment war.
2 Beschreibe das Prinzip der aktiven Immunisierung.
3 Grippeviren verändern sich schnell. Deshalb bietet die Grippeimpfung keinen vollen Schutz gegen diese Krankheit. Begründe.

Beobachten Untersuchen **Experimentieren**

Experimente zur passiven Immunisierung

EMIL ADOLPH VON BEHRING wurde am 15. März 1854 als Sohn eines Lehrers in Hansdorf (Westpreußen) geboren. Nach dem Besuch des Gymnasiums studierte er Medizin in Berlin. Von 1880 bis 1889 arbeitete er als Militärarzt. Ab 1890 entwickelte er gemeinsam mit anderen Forschern unter anderem Mittel gegen Diphtherie und Tetanus. ↑S.80 1901 erhielt VON BEHRING für seine Entdeckung der passiven Immunisierung den Nobelpreis für Medizin. Er starb am 31. März 1917 in Marburg.

1 EMIL ADOLPH VON BEHRING (rechts) in seinem Labor

Die folgenden Fragen helfen dir herauszufinden, wie VON BEHRING bei seinem Versuch vorgegangen ist.

1 VON BEHRING geht davon aus, dass im zellfreien Teil des Blutes Stoffe enthalten sind, die das Gift der Tetanus-Bakterien unschädlich machen. Wie gewinnt er Blut, das diese Stoffe enthält, wenn seine Annahme richtig ist?

2 Es werden Versuchstiere ausgesucht, die dem Menschen möglichst ähneln, aber auch leicht zu halten sind.

a Begründe, warum Kaninchen und Mäuse als Versuchstiere besonders geeignet sind. Warum können sie dennoch „nur" als Modell dienen?

b VON BEHRING hat seinen Wirkstoff sowohl einer Testgruppe als auch einer Kontrollgruppe verabreicht. Warum hat er dies getan?

c Begründe, warum VON BEHRING den Mäusen unterschiedliche Dosen injiziert hat.

3 Erstelle anhand dieses Beispiels ein allgemeines Schema zur Durchführung einer Versuchsreihe.

Ueber das Zustandekommen der Diphtherie-Immunität und Tetanus-Immunität bei Thieren
(verändert nach VON BEHRING, E., KITASATO, S.; Dt. Med. Wochenschrift 16, 1890)

[...] Die Immunität von Kaninchen und Mäusen, die gegen Tetanus immunisiert sind, beruht auf der Fähigkeit der zellfreien Blutflüssigkeit, die toxischen Substanzen, welche die Tetanusbazillen produzieren, unschädlich zu machen. [...]
[Einem immunen] Kaninchen* wurde aus der Karotis Blut entnommen. Von dem flüssigen [Teil des] Blut[es] [...] wurden einer Testmaus 0,2 ccm, einer anderen 0,5 ccm in die Bauchhöhle injiziert. Beide wurden [gleichzeitig] mit zwei Kontrollmäusen nach 24 Stunden mit virulenten Tetanusbazillen beimpft, und zwar so stark, dass die Kontrolltiere schon nach 20 Stunden an Tetanus erkrankten und nach 36 Stunden starben. Beide vorbehandelten Testmäuse dagegen blieben dauernd gesund. [...]

Erklärungen:
toxisch: giftig; *Karotis:* Halsschlagader; *virulent:* giftig; Fähigkeit der Bakterien, Krankheiten auszulösen; *beimpfen:* infizieren
* In Vorversuchen war es gelungen, Kaninchen gegen den Tetanuserreger immun zu machen.

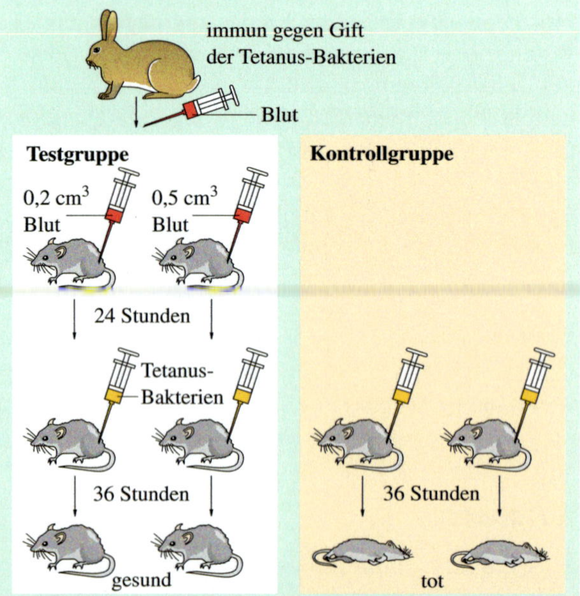

2 Schematischer Ablauf des Experiments

Passive Immunisierung

Prinzip Die passive Immunisierung soll bei einer bereits erfolgten Infektion möglichst schnell heilen oder bei einer möglichen Ansteckung sofort schützen. Hierzu führt man dem Körper Antikörper gegen einen Krankheitserreger oder sein Gift zu. Der Körper bildet also selbst keine spezifischen Abwehrstoffe, sondern bleibt passiv. Dennoch ist er für eine Zeit ähnlich geschützt, als hätte er die Antikörper selbst gebildet. ↑3, 4

Heilserum Die für ein bestimmtes Antigen spezifischen Antikörper werden überwiegend mithilfe von Tieren gewonnen. Sie werden wie bei der aktiven Immunisierung mit inaktiviertem Erregergift oder abgeschwächten Erregern geimpft. Das Immunsystem des Tieres bildet nun während der eigenen spezifischen Abwehr die passenden Antikörper. Deren Anzahl lässt sich durch Wiederholungsimpfungen steigern. So behandelten Tieren entnimmt man Blut, dessen Blutserum jetzt eine große Menge an Antikörpern enthält. Aus dem Blutserum der Tiere wird das eigentliche Medikament, das Heilserum, hergestellt. Darüber hinaus besteht heute die Möglichkeit, Heilseren mithilfe der Gentechnik zu gewinnen. Dabei wird die Erbinformation von Bakterien so verändert, dass sie das gewünschte Heilserum produzieren.

Wirkung Impft man einen Erkrankten mit dem entsprechenden Heilserum, so steht ihm sofort eine große Menge passender Antikörper zur Verfügung. Es tritt eine rasche Genesung ein. Meist hält die durch die passive Immunisierung erzeugte Immunität nur kurze Zeit an: Zum einen baut der Körper die fremden Antikörper ab, ohne selbst neue zu produzieren. Zum anderen bildet er kaum Gedächtniszellen. Bei einem erneuten Kontakt mit dem Krankheitserreger besteht also keine erhöhte Abwehrbereitschaft. In einem solchen Fall muss wiederum passiv immunisiert werden. Dabei muss man sehr vorsichtig vorgehen.

Risiken Durch die Behandlung mit dem von einem Tier erzeugten Heilserum gelangen auch Tiereiweiße in den Körper. Gegen diese Fremdkörper werden vom Patienten Antikörper gebildet. Wird ein zweites Mal Serum des gleichen Tieres verwendet, verklumpen diese Antikörper mit den körperfremden Eiweißen im Blut. Es können schwere schockartige Reaktionen auftreten. Deshalb verwendet man zur Wiederholung einer bestimmten passiven Immunisierung das Serum einer anderen Tierart.

Bei der passiven Immunisierung werden meist mithilfe von Tieren erzeugte Heilseren verwendet, die erregerspezifische Antikörper enthalten. Sie können bereits mit einem Erreger infizierten Personen helfen.

3 EMIL ADOLPH VON BEHRING, Begründer der passiven Immunisierung

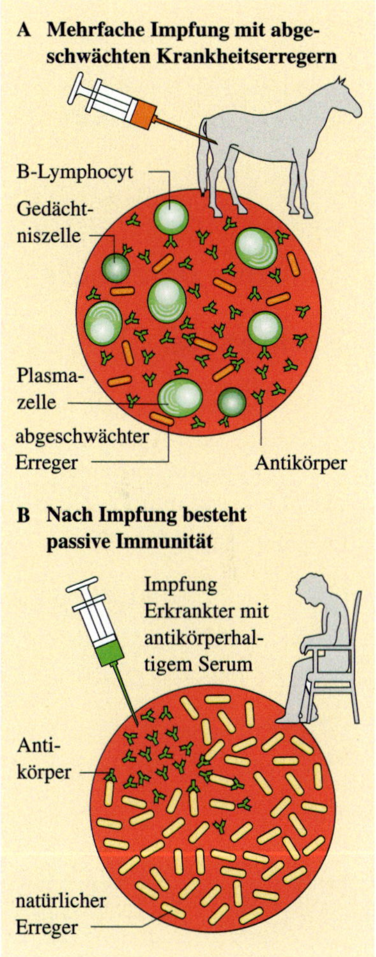

4 Prinzip der passiven Immunisierung

Aufgaben

1 Stelle in einer Tabelle Vor- und Nachteile der aktiven und passiven Immunisierung zusammen.

2 Finde heraus, mithilfe welcher Tierarten und anderen Möglichkeiten Heilseren gewonnen werden.

3 Erkundige dich in einer Apotheke, gegen welche Krankheiten passive Immunisierungen möglich sind. Für welchen Zeitraum bietet der Impfstoff jeweils Schutz?

Der Kampf gegen Seuchen

Der Wundstarrkrampf (Tetanus) wird durch Bakterien ausgelöst, die in unserer Umwelt weit verbreitet und sehr resistent sind. Die Erreger können mit Erde oder Straßenstaub durch offene Wunden in den Körper gelangen. Ihr Gift führt zur Verkrampfung der Muskeln und hat oft tödliche Auswirkungen. Heute erkranken in Deutschland jährlich etwa 10 Personen an dieser schweren Krankheit, 1970 waren es noch über 100! Wie ist dieser starke Rückgang zu erklären?

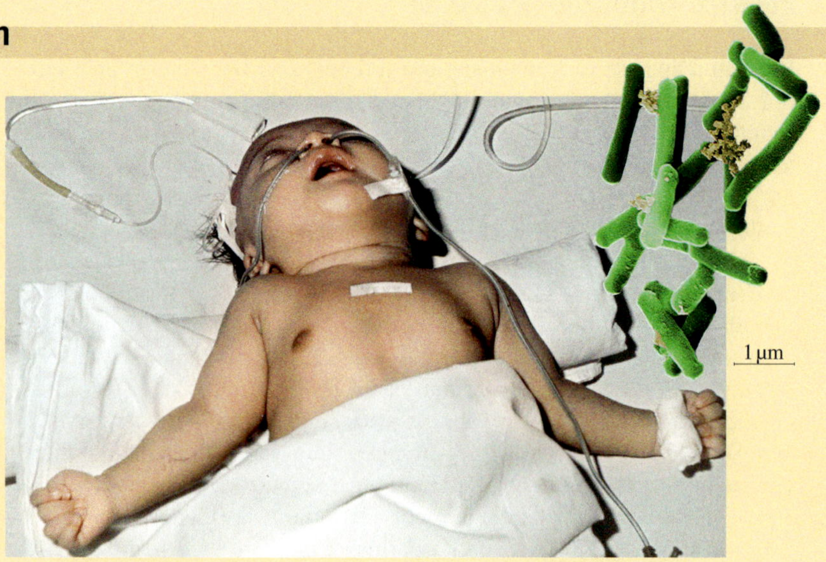

1 Erreger *(Clostridium tetani)* und typisches Krankheitsbild des Tetanus

Beobachten Untersuchen Experimentieren

Impfen ist wichtig!

1 Recherchiert im Internet, bei einem Arzt oder Apotheker, was sich hinter den Krankheiten bzw. Erregern im Impfkalender verbirgt. Erstellt Plakate.

2 Im Impfpass wird festgehalten, wann gegen welche Krankheit geimpft wurde. Überprüfe mithilfe deines Impfpasses deinen Impfschutz.

3 Vermute, warum die Zahl der an Diphtherie und Typhus Erkrankten von 1930 bis 1946 stark zunahm, sich danach jedoch erheblich verringerte. ↑3

	Alter in vollendeten Monaten					in Jahren		
Impfung	2	3	4	11–14	15–23	5–6	9–17	ab 18
Diphtherie	1.	2.	3.	4.		A5	A5	A10
Tetanus	1.	2.	3.	4.		A5	A5	A10
Pertussis	1.	2.	3.	4.			A	
Haemophilus Influenza Typ b	1.	2.	3.	4.				
Poliomyelitis	1.	2.	3.	4			A	
Hepatitis B	1.*	2.	3.	4.			G	
Masern, Mumps, Röteln				1.	2.			
Windpocken				1.			G	
Influenza	jährliche Impfung ab 60 Jahren empfohlen							
Pneumokokken	Impfrhythmus: alle 6 Jahre ab 60 Jahren empfohlen							

2 Impfkalender (Stand: April 2005, aktueller Impfplan unter www.rki.de):
* Grundimmunisierung bei der Geburt; A: Auffrischungsimpfung, A5: frühestens 5 Jahre nach der letzten Dosis; A10: alle 10 Jahre; G: Grundimmunisierung aller noch nicht Geimpften bzw. Komplettierung eines unvollständigen Impfschutzes

Jahr	Diphtherie	Typhus
1930	70552	4856
1938	148676	2957
1946	142788	22406
1954	12236	2788
1962	813	1157
1970	57	477
1978	20	242
1986	6	230
1994	8	172
2000	0	72
2001	0	88
2002	1	59
2003	0	65

3 Anzahl von Erkrankungen in Deutschland (Diphtherie, Typhus)

Weltgesundheit und Impfen

Verbreitung Oft verbreitet sich eine Krankheit nur lokal. Man bezeichnet sie als Endemie. Manche Krankheiten verbreiten sich über weite Landstriche oder ganze Länder. Es handelt sich um Epidemien. Ist die ganze Welt betroffen, spricht man von einer Pandemie.

Impfungen bieten Schutz Vor vielen Krankheiten kann man sich durch eine Impfung zu schützen. ↑4 Man geht davon aus, dass sich eine Krankheit nicht epidemisch ausbreitet, wenn bei mindestens 90 Prozent der Bevölkerung ein entsprechender Impfschutz besteht. Aufgrund des hohen Durchimpfungsgrads sind zumindest in Europa einige Krankheiten ganz verschwunden. Die Pocken gelten seit 1980 als ausgerottet, da seit drei Jahren weltweit kein Krankheitsfall bekannt wurde. Seit im Jahr 1961 die Impfung gegen die Kinderlähmung eingeführt wurde, sank die Zahl der Erkrankten stetig. Man hofft, im Jahr 2005 auch den endgültigen Sieg über diese Krankheit erringen zu können.

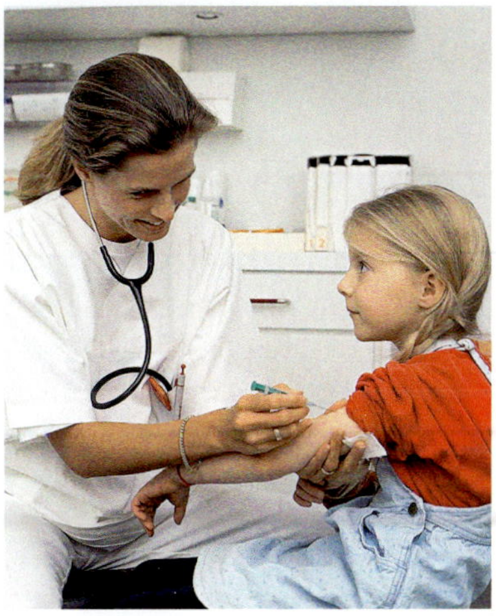

4 Die Ärztin impft ihre kleine Patientin.

Impfen ist ein geringes Risiko Da oftmals abgeschwächte Erreger verwendet werden, besteht – insbesondere bei Personen, die zum Zeitpunkt der Impfung nicht ganz gesund sind – das Risiko, dass man durch die Impfung erkrankt. Das Risiko ist aber sehr gering. In Deutschland gibt es etwa 170 Impfschadensfälle pro Jahr.

Aufklärungspflicht In Deutschland besteht kein Impfzwang. Allerdings sind bestimmte Impfungen zum Beispiel Voraussetzung für eine Aufnahme in den Kindergarten. Vor dem Impfen muss der Arzt über das Verhalten nach der Impfung, die Notwendigkeit von Auffrischimpfungen sowie über mögliche Komplikationen aufklären.

Reise – Risiko Die Welt wird kleiner: Globalisierung heißt für viele Menschen, dass sie häufig in ferne Länder reisen, um dort ihren Urlaub zu verbringen oder Geschäfte zu erledigen. Dies hat Konsequenzen:
- Unser Immunsystem ist zwar an zahlreiche bei uns vorkommende Erreger angepasst, nicht aber an die ferner Länder. Während Einheimische immun sind, erkranken wir.
- Fremde Erreger können bei der Rückfahrt in die eigene Heimat eingeschleppt werden und dort Epidemien auslösen.
- Umgekehrt können die Einheimischen an fremden Erregern erkranken, die mit Besuchern in ihr Land gelangen.

5 Impfungen schützen, aber nicht vor allen Krankheiten!

Mithilfe von flächendeckend durchgeführten Impfungen konnten in den letzten Jahrzehnten bei uns viele Krankheiten zurückgedrängt, einige sogar weltweit ausgerottet werden. Durch die zunehmende Zahl von Fernreisen steigt die Gefahr, an tropischen Krankheiten zu erkranken.

Aufgaben

1 Erkläre den Zusammenhang von Durchimpfungsgrad und möglicher Ausrottung einer Krankheit.

2 Begründe, warum es heute wichtiger denn je ist, sich impfen zu lassen.

Beobachten Untersuchen Experimentieren

Epidemien

Hinweis: Weitere Informationen zu diesen Themen findest du beim Robert-Koch-Institut (www.rki.de).

1 SARS im Blickpunkt Als im November 2002 in einer südchinesischen Provinz einige Fälle einer neuartigen Atemwegserkrankung auftraten, nahm kaum jemand davon Notiz. Zunächst breitete sich die Krankheit in Vietnam und Hongkong aus.

Ab Februar 2003 verbreitete sich die Krankheit, die nun als schweres akutes respiratorisches Syndrom (SARS) bezeichnet wurde, rasant in 30 Ländern auf sechs Kontinenten aus. Schwerpunkte waren China, Taiwan, Hongkong, Singapur und die Städte Hanoi in Vietnam und Toronto in Kanada. ↑1

Insgesamt starben 812 Menschen. Durch eine von der WHO (World Health Organization) koordinierte internationale Zusammenarbeit wurde die durch einen Virus verursachte Krankheit vollständig zurückgedrängt.

a SARS trat in Form lokaler Epidemien auf. Zeichne die betroffenen Orte in eine Karte ein.

b Begründe, wie es möglicherweise zu dieser ungewöhnlichen Verbreitung kommen konnte.

2 Durchimpfungsgrad einiger Krankheiten

a Begründe mithilfe der Zahlen über den Durchimpfungsgrad ↑3, für welche Krankheiten in Deutschland keine Epidemiegefahr besteht.

b Die Zahl der Hepatitis-B-Fälle könnte vermutlich reduziert werden. Schlage geeignete Maßnahmen vor. Die Bilder ↑3, 4 helfen dir bei der Antwort.

3 Der Tod der Indianer Im Oktober 1492 entdeckten Spanier die „Neue Welt“. Die Zahl der Ureinwohner Amerikas schrumpfte im Laufe des 15. und 16. Jahrhunderts von geschätzten 30 bis 112 Millionen auf etwa 6 bis 7 Millionen. Pocken und die Grippe vernichteten ganze Völker. ↑2

a Begründe, warum die Krankheiten unter den Indianern so stark wüten konnten.

b Welche Schlüsse kann man daraus für die heutige Zeit ziehen?

1 Viele Bewohner der betroffenene Regionen versuchten, sich vor dem SARS-Erreger zu schützen.

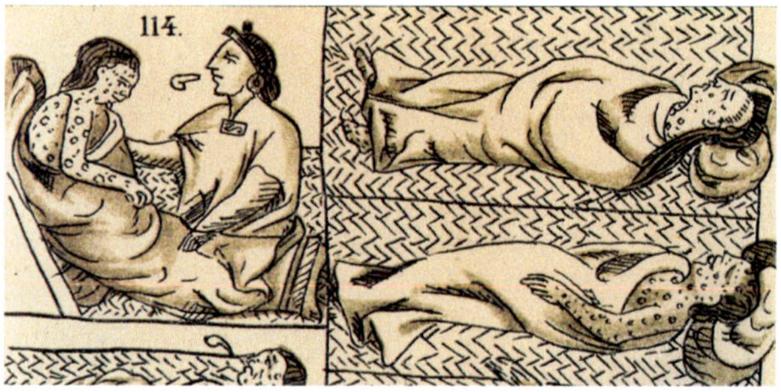

2 Die 1569 von einem spanischen Missionar angefertigte Lithographie zeigt einen an Pocken erkrankten Indianer.

Krankheit	Durchimpfungsgrad in Prozent
Diphtherie	96,9
Tetanus	97,0
Pertussis	73,3
Hib	81,3
Hepatitis B	37,2
Masern	90,2
Mumps	89,8
Röteln	83,3

3 Durchimpfungsgrad der Kinder bei Schuleintritt (Deutschland 2001)

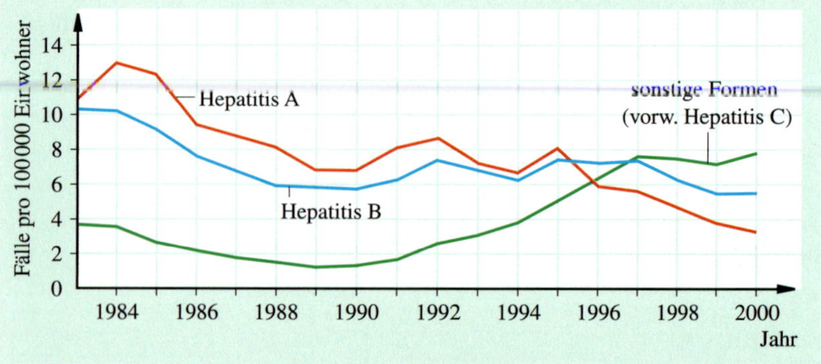

4 Anzahl durch Viren verursachter Hepatitiserkrankungen in Deutschland (Meldefälle nach dem Bundesseuchengesetz von 1983 bis 2000)

Der Kampf gegen Seuchen dauert an!

Seuchen heute Mithilfe der modernen Medizin ist der Mensch in der Lage, viele Krankheiten zu heilen oder vorbeugende Maßnahmen zu treffen. Doch noch immer bestimmt in vielen Gebieten der Erde der Kampf gegen Krankheiten das Leben der Menschen. Niemand kann sich in Sicherheit wiegen: In den letzten 30 Jahren sind allein 35 neue ansteckende Krankheiten bekannt geworden. Die häufigsten Infektionskrankheiten weltweit sind Aids, Malaria und Tuberkulose. Insgesamt starben im Jahr 2001 weltweit ca. 14,9 Millionen Menschen an einer Infektionskrankheit, in Deutschland waren es über 31 000. ↑5

Krankheit	Erreger	Symptome	Schutz/Behandlung	Infektionsweg
Tetanus	Bakterium *Clostridium tetani*	nach Inkubationszeit von 2–14 (–56) Tagen Schmerz der Kau-, Bauch- und Rückenmuskulatur, später schwere Muskelkrämpfe	aktive und passive Immunisierung; ist das Bakteriengift im Gehirn angelangt, gibt es kein Gegenmittel	Das Bakterium kommt weltweit in den oberen Erdschichten vor. Der Erreger gelangt meist durch Hautverletzungen in den Körper.
Tuberkulose (Tbc)	Bakterium *Myobacterium tuberculosis*	Entzündungen meist im Lungenbereich, bei Spätformen auch Befall anderer Organe wie Kehlkopf, Darm, Nieren, Knochen, Gelenke und Haut; Verlauf häufig auch symptomfrei	aktive Immunisierung bei Personen mit erhöhtem Infektionsrisiko; im Krankheitsfall lange und intensive Therapie durch den Arzt	Ansteckung meist über die Atemwege durch Tröpfcheninfektion, seltener über den Verdauungstrakt; eine der häufigsten bakteriellen Infektionen in Europa
Hepatitis	Hepatitisviren: Typ A bis E; in Europa wichtig: A, B, C	entzündliche Lebererkrankung; Fieber, Appetitlosigkeit, dunkler Urin, in etwa der Hälfte der Fälle Gelbsucht	aktive Immunisierung gegen Hepatitis A und B	A: Infektion meist durch mit Fäkalien verunreinigte Lebensmittel; B, C: Infektion über Blut, sexuelle Kontakte; 5–7 % der Weltbevölkerung chronisch mit Typ B, 2–3 % chronisch mit Typ C infiziert

5 Überblick über einige wichtige Infektionskrankheiten (weitere Informationen unter www.rki.de)

Die 10 „goldenen Regeln" für eine gesunde Reise Damit die Freude an einer Fernreise nicht durch eine nachträgliche Infektion getrübt wird, müssen einige Regeln unbedingt beachtet werden!

1. Auf guten Mücken- und Insektenschutz achten.
2. Nahrungsmittel- und Trinkwasserhygiene konsequent einhalten.
3. Keine ungeschützten Intimkontakte zulassen.
4. Nicht in tropischen Gewässern baden.
5. Nicht barfuss laufen.
6. Guten Sonnen- und Hitzeschutz verwenden.
7. Eine sinnvolle Reiseapotheke mitführen.
8. Malariaprophylaxe-Tabletten konsequent einnehmen.
9. Adresse der Botschaft vor Ort für Notfälle mitnehmen.
10. Sich vor der Reise individuell reisemedizinisch beraten lassen und vorbeugende Maßnahmen (z. B. Impfungen) treffen.

(Quelle: Reisemedizinischer Informationsdienst des Tropeninstituts München; www.fit-for-travel.de, vgl. auch www.gesundes-reisen.de)

Aufgaben

1 Vorschlag für eine Gruppenarbeit: Jede Gruppe sucht sich ein Reiseziel in einem tropischen Land aus. Berücksichtigt dabei alle Kontinente. Erkundigt euch, welche Krankheiten euch erwarten könnten und welche Schutzmaßnahmen es gibt. Findet auch heraus, wie lange vor Reisebeginn diese durchgeführt werden müssen.

2 Diskutiert mithilfe der Ergebnisse von Aufgabe 1 die Problematik bei Last-Minute-Reisen.

Allergien – das Immunsystem schlägt falschen Alarm

Manchmal wünscht sich Katrin, unter einer Käseglocke leben zu können. Denn es gibt Zeiten, da mag sie gar nicht rausgehen. Tut sie es trotzdem, so läuft ihre Nase und sie muss ständig niesen. Die Augen jucken, werden rot und schwellen an. Dabei ist Katrin gar nicht erkältet. Im Winter oder bei Regenwetter gibt es diese Probleme nicht. Da ist sie gerne draußen – ohne Beschwerden.
Woran liegt das?

1 Wie könnte Katrin sich schützen?

Beobachten Untersuchen Experimentieren

Art	Januar	Februar	März	April	Mai	Juni	...
Hasel							
Birke							
...							
...							
...							

Pollenbelastung: gering, mäßig, stark

2 Beispiel für einen Pollenflugkalender

Erstellen eines Pollenflugkalenders

Blütenpollen, die bei vielen Menschen unangenehme Symptome hervorrufen, treten je nach Art und Region zu unterschiedlichen Zeiten auf.

a Teilt euch in Gruppen auf und bestimmt mithilfe von Bestimmungsbüchern möglichst viele Pflanzen des Schulgeländes.
b Dann entnehmt ihr den Bestimmungsbüchern die Blütezeiten der von euch gefundenen Pflanzen.
c Nun könnt ihr einen Pollenflugkalender nach dem links angegebenen Schema erstellen.

Allergien

3 Viele Nahrungsmittel können eine allergische Reaktion auslösen.

Allergieauslöser Katrin leidet unter Heuschnupfen. Bestimmte Blütenpollen lösen bei ihr eine Allergie aus. Darunter versteht man die Überreaktion des Immunsystems auf eigentlich unschädliche Stoffe. Allergieauslösende Stoffe nennt man Allergene. Es kann sich dabei um Pflanzenstoffe, Tierprodukte, Metalle oder Chemikalien handeln. ↑3
Manche Allergene wirken, wenn sie mit der Luft in die Atemwege gelangen. Andere rufen Reaktionen hervor, wenn sie mit der Nahrung das Verdauungssystem passieren. Bei Kontaktallergenen genügt eine Berührung mit der Haut.

Allergische Reaktion Bei dem häufigsten Allergietyp, zu dem auch der Heuschnupfen gehört, kann man zwei Phasen unterscheiden. ↑4 In der ersten Phase, der Sensibilisierung, bilden Plasmazellen wie bei der spezifischen Abwehr Antikörper gegen den in den Körper eingedrungenen

Fremdkörper. Diese Antikörper besetzen jedoch auch die Oberfläche von Mastzellen, eine Form weißer Blutkörperchen. Die zweite Phase, die eigentliche allergische Reaktion, beginnt bei erneutem Kontakt mit dem Allergen. Dieses wird von den Antikörpern auf der Mastzellenoberfläche gebunden. Die so aktivierte Mastzelle setzt große Mengen Histamin frei. Es ruft die typischen allergischen Symptome hervor.
Bei Allergien, die durch Kontakt eines Allergens mit der Haut auftreten, liegt eine andere Immunreaktion vor. Hier sind vor allem T-Lymphocyten und Makrophagen beteiligt. Die allergische Reaktion erfolgt frühestens nach einem Tag, meist erst Wochen nach dem Allergenkontakt.

Symptome Histamin bewirkt eine Erweiterung der Blutgefäße. Dadurch kann Flüssigkeit ins Gewebe sickern. Es kommt zu Schwellungen, Bläschenbildungen oder Rötungen. Auch Asthma ist eine mögliche Folge der Histaminausschüttung. Bei Kontaktallergenen zeigen sich häufig Hautausschläge. Andere Allergien äußern sich durch Müdigkeit, Reizbarkeit oder Verdauungsprobleme. Die Symptome können je nach Allergietyp sofort, nach Stunden oder erst nach Tagen auftreten.

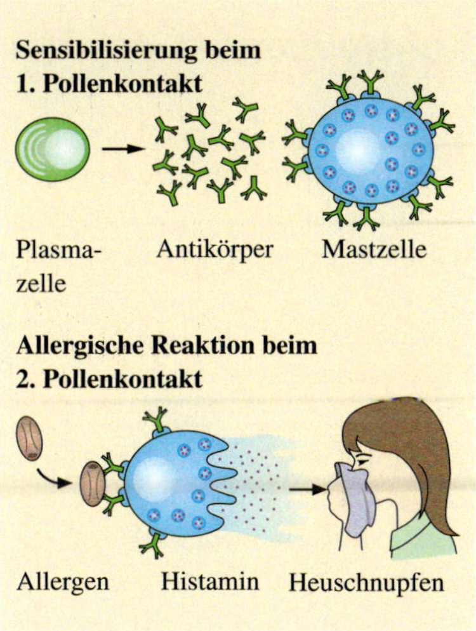

4 Allergische Reaktion am Beispiel Heuschnupfen

Allergietest Da die Erscheinungsbilder sehr unterschiedlich sind, ist sowohl das Erkennen einer Allergie als auch die Suche nach dem Allergen sehr schwierig. Beim Pricktest werden winzige Mengen möglicher Allergene auf die Haut des Rückens oder des Unterarms aufgetragen. Anschließend wird die Haut an diesen Stellen mithilfe einer winzigen Nadel angeritzt. Entstehen nach einer Einwirkzeit von etwa 30 Minuten an der Ritzstelle kleine rote Flecken oder eine juckende Anschwellung, besteht eine Allergie gegen den aufgetragenen Stoff. Nach wenigen Stunden ist die Hautreaktion wieder verschwunden.

Behandlung Die beste Therapie für einen Allergiker ist es, „sein" Allergen zu meiden. Bei einer Pollenallergie gelingt dies durch entsprechende Verhaltensweisen. Neben der jahreszeitlichen Begrenzung fliegen Pollen vorzugsweise zu bestimmten Tageszeiten. Zudem gibt es Gebiete, wie beispielsweise das Hochgebirge, in denen die Belastung sehr gering ist. Daneben wird heute oft die Methode der Hyposensibilisierung angewandt. Dabei wird der Körper langsam an das Allergen gewöhnt. Zunächst werden nur sehr geringe Mengen von diesem verabreicht. Dann wird die Dosis allmählich gesteigert. Allerdings dauert eine solche Therapie in der Regel mehrere Jahre. Gute Erfolge erzielt bei manchen Allergien auch die Akupunktur.

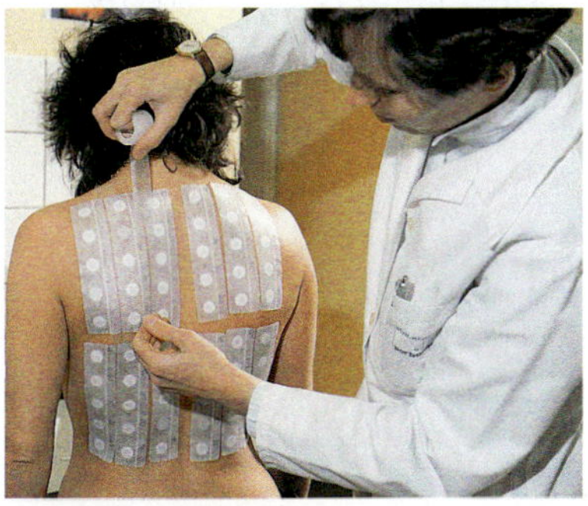

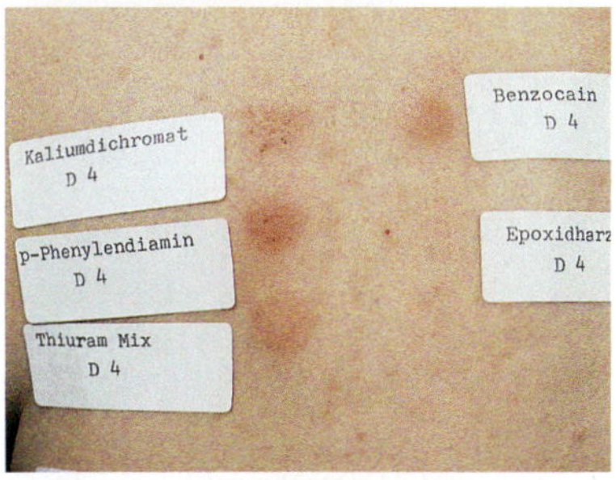

5 Läppchentest. Unter Pflastern werden verschiedene Substanzen auf die Haut gebracht. Nach zwei bis drei Tagen kann ein Allergen an der Reizung der Haut erkannt werden.

Eine Allergie ist die fehlgeleitete Abwehrreaktion des Körpers gegen ungefährliche Stoffe. Heute existieren einige erfolgreiche Diagnose- und Therapieverfahren.

Aufgaben

1 Überlege, warum Regen in der Pollenflugzeit die Symptome des Heuschnupfens vermindert.
2 Begründe, warum eine allergische Reaktion erst beim zweiten Kontakt mit dem Allergen auftritt.
3 Allgemein nimmt die Zahl der Allergiker zu. Suche Gründe für diese Tendenz. Nutze für deine Antwort verschiedene Informationsquellen.

Kontrollverlust des Immunsystems

Die elf Spieler einer Fußballmannschaft müssen eng zusammenarbeiten, um im Wettkampf mit einem starken Gegner ein Tor zu erzielen. Nicht immer wird fair gespielt und die Spielregeln werden verletzt.
Die Abwehrzellen unseres Immunsystems kämpfen gemeinsam gegen körperfremde Stoffe und entartete Körperzellen. Was aber geschieht, wenn sie die „Spielregeln" nicht befolgen oder aber den Gegner nicht mehr erkennen?

1 OLIVER NEUVILLE hilft mit der Hand nach und erzielt so das Tor zum 1 : 0.

Autoimmunkrankheiten und Krebs

Das Immunsystem ist in der Lage, sowohl körperfremde Stoffe zu bekämpfen als auch entartete körpereigene Zellen zu zerstören. Letzteres ist vor allem dann wichtig, wenn sich bestimmte Körperzellen plötzlich unkontrolliert vermehren. Immunzellen, die gegen gesunde körpereigene Zellen vorgehen würden, werden aussortiert und zerstört oder nicht aktiviert. Man bezeichnet dies als Selbsttoleranz.

Autoimmunkrankheiten Ein Versagen der Selbsttoleranz führt dazu, dass das Immunsystem Zellen des eigenen Organismus bekämpft: Es kommt zu einer Autoimmunkrankheit. Der Angriff kann sich auf ein Organ beschränken oder den ganzen Körper betreffen. Folge sind heftige Abwehrreaktionen in Form von Entzündungen und Fieber. ↑2 Betroffene Gewebe sind in ihrer Funktion stark beeinträchtigt.
Einige Autoimmunkrankheiten treten gehäuft in bestimmten Familien auf. Daraus schließt man, dass erbliche Veranlagungen ihre Entstehung begünstigen können. In der Regel sind jedoch äußere Faktoren Auslöser. Häufig sind es Infektionen, die durch Viren oder Bakterien hervorgerufen wurden. Sie können zu einer Sensibilisierung des Immunsystems gegen körpereigene Stoffe führen. So ähnelt beispielsweise der Scharlacherreger, ein Bakterium, bestimmten Bausteinen des Herzmuskels. Nun kann es dazu kommen, dass die gegen den Erreger gebildeten Antikörper auch den Herzmuskel angreifen. Bei Patienten, die unter Typ-I-Diabetes, einer Form der Zuckerkrankheit leiden, werden in der Bauchspeicheldrüse durch das Immunsystem die Zellen zerstört, die Insulin produzieren. Auslöser ist mit großer Sicherheit ein Virus, das große Ähnlichkeit mit diesem Eiweißstoff besitzt. Daneben können Stress oder Medikamente Autoimmunkrankheiten auslösen.
Autoimmunkrankheiten werden durch Medikamente behandelt, die das Immunsystem unterdrücken.

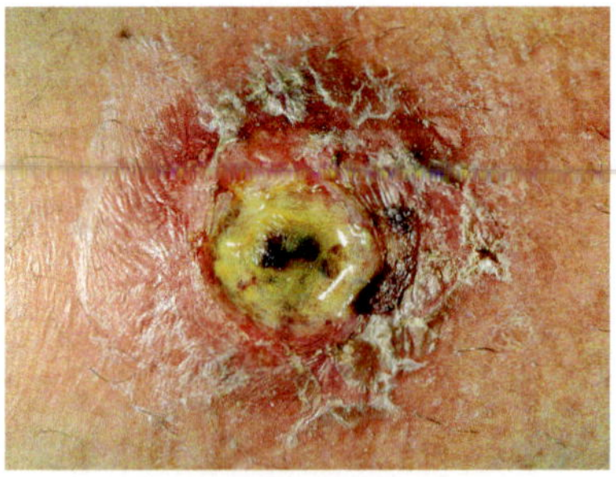

2 Wunde am Bein einer an Lupus erythematodes erkrankten Frau. Bei dieser Autoimmunerkrankung greift das Immunsystem körpereigenes Gewebe an.

Krebs So bezeichnet man bösartige Wucherungen abnormer Zellen, die ihre Selbstkontrolle verloren haben. Das sonst ausgewogene Gleichgewicht von Teilung, Wachstum und Zellalterung funktioniert nicht mehr. Stattdessen teilen sich die Zellen unkontrolliert und zerstören das umliegende gesunde Gewebe. Normalerweise werden solche Zellen vom Immunsystem beseitigt. ↑3, S.72 Durch kleine Veränderungen an den Antigenen dieser Zellen können sie aber seiner Kontrolle entgehen. Ausgehend von einer bösartigen Wucherung verteilen sich Krebszellen über das Blut- oder Lymphsystem und bilden in anderen Organen Tochtergeschwülste (Metastasen). Aber nicht alle Gewebewucherungen, die auch als Tumore bezeichnet werden, sind bösartig. Gutartige Tumore zeichnen sich durch ein örtlich begrenztes Wachstum aus und werden nicht zu den Krebserkrankungen gezählt.
Man kennt heute mehr als hundert verschiedene Krebsarten. ↑3 Sie unterscheiden sich durch mögliche Ursachen, Krankheitsverläufe und auftretende Beschwerden. Wichtigste Risikofaktoren sind Rauchen, eine einseitige Ernährung, bestimmte chemische Stoffe, hohe UV-Bestrahlung, verschiedene Infektionen sowie erbliche Veranlagungen.
In Abhängigkeit von der Krebsart werden verschiedene Behandlungsarten ausgewählt. Beispiele sind die operative Tumorentfernung, Chemotherapie (Medikamentengabe zur Hemmung des Krebszellenwachstums) und Bestrahlung (Zerstörung von Tumorgewebe durch energiereiche Strahlen). Je früher eine Krebserkrankung erkannt wird, umso größer sind die Heilungschancen. Daher sind Vorsorgeuntersuchungen sehr wichtig. Die Brust von Frauen sollte bereits ab dem 20. Lebensjahr regelmäßig untersucht werden.

Schon gewusst?

Ein alltägliches Ereignis
Der Krebsforscher Prof. STEFAN MEUER, Heidelberg, betont:

„Wir gehen davon aus, dass aufgrund vielfältiger äußerer und innerer Einflüsse auf unseren Körper täglich Krebszellen entstehen. Es gibt Schätzungen, dass 8- bis 10-mal pro Tag solch ein Ereignis entsteht. Einer der Mechanismen, die dann verhindern, dass aus einer spontanen Veränderung einer Zelle in Richtung Krebszelle tatsächlich auch eine Krebserkrankung wird, ist eben die Abwehr durch das Immunsystem."

Bei Autoimmunkrankheiten greift das Immunsystem gesunde Körperzellen an. Bei Krebs ist es nicht imstande, defekte Körperzellen erfolgreich zu bekämpfen.

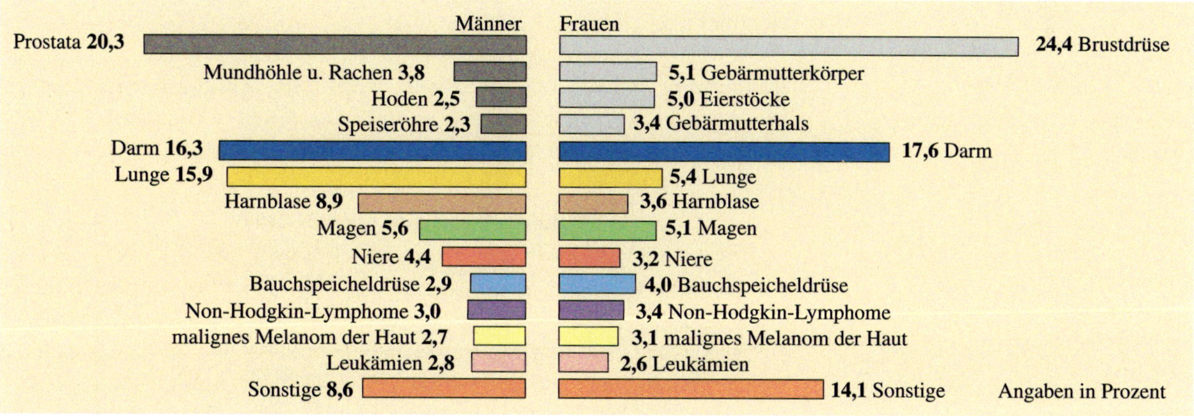

3 Prozentualer Anteil an der geschätzten Zahl der Krebserkrankungen in Deutschland (2000)

Aufgaben

1 Beschreibe, wie normalerweise verhindert wird, dass das Immunsystem körpereigenes Gewebe angreift.

2 In dem Text von Prof. MEUER wird die Entstehung von Krebszellen als alltäglich beschrieben. Warum ist die Krankheit dennoch relativ selten?

Aids

Wahrscheinlich hat jeder diese Plakate bereits einmal gesehen. Trotzdem scheint die Gefahr, die mit der Krankheit Aids verbunden ist, für viele Menschen weit weg zu sein.
Aber ist sie das wirklich?

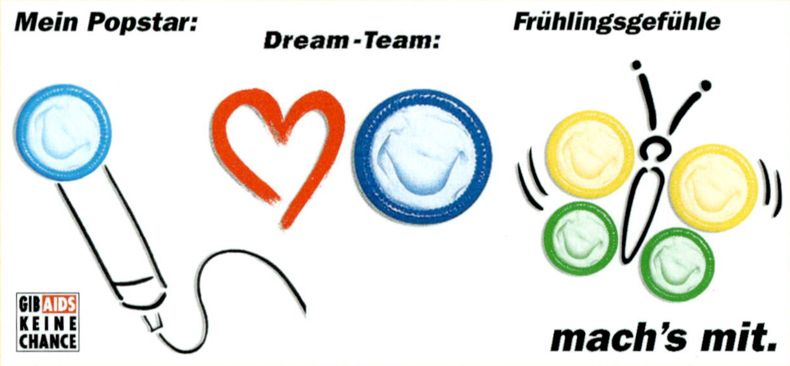

1 Collage dreier Plakate einer Aufklärungskampagne gegen Aids

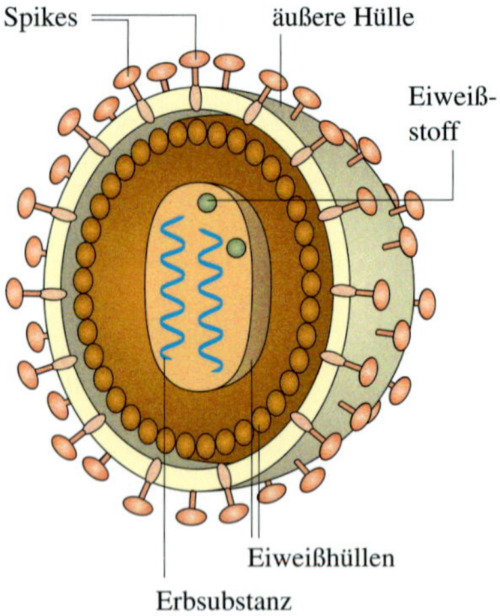

2 Schematischer Längsschnitt des HI-Virus

Aids bedroht die Menschen weltweit

088-1

Seit über zwanzig Jahren ist die Krankheit Aids (engl. **a***cquired* **i***mmune* **d***eficiency* **s***yndrome:* erworbenes Immundefekt-Syndrom) bekannt. Seit dem Jahr 1983 weiß man, dass das HI-Virus (engl. **h***uman* **i***mmunodeficiency* **v***irus*) die Krankheit auslöst. ↑2 Man kann jahrelang mit dem HI-Virus infiziert, also HIV-positiv sein, ohne dass man etwas davon merkt. Trotzdem besteht die Gefahr, andere zu infizieren. Von Aids spricht man, wenn die Krankheit mit ihren typischen Symptomen ausbricht. Obwohl erhebliche Anstrengungen unternommen wurden, gibt es bisher weder einen Impfstoff noch ein Heilmittel gegen diese Krankheit. Sie ist nach wie vor unheilbar und endet tödlich. Das einzige Mittel gegen diese Krankheit ist, sich nicht zu infizieren!

Bedrohung Aids Trotz intensiver, weltweiter Aufklärungskampagnen breitet sich Aids noch immer sehr stark aus. Ende 2004 waren weltweit rund 40 Millionen Menschen mit dem HI-Virus infiziert. ↑3 Im Schnitt

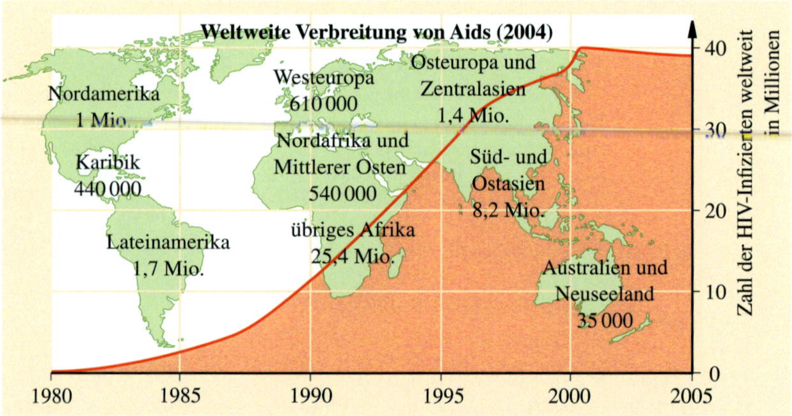

3 Die Zahl der HIV-Infektionen nimmt weiterhin explosionsartig zu.

kommen in jeder Minute neun weitere Neuinfizierte hinzu! In Deutschland waren im Jahr 2004 ca. 44 000 Menschen HIV-positiv, rund 2000 mehr als im Vorjahr. Hier infizieren sich also täglich ungefähr fünf Menschen mit dieser schrecklichen Krankheit.

HI-Virus Aids wird durch ein nur 100 Nanometer großes, kugelförmiges Virus verursacht. ↑2 Aus seiner äußeren, fetthaltigen Hülle ragen kleine Fortsätze, die Spikes. Die innerste der beiden Eiweißhüllen enthält die Erbsubstanz in doppelter Ausführung. Daneben findet man einen Eiweißstoff, der dafür sorgt, dass die Viruserbsubstanz so umgestaltet wird, dass sie in die Erbsubstanz der Wirtszelle eingebaut werden kann.

Krankheitsmechanismus Dringen HI-Viren in den Körper ein, so wird zunächst die normale Immunreaktion ausgelöst. Die katastrophale Wirkung der HI-Viren beruht nun darauf, dass sie bevorzugt T-Helferzellen befallen. Sie bauen ihr eigenes Erbgut in diese ein und veranlassen sie, neue HI-Viren zu produzieren. Die Freisetzung der Viren bewirkt die Zerstörung der T-Helferzellen. ↑4, 5
Durch das allmähliche Ausschalten der T-Helferzellen können keine B-Lymphocyten mehr aktiviert werden. Somit entstehen keine Plasmazellen mehr und die Zahl der Antikörper nimmt ab.
Auch die Aktivierung der cytotoxischen T-Lymphocyten unterbleibt. Damit werden auch keine von Krankheitserregern befallenen oder entarteten Zellen, zum Beispiel Krebszellen, mehr zerstört.
Das Immunsystem bricht schließlich zusammen. Krankheiten, die für einen gesunden Körper harmlos sind, kommen ungehindert zum Ausbruch. Aidskranke sterben daher meist an eigentlich harmlosen Sekundärinfektionen. ↑6

Ansteckungswege Das HI-Virus kann nur in Flüssigkeiten „überleben". Aus diesem Grund wird die Krankheit ausschließlich durch den Kontakt mit infizierten Körperflüssigkeiten weitergegeben. Hohe Viruskonzentrationen findet man in Blut, Sperma und Vaginalsekreten. Anstecken kann man sich folglich vor allem beim ungeschützten Geschlechtsverkehr. Die Übertragung des Virus über das Blut ist beispielsweise möglich, wenn Heroinabhängige gemeinsam Injektionsnadeln benutzen. Gespendetes Blut

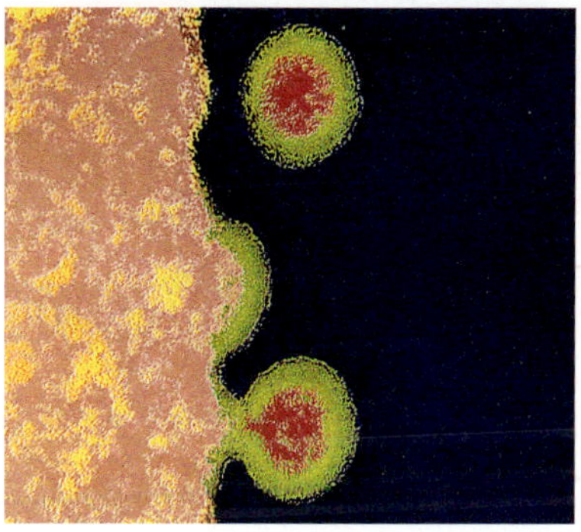

4 Neue HI-Viren werden aus den T-Lymphocyten freigesetzt.

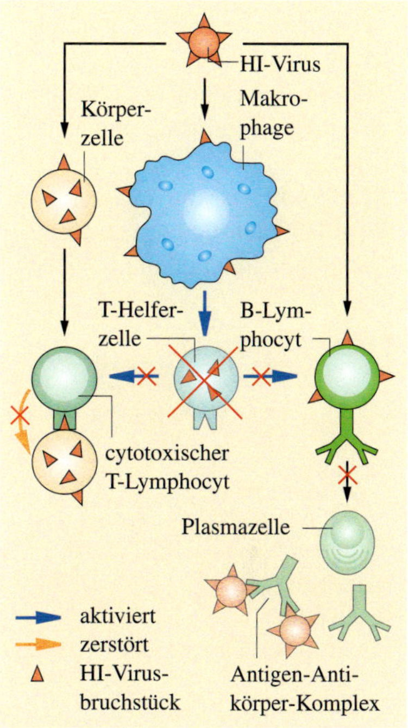

5 Folgen der HIV-Infektion

Phase A	Phase B	Phase C
Unmittelbar oder wenige Wochen nach der Infektion können grippeähnliche Symptome auftreten. Nach ihrem Abklingen fühlen sich die Betroffenen gesund. Antikörper gegen das Virus sind nach 4–8 Wochen nachweisbar. Der beschwerdefreie Zustand kann sich über Jahre hinziehen. Die Virusträger können jedoch andere Menschen anstecken.	Auch in der beschwerdefreien Zeit vermehrt sich das Virus stets weiter. Schließlich ist das Immunsystem so stark geschwächt, dass erste Symptome auftreten. Lang andauernde Fieberschübe und Durchfälle, Pilzbefall von Mund- und Rachenraum, Nervenerkrankungen an Armen und Beinen sowie Gewebeveränderungen an der Mundschleimhaut sind für diese Krankheitsphase typisch.	Das Vollbild der Krankheit ist gekennzeichnet durch einen Gewichtsverlust von mehr als 10 Prozent. Tuberkulose, Lungenentzündung, Salmonellen- oder Pilzbefall der Bronchien können zum Tod des Patienten führen. Im Endstadium kann auch das Kaposisarkom auftreten, eine sonst sehr seltene Krebsform.

6 Bei einer HIV-Infektion können meist drei Krankheitsstadien unterschieden werden.

Medizin

Safer Sex
Hauptansteckungsweg von Aids ist der ungeschützte Geschlechtsverkehr. Safer Sex beinhaltet alle Praktiken, die eine Infektion mit dem HI-Virus weitgehend ausschließen, bei denen es also nicht zum Austausch von Körperflüssigkeiten kommt. Ein hohes Maß an Schutz bietet die Verwendung von Kondomen. ↑1 Dabei ist allerdings Folgendes zu beachten:
- Man muss sie im richtigen Moment zur Hand haben!
- Sie müssen richtig angewendet werden. Gemeinsam übt sich's leichter! ☺
- Kondome müssen konsequent, also bei jedem sexuellen Kontakt, verwendet werden!

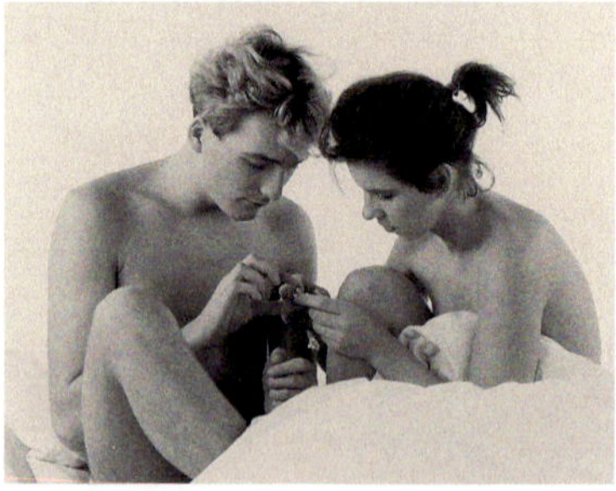

1 Gebt Aids keine Chance!

Weitere kostenlose Informationen bekommt man bei der Bundeszentrale für gesundheitliche Aufklärung:
51109 Köln,
Internet: www.bzga.de,
Anonyme Telefonberatung:
0221 892031

wird heute in den Industrieländern untersucht, sodass dort die Infektion durch eine Bluttransfusion sehr unwahrscheinlich ist. Allerdings ist dieser Übertragungsweg in Endemiegebieten, in denen diese Bluttests noch nicht regelmäßig durchgeführt werden bzw. hohe Neuinfektionsraten bestehen, nicht auszuschließen. HIV-infizierte Mütter können die Viren während der Schwangerschaft, der Geburt oder beim Stillen auf ihr Kind übertragen. Als Übertragungswege scheiden Tätigkeiten des täglichen Umgangs wie Händeschütteln, Umarmen sowie gemeinsames Benutzen von Gläsern oder Besteck aus. Aber auch Küssen ist ungefährlich. Eine Übertragung durch Insekten ist bisher ebenfalls nicht nachgewiesen worden.

Schutz Da eine Infektion nur möglich ist, wenn Sperma, Scheidensekret oder Blut von Infizierten in die eigene Blutbahn gelangt, ist die Vermeidung einer Ansteckung eigentlich ganz einfach:
- Durch angemessenes Sexualverhalten, insbesondere durch die konsequente Verwendung von Kondomen, lässt sich das Ansteckungsrisiko stark vermindern.
- Bereits gebrauchte Spritzen nicht berühren.
- Vor Hilfeleistungen in Notsituationen oder bei Unfällen Gummihandschuhe anziehen. Sie sind in Erste-Hilfe-Kästen enthalten.

  Beim Aufenthalt in Gebieten mit einem sehr hohen Anteil an HIV-Infizierten können, zum Beispiel beim Arztbesuch, weitere Schutzmaßnahmen nötig werden.

Therapie Eine HIV-Infektion führt in aller Regel zu einer Aidserkrankung und damit zum Tod. Durch eine frühe Diagnose lassen sich viele Sekundärinfektionen gut behandeln und der Ausbruch der Krankheit kann verzögert werden. Dies soll nicht darüber hinwegtäuschen, dass heute weder eine Impfung noch eine Therapie gegen Aids möglich sind.

Die erworbene Immunschwäche Aids wird durch das HI-Virus ausgelöst, das die T-Helferzellen befällt und zerstört. Dadurch bricht das Immunsystem des Betroffenen zusammen und er erkrankt an Sekundärinfektionen, die schließlich zum Tod führen. Aids ist unheilbar. Die Viren werden mit Körperflüssigkeiten wie Blut, Sperma oder Scheidenflüssigkeit übertragen. Nach der Infektion kann es Jahre dauern, bis die Krankheit ausbricht. Trotzdem kann der Infizierte in dieser Zeit andere anstecken. Durch Safer Sex kann man sich vor einer Infektion schützen.

Aufgaben

1 Ermittle die aktuellen Zahlen der Ausbreitung des HI-Virus weltweit und in Deutschland. Informationen findest du auch unter www.rki.de und www.unaids.org.

2 Suche Gründe für die unterschiedliche Verbreitung des HI-Virus.

3 Der 1. Dezember ist der Welt-Aids-Tag. Gestaltet zu diesem Tag eine Pauseninformation für die Mitschüler, in der ihr über die Krankheit, ihre Ursachen und Verbreitung sowie über den Umgang mit HIV-Infizierten informiert.

Überblick

091-1

Erkrankung
Viele Krankheiten werden durch Bakterien, Viren oder andere Krankheitserreger verursacht, die in den Körper eindringen und sich in ihm vermehren. Eine typische Infektionskrankheit verläuft in mehreren Stadien: Ansteckung (Infektion) – Inkubationszeit (Zeit zwischen Ansteckung und Ausbruch der Krankheit) – Erkrankung – Gesundung.

Abwehr-(Immun-)System
Zur Abwehr von Krankheitserregern verfügt unser Körper über ein Abwehrsystem, das aus verschiedenen Organen und Abwehrzellen besteht. ↑2 Letztere erkennen körperfremde Strukturen, die Antigene, und bekämpfen sie. Die Mechanismen der unspezifischen Abwehr sind angeboren und richten sich unspezifisch gegen alle körperfremden Strukturen. Im Gegensatz dazu ist die spezifische Abwehr erworben. Sie bildet sich erst nach Kontakt mit einem bestimmten Erreger aus und sorgt in der Folgezeit für die effektive Abwehr desselben Erregers.

Immunisierung
Das Immunsystem ist in der Lage, sich in Form eines immunologischen Gedächtnisses an Krankheitserreger bzw. Antigene zu erinnern. Im Fall einer erneuten Infektion mit demselben Erreger kann es eine besonders schnelle und starke Immunantwort auslösen. Aus diesem Grund erkranken wir an manchen Kinderkrankheiten nur einmal: Wir sind auf natürlichem Weg immun gegen sie geworden (natürliche Immunisierung). Auch die aktive Immunisierung, eine Form der künstlichen Immunisierung, beruht auf dem Prinzip des immunologischen Gedächtnisses. Dabei werden dem Patienten abgetötete Krankheitserreger oder inaktiviertes Erregergift verabreicht, gegen die der Körper dann einen lang anhaltenden Schutz aufbaut. Bei der passiven Immunisierung werden dem Körper hingegen „fertige“ Abwehrproteine, die Antikörper, zugefügt, die meist mithilfe von Tieren gewonnen werden.

Immundefekte
Bei der Funktion des Immunsystems können auch Fehler auftreten. Reagiert es gegen Stoffe, die keine Erreger und eigentlich für den Körper harmlos sind, so kommt es zur Ausbildung einer Allergie. Richtet sich das Immunsystem gegen körpereigene Zellen, entstehen so genannte Autoimmunkrankheiten. Geht das Immunsystem nicht gegen defekte, sich unkontrolliert vermehrende Körperzellen vor, können Krebserkrankungen auftreten.

Aids
Die erworbene Immunschwächekrankheit Aids trat erstmals anfangs der 80er Jahre des letzten Jahrhunderts auf. Inzwischen sind ca. 40 Millionen Menschen weltweit erkrankt.
Aids ist unheilbar und endet mit dem Tod. Die Krankheit wird durch HI-Viren übertragen, die die T-Helferzellen befallen und diese veranlassen, neue HI-Viren zu produzieren. Das Immunsystem wird auf diese Weise geschwächt und bricht schließlich ganz zusammen. Da die Viren hauptsächlich über ungeschützten Geschlechtsverkehr übertragen werden, muss die Verwendung von Kondomen eine Selbstverständlichkeit sein.

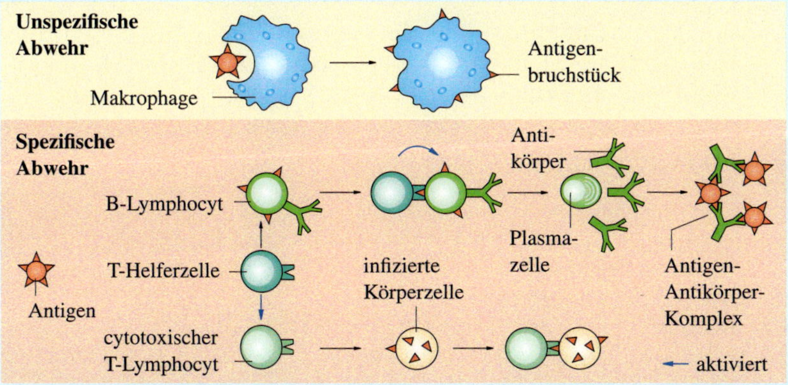

2 Einige Zellen und Proteine des Abwehrsystems: Sie „verdauen“ oder binden Antigene und machen sie auf diese Weise unschädlich.

Teste dich!

1 Der Körper wehrt sich gegen Krankheitserreger mithilfe seines Abwehrsystems.

a Nenne die Teile des Lymphsystems.

b Nenne unspezifische Abwehrmechanismen.

c Erstelle aus folgenden Begriffen eine Mindmap: spezifische Abwehr, Makrophage, Antikörper, T-Helferzelle, B-Lymphocyt, Gedächtniszelle, unspezifische Abwehr.

d Die spezifische Abwehr braucht bei einem Erstkontakt mit einem Erreger länger für einen effektiven Gegenschlag als die unspezifische Abwehr, ist aber bei einem Zweitkontakt wesentlich schneller. Erkläre.

2 Viele Menschen reisen als Urlauber in ferne Länder (z. B. tropische Regionen).

a Nenne gesundheitliche Risiken, die damit verbunden sein können.

b Begründe in diesem Zusammenhang die Bedeutung von Schutzimpfungen.

3 Das immunologische Gedächtnis schützt uns bei der Zweitinfektion mit einem Erreger.

a Begründe, weshalb man trotz aktiver Immunisierung gegen Grippeviren im folgenden Jahr an Grippe erkranken kann.

b Bild ↑1 stellt die passive Immunisierung dar. Übernimm die Männchen vergrößert in dein Heft und ergänze sie mit Symbolen für die Krankheitserreger sowie das Heilserum bzw. die Antikörper.

c Entwickle eine ähnliche Darstellung für die aktive Immunisierung.

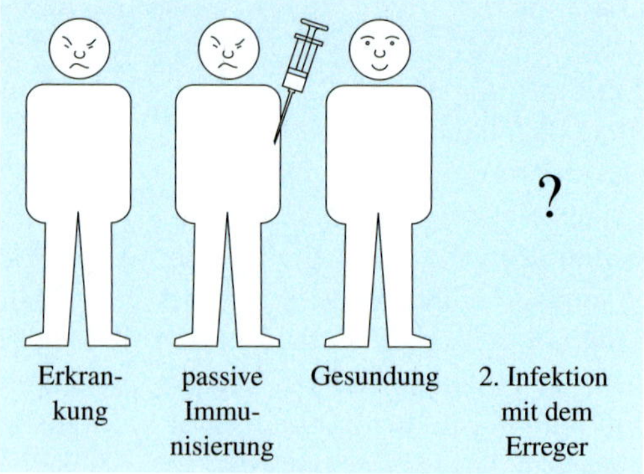

1 Passive Immunisierung

4 Fehlfunktionen des Immunsystems führen zu schweren Krankheiten.

a Erläutere diese Aussage anhand einer selbst gewählten Krankheit.

b Beschreibe, wie ein Allergietest funktioniert.

c Nenne Möglichkeiten, wie man sich vor Allergenen schützen kann.

d Stelle dar, wodurch sich die Immunreaktionen eines Allergikers und eines Nicht-Allergikers voneinander unterscheiden.

5 Aids ist eine gefährliche Krankheit.

a Die Krankheit verläuft in mehreren Phasen. Begründe, weshalb sie gerade deshalb besonders gefährlich ist.

b Erstelle eine Tabelle, in der du Situationen sammelst, die hinsichtlich einer Infektion gefährlich bzw. ungefährlich sind.

c Beschreibe die Wirkung der HI-Viren.

092-1

Die Farben zeigen, worauf es bei einer Aufgabe ankommt:
■ Sachverhalte wiedergeben ■ Wissen anwenden ■ komplexe Probleme lösen

Die Lösungen findest du im Anhang.

Schätze deine Kenntnisse und Fähigkeiten ein.

Aufgabe	Lerngebiet/Fähigkeit	Lösungshilfe	Auswertung
1	Ich kann Teile des Immunsystems und ihre Funktion nennen.	71–73	Ordne dazu deiner Lösung im Heft ein Smiley zu: ☺ Ich konnte die Aufgabe richtig lösen. 😐 Ich konnte die Aufgabe nicht komplett lösen. ☹ Ich konnte die Aufgabe nicht lösen.
2	Ich kenne die Gefahr der Ansteckung mit Erregern tropischer Krankheiten. Ich weiss, dass Impfungen davor schützen können.	81, 83	
3	Ich weiß, was bei der aktiven und passiven Immunisierung passiert, und kann beide Formen schematisch darstellen.	77–79	
4	Ich kenne verschiedene Immundefekte und weiß, worauf sie beruhen.	84–87	
5	Ich weiß, wie Aids übertragen wird und wie ich mich davor schützen kann. Ich kann den Krankheitsmechanismus beschreiben.	88–90	

Erwachsen werden

Erwachsenwerden ist ein besonders aufregender Lebensabschnitt. Die erste Verliebtheit stellt sich ein – glücklich oder unglücklich.

Später werden dauerhafte Partnerschaften geknüpft und der Wunsch nach einer Familie mit Kindern entsteht.
Vieles in diesen Entwicklungsphasen steuert der Körper. Andere Dinge wie beispielsweise der Umgang mit dem jeweils anderen Geschlecht und der eigenen Geschlechtlichkeit lassen sich bewusst beeinflussen.

Das **Wachsen** ist nicht so schwer, das kommt meist von allein. Mit dem **Erwachsenwerden** sieht das vielleicht schon anders aus, wenn uns in der Pubertät die Hormone einen Streich spielen. Aus Kindern werden Erwachsene, die selbst wieder Kinder bekommen können.

1 Was bin ich: Kind, Jugendlicher oder junger Erwachsener?

3 Während der Pubertät bilden sich auch die sekundären Geschlechtsmerkmale aus. Was geschieht mit meinem Körper?

2 Eine spannende, aber nicht immer leichte Zeit – das Erwachsenwerden: Wer bin ich? Wie könnte meine Art zu leben aussehen?

4 Typisch weiblich, typisch männlich – wie sieht deine Traumfrau oder dein Traummann aus?

5 Schwangerschaftsverhütung – eine Aufgabe beider Partner. Welche Mittel und Methoden gibt es?

6 Verliebtsein? Liebe? Was ist das?

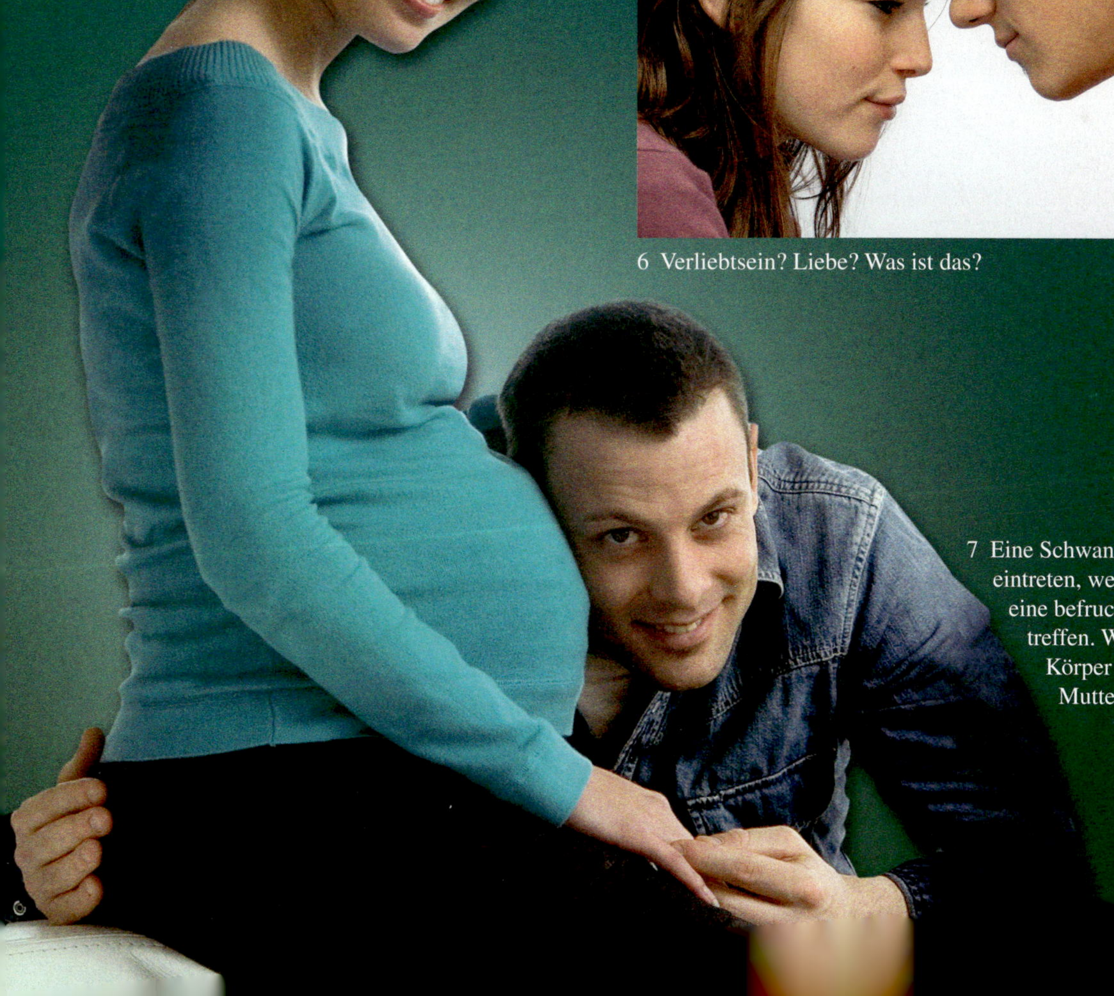

7 Eine Schwangerschaft kann eintreten, wenn Spermien auf eine befruchtete Eizelle treffen. Was passiert im Körper der werdenden Mutter?

In der Pubertät wird alles anders

Anne (14) ist „sauer" auf ihre Mutter. Sie fühlt sich von den Erwachsenen unverstanden und zieht sich in ihr Zimmer zurück, wo sie Musik hört und von ihrem Lieblingssänger träumt. Paul, ihr ein Jahr älterer Bruder, liegt auch oft im Streit mit den Eltern. Er geht dann zum Fußball oder trifft sich mit seiner Clique.
Hat das mit der Pubertät zu tun, dass sich die Einstellungen, Bedürfnisse und Gefühle von Anne undPaul ändern?

1 Pubertät heißt auch Veränderung der Gefühle.

Beobachten Untersuchen Experimentieren

2 Kennst du auch diese Situationen?

Typisch!?
Die Pubertät ist keine leichte Zeit. Viele Veränderungen stürmen auf die Jugendlichen ein und müssen bewältigt werden, zum Beispiel neue Freiheiten, andere Ansichten und sexuelle Regungen.

1 Entwerft in Gruppen zu den in den Abbildungen dargestellten Situationen Szenen, aus denen hervorgeht, was die einzelnen Personen sagen und denken. ↑2
2 Führt die Szenen in der Klasse auf. Wertet sie anschließend unter folgenden Gesichtspunkten aus:
– Wie haben sich die Spieler/Zuschauer gefühlt? Was haben sie empfunden?
– Wie realistisch ist die dargestellte Szene?

Veränderungen des Körpers und der Psyche

096-1

Der Körper verändert sich Mit dem Beginn der Pubertät treten neben psychischen Veränderungen auch viele Veränderungen im menschlichen Körper auf. Manche dieser Veränderungen erfolgen im Körperinnern, andere sind äußerlich sichtbar. ↑3

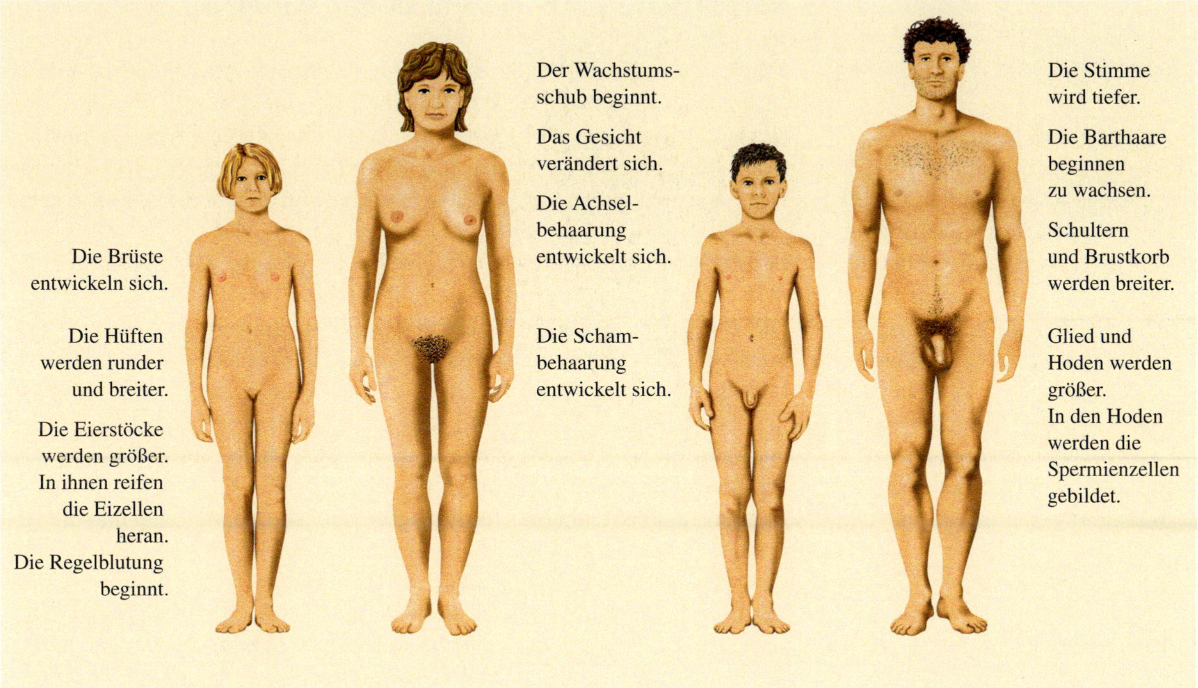

3 Körperliche Veränderungen

Die bedeutendste Veränderung findet in den Geschlechtsorganen statt: Sie wachsen und beginnen mit der Reifung von Eizellen oder der Bildung der Spermienzellen.

Was verändert sich noch? Die Pubertät ist eine aufregende, oft auch mit Problemen behaftete Phase der menschlichen Entwicklung. Stimmungs- und Gefühlsschwankungen gehören zum Alltag.
Psychische Merkmale wie Selbstunsicherheit, Aggressivität, das Zurückziehen in die eigene Gedankenwelt, Trotz und das Streben nach Selbstbestimmung sind kennzeichnend für diese Zeit. Die Worte „himmelhoch jauchzend – zu Tode betrübt" beschreiben diese Schwankungen treffend.

Wer bin ich? Anne unterhält sich mit ihrer Freundin über alles, was die beiden so beschäftigt. In letzter Zeit sind ihnen merkwürdige Fragen durch den Kopf gegangen: „Wer bin ich eigentlich? Was denken die anderen von mir? Was ist wichtig in meinem Leben? Will ich so werden wie meine Eltern? Welchen Sinn hat das Leben überhaupt?" ↑4
Die Entdeckung und Entwicklung einer eigenen Identität beschäftigt Jugendliche in der Pubertät oft mehr, als manchem Erwachsenen lieb ist. Sie probieren Neues aus, entwickeln Neigungen und Abneigungen und entdecken die eigene Sexualität.

4 Wer bin ich eigentlich?

Aufgabe

Welche Veränderungen werden in Text erwähnt? Bildet reine Mädchen- und Jungengruppen. Tauscht euch in diesen Gruppen darüber aus, wie ihr mit den genannten Veränderungen und damit verbundenen Problemen umgeht. Könnt ihr Unterschiede zwischen Mädchen und Jungen feststellen?

Körperliche Entwicklung in der Pubertät

Basiskonzept

Steuerung und Regelung
Hormone steuern Abläufe im Körper: Hormone werden von Drüsen abgegeben und durch das Blut an ihren Bestimmungsort gebracht. So kann das Testosteron den Bartwuchs auslösen und das Östrogen den Menstruationszyklus regeln. Das Hormonsystem ist zusammen mit dem Nervensystem die wichtigste Instanz, um Vorgänge im Körper zu regeln und zu steuern.

Marionettentheater? Die Entwicklungsvorgänge bei Mädchen und Jungen werden durch die Zusammenarbeit des Gehirns mit verschiedenen Hormondrüsen geregelt. Die Hirnanhangsdrüse (Hypophyse) wird durch einen Abschnitt des Gehirns, das Zwischenhirn, angeregt, verschiedene Hormone abzugeben, die über den Blutkreislauf zu den Keimdrüsen gelangen.↑1
Diese Hormone bewirken beispielsweise das Einsetzen des Menstruationszyklus und steuern die Follikelreifung und den Follikelsprung.
Die Eierstöcke beginnen während der Follikelreifung weibliche Sexualhormone, die Östrogene, zu bilden. Diese sind für das Wachstum der Gebärmutterschleimhaut während des Menstruationszyklus verantwortlich und bewirken die Ausbildung der sekundären weiblichen Geschlechtsmerkmale: Die Brüste beginnen zu wachsen, die Schambehaarung wird dichter und das Becken wird breiter.
Bei den Jungen regen die Hormone das Wachstum der Hoden und die Reifung der Spermienzellen an. Bestimmte Zellen in den Hodenkanälchen werden durch Hormone dazu angeregt, das männliche Sexualhormon, das Testosteron, zu bilden. Dieses bewirkt die Ausbildung der männlichen sekundären Geschlechtsmerkmale: Brust- und Schambehaarung nehmen zu, der Penis wächst, Bartwuchs und Stimmbruch setzen ein.

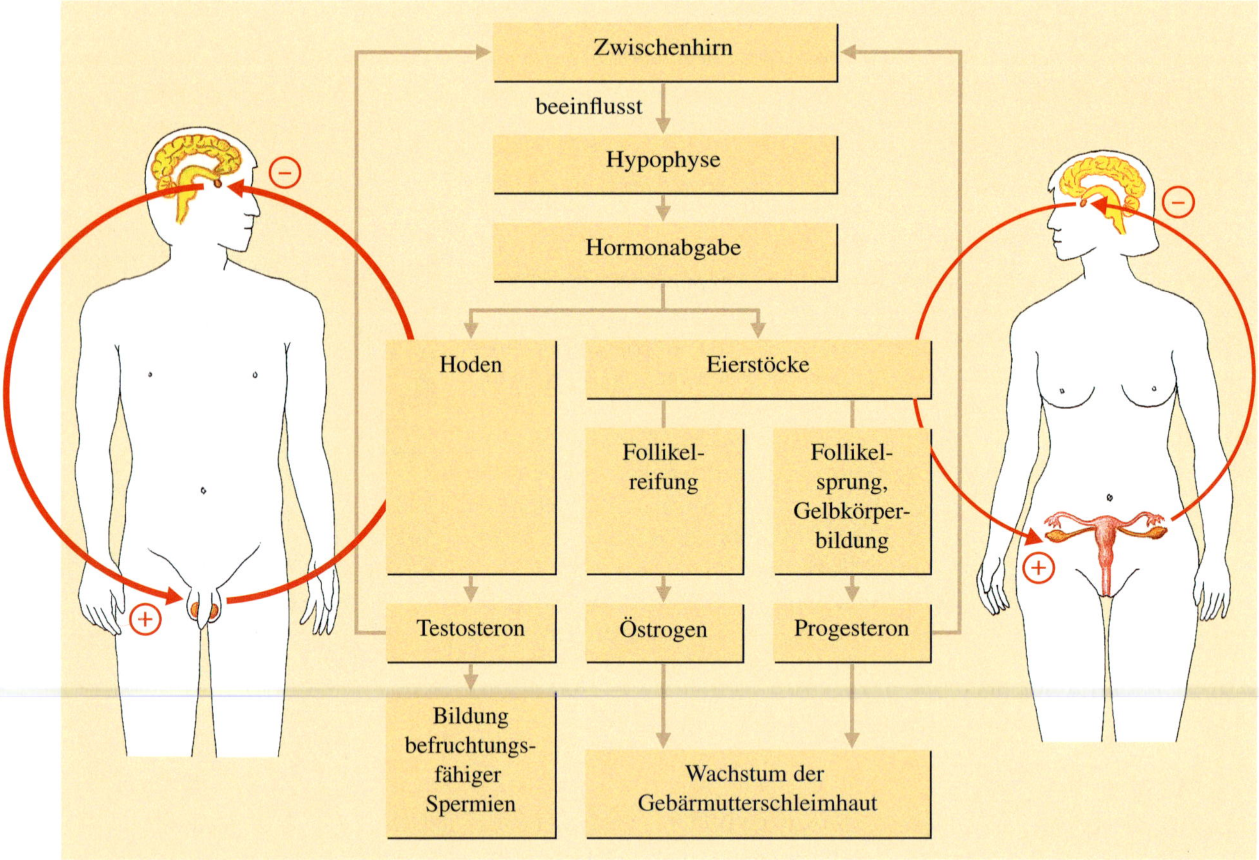

1 Hormonelle Steuerung der Entwicklung

Sexualität und Partnerwahl

099-1

Sexualität und Geschlecht Die sekundären Geschlechtsmerkmale sind es, die für die wechselseitige Anziehung der Geschlechter und die Wahl des Sexualpartners eine wesentliche Rolle spielen. Wir ziehen durch unser Verhalten, unsere Kleidung, durch eine bestimmte Mimik und Gestik die Aufmerksamkeit eines Partners auf uns: Wir flirten mit ihm. ↑2 Aus einem solchen Flirt kann sich Liebe entwickeln, in der wir Zärtlichkeiten austauschen, die körperliche Nähe suchen, Sehnsucht nacheinander haben und die „Schmetterlinge im Bauch" spüren.

Beim „Hair-flip" fährt das Mädchen mit den Fingern durch das Haar.

„Head-toss" ist eine schnelle Bewegung des Kopfes, die den Hals entblößt.

2 Flirtsignale

3 Gleichgeschlechtliches Paar

Geschlechtliche Beziehungen Die meisten Menschen sind heterosexuell: Sie wählen Partner des anderen Geschlechts.
Es gibt jedoch überall Menschen, die aus bisher noch nicht geklärten Ursachen Sexualpartner des eigenen Geschlechts bevorzugen (Homosexualität). ↑3 Männliche Homosexuelle werden in der Öffentlichkeit als Schwule, weibliche als Lesben bezeichnet. Bisexuelle Menschen fühlen sich gleichermaßen zum eigenen und zum anderen Geschlecht hingezogen.

Wir verstehen uns auch ohne Worte Ein junges Paar hat sich gefunden. Beide haben den Wunsch, miteinander zu schlafen. Sie fühlen sich jedoch nach dem „ersten Mal" nicht so, wie sie sich eine sexuelle Erfüllung vorgestellt haben. Über Hoffnungen, Träume, Wünsche und Ängste zu sprechen fällt oft nicht leicht, ist aber für das Verständnis des Partners nötig. Eine dauerhafte Beziehung verlangt Toleranz, Geduld und gemeinsame Anstrengung.

Der Traum meiner schlaflosen Nächte Wer hat sich nicht schon einmal Traummädchen oder Traumjungen in seiner Fantasie ausgemalt. ↑4 Unbewusst orientieren sich viele an Idolen aus Film, Fernsehen und Musikszene, die voll von gut „gebauten" Stars sind. Tatsächlich entsprechen die wenigsten Menschen im Aussehen solchen Sexsymbolen. So entstehen Leitbilder, die den Blick für die Realität trüben und zu ernsthaften Störungen des Sexualverhaltens oder auch zu Essstörungen führen können.

4 Traumfrau und Traummann?

Die männlichen Geschlechtsorgane

100-1

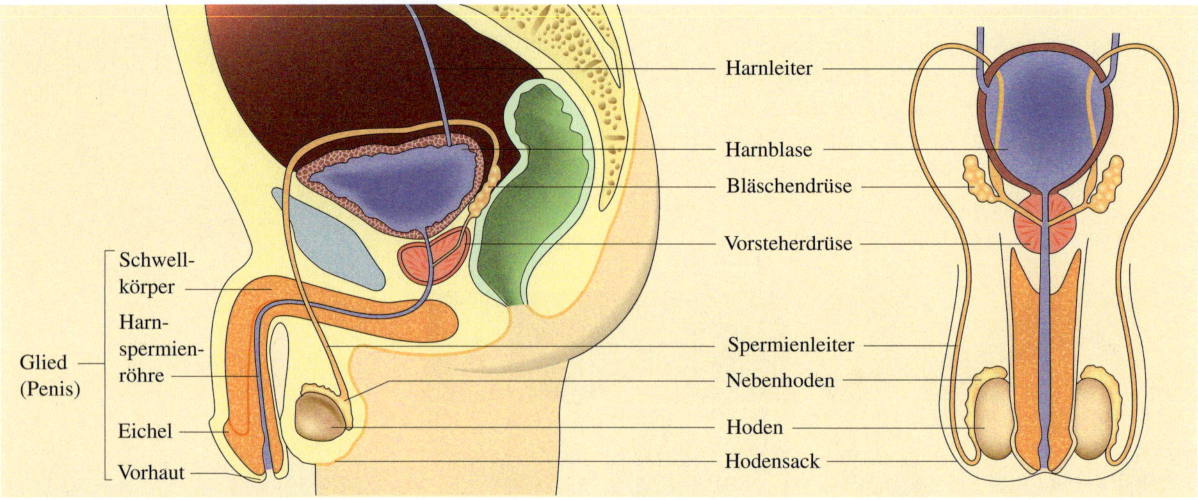

1 Lage und Bau der männlichen Geschlechtsorgane

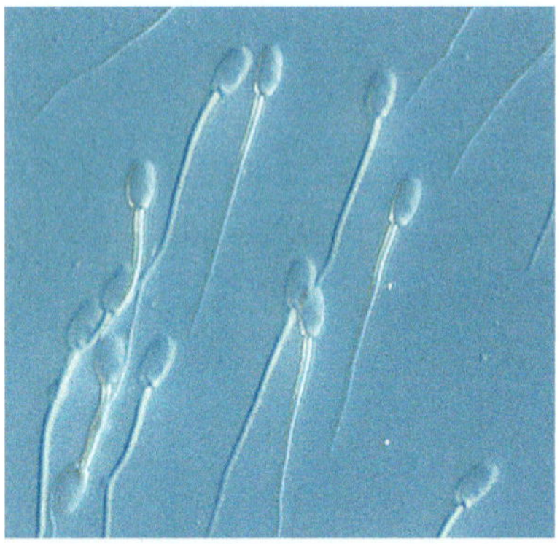

2 Mikroskopische Aufnahme von Spermienzellen

Schon gewusst?

Ein gesunder Mann bildet täglich 300 bis 500 Millionen Spermienzellen und behält diese Fähigkeit bis ins Alter bei. Die Spermienbildung erfolgt am intensivsten bei einer Temperatur von 30 bis 33 °C, also unterhalb der normalen Innentemperatur des Körpers. Deshalb ist die Lage der Hoden im Hodensack außerhalb des Bauchraums biologisch notwendig. Umweltgifte, Dauerstress, Alkohol und Nikotin verringern die Zahl lebensfähiger Spermienzellen.

Bau und Bildung der Spermienzellen Vor der Geburt eines Jungen befinden sich die Hoden noch in der Bauchhöhle. Dann werden sie mit den Nebenhoden in den Hodensack verlagert. Eine Bindegewebskapsel umgibt das Hodeninnere. Die Hoden enthalten Hodenläppchen, in denen sich vielfach aufgewundene Hodenkanälchen befinden. In den Zwischenräumen der Hodenkanälchen liegen kleine Anhäufungen von Zellen, in denen das männliche Sexualhormon Testosteron gebildet wird. In den Hodenkanälchen werden die männlichen Spermienzellen gebildet. In den Nebenhoden werden die Spermienzellen zunächst gespeichert.
Spermienzellen sind nur 0,05 bis 0,06 mm groß. ↑2 Ihre Bildung wird vom Gehirn und von Hormonen, besonders vom Testosteron, gesteuert. Die Spermienzellen sind anfangs noch unreif und bewegungsunfähig. Erst in den Nebenhoden nehmen sie ihre typische Gestalt an. ↑3
In dem bei der Ejakulation abgegebenen Sperma befinden sich 35 bis 200 Millionen Spermienzellen und Wasser, aber auch Enzyme und Zucker. Beim Geschlechtsverkehr gelangen nur etwa 300 bis 800 der im Sperma vorhandenen Spermienzellen bis in den Eileiter der Frau.

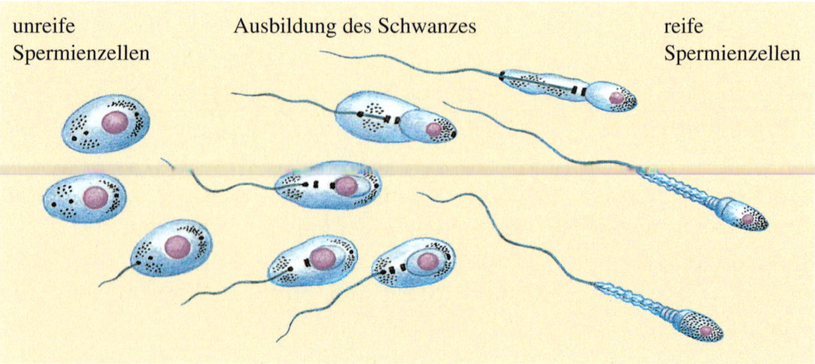

3 Bildung der Spermienzellen im Hodengewebe

Die weiblichen Geschlechtsorgane

101-1

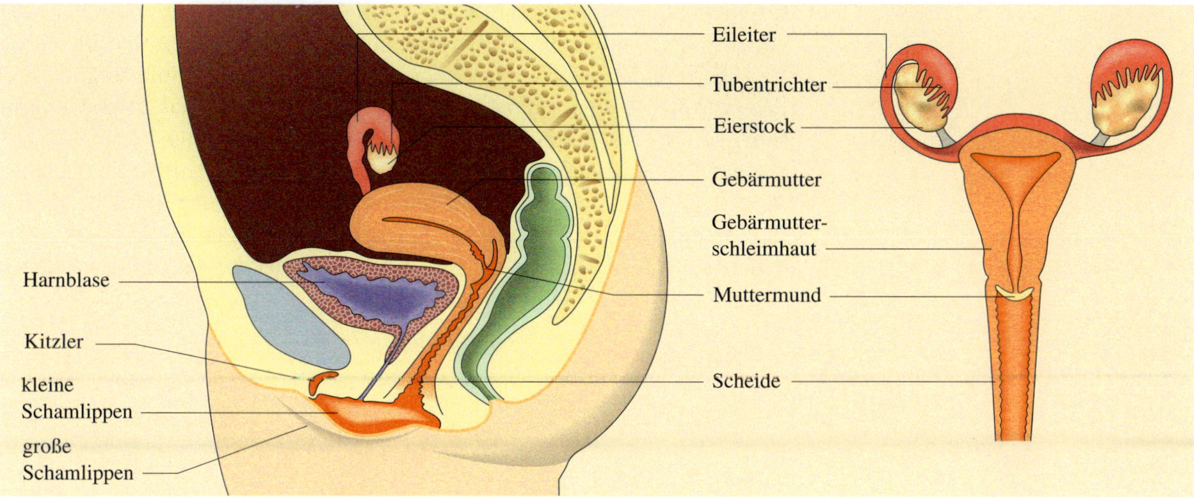

4 Lage und Bau der weiblichen Geschlechtsorgane

Bildung und Reifung der Eizellen Die Eizellen entwickeln sich in den paarigen Eierstöcken (Ovarien). ↑5 Sie sind etwa 4 cm lang und 2 cm breit. Mit einem Durchmesser von 0,12 bis 0,15 mm sind sie deutlich größer als die Spermienzellen. Die Eizelle selbst ist unbeweglich. Sie wird durch die Flimmerhärchen und das Zusammenziehen der Eileitermuskulatur zur Gebärmutter transportiert.

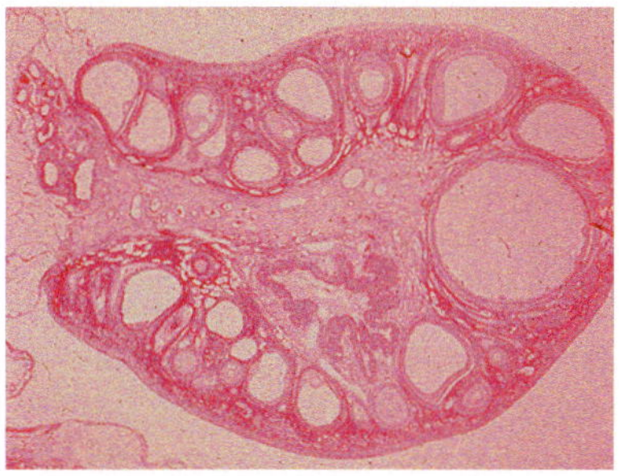

5 Eierstockquerschnitt
mit verschiedenen Follikelstadien

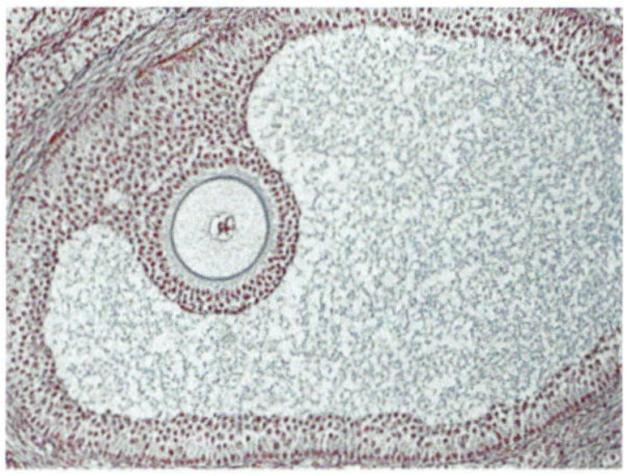

6 Follikel mit Eizelle

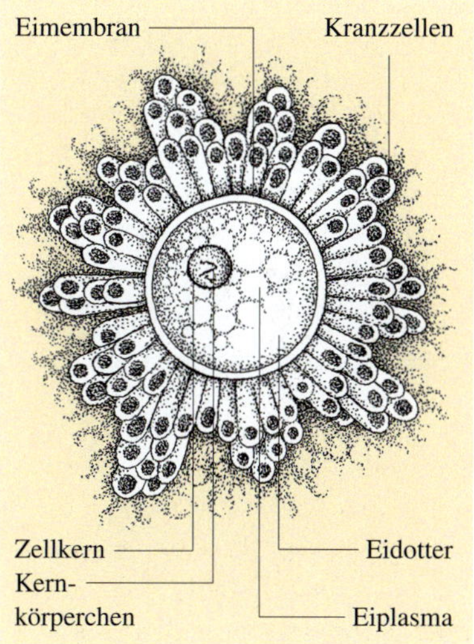

7 Schnitt durch die Eizelle des Menschen

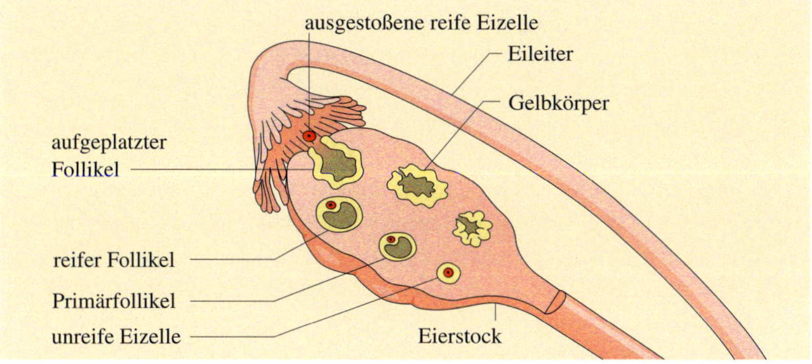

8 Reifung einer Eizelle bis zum Eisprung und Aufnahme in den Eileiter

Schon gewusst?

Bei einem neugeborenen Mädchen enthalten die Eierstöcke 250 000 bis 400 000 unreife Eizellen.

Entwicklung der Eizelle Die Entwicklung und Reifung der Eizellen erfolgt in zwei zeitlich getrennten Abschnitten: während der vorgeburtlichen Entwicklung eines Mädchens und nach der Pubertät. Bereits in der vorgeburtlichen Entwicklung entstehen aus den Urkeimzellen unreife Eizellen. Diese bilden jeweils mit einigen Hüllzellen einen Primärfollikel. Die Primärfollikel liegen schon vom 3. Monat der Embryonalentwicklung in sehr großer Zahl in den Eierstöcken des Mädchens. Einige Follikel wachsen unter Einwirkung von Hormonen zu befruchtungsfähigen Eizellen heran. ↑8 S.101 Ist die Eizelle reif, kommt es zum Eisprung, und die Eizelle wird in den Eileiter abgegeben. ↑2 Die reife Eizelle ist nur etwa 24 Stunden lebensfähig. Wird sie in dieser Zeit nicht befruchtet, so stirbt sie ab und wird in der Gebärmutter aufgelöst.

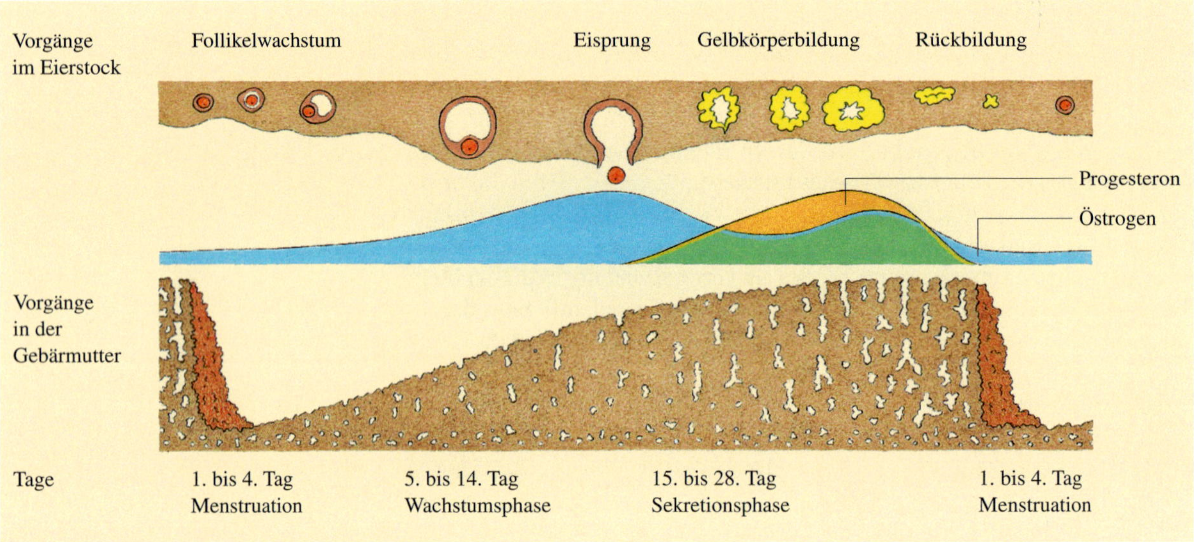

1 Der Menstruationszyklus wird hormonell gesteuert.

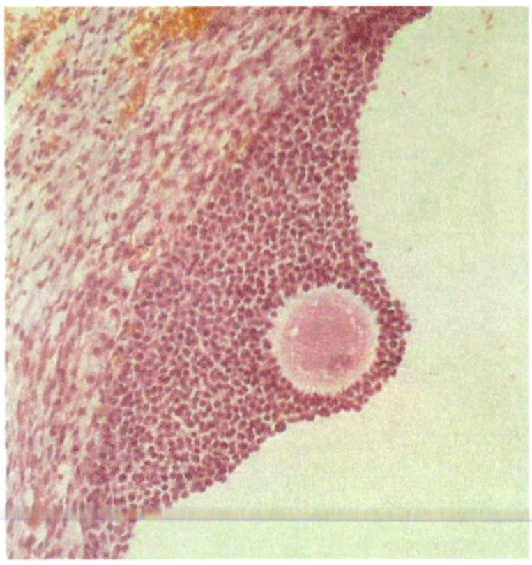

2 Eizelle kurz vor dem Eisprung

Menstruationszyklus Der Menstruationszyklus umfasst die Zeit vom ersten Tag der Regelblutung bis zum letzten Tag vor der nächsten Blutung. ↑1 Hormone der Hirnanhangsdrüse lösen die vermehrte Bildung der Östrogene in den Eierstöcken aus. Östrogene steuern unter anderem die Follikelreifung, deren Transport und das Wachstum der Gebärmutterschleimhaut. Das hauptsächlich im Gelbkörper (gelbliches Gewebe der Eierstöcke) produzierte Gelbkörperhormon (Progesteron) bewirkt die Vorbereitung der Gebärmutterschleimhaut auf die Einnistung der befruchteten Eizelle. Wird die Eizelle nicht befruchtet, stellt der Gelbkörper nach zwei Wochen die Progesteronbildung ein, die Gebärmutterschleimhaut wird abgebaut und unter Blutungen ausgeschieden.

Menstruationsbeschwerden Durch äußere Einflüsse wie Stress oder Aufregung kann der zeitliche Ablauf der Menstruation, besonders bei jungen Mädchen und Frauen, erheblich variieren. Je nach Stärke der Blutung können Schwächegefühle, Unterleibs- und Kopfschmerzen auftreten. Häufig helfen Ruhe, leichte Bewegung, sanfte Massagen, ein warmes Bad, eine Wärmflasche oder etwas Kräutertee.

Hygiene der weiblichen Geschlechtsorgane Durch die Blutung wird der Schleimpfropf, der die Gebärmutter verschließt, mit abgestoßen. Dadurch ist der Scheideneingang nicht mehr so gut vor dem Eindringen von Krankheitserregern wie Bakterien oder Pilzen geschützt. Deshalb ist Hygiene während der Menstruation besonders wichtig. Bei auftretenden Entzündungen sollte ein Arzt aufgesucht werden.
Das bei der Regelblutung aus der Scheide austretende Blut wird mit saugfähigen Materialien (Tampons, Binden) aufgefangen. Wenn das Blut an der Luft zersetzt wird, kann es unangenehm riechen. Deshalb sollten Binden und Tampons häufiger gewechselt werden. Tampons fangen das Blut direkt in der Scheide auf. Wenn sie jedoch zu lange darin verbleiben, können sie die natürliche Feuchtigkeit des Schleimhautfilms beeinträchtigen und Entzündungen begünstigen.

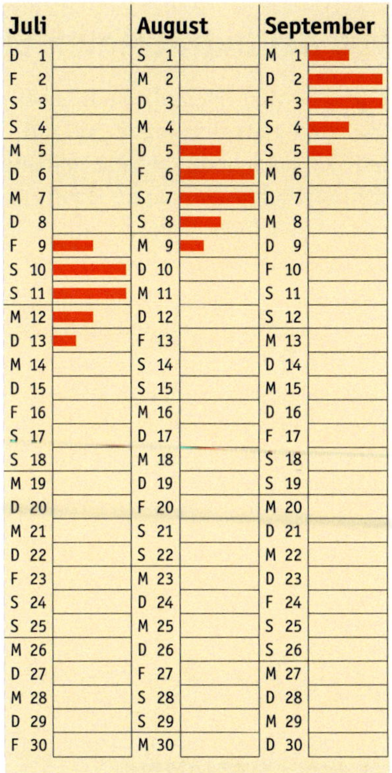

3 Beispiel für einen Regelkalender (Ausschnitt)

Hoden und Nebenhoden des Mannes liegen im Hodensack. In den Hoden werden Spermienzellen gebildet und in den Nebenhoden gespeichert. Bei der Ejakulation werden die Spermienzellen mit dem Sperma stoßweise abgegeben. In den weiblichen Geschlechtsorganen sind sie nur zwei bis drei Tage lebensfähig.Bei einer Frau im fortpflanzungsfähigen Alter reift in den Eierstöcken im Monatsrhythmus je eine Eizelle heran. Die reife Eizelle gelangt über einen Eileiter in die Gebärmutter. Wenn die Eizelle nicht befruchtet wird, stirbt sie nach etwa 24 Stunden ab.Während der Eireifung im Follikel wird in den Eierstöcken Östrogen gebildet, das das Wachstum der Gebärmutterschleimhaut fördert.Nach dem Eisprung bildet der zum Gelbkörper gewordene Follikel Progesteron, das die Gebärmutterschleimhaut auf das Einnisten der befruchteten Eizelle vorbereitet. Bleibt eine Befruchtung aus, bildet sich der Gelbkörper zurück und die Gebärmutterschleimhaut wird abgestoßen, es kommt zur Regelblutung (Menstruation).

Aufgaben

1 Erläutere anhand der Abbildung ↑1 S.100 den Bau und die Funktion der männlichen Geschlechtsorgane.

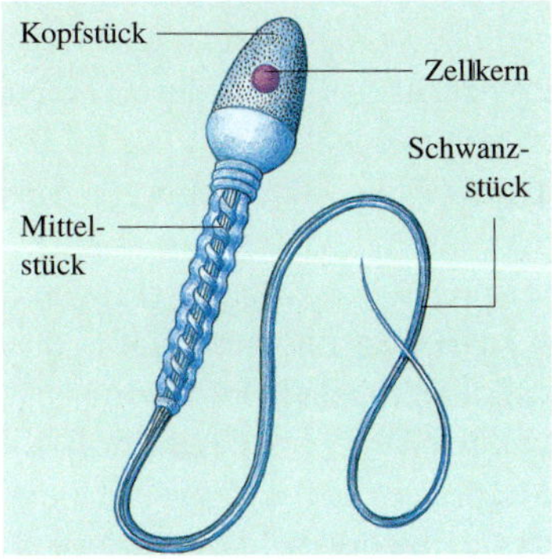

4 Bau einer Spermienzelle

2 Beschreibe mithilfe der Abbildung ↑4 den Bau einer Spermienzelle. Schließe vom Bau auf die Funktion der einzelnen Teile. Welche Bedeutung hat der Zellkern der Spermienzelle?

3 Begründe, warum ein Ejakulat so viele Spermien beinhaltet, wenn doch nur eines davon die Eizelle befruchten kann.

4 Zeichne ein einfaches Schema, das die Entstehung einer befruchtungsfähigen Eizelle zeigt, und erläutere diesen Prozess. ↑8 S.101

5 Erläutere den Vorgang der Menstruation. Erfasse in einer Tabelle die am Menstruationszyklus beteiligten Hormone in drei Spalten: Hormon, Bildungsort, Wirkung/Beteiligung. ↑1

6 Erkrankungen und psychische Belastungen beeinflussen den Menstruationszyklus. Erkläre.

7 Erläutere den in Abbildung ↑3 dargestellten Regelkalender. Begründe, warum junge Mädchen und Frauen einen Regelkalender führen sollten. Ermittle aus dem Regelkalender das Einsetzen der nächsten Regelblutung bei regelmäßigem Verlauf.

Von der befruchteten Eizelle bis zur Geburt

Zwei Menschen, die sich lieben, sind gern zusammen. Sie fühlen sich zueinander hingezogen und sind zärtlich miteinander. Häufig entsteht auch der Wunsch, miteinander zu schlafen.
Durch Geschlechtsverkehr kann es zu einer Befruchtung und damit zu einer Schwangerschaft kommen. Wie entsteht neues menschliches Leben? Wie entwickelt es sich im Mutterleib? Was passiert bei der Geburt?

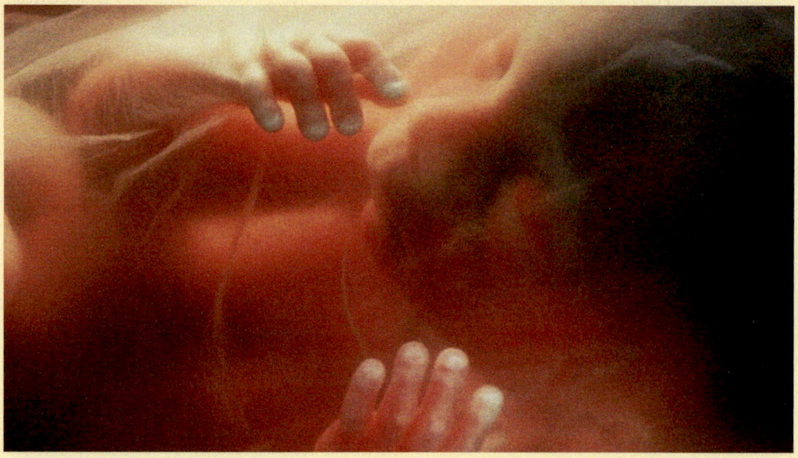

1 19 Wochen alter Fetus

Methode *Auswerten eines Films*

2 Gemeinsame Vorfreude auf das Baby

Ihr seht einen Film über die Embryonalentwicklung im Mutterleib. Es werden so viele Dinge gezeigt und angesprochen, dass ihr sie euch insgesamt nicht merken könnt. Daher ist es wichtig, ein Protokoll anzufertigen, das den Titel, die Dauer und eine Abschnittsgliederung enthält. Folgende Schritte sollen die Auswertung erleichtern:

1. Teilt euch die Aufgaben: Einer pro Gruppe schreibt nur Zahlen mit, ein weiterer gliedert den Film in Abschnitte, ein Dritter protokolliert stichwortartig den Verlauf.
   Macht euch beispielsweise Notizen zu folgenden Fragen: Was passiert mit der Eizelle nach der Befruchtung? Wann entwickelt sich was beim ungeborenen Kind? Wie wird der Embryo versorgt? Wie lange dauert die Schwangerschaft?
2. Vergleicht nach Ablauf des Films eure Mitschriften und ergänzt Fehlendes.
3. Tauscht euch darüber aus, welche Fragen der Film beantwortet hat und welche offenbleiben.
4. Beantwortet beispielsweise folgende Fragen: Was zeigt dieser Film Besonderes? Hat er das Thema anschaulich gemacht? Hat er eine besondere Technik benutzt? Wie war der Informationsgehalt im Vergleich zur Bildfolge? Hat er interessante Vergleiche gebracht?
5. Bewertet nun auch den gesprochenen Kommentar und die Musikuntermalung.

Geschlechtsverkehr Zwei Menschen, die sich lieben und sich körperlich sehr nahe sein wollen, möchten meist auch miteinander schlafen, also Geschlechtsverkehr haben. Durch gegenseitiges Streicheln und Berührungen werden beide sexuell erregt. Die sexuelle Erregung zeigt sich auch körperlich. Der Penis des Mannes wird steif und richtet sich auf. Bei der Frau vergrößert sich der Kitzler und die Scheide sondert eine Flüssigkeit ab, die sie gleitfähig macht, um den Penis aufnehmen zu können. Durch gegenseitige Bewegungen werden der Kitzler der Frau und der Penis des Mannes immer stärker gereizt, sodass Mann und Frau einen sexuellen Höhepunkt, einen Orgasmus, erleben können. Dabei kommt es beim Mann zur Ejakulation („Samenerguss"), bei der Frau zieht sich die Muskulatur der Scheide rhythmisch zusammen. Das wird in der Regel als intensives Glücks- und Lustgefühl empfunden.

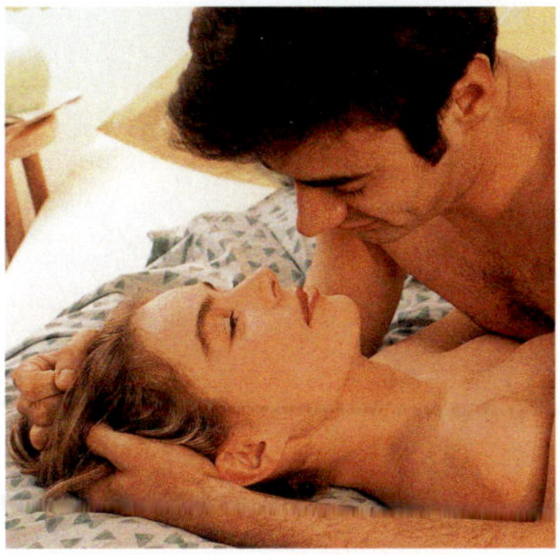

3 Ein junges Paar hat sich gefunden.

Befruchtung Bei der Ejakulation während des Geschlechtsaktes werden bis zu 300 Millionen Spermienzellen in die Scheide der Frau übertragen. Einige davon gelangen innerhalb weniger Stunden über die Gebärmutter bis in die Eileiter. Treffen sie dort auf eine reife Eizelle, kann es zu einer Befruchtung kommen. Das Kopfstück einer Spermienzelle dringt in die Eizelle ein und wird mit dem Mittelstück von ihr aufgenommen. ↑5 Gleichzeitig bildet die Eizelle eine zusätzliche Membran aus, die das Eindringen weiterer Spermienzellen verhindert. Der Zellkern der Spermienzelle verschmilzt mit dem der Eizelle. Damit ist die Befruchtung abgeschlossen. Die befruchtete Eizelle wird als Zygote bezeichnet. Die Bildung weiterer Follikel wird durch das Hormon Progesteron gehemmt.

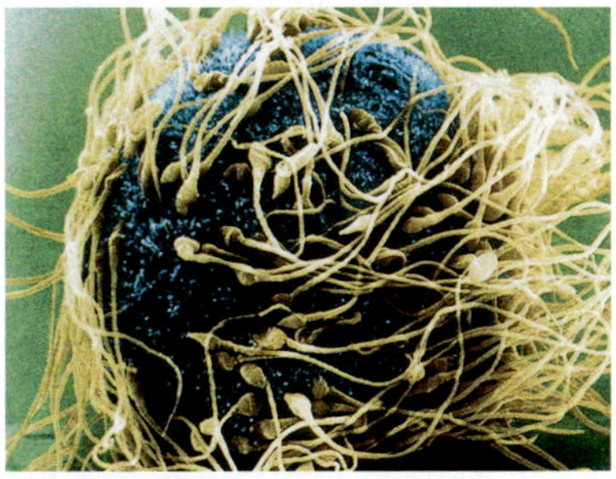

4 Spermienzellen umringen eine Eizelle.

Einnistung des Keims Die befruchtete Eizelle entwickelt sich durch mehrere Zellteilungen zu einem Maulbeerkeim, aus dem sich der Blasenkeim bildet. Zwischen dem 6. und 9. Tag nach der Befruchtung nistet er sich in die Gebärmutterschleimhaut ein. ↑6

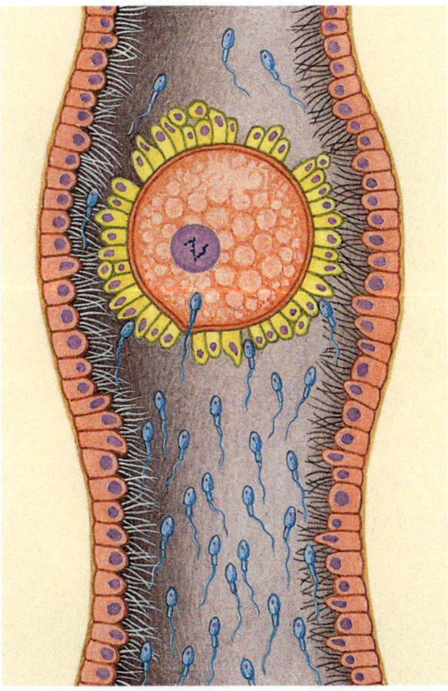

5 Befruchtung der Eizelle im Eileiter

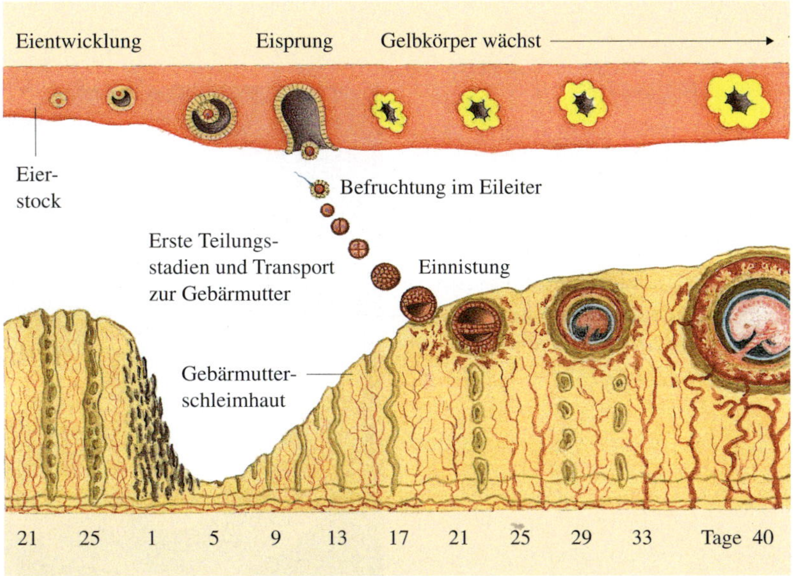

6 Einnisten des Keims in die Gebärmutterschleimhaut

Entwicklung des Embryos und Fetus

Nach der Einnistung des Blasenkeims in die Gebärmutter entwickelt sich dessen innere Zellschicht zum Embryo, die äußere Zellschicht zum Mutterkuchen (Plazenta) und zu den Fruchthüllen. Der Embryo ist über die Nabelschnur und die Plazenta mit dem Blutkreislauf der Mutter verbunden und wird mit Sauerstoff und Nährstoffen versorgt. ↑1 Geschützt in der mit Fruchtwasser gefüllten Fruchtblase, entwickeln sich im Embryo die verschiedenen Gewebe und Organe. Nach drei Monaten sind alle Organe angelegt und der Embryo wird nun Fetus genannt. Kurz vor der Geburt hat der Fetus eine durchschnittliche Masse von 3000 bis 3500 g.

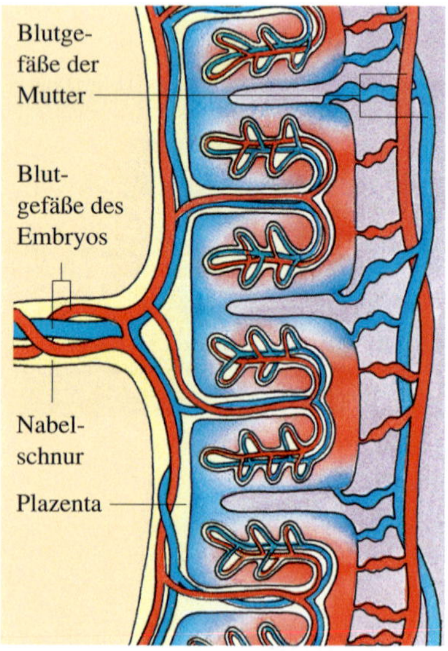

1 Stoffaustausch zwischen Mutter und Kind: Die Plazenta versorgt den Embryo über die Nabelschnur.

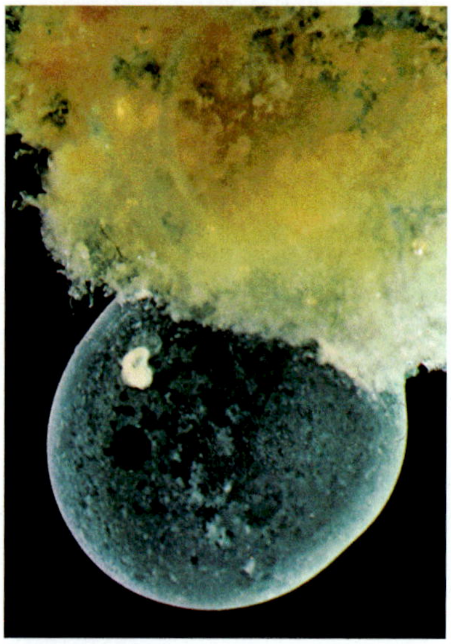

2 Das weiße Körperchen in der Fruchtblase ist ein zwei Wochen alter Embryo.

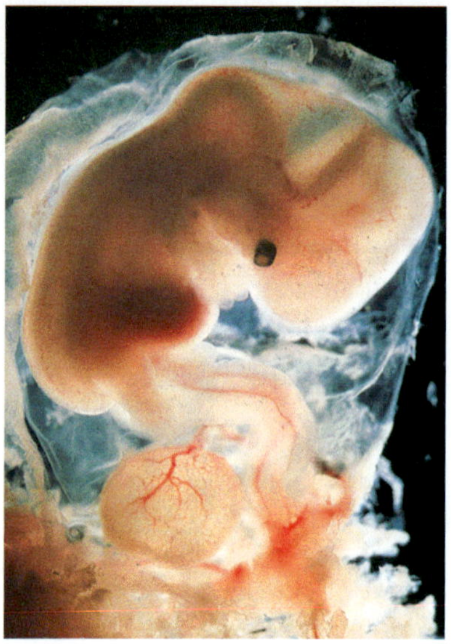

3 Sechs Wochen alter Embryo: Das Herz schlägt schon.

Basiskonzept

Fortpflanzung
Lebewesen pflanzen sich geschlechtlich fort, indem eine Spermien- und eine Eizelle verschmelzen. Aus der befruchteten Eizelle kann sich bei allen Organismen ein vollständiger neuer Organismus entwickeln.

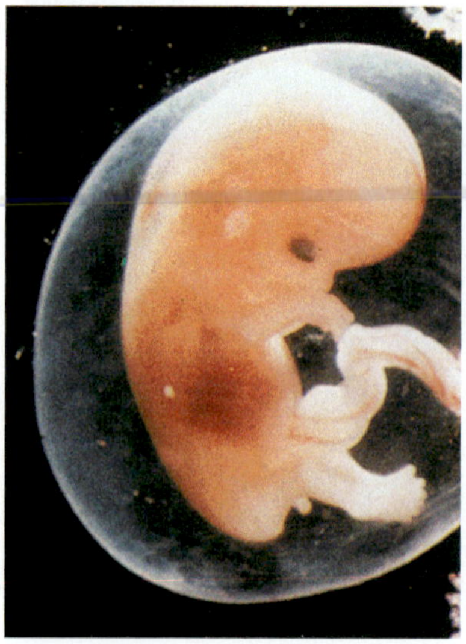

4 Acht Wochen alter Embryo

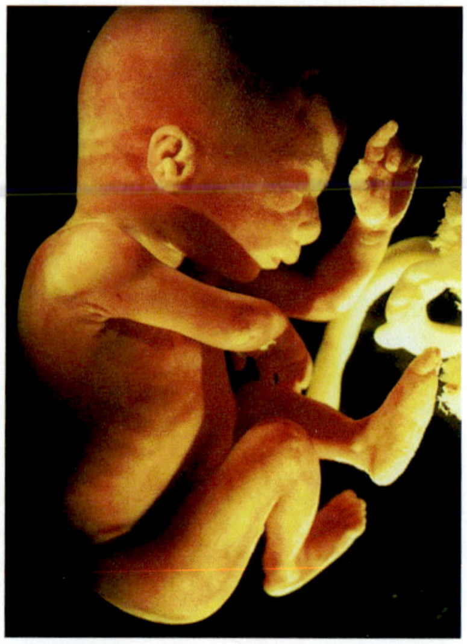

5 20 Wochen alter Fetus

Schwangerschaft und Geburt

107-1

Schwangerschaft Während der etwa 280 Tage dauernden Schwangerschaft passt sich der Körper der Schwangeren den besonderen Aufgaben an.
Ihr Herz verlagert und vergrößert sich, der Gasaustausch in der Lunge nimmt zu und die Gebärmuttermuskulatur wächst. Bei regelmäßigen Vorsorgeuntersuchungen kontrolliert der Frauenarzt oder die Frauenärztin, ob sich das Kind gut entwickelt. ↑6, 7

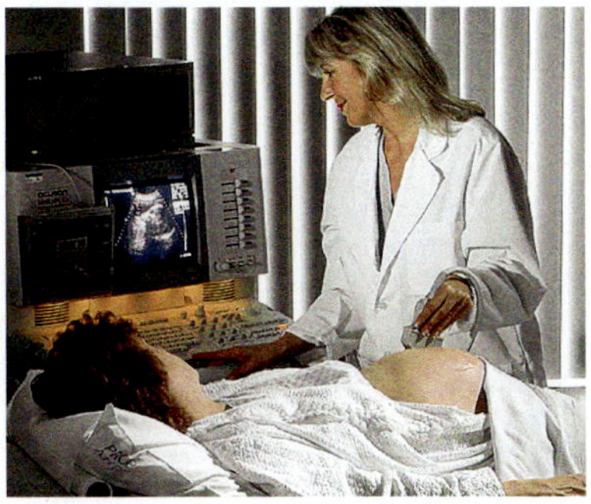

6 Ultraschalluntersuchung

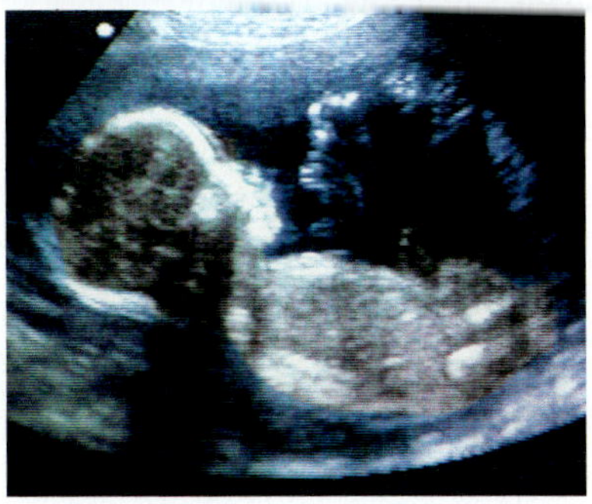

7 Ultraschallbild eines Fetus

Geburt Eine Geburt kündigt sich mit Einsetzen der Wehen an, die mit starken, krampfartigen Schmerzen im Unterleib verbunden sind. Wehen sind regelmäßig wiederkehrende Muskelkontraktionen der Gebärmutter.
Die Geburt verläuft in drei Phasen. In der Eröffnungsphase weitet sich durch Wehen der Gebärmuttermund und die Fruchtblase platzt, sodass das Fruchtwasser austritt. Wenn der Muttermund ganz geöffnet ist, beginnt die Austreibungsphase. Starke Wehen in kurzen Abständen drücken das Kind durch die Beckenöffnung und schließlich durch die Scheide nach außen. Da der Kontakt zwischen Mutter und Kind besonders wichtig ist, wird das Kind gleich zur Mutter gelegt. Erst dann wird die Nabelschnur durchtrennt. Das Kind atmet und lebt nun selbstständig. Einige Minuten nach der Geburt wird die Plazenta in der Nachgeburtsphase ausgestoßen.

8 Die Eltern nehmen den ersten Kontakt mit dem Neugeborenen auf.

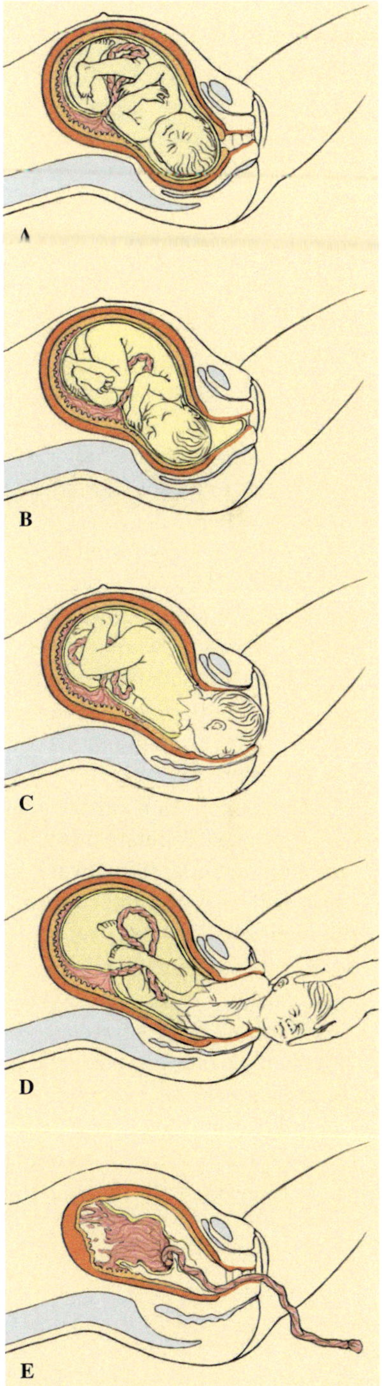

9 Ablauf einer Geburt

Beim Geschlechtsverkehr gelangen Spermienzellen in die Scheide der Frau. Treffen sie im Eileiter auf eine reife Eizelle, kann eine Spermienzelle in diese eindringen. Die Zellkerne beider Zellen verschmelzen miteinander. Dies nennt man Befruchtung. Die entstandene Zygote teilt sich mehrmals und nistet sich als Blasenkeim in die Gebärmutterschleimhaut ein. Eine Schwangerschaft dauert durchschnittlich 280 Tage. Während des Wachstums und der Entwicklung des Embryos bilden sich Gewebe und Organe aus. Nach dem dritten Schwangerschaftsmonat wird er Fetus genannt. Durch Muskelkontraktionen der Gebärmutter wird das Kind bei der Geburt nach außen gepresst.

Aufgaben

1 Beschreibe mithilfe der Abbildung ↑1 die Entwicklungsetappen einer Eizelle von der Befruchtung bis zum Einnisten des Keims in die Gebärmutterschleimhaut.

2 Alkohol und Nikotin sind gefährlich für das ungeborene Kind im Mutterleib. Informiere dich und erkläre, warum das so ist. Stelle begründete Vermutungen an, welcher Zeitabschnitt der Schwangerschaft hier besonders kritisch ist.

3 Manchmal teilt sich eine Zygote bei der ersten Teilung vollständig in zwei Teile. Entwickeln sich beide Keime weiter, entstehen eineiige Zwillinge mit großer Ähnlichkeit und gleichem Geschlecht. ↑2
Werden dagegen zwei reife Eizellen gleichzeitig befruchtet, entstehen zweieiige Zwillinge. Diese ähneln sich nicht mehr als andere Geschwister auch und können unterschiedlichen Geschlechts sein.
Erstelle jeweils eine Skizze zu den beiden Möglichkeiten der Zwillingsentstehung. Orientiere dich dabei an Abbildung ↑1.

2 Eineiige Zwillinge

4 Beschreibe die dargestellten Phasen der Geburt. ↑9 S.107

5 Du hast zu dem Thema „Von der befruchteten Eizelle bis zur Geburt“ sehr viele Begriffe kennengelernt. Damit du sie richtig zuordnest, kannst du mit den folgenden Begriffen eine Mindmap erstellen: Embryo, Spermienzellen, Fetus, Schwangerschaft, Befruchtung, Blasenkeim, Plazenta, Eileiter, Eizelle, Einnisten des Keims, Gebärmutter, Maulbeerkeim, Eierstock, Zygote.

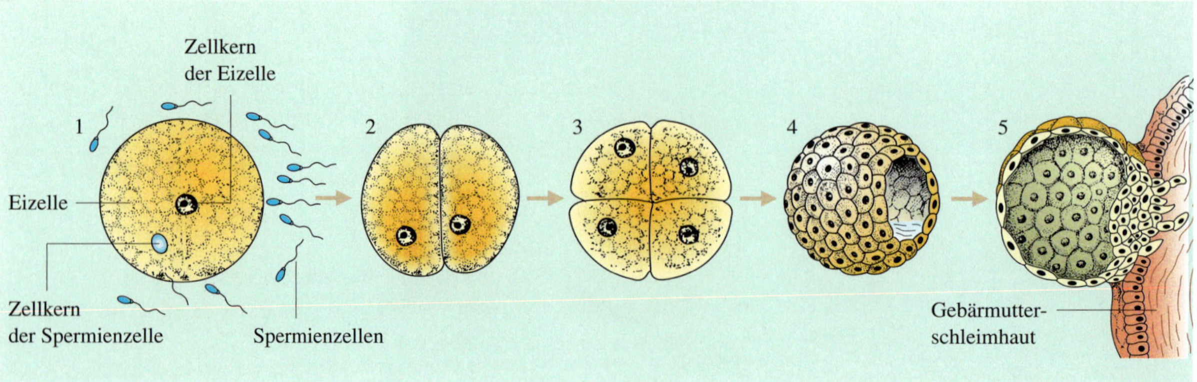

1 Entwicklungsetappen der Eizelle von der Befruchtung bis zum Einnisten

Empfängnisverhütung

109-1

Durch Aufklärung und eine Vielzahl von Möglichkeiten, eine Schwangerschaft zu verhüten, ist eine ungewollte Schwangerschaft im Vergleich zu früheren Zeiten seltener geworden. Dadurch ergibt sich für viele Paare heute ein größerer Spielraum für ihre Lebens- und Familienplanung. ↑S.110
Um eine ungewollte Schwangerschaft zu verhindern, gibt es eine Vielzahl von Methoden, aus denen nach einem Gespräch mit der Frauenärztin oder dem Frauenarzt ausgewählt werden sollte. Das wichtigste Verhütungsmittel für Jugendliche ist das Kondom, da es bei richtiger Anwendung nicht nur verhütet, sondern auch noch vor Ansteckung mit Aids und anderen sexuell übertragbaren Krankheiten schützt. Die Antibabypille, umgangssprachlich auch „Pille“ genannt, ist ein sehr sicheres, hormonelles Verhütungsmittel für die Frau, das unter anderem die Reifung von Eizellen und den Eisprung verhindert.

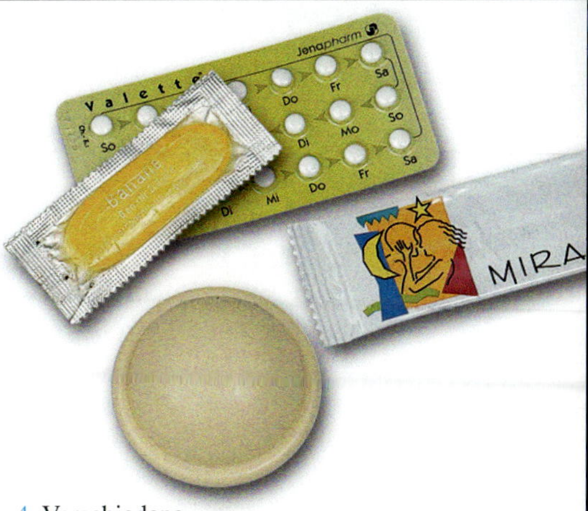

4 Verschiedene Mittel zur Empfängnisverhütung

Zur Diskussion Schwangerschaftsabbruch oder Entscheidung für das Kind?

109-2

Früher war der Schwangerschaftsabbruch (oder die Abtreibung) in Deutschland generell durch die §§ 218/219 unter Strafe gestellt. 1970 begann eine Reformdiskussion.
Seit 1995 besteht in Deutschland folgende Gesetzeslage:
„Durch den Gesetzgeber besteht die Schutzpflicht für das ungeborene Leben. In zu regelnden Ausnahmefällen soll der Frau nach Beratung ermöglicht werden, in den ersten 12 Wochen die Schwangerschaft abbrechen zu lassen.“

Verschiedene Institutionen bieten solche Beratungsgespräche an.

Fallbeispiel 1
Eine 17-jährige Schülerin hat einen festen Freund. Sie mögen sich sehr und planen eine gemeinsame Zukunft mit Abitur und Studium. Eine Verhütungspanne führt zu einer ungewollten Schwangerschaft. Die Schülerin trägt sich mit dem Gedanken, die Schwangerschaft abzubrechen. Andererseits fühlt sie in sich ein neues Leben entstehen: ein Kind, das ihre Fürsorge braucht und ihr Zuneigung entgegenbringt.
Eine Entscheidung für oder gegen das Kind zu treffen bewegt sie sehr.

Fallbeispiel 2
Eine 36-jährige Mutter von drei Kindern stellt fest, dass sie schwanger ist. Ihr Mann verdient wenig Geld, sie muss trotz staatlicher Unterstützung mit dazuverdienen, damit sich ihre Familie ein einigermaßen adäquates Leben leisten kann. Zum Glück sind zwei Kinder in der Schule und eines im Kindergarten, sodass sie vormittags zur Arbeit gehen kann. All dies spricht aus Sicht des Paares für einen Schwangerschaftsabbruch. Jedoch glaubt die Frau, eine Abtreibung nicht mit ihrem Gewissen vereinbaren zu können.

Aufgaben

1 Stellt aus den Fallbeispielen Argumente für oder gegen einen Schwangerschaftsabbruch zusammen. Organisiert falls möglich den Besuch einer Beratungsstelle.
2 Zeigt Alternativen zu den jeweiligen Beispielen auf, die der Frau ermöglichen, das Kind auszutragen und eine kindgerechte Entwicklung zu gewährleisten.
In welchen Lebensbereichen ergeben sich Probleme?
3 Simuliert zu den aufgeführten Fallbeispielen ein Beratungsgespräch und stellt dieses in der Klasse zur Diskussion.

Wenn Paare unbedingt Kinder wollen

Louise Brown galt 1978 als Weltsensation. Sie war das erste „Retortenbaby" – das erste durch künstliche Befruchtung gezeugte Baby – der Welt und wurde am 25. Juli 1978 in Großbritannien geboren.
Seitdem konnte vielen Paaren, die ungewollt kinderlos blieben, auf diese Weise geholfen werden.
Warum können manche Paare kein Kind bekommen? Welche Behandlungsmöglichkeiten bietet die moderne Medizin?

1 LOUISE BROWN: 1979, bei ihrem ersten Fernsehauftritt

Ungewollte Kinderlosigkeit

Alles scheint perfekt zu sein: Ein Paar hat sich gefunden und ist glücklich, die Ausbildung ist beendet oder man hat bereits einen Arbeitsplatz. Jetzt könnte das gewünschte Baby kommen. Aber es passiert einfach nichts. Schätzungen zufolge ist etwa jedes siebte Paar in Deutschland ungewollt kinderlos.

Mögliche Ursachen Ungewollte Kinderlosigkeit kann zahlreiche Ursachen haben. Sie lässt sich zu etwa 40 Prozent auf den Mann zurückführen, zu etwa 40 Prozent auf die Frau. Bei etwa 20 Prozent der Paare liegen bei beiden Partnern Hindernisse für das Eintreten der Schwangerschaft vor oder die Ursache kann nicht geklärt werden.
Viele Ursachen sind Folgen von Infektionen, Nachwirkungen von Operationen oder angeborene Fehlbildungen. Bei der Frau können zum Beispiel die Eileiter blockiert oder beschädigt sein. Es können hormonelle Störungen, zum Beispiel bei der Eizellreifung, vorliegen oder Eierstöcke, Eileiter oder Gebärmutter fehlgebildet sein. Beim Mann ist vor allem die Samenqualität entscheidend: Entweder ist die Anzahl der Spermien zu niedrig oder zu viele Spermien sind unbeweglich.
Auch das Alter, die Lebensweise und Umweltbelastungen spielen eine große Rolle für die Fruchtbarkeit. So entscheiden sich viele Paare heute erst spät für ein Kind. Im Alter nimmt jedoch die Fruchtbarkeit ab.

Behandlungsmethoden Die moderne Medizin bietet vielfältige Möglichkeiten, um Paaren, die ungewollt kinderlos bleiben, zu helfen. In Abhängigkeit von der Ursache kann zum Beispiel eine Samenübertragung oder eine künstliche Befruchtung durchgeführt werden.

Wenn die Spermienanzahl des Mannes nicht ausreicht oder die Spermien nur eingeschränkt bewegungsfähig sind, ist eine Samenübertragung oder Insemination möglich. Dabei wird aufbereitetes Sperma mit einem Katheter direkt in die Gebärmutter oder in einen der beiden Eileiter gespült, wo eventuell eine Befruchtung stattfindet. Der Samenübertragung geht in der Regel eine Hormonstimulation voraus, die dafür sorgt, dass mehrere Eizellen gleichzeitig heranreifen.
Bei der In-vitro-Fertilisation (lat.: Befruchtung im Glas) werden die Eizellen der Frau außerhalb des Körpers mit Spermien des Mannes befruchtet. Zur Vorbereitung ist auch hier eine hormonelle Stimulation notwendig. Ist die Befruchtung erfolgt, werden maximal drei Embryonen in die Gebärmutter übertragen. ↑2 Dabei besteht die Möglichkeit, dass es zu einer Mehrlingsschwangerschaft kommt.
Die Möglichkeiten der Fortpflanzungsmedizin haben sich in den letzten Jahren ständig erweitert. Dennoch lässt sich auch heute der gewünschte Erfolg – die Geburt eines gesunden Kindes – nicht garantieren. Die tatsächliche Geburtenrate nach medizinischer Behandlung liegt unter 20 Prozent.

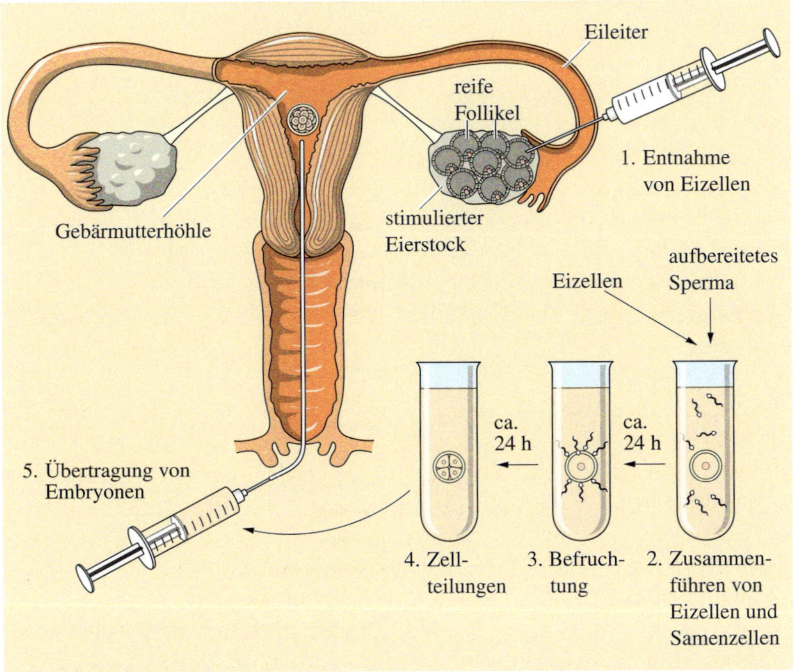

2 Künstliche Befruchtung: So wurden bis 2006 etwa 3 Millionen Babys geboren.

Für ungewollte Kinderlosigkeit gibt es zahlreiche Gründe. Die moderne Medizin kann betroffenen Paaren durch verschiedene Methoden helfen, zum Beispiel durch eine künstliche Befruchtung. Ein Behandlungserfolg ist jedoch nicht garantiert.

Fokus Medizin

Mehrlinge
Im Rahmen der künstlichen Befruchtung werden oft mehrere befruchtete Eizellen in die Gebärmutter übertragen. Dies führt häufig zu Mehrlingsschwangerschaften und -geburten. So waren im Jahr 2005 etwa 21 Prozent der Zwillings- und 53 Prozent aller Drillingsgeburten auf künstliche Befruchtung zurückzuführen.

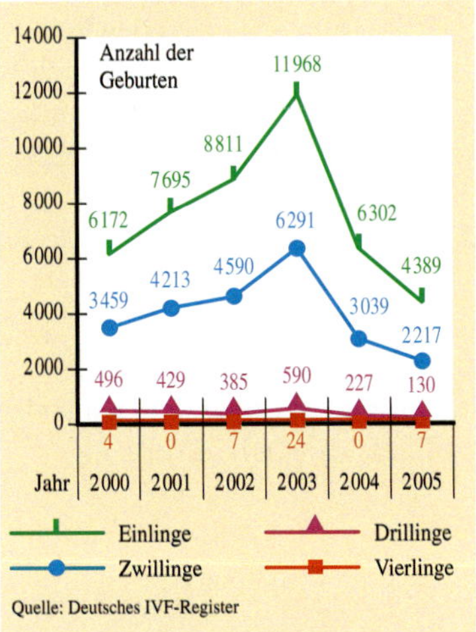

3 Geburten nach künstlicher Befruchtung

Aufgaben

1 Nenne Ursachen für ungewollte Kinderlosigkeit.

2 Beschreibe mithilfe von Bild ↑2 die Vorgehensweise bei der künstlichen Befruchtung.

Sexuell übertragbare Krankheiten

Viele Jahrhunderte lang verbreitete die als „Lustseuche“ bekannte Syphilis Angst und Schrecken. Diese Krankheit wurde vermutlich von Seeleuten, die Kolumbus begleiteten, 1492 aus dem neu entdeckten Amerika nach Europa eingeschleppt. Schon damals wussten die Menschen, dass man sich die Syphilis hauptsächlich über den Geschlechtsverkehr zuziehen konnte.
Welche sexuell übertragbaren Krankheiten gibt es? Welche sind heute von Bedeutung?

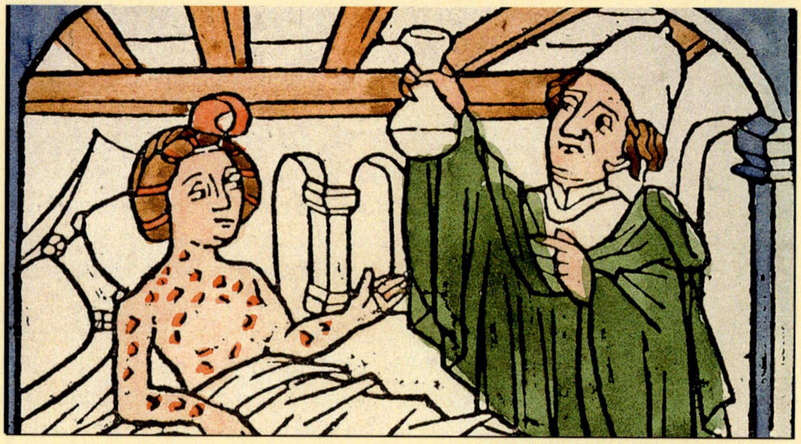

1 Behandlung von Syphiliskranken

Beobachten ***Untersuchen*** *Experimentieren*

Häufigkeit der Syphilis

Die Syphilis gehört zu den bekanntesten Geschlechtskrankheiten. Bild ↑2 zeigt, nach Bundesländern getrennt, die 2004 in Deutschland gemeldeten Syphilisfälle im Vergleich zu den Vorjahren 2001 bis 2003.

1 Vergleiche die Werte für die Jahre 2001 bis 2004. Was stellst du fest?

2 Wie verhalten sich die Zahlen in Berlin und Hamburg im Vergleich zu den anderen Bundesländern? Finde mögliche Erklärungen.

3 Leite Schlussfolgerungen für die Gestaltung deines Sexualverhaltens ab.

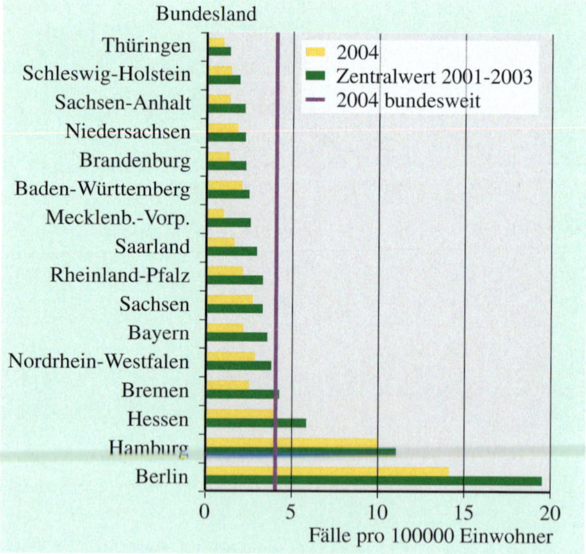

2 Gemeldete Syphilisfälle in Deutschland

Sexuell übertragbare Krankheiten

112-1

Sexuell übertragbare Krankheiten werden vor allem durch Geschlechtsverkehr und durch andere sexuelle Kontakte, zum Beispiel Petting, übertragen. Erreger dieser Krankheiten können Bakterien, Viren, Pilze oder Einzeller sein. In den letzten Jahren hat die Zahl der Erkrankungen weltweit wieder zugenommen. Neben den „klassischen“ Geschlechtskrankheiten wie Syphilis oder Tripper sind heute vor allem Aids, Hepatitis-B oder Chlamydien-Infektionen von Bedeutung. ↑3 Die Benutzung von Kondomen bietet einen gewissen Schutz vor Ansteckung.

Syphilis Die Syphilis wird von Bakterien verursacht. Eine Übertragung erfolgt beim Geschlechtsverkehr bzw. bei Kontakt mit erkrankter Haut oder Schleimhaut.
Die Krankheit verläuft in drei Stadien. Die ersten Symptome, etwa drei Wochen nach der Infektion, sind ein Knoten oder ein Geschwür an Geschlechtsorganen, After oder Mund. Einige Wochen später kommt es zu grippeartigen Beschwerden. Außerdem treten großflächige Hautausschläge auf. ↑1 Die beiden ersten Stadien sind durch Antibiotika gut heilbar. Bleibt die Krankheit unbehandelt, können mehrere Jahre nach der Ansteckung auch die inneren Organe und das Nervensystem schwer geschädigt werden.

Gonorrhöe Auch die Gonorrhöe, umgangssprachlich Tripper genannt, ist eine bakterielle Infektion. Sie ist die weltweit häufigste Geschlechtskrankheit. Etwa 4 Tage nach der Ansteckung zeigen sich erste Krankheitssymptome: Brennen beim Wasserlassen, Juckreiz sowie eitriger Ausfluss. Wird die Krankheit nicht behandelt, können sowohl beim Mann als auch bei der Frau die inneren Geschlechtsorgane befallen werden, was häufig zu Unfruchtbarkeit führt. Wird der Infizierte rechtzeitig mit Antibiotika behandelt, kann er geheilt werden. Eine unbehandelte Gonorrhöe kann auch andere Organe befallen. Schwere Herz- und Gefäßschäden sind mögliche Folgen.

Chlamydien Chlamydien bilden eine Gattung der Bakterien. Eine Chlamydien-Infektion ist in Industrieländern die häufigste sexuell übertragene Erkrankung. Die Zahl der Infektionen in Deutschland wird auf etwa 1 Million jährlich geschätzt. Da die Symptome oft unauffällig sind, bleibt die Erkrankung häufig unerkannt und ansteckend. Man geht davon aus, dass in Deutschland jährlich etwa 80 000 Frauen durch Chlamydien unfruchtbar werden.

Aids Auch Aids, eine durch das HI-Virus verursachte Schwächung des körpereigenen Abwehrsystems, wird häufig durch den Geschlechtsverkehr übertragen. Das HI-Virus befindet sich in allen Körperflüssigkeiten, besonders hoch konzentriert in Blut, Sperma und Scheidenflüssigkeit. Während Syphilis, Tripper und Chlamydien-Infektionen heilbar sind, ist bei Aids bis heute eine Heilung unmöglich. ↑S.88-90

Sexuell übertragbare Krankheiten sind ansteckend und müssen ärztlich behandelt werden, um eine Ansteckung anderer zu vermeiden. Die Benutzung von Kondomen schützt relativ sicher vor einer Infektion.

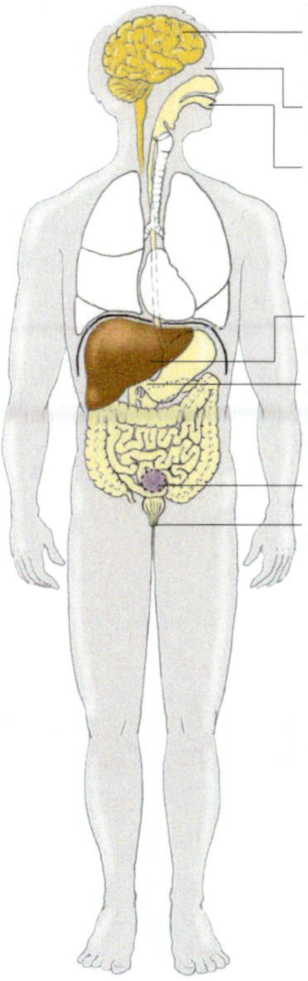

3 Mögliche Symptome (A.) und Folgen (B.) einer Hepatitis-B-Erkrankung

Aufgaben

1 Erläutere die „doppelte" Schutzfunktion des Kondoms.

2 Beschreibe mögliche Symptome und Folgen einer Hepatitis-B-Erkrankung. ↑3

3 Informiere dich mithilfe des Internets oder anderer Nachschlagewerke über weitere Geschlechtskrankheiten, zum Beispiel Herpes genitalis oder Feigwarzen.

Methode

Befragen von Experten

Sexualität und Gewalt

1 Vorbereitung

Ihr plant ein Interview mit einer Mitarbeiterin der örtlichen Beratungsstelle für missbrauchte Personen. Wie geht ihr dabei vor?

Freitagabend, 23.35 Uhr, irgendwo in einer Stadt in Deutschland. *In der Beratungsstelle des Frauenhauses klingelt das Telefon. Die Beraterin hört eine weibliche Stimme, die stockend und von Schluchzen unterbrochen angibt, von ihrem Ehemann mehrfach sexuell missbraucht worden zu sein. Sie weiß nicht mehr weiter. Die Beraterin bittet die Frau zu einem Gespräch und bietet ihr für die Nacht und die nächsten Tage eine geschützte Unterkunft.*

Sinnvoll ist es, sich im Vorfeld Gedanken darüber zu machen, welche Fragen ihr solch einer Expertin stellen wollt. Dabei hilft es zunächst, dass viele von euch Fragen formulieren und auf Karten oder kleine Poster schreiben.
Nun werden die Karten oder Poster mit Klebestreifen oder Magneten an der Wand oder der Tafel befestigt. Gemeinsam überlegt ihr, wie ihr sie sinnvoll ordnen könnt und in welcher Reihenfolge die Fragen gestellt werden sollen.

2 Durchführung

Es sollte immer nur einer die Fragen vortragen, sodass sich die Expertin auf einen Gesprächspartner konzentrieren kann. Lasst ihr auch Zeit zum Überlegen. Ein oder zwei andere protokollieren die Antworten oder zeichnen sie mit dem Einverständnis der Befragten in Ton oder in Bild und Ton auf.

3 Auswertung

Welche Fragen konnte die Expertin beantworten, welche bedürfen weiterer Klärung oder sind zunächst nicht zu beantworten? Konnte euch die Expertin grundsätzlich weiterhelfen?

Aufgaben

1 Sprecht über das oben angeführte Fallbeispiel. Wie kann der Frau und ihrem Mann langfristig geholfen werden?

2 Sexuell missbraucht – was soll ich tun?

2 Vergewaltigung und sexuelle Nötigung als Vergehen gegen das Recht zur sexuellen Selbstbestimmung des Menschen werden zwar mit Freiheitsstrafen geahndet, gelangen aber selten zur Anzeige. Welche Gründe kann es dafür geben?
Was empfindest du beim Betrachten dieses Fotos? Äußere deine Gedanken und Gefühle. Was würdest du tun? ↑2

3 Kommentiere die angeführten Schlagzeilen nach Schwere und Möglichkeiten der Vorbeugung.

Überblick
115-1

Pubertät und Geschlechtsmerkmale
Die Pubertät ist die Zeit, in der Jungen und Mädchen zu Erwachsenen heranreifen. Unter dem Einfluss verschiedener Hormone werden reife Spermien und reife Eizellen gebildet. Bei Mädchen setzt die Menstruation ein. Mädchen und Jungen sind nun fortpflanzungsfähig.
Außerdem prägen sich die sekundären Geschlechtsmerkmale aus. Neben den körperlichen Veränderungen finden in der Pubertät auch entscheidende psychische Veränderungen statt.
Jugendliche beschäftigt in dieser Zeit oft die Entwicklung der eigenen Individualität.

3 Freunde werden immer wichtiger.

Männliche und weibliche Geschlechtsorgane
Hormone steuern die Bildung der Spermienzellen in den Hoden des Mannes. Sie reifen zu bewegungsfähigen Spermien und werden im Nebenhoden bis zum Ausstoß gespeichert.
Weibliche Geschlechtshormone steuern den Zyklus der Frau: Sie lassen monatlich in den Eierstöcken der Frau im Follikel je eine Eizelle reifen und die Gebärmutterschleimhaut wachsen. Wird die Eizelle nach dem Eisprung nicht befruchtet, stirbt sie ab und es kommt zur Regelblutung (Menstruation).

Befruchtung
Ungeschützter Geschlechtsverkehr kann zu einer Schwangerschaft führen. Trifft ein Spermium auf eine reife Eizelle, dringt es in diese ein und die Zellkerne der beiden Keimzellen verschmelzen. Diesen Vorgang bezeichnet man als Befruchtung. Die befruchtete Eizelle, die Zygote, teilt sich viele Male. Sie entwickelt sich so zum Maulbeerkeim und anschließend zum Blasenkeim, der sich in die Gebärmutterschleimhaut einnistet.

Schwangerschaft und vorgeburtliche Entwicklung
Eine Schwangerschaft dauert etwa 40 Wochen. Während dieser Zeit wächst in der Gebärmutter der Frau das Kind heran. Es wird bis zum Ende des 3. Schwangerschaftsmonats als Embryo, danach als Fetus bezeichnet. Das sich entwickelnde Kind wird über die Plazenta und die Nabelschnur mit Nährstoffen und Sauerstoff versorgt. Auch seine Abbauprodukte werden auf diese Weise entsorgt.

Geburt
Die Geburt wird durch Hormone ausgelöst. Sie kündigt sich durch Wehen, Kontraktionen der Gebärmuttermuskulatur, an und kann mehrere Stunden dauern. Durch die Muskelkontraktionen wird das Kind nach außen gepresst. Die Geburt verläuft in drei Phasen: Eröffnungs-, Austreibungs- und Nachgeburtsphase.

Familienplanung und Empfängnisverhütung
Durch Verhütungsmittel gibt es heute viele geeignete Möglichkeiten, den Zeitpunkt für eine Schwangerschaft selbst zu planen. Das Kondom ist ein besonders geeignetes Verhütungsmittel, da es auch vor sexuell übertragbaren Krankheiten schützt. Unter bestimmten Bedingungen ist bei einer ungewollten Schwangerschaft auch ein Schwangerschaftsabbruch möglich.

4 Liebe ist auch, gemeinsame Entscheidungen zu treffen.

Teste dich!

1 Während der Pubertät entwickeln sich die Sexualität und das Körperbewusstsein.

a Erläutere den Begriff Sexualität.

b Nenne Verhaltensweisen, in denen sich die zunehmende Selbstständigkeit im Jugendalter ausdrückt.

c Homosexuelle sind gleichberechtigte Mitglieder der menschlichen Gesellschaft. Äußere zu dieser Aussage deine Meinung.

2 Die Pubertät bringt wichtige körperliche veränderungen mit sich.

a Stelle primäre und sekundäre Geschlechtsmerkmale von Mann und Frau in einer Tabelle zusammen.

b Beschrifte die folgende Abbildung:

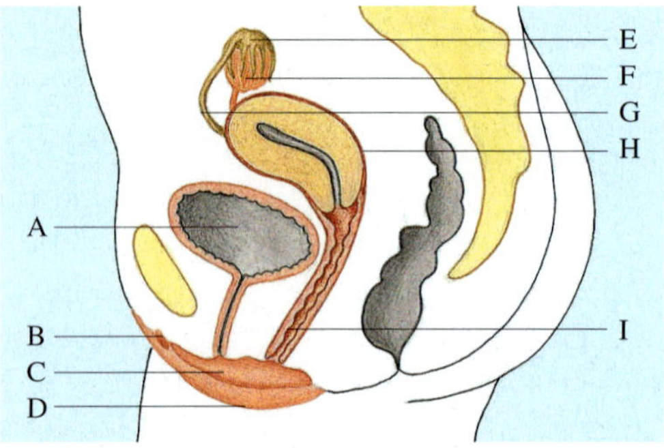

1 Bau der weiblichen Geschlechtsorgane

c Stelle männliche und weibliche Geschlechtsorgane gegenüber und kennzeichne deren Funktion.

3 Die Geschlechtsreife der Mädchen beginnt mit dem Einsetzen der Regelblutung.

a Erläutere die Dauer und den Verlauf des Menstruationszyklus.

b Hormone beeinflussen den Menstruationszyklus. Nenne Beispiele.

c Erläutere die Bedeutung der Gebärmutterschleimhaut.

d In den Wechseljahren der Frau kommt es zu unregelmäßigen Blutungen, bis die Blutung schließlich ganz aufhört. Erkläre mithilfe der Zyklusübersicht, wodurch dies verursacht wird. ↑S.102

4 Eine Schwangerschaft bringt große Veränderungen im Leben zweier Menschen.

a Beschreibe die Unterschiede in der Entwicklung und Reifung der Keimzellen bei Mann und Frau.

b Bringe folgende Begriffe in die entwicklungsgemäße Reihenfolge: Geburt, Embryo, Schwangerschaft, Eizelle, Fetus, Plazenta, Befruchtung, Gebärmutter, Eierstock, Einnisten des Keimlings, Eileiter.

c Weshalb ist die Bewegungsfähigkeit der Spermienzellen von großer Bedeutung?

d Beschreibe, welchen Weg eine Eizelle und eine Spermienzelle zurücklegen müssen, damit eine Befruchtung stattfindet.

e Erläutere, wie ein Kind mit Sauerstoff und Nährstoffen im Mutterleib versorgt wird.

116-1

Die Farben zeigen, worauf es bei einer Aufgabe ankommt:
■ Sachverhalte wiedergeben ■ Wissen anwenden ■ komplexe Probleme lösen

› Die Lösungen findest du im Anhang.

Schätze deine Kenntnisse und Fähigkeiten ein.

Aufgabe	Lerngebiet/Fähigkeit	Lösungshilfe	Auswertung
1	Ich kann die Begriffe Sexualität und Pubertät erläutern.	96, 97,	Ordne dazu deiner Lösung im Heft ein Smiley zu:
2	Ich kenne den Aufbau der männlichen und weiblichen Geschlechtsorgane und kann erläutern, welche körperlichen Veränderungen die Pubertät bei den Geschlechtern mit sich bringt.	98 100, 102, 97	☺ Ich konnte die Aufgabe richtig lösen.
3	Ich kann den Einfluss von Hormonen auf den Menstruationszyklus beschreiben.	102, 103	😐 Ich konnte die Aufgabe nicht komplett lösen.
4	Ich weiß über Entstehung und Ablauf einer Schwangerschaft sowie über die Entwicklung des Ungeborenen Bescheid.	104 – 108	☹ Ich konnte die Aufgabe nicht lösen.

Vererbung

Eine befruchtete Eizelle sieht noch gar nicht nach dem Menschen aus, der sich einmal aus ihr entwickeln wird. Dennoch enthält diese erste Körperzelle alle Informationen, die notwendig sind, um die Entwicklung zum erwachsenen Menschen zu steuern.

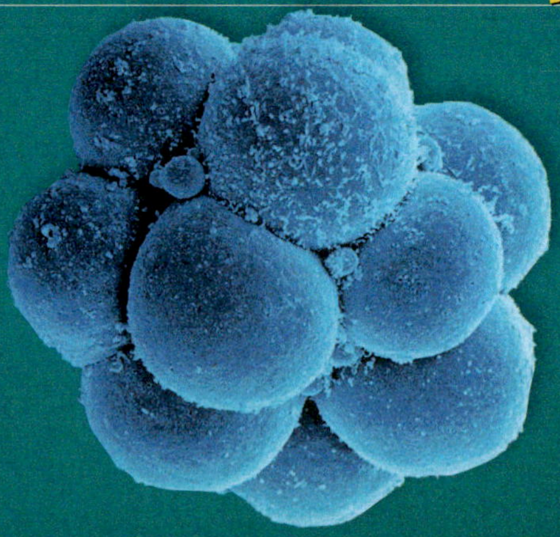

Vererbung – diesen Begriff kennt man auch aus der Alltagssprache. Dort ist mit Vererbung gemeint, dass man etwas erhält, was vorher den Eltern oder Großeltern gehört hatte. In den Biowissenschaften ist das ganz genauso. Auch hier ist mit Vererbung ein Vorgang gemeint, bei dem etwas von den Eltern auf deren Kinder übertragen wird. Nur geht es hierbei nicht um das Sonntagsgeschirr oder das Haus im Grünen, sondern um das Weiterreichen von Erbanlagen, die die Ausbildung bestimmter Körpermerkmale beeinflussen.

1 Alles Leben beginnt mit einer befruchteten Eizelle. Und darin sollen alle Informationen für die Entwicklung eines Menschen gespeichert sein?

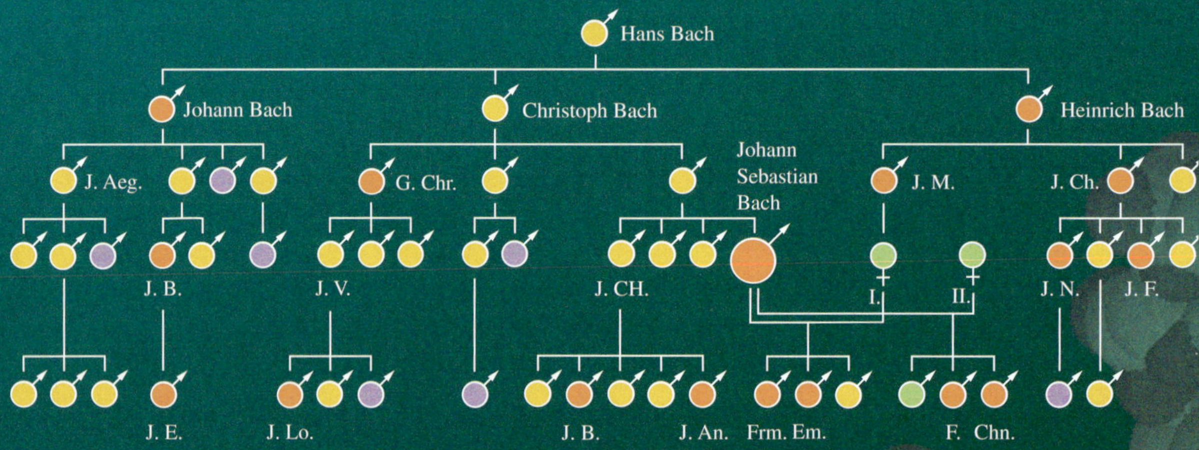

Berufsmusiker und Komponist
Komponist
Berufsmusiker

2 Bei den Bachs, der Familie des berühmten Barockmusikers Johann Sebastian Bach, gab es sehr viele Musiker und Komponisten. Was für Gründe könnte es dafür geben? Kann die Darstellung eines Familienstammbaums bei dieser Frage weiterhelfen?

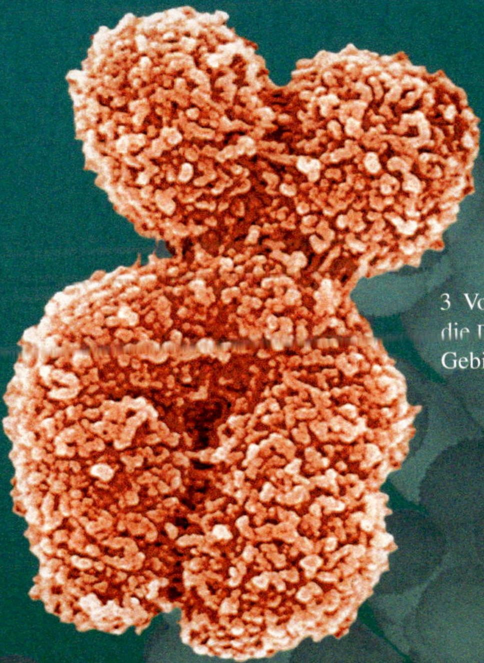

3 Vor jeder Zellteilung verdichtet sich die DNA zu mehreren x-förmigen Gebilden, den Chromosomen. Warum?

5 Tier- und Pflanzenzüchter haben Sorten hervorgebracht, die der Wildart kaum ähneln. Ein Beispiel ist die gezeigte Dahlie. Wie erreichen die Züchter ihr Ziel?

4 Die Erbinformation befindet sich im Zellkern jeder Zelle. Sie liegt dort in Form eines Riesenmoleküls vor, der DNA. Im Hintergrund ist ein dreidimensionales Modell zu sehen. Aber wie kann denn ein Molekül Informationen enthalten?

6 Diese Katzenjungen haben eine ganz andere Fell-

7 Diese gentechnisch veränderten Zebrafische tragen Gene einer

Was ist eigentlich Vererbung?

„Ach wie niedlich! Ganz die Mama!“ – „Ja, aber die Augen hat er vom Vater!“ So oder so ähnlich hört man Tanten, Onkel und Großeltern auf der ganzen Welt reden. Und es stimmt ja auch, dass Kinder ihren Eltern ähneln. Aber kann man denn behaupten, dass ein Kind die Nase der Mutter und die Augen des Vaters geerbt hat? Die Mutter behält doch ihre Nase im Gesicht! Was genau wird eigentlich vererbt?

1 Eltern und Verwandte bestaunen ein neugeborenes Kind.

Beobachten ***Untersuchen*** *Experimentieren*

Umfrage zum Thema Vererbung

Vererbung hat die Menschen schon immer interessiert. Es gibt auch zahlreiche Redewendungen und Sprichwörter zu diesem Thema, zum Beispiel: „Der Apfel fällt nicht weit vom Stamm.“ Aber welche Vorstellungen haben deine Mitmenschen von der Vererbung und treffen diese Ideen auch zu? Hier lohnt es sich, genauer nachzufragen.

a Sammle Sprichwörter und Redewendungen zum Thema Vererbung.
b Befrage Eltern und Bekannte zur Vererbung: Was genau wird vererbt? Wie funktioniert diese Vererbung?
c Formuliere möglichst genau deine eigenen Vorstellungen zur Vererbung. Versuche zu klären, worin die Ähnlichkeiten zwischen Eltern und Kindern bestehen und wie es zu diesen Ähnlichkeiten kommt.

2 Ähnlich, aber nicht gleich: Familienähnlichkeit

Worum es bei der Vererbung geht

Besonders bei Familientreffen werden oft und gerne die Ähnlichkeiten innerhalb einer Familie diskutiert: ↑2 Jan sieht genau wie sein Vater aus, finden manche. Aber die Form der Augen, auch die Augenfarbe hat er von der Mutter. Quirlig und draufgängerisch ist er wie sein Opa Heinz. Und musikalisch wie seine Tante Jessica. Aber kann denn das stimmen? Erben Kinder die Körpermerkmale der Eltern? Und sogar die Charaktereigenschaften entfernter Verwandter?

Was wird vererbt? Vieles, was über Vererbung gesagt wird, ist wohl Aberglaube, anderes ist ungenau formuliert und daher nur halb wahr. Wenn man die häufigsten Aussagen untersucht, stellt man zwei Dinge fest:
- Es wird allgemein angenommen, dass Merkmale vererbt werden: die Augenfarbe, die Form der Nase, die Intelligenz oder das Temperament.
- Meist wird angenommen, einige Merkmale des Kindes wurden vom Vater vererbt, andere dagegen von der Mutter.

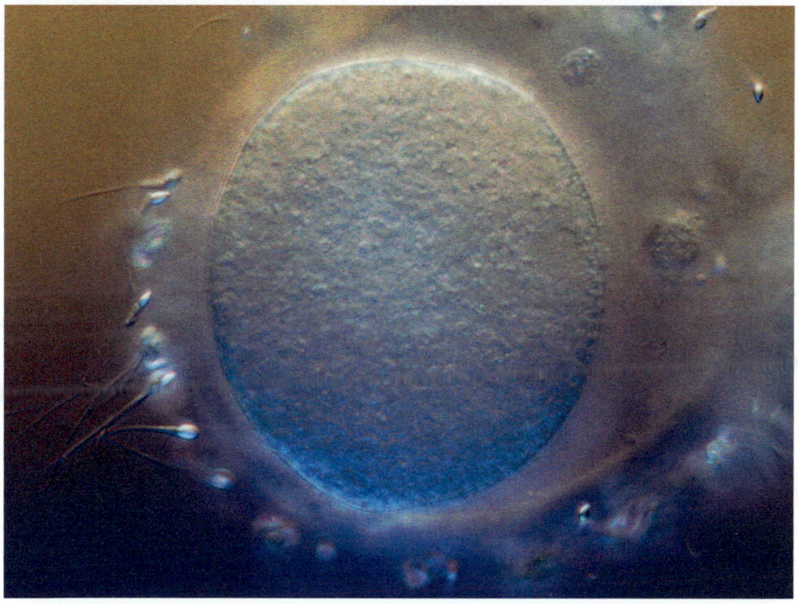

3 Befruchtung: Nur ein einziges Spermium dringt in die Eizelle ein. Anschließend verschmelzen die Zellkerne von Eizelle und Spermium.

Eins steht aber fest: Kinder sehen ihren Eltern meist ähnlicher als anderen Menschen. Aber sie sehen niemals ganz genauso aus wie Mutter oder Vater. Diese Feststellung trifft nicht nur auf Menschen, sondern auf alle Lebewesen zu, die sich geschlechtlich fortpflanzen. Der Schlüssel zum Verständnis der Vererbung liegt in der geschlechtlichen Fortpflanzung.

Geschlechtliche Fortpflanzung und Vererbung Ein neuer Mensch entsteht in dem Moment, in dem sich Eizelle und Spermium vereinigen. ↑3 Unter dem Mikroskop kann man beobachten, dass dabei ihre Zellkerne verschmelzen. Alles, was die Eltern ihren Kindern mitgeben, steckt in diesen Zellkernen. Selbstverständlich verfügen Zellkerne weder über eine Haar- oder Augenfarbe noch über Intelligenz. Bei der Vererbung werden nicht die Merkmale selbst weitergegeben, sondern Erbanlagen, also Baupläne und Informationen für bestimmte Merkmale. Da diese Erbanlagen in den Zellkernen von Eizelle und Spermium stecken, ergibt sich auch, dass bei der Vererbung immer mütterliche und väterliche Erbanlagen kombiniert werden. Die Behauptung, ein Kind hätte die Augenfarbe der Mutter geerbt, ist also doppelt falsch: Erstens gab die Mutter nur die Erbanlage für eine bestimmte Augenfarbe weiter und zweitens hat auch der Vater eine entsprechende Erbanlage beigesteuert.
Vererbt werden also nicht die Merkmale, sondern Erbanlagen, die die Ausprägung von Merkmalen steuern. Wie die Weitergabe der Erbanlagen von einer Generation zur nächsten erfolgt und nach welchen Gesetzmäßigkeiten es dabei zur Ausprägung von Merkmalen kommt, wird von der Wissenschaft Genetik untersucht.

Vererbung hängt eng mit der geschlechtlichen Fortpflanzung zusammen. Dabei werden nicht Merkmale, sondern Erbanlagen weitergegeben. Diese Erbanlagen werden von beiden Elternteilen beigesteuert.

Historisches

Vererbungstheorien
Dass Kinder ihren Eltern mehr ähneln als anderen Menschen, war schon im Altertum bekannt. Damals gab es allerdings andere Erklärungsversuche für diese Familienähnlichkeit. Die Präformationslehre des ANAXAGORAS ging zum Beispiel davon aus, dass alle kindlichen Merkmale im Samen des Vaters vorgeformt, also präformiert sind. Dieser Samen keimt im Körper der Mutter dann nur aus und entwickelt sich wie Bohnensamen, die man in die Erde steckt. Diese Theorie war auch im 17. Jahrhundert noch so verbreitet, dass Gelehrte damals im Mikroskop präformierte Kinder in Spermienzellen zu erkennen glaubten.

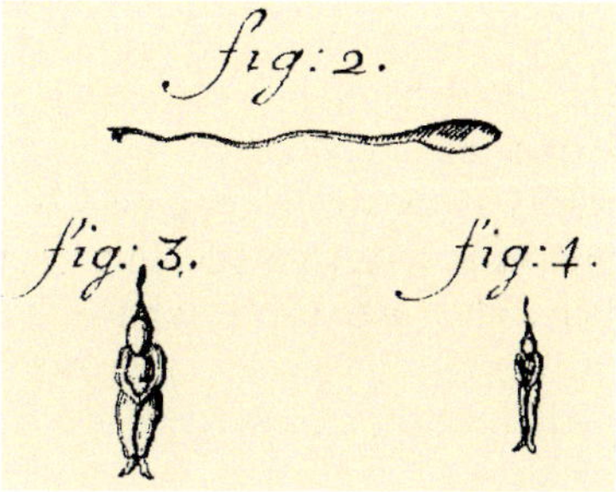

4 Zeichnung menschlicher Spermien von A. v. LEEUWENHOEK und JAN HAM, 1677 („Opera omnia", 1722)

Aufgaben

1 Erläutere, was an der Aussage „Max hat seine blonden Haare vom Vater geerbt." falsch ist.
2 Wie müsste man die Aussage aus Aufgabe 1 korrekt formulieren? Versuche es.
3 Lies den Abschnitt Historisches. Was spricht aus heutiger Sicht dagegen, dass diese Theorie stimmt?

Den Erbanlagen auf der Spur

Im Archiv eines Fernsehsenders lagern Tausende Filmrollen. Nur wenige davon werden fürs Programm des heutigen Tags gebraucht. Aber jeden Tag holt man andere Filme aus dem Archiv. Auch jede unserer Körperzellen verfügt über solch ein Archiv: Gemeint sind die Erbanlagen im Zellkern. Wie sind die Informationen im Zellkern organisiert? Und benötigt jede Zelle ständig alle im Zellkern abgelegten Erbanlagen?

1 Blick ins Archiv eines Fernsehsenders

Beobachten **Untersuchen** Experimentieren

Wo befinden sich die Erbanlagen?

Dass es Erbanlagen geben muss, wusste man schon lange, bevor man genau sagen konnte, wo sie sich befinden und woraus sie bestehen. Einen wesentlichen Fortschritt bei der Klärung dieser Frage brachte das in Bild ↑2 gezeigte Experiment.

a Studiere die Grafik und beschreibe die Versuchsdurchführung.
b Welche Fragestellung vermutest du hinter diesem Versuchsaufbau? Formuliere selbst eine passende Frage.
c Deute das Ergebnis in Bezug auf die Frage: „Wo befinden sich die Erbanlagen?"
Ziehe zur Klärung dieser Frage auch das Ergebnis des Kontrollversuchs heran.
d Welche Schlussfolgerung wird dadurch möglich, dass man den Kern einer fertigen Körperzelle, und zwar aus dem Darm einer Kaulquappe verwendet hat?

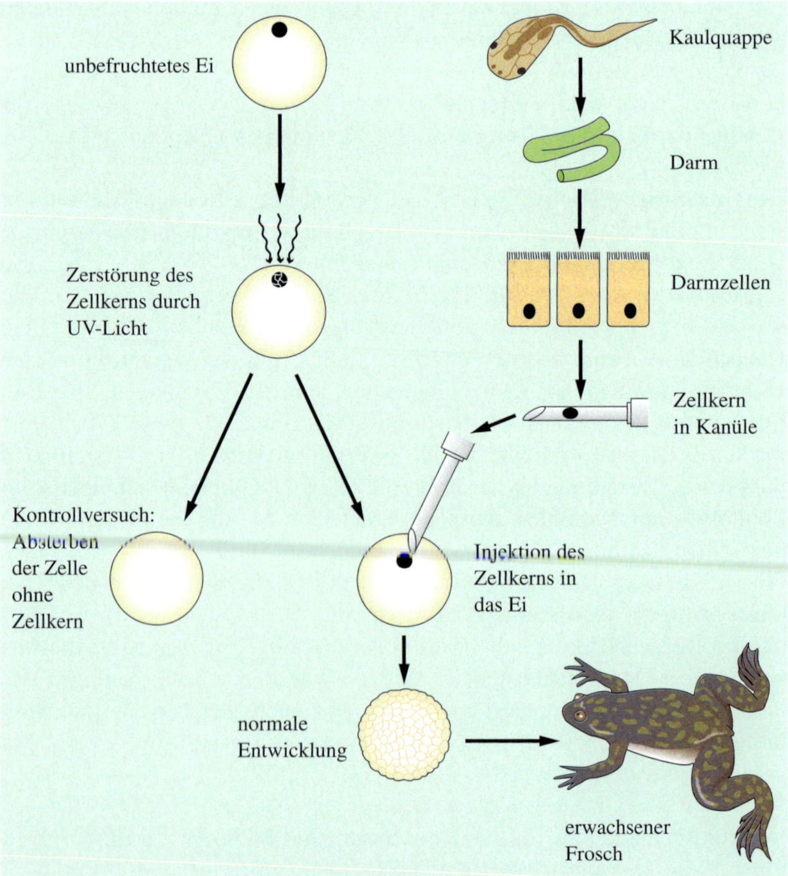

2 Kerntransplantation beim Krallenfrosch

Ort und Organisation der Erbanlagen

123-1

Erbinformationen im Zellkern Die Zellen aller höheren Lebewesen besitzen einen Zellkern. Durch verschiedene Versuche konnte bewiesen werden, dass die Erbanlagen sich im Zellkern befinden. ↑2 Dabei enthält jeder Zellkern die gesamte Erbinformation. Das heißt, alle Zellen eines Organismus tragen genau die gleiche Information in ihrem Zellkern.

Funktionen des Zellkerns Der Zellkern ist ein sehr auffälliger und wichtiger Bestandteil der Zelle. ↑3 Zerstört man ihn, stirbt die ganze Zelle. Der Zellkern erfüllt die folgenden Aufgaben:
- In ihm ist die Erbinformation sicher gespeichert.
- Vom Zellkern aus werden alle Vorgänge in der Zelle so gesteuert und reguliert, wie es in der Erbinformation festgelegt ist.
- Die Erbinformation ist im Zellkern so organisiert, dass ihre kontrollierte Weitergabe bei jeder Zellteilung möglich ist.

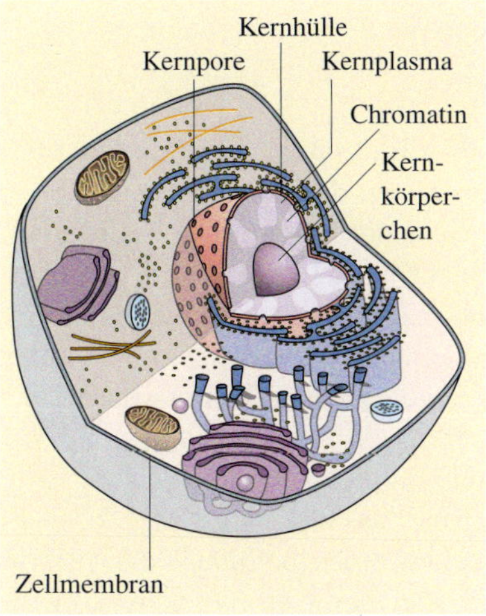

3 Schema einer tierischen Zelle

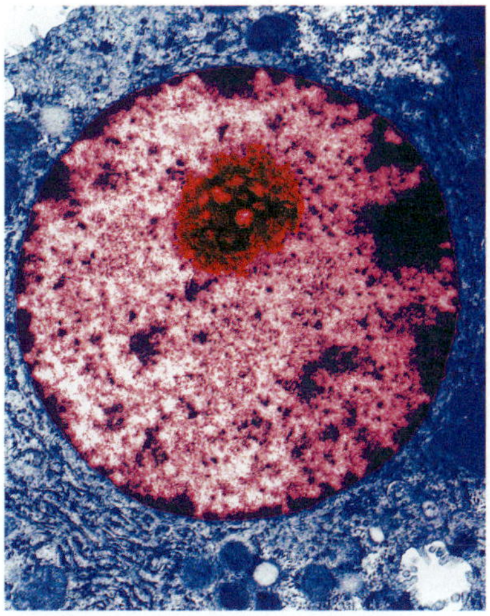
4 Zellkern, Erbsubstanz gefärbt

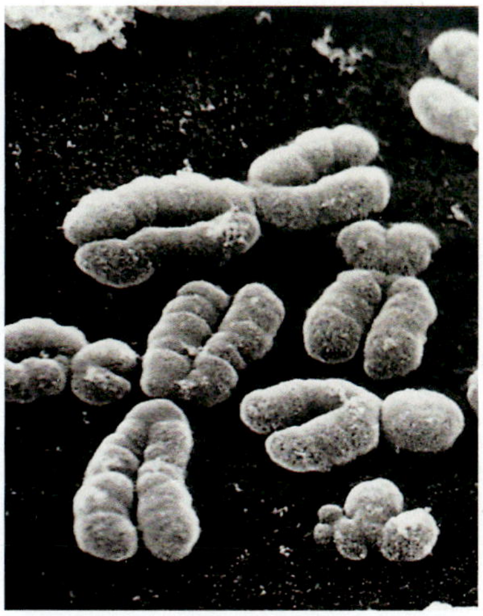
5 Chromosomen des Menschen

Entdeckung der Chromosomen Im Zellkern befindet sich eine Substanz, die mit bestimmten Farbstoffen sehr gut färbbar ist. Daher wurde diese Substanz Chromatin (griech. *chrōma:* Farbe) genannt. Das Chromatin besteht aus sehr langen, aber extrem dünnen Fäden. Daher entsteht im Lichtmikroskop der Eindruck, die farbige Substanz würde den Kern wie eine Flüssigkeit füllen. ↑4 Als Wissenschaftler aber erstmals sich teilende Zellen färbten und mikroskopierten, ergab sich ein anderes Bild: Das Chromatin hatte sich hier zu mehreren x-förmigen Körperchen verdichtet. Man nannte sie Chromosomen. ↑5, 6

Arbeitsform und Transportform Inzwischen weiß man, dass die dünnen Chromatinfäden die Arbeitsform der Erbinformation darstellen. In dieser Form kann sie eingesetzt werden, um die Vorgänge in der Zelle zu steuern. Kurz vor einer Zellteilung entsteht durch Verdopplung und anschließende Verdichtung der Chromatinfäden die Transportform der Erbinformation. Diese bezeichnet man als Chromosom. Man erkennt jetzt, dass jedes Chro-

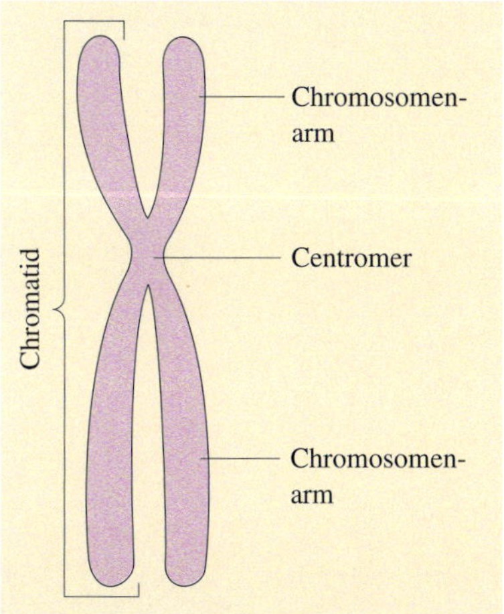

6 Bau eines Chromosoms

Art	Chromosomenzahl pro Körperzelle
Spulwurm	2
Schnirkel-schnecke	48
Taufliege	8
Haussperling	76
Haustaube	80
Hund	78
Mensch	46
Schimpanse	48
Wurmfarn	164
Tomate	24
Kartoffel	48
Zwiebel	16
Gerste	14

1 Chromosomenzahlen verschiedener Lebewesen (diploider Chromosomensatz)

mosom in dieser Phase aus zwei gleichen Strängen, den Chromatiden, besteht. Die Chromatiden hängen lediglich an einer Stelle zusammen, am Centromer. Nur die Transportform erlaubt eine geordnete Aufteilung der Chromosomen auf die sich bildenden Tochterzellen.

Chromosomensätze Während eines bestimmten Stadiums der Zellteilung kann man ermitteln, wie viele Chromosomen sich in einer Zelle befinden. ↑1, 2 Dabei fallen mehrere Tatsachen auf:

- Alle Vertreter einer Art besitzen pro Körperzelle exakt gleich viele Chromosomen.
- Bei Tieren und höheren Pflanzen ist die Chromosomenanzahl jeder Körperzelle immer gerade, also durch zwei teilbar.
- Untersucht man die Chromosomen genauer, stellt man fest, dass sie in der Regel in Paaren vorliegen: Zwei Chromosomen gleichen sich dann exakt in Größe und Form.
- Man kann von der Anzahl der Chromosomen nicht unbedingt auf die Entwicklungshöhe einer Art schließen. Das heißt, ein Lebewesen mit vielen Chromosomen pro Zelle ist nicht automatisch komplizierter gebaut. So haben Schnirkelschnecken und die meisten Farne mehr Chromosomen als der Mensch.

Karyogramm des Menschen Auch bei teilungsaktiven Zellen des Menschen, zum Beispiel aus dem Fruchtwasser oder dem Knochenmark, kann man die Chromosomen sichtbar machen und anfärben. ↑2 Wendet man bestimmte Färbemethoden an, zeigt sich auf jedem Chromosom ein unverwechselbares Bandenmuster. Daran sowie an der Größe und Länge der Chromosomenarme kann man die einzelnen Chromosomen gut unterscheiden. Bei verschiedenen Untersuchungen werden die gefärbten Chromosomen digital fotografiert und dann paarweise nach absteigender Größe sortiert. Eine solche Darstellung nennt man Karyogramm. ↑3

Am Karyogramm kann man gut erkennen, dass sich beim Menschen in jeder Körperzelle 23 verschiedene Chromosomen befinden, die aber jeweils doppelt vorkommen. Die einander gleichen Chromosomen werden als homolog bezeichnet. Eine Ausnahme bildet das 23. Chromosomen-

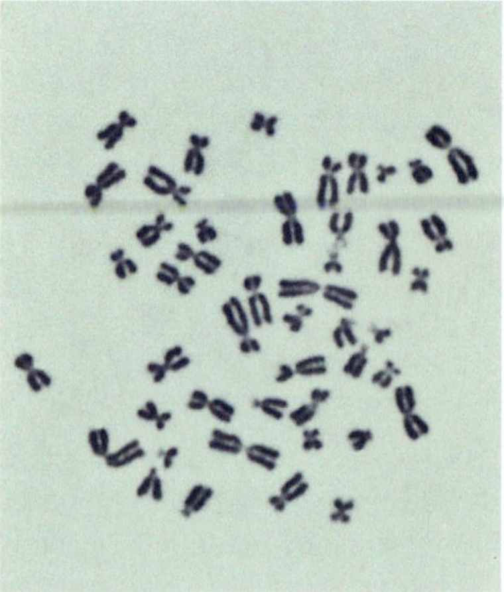

2 Ungeordneter Chromosomensatz eines Menschen

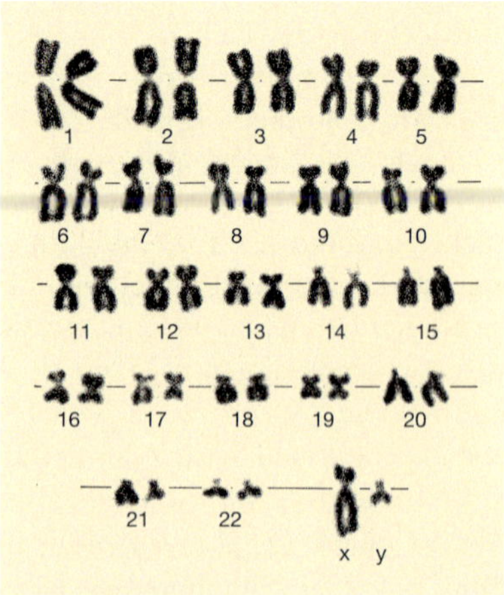

3 Karyogramm eines Mannes

paar: Frauen besitzen zwei gleiche sogenannte X-Chromosomen, Männer dagegen nur ein X-Chromosom und das sehr viel kleinere Y-Chromosom. Insgesamt besitzen menschliche Körperzellen also einen doppelten Chromosomensatz, abgekürzt $2n$ (n = Chromosomenzahl eines einfachen Chromosomensatzes). Man sagt auch, Körperzellen sind diploid. Für den Menschen gilt $2n = 46$, da er 23 Chromosomenpaare besitzt ($n = 23$).

Chromosomenzahl und geschlechtliche Fortpflanzung Man könnte sich darüber wundern, dass in den Körperzellen jedes Chromosom doppelt vorliegt. Wie kommt das zustande? Um das zu verstehen, muss man sich daran erinnern, dass bei der Befruchtung die Zellkerne von Eizelle und Spermium verschmolzen. Jede dieser Geschlechtszellen trägt einen einfachen oder haploiden Chromosomensatz. Beim Menschen wären das 23 Chromosomen. Im befruchteten Ei stammt also die Hälfte der Chromosomen von der Mutter, die andere Hälfte vom Vater. ↑4

Die Erbanlagen befinden sich im Zellkern. Jede Körperzelle verfügt über die gesamte Erbinformation. Chromatinfäden stellen die Arbeitsform der Erbinformation, Chromosomen die Transportform dar. Höhere Pflanzen und Tiere besitzen in den Körperzellen meist einen diploiden Chromosomensatz aus Paaren von homologen Chromosomen. Die Hälfte der Chromosomen stammt dabei von der Mutter, die andere vom Vater.

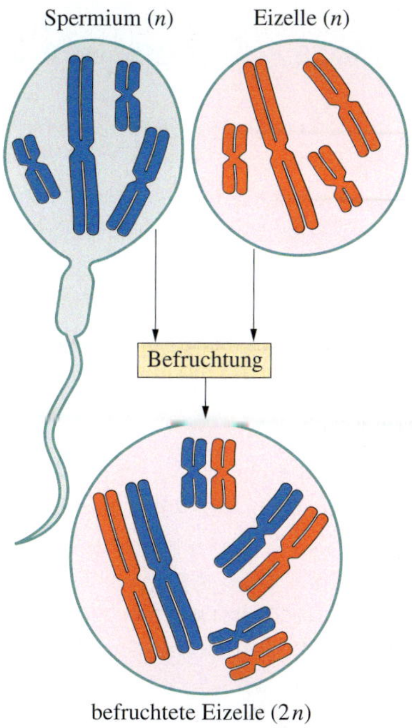

4 Befruchtung: Vereinigung der Chromosomensätze von Vater und Mutter

Aufgaben

1 Erläutere, warum der Versuch auf ↑S.122 beweist, dass im Zellkern jeder Körperzelle die gesamte Erbinformation gespeichert ist. Wie wäre das Experiment ausgegangen, wenn in der Darmzelle nur die Erbinformation für Darmzellen gespeichert wäre?

2 Beschreibe den Aufbau eines Chromosoms.

3 Erkläre, weshalb die Chromosomenzahl von Körperzellen immer gerade ist.

4 Überlege: Wenn eine Hälfte der Chromosomen von einem Elternteil stammt, die andere vom anderen, ist dann die Erbinformation auf den homologen Chromosomen gleich?

Beobachten **Untersuchen** *Experimentieren*

Chromosomen im Modell

Material: großer Druckknopf, Draht, Bleistift
Durchführung: Schneide zwei 40 cm lange Drahtstücke zu. Ziehe je einen Draht durch zwei gegenüberliegende Löcher einer Druckknopfhälfte. Füge dann die beiden Druckknopfhälften wieder zusammen. Schraube die Drähte auf, indem du den Bleistift eng mit ihnen umwickelst. ↑5
Aufgaben: Vergleiche dein Modell mit dem Aufbau eines Chromosoms. In welchen Eigenschaften stimmt das Modell mit dem Original überein, in welchen nicht?
Demonstriere am Modell die Arbeits- und die Transportform eines Chromosoms.

5 Chromosomenmodell aus Druckknöpfen und Draht

Meiose – Bildung von Geschlechtszellen

Wir besitzen einen diploiden Chromosomensatz, weil wir von jedem Elternteil die Hälfte unserer Chromosomen geerbt haben. Was aber, wenn wir nun selbst Eltern werden? Gäben wir und unser Partner bzw. unsere Partnerin unseren diploiden Chromosomensatz einfach weiter, dann hätten unsere Kinder einen vierfachen Satz. Das könnte so nicht über mehrere Generationen hinweg gut gehen. Bei der Bildung von Geschlechtszellen muss also etwas passieren, das eine immer wieder erfolgende Verdopplung der Chromosomensätze verhindert …

1 Wie wird erreicht, dass der neue Korb nicht überfüllt ist?

Beobachten ***Untersuchen*** *Experimentieren*

Spielkartenmodell der Meiose

Suche dir aus zwei Kartenspielen mit unterschiedlichen Rückseiten sechs Karten wie in Bild ↑2 heraus.

1 Finde heraus, wie viele unterschiedliche Kombinationen von je einer Kreuz-, Herz- und Karokarte es gibt, wenn du bedenkst, dass jede Karte sich in der Farbe der Rückseite unterscheiden kann.

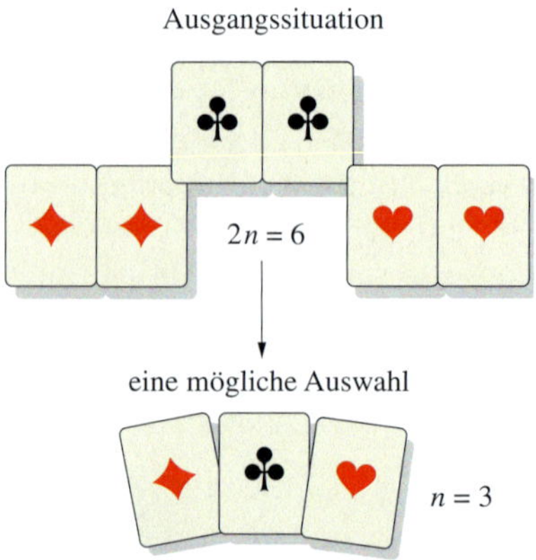

2 Was haben die Spielkarten mit der Meiose zu tun?

2 Arbeite diese Doppelseite durch und stelle dann einen Vergleich zwischen dem Modell und der Meiose an:

a Wofür stehen die Farben Kreuz, Herz und Karo?

b Weshalb braucht man von jeder Farbe zwei Karten, die sich aber anhand der Rückseite unterscheiden lassen müssen? Wofür steht die Rückseite?

c Welcher Vorgang wird simuliert, wenn zufällig von jeder Farbe drei Karten herausgegriffen werden?

Was passiert bei der Bildung von Geschlechtszellen?

126-1

Bei der Befruchtung verschmelzen die Zellkerne von Eizelle und Spermium. Diese Kerne bilden zusammen den Zellkern der befruchteten Eizelle. Daher enthält diese immer doppelt so viele Chromatinfäden wie jede der beiden Geschlechtszellen. Wenn also in der befruchteten Eizelle – aus der ja alle anderen Körperzellen hervorgehen – jeder Chromatinfaden zweimal vorkommt, dann darf dieser in den Geschlechtszellen nur einmal vorhanden sein.

Bei der Bildung vom Geschlechtszellen aus Vorläuferzellen muss also der Chromosomensatz von diploid auf haploid halbiert werden. Die spezielle Zellteilung, aus der Geschlechtszellen hervorgehen, nennt man Meiose.

Ablauf der Meiose Die Meiose beginnt damit, dass sich im Zellkern der Vorläuferzelle die zuvor verdoppelten Chromatinfäden zu ihrer Transportform, den Chromosomen, verdichten. Während die Hülle des Zellkerns sich auflöst, bilden sich Paare von homologen Chromosomen, die sich schließlich in der Zellmitte anordnen. Gleichzeitig bilden sich an den beiden Zellpolen die sogenannten Spindelfasern. Ein Teil von ihnen heftet sich an die Centromere der Chromosomen. Wenn sich nun diese Fasern verkürzen, werden die homologen Chromosomen voneinander getrennt. Die Zelle schnürt sich in der Mitte ein, wodurch zwei Tochterzellen entstehen, die jeweils nur noch einen haploiden Chromosomensatz besitzen. ↑3 A–C Die erste Reifeteilung ist damit abgeschlossen. Hieran schließt sich eine zweite Reifeteilung an, bei der die Chromatiden jedes Chromosoms getrennt werden. Letztlich entstehen also vier haploide Geschlechtszellen. ↑3 D–F

Ergebnis der Meiose Die Verringerung der Chromosomenzahl auf den haploiden Satz ist ein entscheidendes Ergebnis der Meiose. Es vollzieht sich aber noch etwas: Das Erbgut wird völlig neu kombiniert. Es bleibt nämlich dem Zufall überlassen, welche der ursprünglich vom Vater und welche der von der Mutter stammenden Chromosomen in welche Tochterzelle gelangen. Es entstehen also Geschlechtszellen, bei denen zum Beispiel das erste, sechste und neunte Chromosom vom Vater stammen, die restlichen aber von der Mutter. Man kann ausrechnen, dass beim Menschen 8 388 608 Kombinationsmöglichkeiten väterlicher und mütterlicher Chromosomen existieren. Zudem kann es während der Paarung der homologen Chromosomen zu einem Stückaustausch zwischen homologen väterlichen und mütterlichen Chromosomen kommen. Dadurch werden die Kombinationsmöglichkeiten der Erbinformation zusätzlich erhöht. Es ist daher sehr unwahrscheinlich, dass zwei Eizellen oder zwei Spermien eines Menschen dieselbe Kombination von Chromosomen aufweisen.

Die Meiose ist eine spezielle Zellteilung, die nur bei der Bildung von Geschlechtszellen auftritt. Aus einer diploiden Vorläuferzelle gehen dabei vier haploide Tochterzellen hervor.
Im Verlauf der Meiose werden mütterliche und väterliche Chromosomen neu verteilt, sodass sich die Geschlechtszellen in ihrer Kombination von Chromosomen unterscheiden.

Aufgaben

1 Erkläre, weshalb Geschlechtszellen haploid sein müssen.
2 Fasse den Ablauf der Meiose in eigenen Worten zusammen.
3 Die Fruchtfliege hat einen Chromosomensatz von $2n = 8$.
Berechne, wie viele Möglichkeiten der Kombination väterlicher und mütterlicher Chromosomen während der Meiose bei der Fruchtfliege auftreten können.
(Hilfe: Anzahl der Kombinationsmöglichkeiten = 2^n)

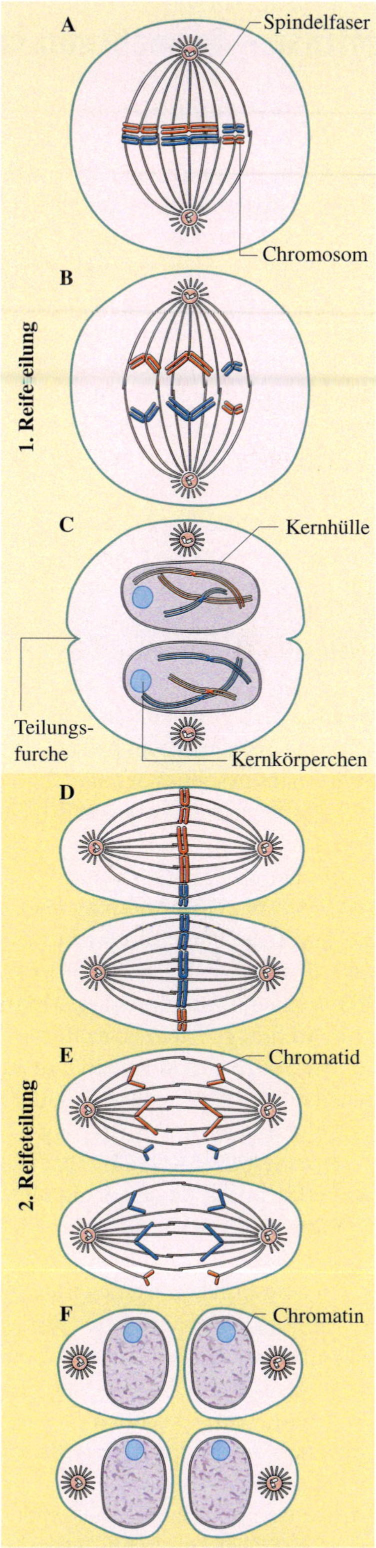

3 Meiose (hier: $2n=6$, mütterliche Chromosomen rot, väterliche blau)

Mitose – Vermehrung von Körperzellen

Eine befruchtete Eizelle ist etwa so groß wie ein Stecknadelkopf. Aus dieser einzigen Zelle gehen durch Teilung sämtliche Körperzellen hervor – beim Erwachsenen sind das etwa 60 Billionen. Was geschieht bei den vielen Zellteilungen mit den Erbanlagen? Würden die Anlagen einfach auf die Tochterzellen aufgeteilt, wäre schon bald keine Erbinformation mehr übrig ...

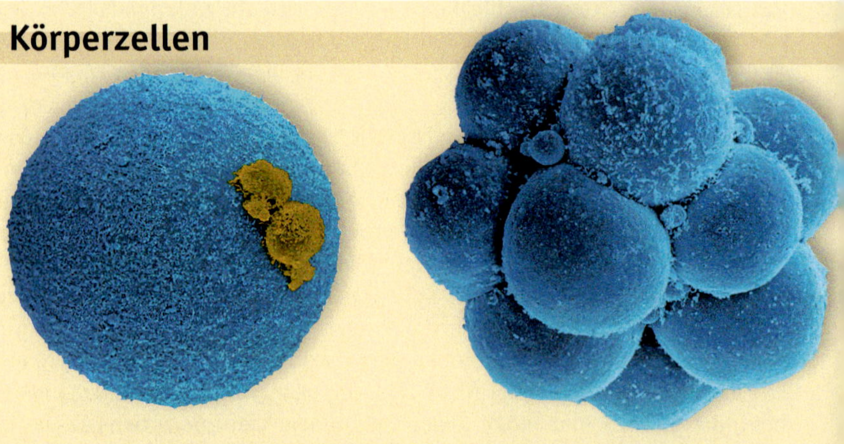

1 Links: befruchtete menschliche Eizelle, rechts: Embryo im 16-Zell-Stadium

Beobachten Untersuchen Experimentieren

Zellteilung in Wurzelspitzen

Möchte man Zellen untersuchen, die sich gerade teilen, sind Wurzelspitzen besonders gut geeignet: Wurzeln wachsen schließlich nur an den Spitzen. Die für diese Untersuchung nötigen Wurzelspitzen kann man von der Küchenzwiebel oder von Kressekeimlingen gewinnen.

Material: Wurzelspitzen, mit einem Korken versehene Rasierklinge, Pinzette, Objektträger, Deckglas, Orcein-Essigsäure, 25-prozentige Essigsäure, Pipette, Filterpapier, Bunsenbrenner, Mikroskop

Durchführung: Wurzelspitzen werden etwa 2 mm hinter der Spitze abgeschnitten und mit der Pinzette auf einen Objektträger gelegt. Mit der Rasierklinge teilt man die Spitzen mehrmals längs. Nach Zugabe eines Tropfen Orcein-Essigsäure legt man ein Deckglas auf und erhitzt das Präparat 5 min über der Sparflamme des Bunsenbrenners. *Vorsicht:* Nicht zu stark erhitzen! Es dürfen keine Dampfblasen entstehen.

Nach dem Erhitzen werden unter dem Deckglas einige Tropfen Essigsäure durchgesaugt, um überschüssigen Farbstoff zu entfernen. Dann legt man Filterpapier über den Objektträger und quetscht das Präparat vorsichtig, ohne es seitlich zu verschieben. Danach nochmals etwas Orcein-Essigsäure und anschließend Essigsäure durchsaugen.

Auswertung: Betrachte das Präparat bei etwa 400-facher Vergrößerung. Achte besonders auf die angefärbten Strukturen. Beschreibe und deute, was du siehst. Fertige eine Skizze an und beschrifte sie.

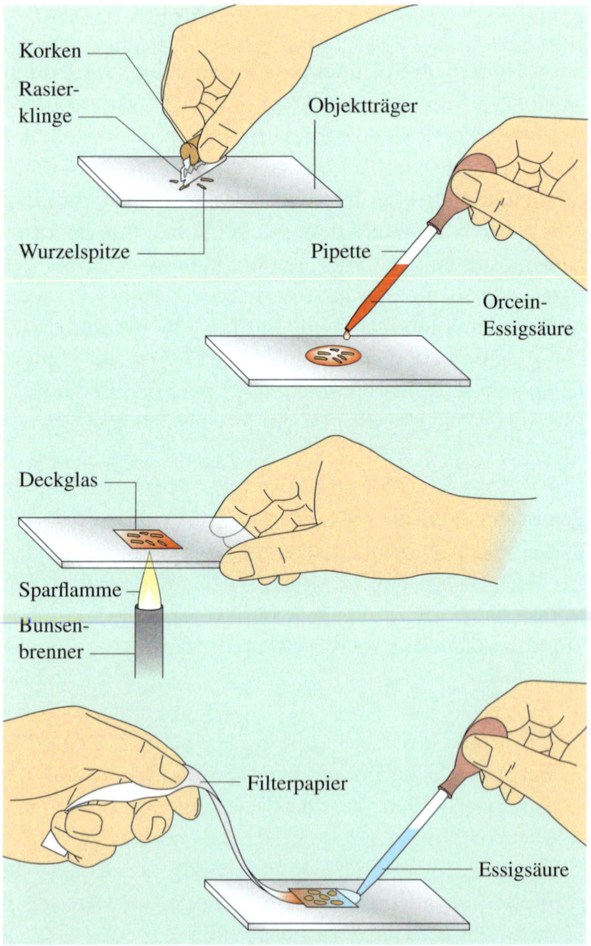

2 Chromatinfärbung am Wurzelspitzenpräparat

Kernteilung und Zellteilung

Wachstum ist immer mit einer Vermehrung von Körperzellen verbunden. Zudem werden bei jedem Menschen, auch bei Erwachsenen, täglich Millionen abgestorbener Zellen ersetzt. Wachstum und Regeneration erfordern Zellteilungen. Wenn sich eine Zelle teilt, muss sichergestellt sein, dass jede Tochterzelle die gesamte Erbinformation des Zellkerns erhält. Sonst könnte der Kern seine Funktion bei der Steuerung und Regelung des Zellstoffwechsels nicht erfüllen. Den Teilungsvorgang, der eine geregelte Weitergabe der Erbinformation garantiert, nennt man Mitose. ↑3

Ablauf der Mitose Dass eine Mitose beginnt, erkennt man im Mikroskop daran, dass sich die Kernhülle und die Kernkörperchen, die beim Zellstoffwechsel wichtig für die Weiterverarbeitung der Erbinformation sind, auflösen. Gleichzeitig werden an den Zellpolen Spindelfasern gebildet, die sich zur Zellmitte hin verlängern. ↑3 B, C Die zuvor verdoppelten Chromatinfäden verdichten sich derweil zu ihrer Transportform, den Chromosomen. Immer besser erkennt man, dass jedes Chromosom aus zwei Chromatiden besteht. ↑5, 6 S. 123 Die beiden Chromatiden eines Chromosoms sind identische Kopien.

Während sich die Chromosomen maximal verdichten, ordnen sie sich in einer Ebene in der Zellmitte an. Jetzt sind im Bereich des Centromers an jedes Chromosom zwei von entgegengesetzten Zellpolen stammende Spindelfasern gebunden. Wenn sich diese Fasern anschließend verkürzen, wird jedes Chromosom in der Mitte geteilt: Je ein Chromatid wird zu einem Zellpol gezogen. ↑3 D Es bilden sich dort zwei neue Zellkerne, während die Chromosomen wieder in die Arbeitsform übergehen. ↑3 E An die Kernteilung, die Mitose, schließt sich die Teilung in zwei Tochterzellen an. Beide Zellen wachsen dann zur Größe der Mutterzelle heran. ↑3 F

Ergebnis der Mitose Als Ergebnis der Mitose und der anschließenden Zellteilung entstehen zwei Tochterzellen, die die gleiche Erbinformation in ihren Zellkernen enthalten. Dies ist möglich, weil die Erbinformation der Vorgängerzelle vor der Kernteilung verdoppelt wurde. Jeder einzelne Chromatinfaden wurde dabei als Vorlage für die Erstellung einer identischen Kopie genutzt.

Während der Mitose werden die beiden Kopien durch Verdichtung des Chromatins als die zwei Chromatiden eines Chromosoms sichtbar. Da beide Tochterzellen bei der Mitose jeweils ein Chromatid jedes Chromosoms erhalten, geht keinerlei Erbinformation verloren. In der Phase zwischen zwei Mitosen ist die Zelle sehr stoffwechselaktiv.

Die Mitose ist ein Vorgang, der sicherstellt, dass bei einer Zellteilung zwei erbgleiche Tochterzellen entstehen. Hierbei werden die identischen Schwesterchromatiden jedes Chromosoms getrennt. Um sie herum bilden sich zwei neue Kernhüllen.

Aufgabe

Bei der Mitose wird die Erbinformation an die Tochterzellen weitergegeben. Erkläre, warum beide Tochterzellen erbgleich sind.

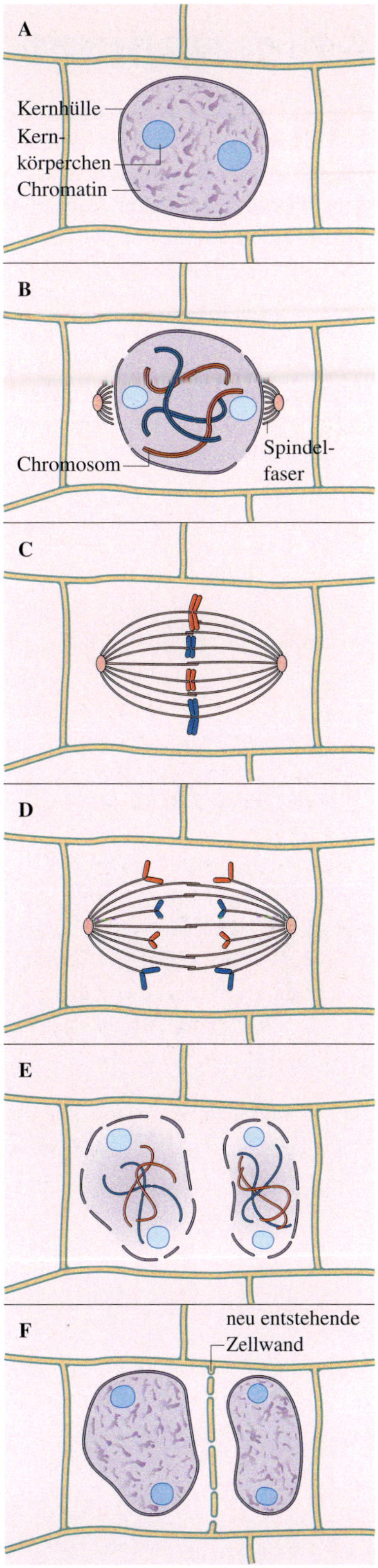

3 Mitotische Teilung (Pflanzenzelle)

Vom Gen zum Merkmal

Heute weiß man, dass die Chromosomen ein extrem langes und dabei sehr dünnes, fadenförmiges Molekül enthalten, die Desoxyribonukleinsäure (DNA). Sollte der gesamte Bauplan unseres Körpers auf diesen Molekülfäden abgelegt sein? Wenn ja, wie speichert die DNA Informationen? Und wie werden diese Informationen bei der Ausbildung von Merkmalen eingesetzt?

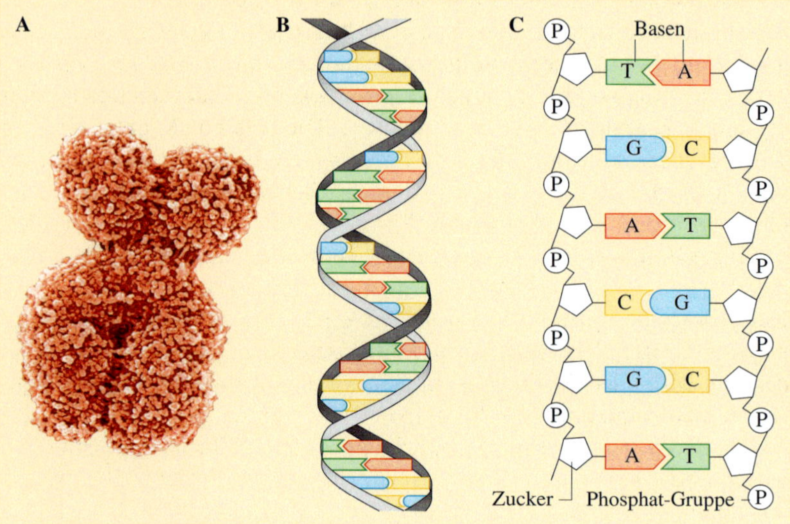

1 A rasterelektronenmikroskopisches Bild eines Chromosoms, B DNA-Modell, C Strukturmodell der DNA.

Beobachten Untersuchen Experimentieren

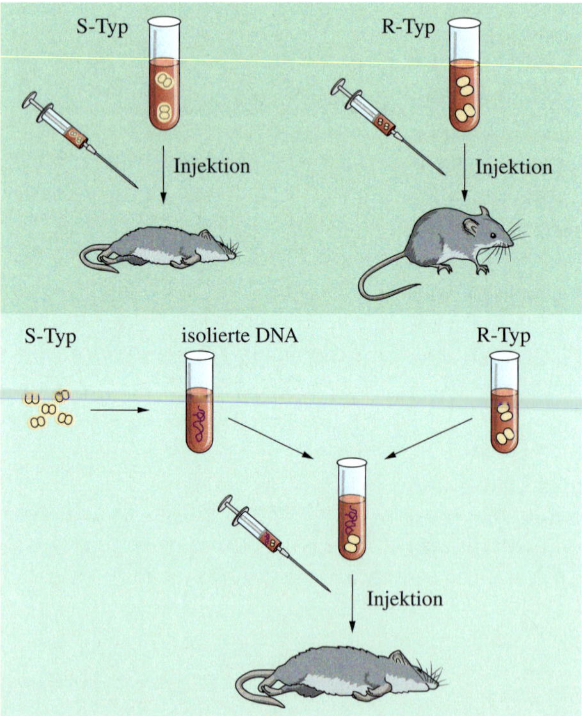

2 AVERYS Versuche von 1944

Welcher Stoff trägt die Erbinformation?

Vom Erreger der bakteriellen Lungenentzündung existieren zwei Typen: Bakterien des S-Typs sind von einer Schleimhülle umgeben. Sie lösen gefährliche Krankheiten aus, da sie vom Immunsystem nur schwer angegriffen werden können. Bakterien des R-Typs fehlt diese Hülle. Sie sind daher harmlos. Nachdem schon 1928 der englische Arzt GRIFFITH mit diesen Erregern experimentiert hatte, führte OSWALD AVERY 1944 entscheidende Versuche durch: ↑2 Er isolierte die DNA aus Bakterien des S-Typ und mischte sie mit lebenden R-Typ-Bakterien. Dadurch wurden die vorher harmlosen R-Typ-Bakterien hochinfektiös und töteten die Versuchstiere. Isolierte Eiweiße des S-Typs hatten diesen Effekt nicht.

a Vermute, warum R-Typ-Bakterien keine Lungenentzündung auslösen können.
b Was ist vermutlich mit den R-Typ-Bakterien passiert, sodass sie infektiös wurden?
c Weshalb beweisen AVERYS Versuche, dass die DNA und nicht Eiweiße die Träger der Erbinformation sind?

Die DNA als Träger der Erbinformation

131-1

Der Stoff, aus dem die Gene sind Im Zellkern jeder Körperzelle befinden sich 46 sehr lange fadenförmige DNA-Moleküle. Diese Makromoleküle bestehen aus zwei miteinander verflochtenen Einzelsträngen. Jeder Strang besteht aus einer Abfolge von miteinander verbundenen Nukleotiden. Jedes Nukleotid besteht aus einem Zuckermolekül (der Desoxyribose), einer Phosphatgruppe und einer Base. Die Nukleotide unterscheiden sich nur durch ihre Basen. Es treten nur die vier Basen Adenin (A), Cytosin (C), Guanin (G) und Thymin (T) auf. Während die Zucker- und Phosphatgruppen ein gleichförmiges „Rückgrat" des DNA-Moleküls bilden, ragen die Basen wie die Sprossen einer Strickleiter nach innen. ↑1

Der genetische Code Wie kann ein Molekül wie die DNA Informationen enthalten? Betrachtet man einen Einzelstrang der DNA, stellt man fest, dass die Basen der einzelnen Nukleotide in unregelmäßiger Abfolge angeordnet sind. Tatsächlich ist die gespeicherte Information der Abfolge der Basen, der Basensequenz, zu entnehmen. Wie die Buchstaben eines Alphabets stehen die Basen für Aminosäuren, aus denen in der Zelle Eiweiße (Proteine) hergestellt werden sollen. Das genetische Alphabet hat nur vier Buchstaben (A, C, G und T). Es gibt aber 20 Aminosäuren, die in Proteinen von Lebewesen vorkommen. Dieses Problem wird dadurch gelöst, dass immer drei Basen – ein Triplett – für eine Aminosäure „stehen". Die Abfolge der Basentripletts wird in der Zelle also in eine Abfolge von Aminosäuren übersetzt. ↑3 Den Abschnitt auf der DNA, der die Basentripletts für ein vollständiges Protein enthält, bezeichnet man als Gen.

Vom Gen zum Merkmal Wenn Gene Informationen für Proteine enthalten, wie können dann Gene äußerlich erkennbare Merkmale beeinflussen? Ein besonders einfaches Beispiel verdeutlicht dieses Prinzip: Ein bestimmtes Protein wird als Enzym für den Aufbau des Farbstoffs Melanin benötigt. Dieser sorgt bei Säugetieren für die Haut-, Fell- und Augenfarbe. Enthält das Gen für das Enzym einen Defekt, kann kein Melanin gebildet werden. Die Träger dieses Gendefekts nennt man Albinos. Solche Albinos treten bei vielen Säugetierarten und beim Menschen auf. ↑S.137

Die in jedem Zellkern enthaltene DNA ist Träger der Erbinformation. Ein Gen ist ein DNA-Abschnitt, in dem die Abfolge der Aminosäuren für ein bestimmtes Protein gespeichert ist. Viele Proteine sind Enzyme, die einen direkten Einfluss auf äußerliche Merkmale haben.

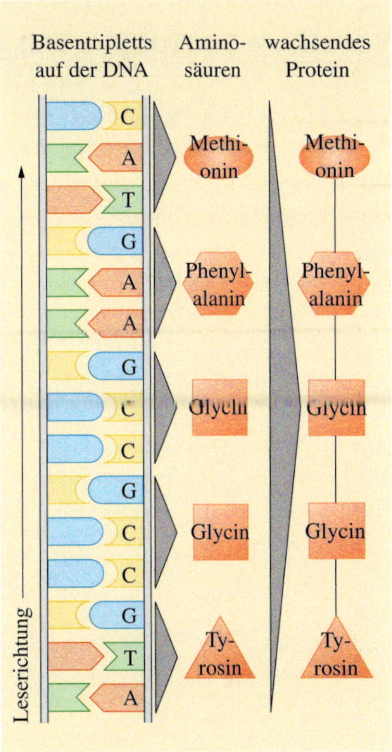

3 Informationsfluss von der DNA zum fertigen Protein. Proteine sind meist viele Hundert Aminosäuren lang.

Basiskonzept

Strukturen ermöglichen Funktionen
Die Struktur, der Bau des DNA-Moleküls ermöglicht die Erfüllung der für die Vererbung entscheidenden Funktionen:
DNA kann sich verdoppeln.
Dem genetischen Code entsprechend können DNA-Moleküle Informationen für den Aufbau von Eiweißen in der Zelle speichern.

Aufgaben

1 Erläutere, inwiefern sich ein Gen mit einer Bauanleitung vergleichen lässt. Was wird gebaut?

2 Auf der DNA sind Informationen als eine Abfolge von einzelnen Zeichen, nämlich der Basen A, C, G und T, gespeichert. Finde Beispiele aus Kultur und Technik, wo Informationen auch als Abfolge einer begrenzten Zahl von Zeichen gespeichert werden.

3 Begründe, weshalb immer drei Basen auf der DNA für eine einzige Aminosäure im fertigen Protein stehen. Warum können es nicht weniger sein?

4 Stelle Vermutungen darüber an, wie Gene bei Pflanzen das Merkmal der Blütenfarbe bestimmen können. Wie verläuft hier wohl der Weg vom Gen zum Merkmal?

Vererbung erfolgt nach festen Regeln

Wenn ein schwarzer Kater und eine weiße Katze sich paaren, sollte man dann nicht eigentlich erwarten, dass die Jungen grau sind? Noch im 19. Jahrhundert glaubten die Menschen, väterliche und mütterliche Anlagen würden sich bei der Vererbung und bei der Merkmalsausprägung wie verschiedenfarbige Flüssigkeiten mischen. Welche Wirkungen haben die väterlichen und mütterlichen Erbanlagen auf die Ausbildung der Merkmale?

1 Manchmal ähneln die Nachkommen nur einem Elternteil. Warum?

Gesetzmäßigkeiten der Vererbung

Gene und Allele Eine befruchtete Eizelle hat einen diploiden Chromosomensatz. Die eine Hälfte der Erbanlagen stammt von der Mutter, die andere vom Vater. Auf die Gene bezogen bedeutet dies, dass jedes Gen in zwei Ausführungen existiert: ↑2 Diese können identisch sein – das ist aber nicht immer so. Von vielen Genen existieren unterschiedliche Zustandsformen, sogenannte Allele. Die Allele eines Gens unterscheiden sich in ihrem Informationsgehalt: Beispielsweise existieren für das Gen, das bei Kaninchen die Fellfarbe bestimmt, verschiedene Allele, die zur Ausbildung von schwarzem, weißem oder braunem Fell führen. Besitzt ein Tier zwei gleiche Allele, diesen Genotyp nennt man homozygot, ist die Fellfarbe leicht zu erraten: Ein Kaninchen mit zwei Allelen für schwarzes Fell ist schwarz. Was aber passiert bei der Kombination unterschiedlicher Allele, also bei einem heterozygoten Genotyp?

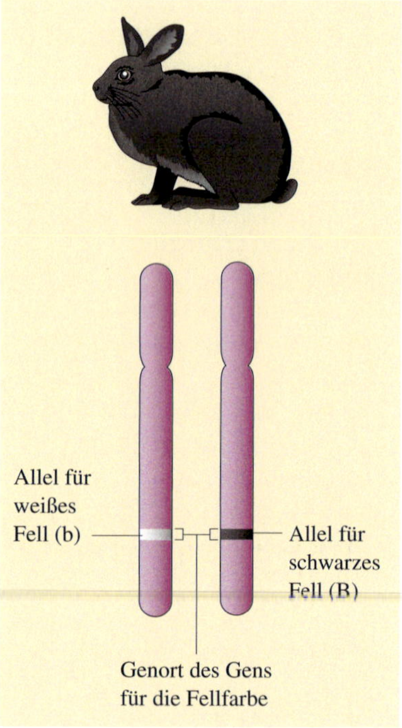

2 Allele sind Zustandsformen eines Gens. In jeder diploiden Zelle kommen zwei Allele eines Gens vor.

Genotyp und Phänotyp In dem Beispiel von der Fellfarbe der Kaninchen kommt es zu einem überraschenden Ergebnis: Tiere mit heterozygotem Genotyp, die ein Allel für schwarzes und eines für weißes Fell besitzen, sind nicht grau, sondern schwarz. Die sichtbare Merkmalsausprägung, der Phänotyp, wird hier nur von einem Allel, nämlich dem für schwarzes Fell, bestimmt. Das Allel, das sich phänotypisch durchsetzt, wird als dominant („überlegen") bezeichnet. Ein Allel, das in seiner Merkmalsausprägung von jenem überdeckt wird, bezeichnet man als rezessiv („unterdrückt"). Dominante Allele benennt man mit Großbuchstaben, rezessive mit dem entsprechenden Kleinbuchstaben. Die Genotypen BB und Bb bewirken bei diesem dominant-rezessiven Erbgang denselben Phänotyp. ↑3 Es kommt jedoch auch vor, dass die zwei Allele eines Gens bei der Merkmalsausprägung gleich stark wirksam sind. So führt die Kreuzung von homozygoten dunkelrosa und weiß blühenden Wunderblumen zu rosa blühenden Pflanzen. Hier liegt ein intermediärer Erbgang vor.

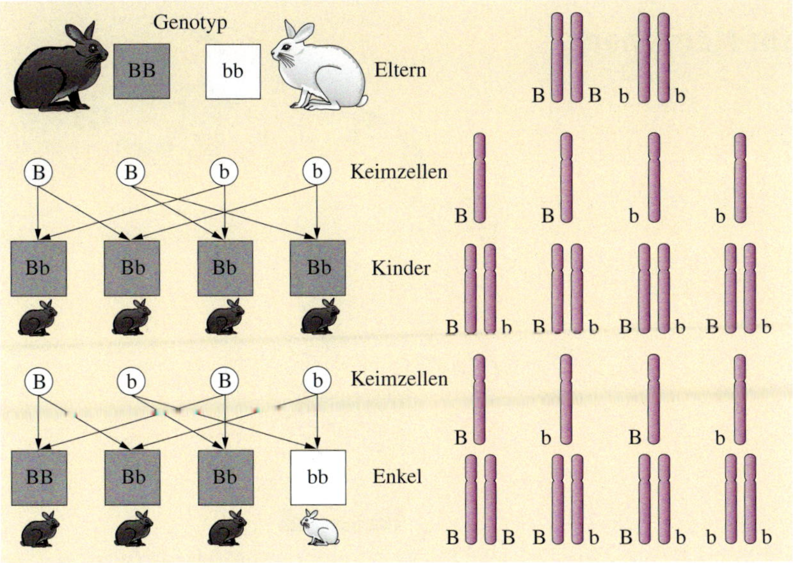

3 Erbschema eines dominant-rezessiven Erbgangs

Vererbungsregeln und Wahrscheinlichkeit Mit dem bis hier dargestellten Wissen lassen sich Regeln der Vererbung aufstellen: Wenn man den Genotyp der Eltern kennt, sind Vorhersagen über die Genotypen der Nachkommen möglich. Dazu muss man sich nur Gedanken über die Keimzellenbildung machen:

Keimzellen sind haploid, enthalten also nur eins der beiden Allele jedes Gens. Das ist besonders wichtig, wenn der Genotyp eines Elternteils heterozygot ist, denn die Hälfte der Keimzellen enthält das eine, die andere Hälfte das andere Allel. Welches Allel in welche Keimzelle gelangt, hängt wie beim Werfen einer Münze vom Zufall ab. Obwohl die Allelverteilung zufallsbestimmt ist, lassen sich Regeln der Vererbung formulieren: Ist der Genotyp beider Eltern bezüglich eines Allels homozygot, haben alle (also 100 Prozent) der Nachkommen diesbezüglich den gleichen Genotyp. Sind beide Eltern heterozygot, sind es mit einer Wahrscheinlichkeit von 50 Prozent die Nachkommen ebenfalls. Die Wahrscheinlichkeit für Nachkommen, die für eines der beiden Allele homozygot sind, beträgt jeweils 25 Prozent.

Von vielen Genen existieren Allele mit unterschiedlichem Informationsgehalt. Jede diploide Zelle besitzt zwei Allele jedes Gens. Manche dieser Allele wirken dominant, bestimmen den Phänotyp also allein. Das bei der Merkmalsausprägung überdeckte Allel heißt rezessiv.

Historisches

GREGOR MENDEL (1822–1884) 133-1

Bevor Chromosomen und Gene entdeckt waren, stellte der Mönch GREGOR MENDEL Vererbungsregeln auf, die heute noch gelten. Er führte Kreuzungsexperimente an Erbsensorten durch. Das Auftreten von Merkmalen wie Blütenfarbe oder Samenform protokollierte er dabei über Generationen hinweg sehr genau. Nur weil er sehr viele Pflanzen untersuchte und auszählte, konnte er bemerken, dass die Merkmale seiner Erbsen in festen Zahlenverhältnissen auftauchten. Diese lassen sich heute mit der Chromosomentheorie erklären.

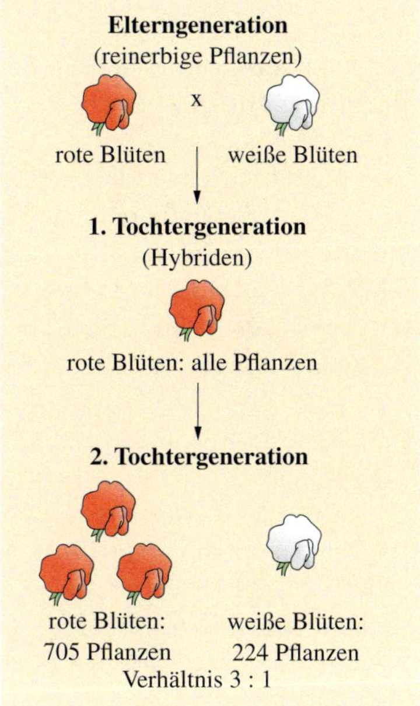

4 Kreuzungsversuch MENDELS

Aufgaben

1 Erkläre den Unterschied zwischen den Begriffen Gen und Allel.

2 Welcher Vorgang ist dafür verantwortlich, dass sich bei der Keimzellenbildung die Chromosomen mit ihren zum Teil unterschiedlichen Allelen zufällig auf die Tochterzellen verteilen?

3 Vergleiche die Bilder ↑3 und ↑4. Welcher Erbgang liegt MENDELS Kreuzungsexperiment vermutlich zugrunde?

4 Manchmal ähneln Kinder ihren Großeltern mehr als ihren Eltern. Suche mithilfe von Bild ↑3 nach einer Erklärung hierfür.

Vererbungsregeln auch beim Menschen?

Die Frage, die sich die beiden im Bild stellen, scheint berechtigt: Was kann man eigentlich über das Auftreten von bestimmten Merkmalen bei den Kindern eines Paares voraussagen? Schließlich ähneln Kinder ihren Eltern zwar, sie sehen aber nicht genau wie sie aus. Wie erforscht man die Vererbung beim Menschen? Man kann doch keine Kreuzungsversuche durchführen!

1 Lässt sich vorhersagen, wie die Kinder dieses Paares aussehen werden?

Beobachten **Untersuchen** Experimentieren

Untersuchung von genetisch bedingten Merkmalen beim Menschen

Auch beim Menschen gibt es genetisch bedingte, so deutlich unterscheidbare Einzelmerkmale wie die Blütenfarbe bei den Erbsen. Bei vielen dieser Merkmale handelt es sich jedoch um Stoffwechseleigenschaften. Man kann sie also nicht direkt beobachten. Einige Merkmale dagegen lassen sich leicht untersuchen.

a Stelle fest, welche der in Bild ↑2 dargestellten Merkmalsvarianten auf dich zutreffen. Notiere dazu den in Klammern stehenden Buchstaben.
b Nachdem du die sechs Einzelmerkmale untersucht hast, erhältst du deine persönliche Merkmalskombination als Abfolge von Buchstaben. Vergleiche sie mit denen deiner Mitschüler und Mitschülerinnen: Kommen bestimmte Abfolgen mehrmals vor? Sind manche Merkmalsvarianten häufiger als andere? Wenn ja, woran könnte das liegen?
c Untersuche deine Familienangehörigen (Eltern, Geschwister, Großeltern usw.) auf die Merkmale aus dem Bild ↑2. Gibt es Merkmale, die allen Geschwistern gemeinsam sind? Gibt es Merkmale, die bei den Eltern auftauchen, bei den Kindern aber nicht? Treten Merkmale in der Familie gehäuft auf?
d Versuche herauszufinden, welcher Erbgang den hier vorgestellten Merkmalen jeweils zugrunde liegt.

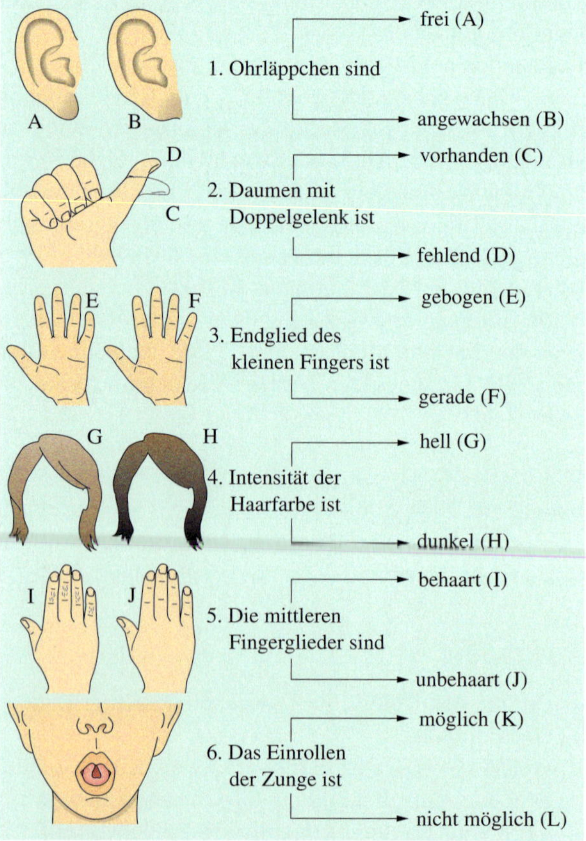

2 Genetisch bedingte Merkmale des Menschen

Vererbung beim Menschen

135-1

Von Erbsen und Menschen Genau genommen gibt es keinen Grund anzunehmen, dass die Vererbung beim Menschen anders ablaufen sollte als bei Erbsen: Bei beiden Arten liegen die Gene auf Chromosomen und beide Arten haben einen diploiden Chromosomensatz. Auch der Ablauf der Meiose ist bei Mensch, Tier und Pflanze grundsätzlich gleich.
Die Analyse von Erbgängen ist bei Menschen aber schwieriger, weil ein Ehepaar im Vergleich zu Erbsenpflanzen immer nur sehr wenige Nachkommen hat. Statistisch überprüfbare Häufigkeitsverteilungen kommen also nicht zustande. Und bei vielen Merkmalen des Menschen gibt es fließende Übergänge, zum Beispiel bei der Haar-, Augen- und Hautfarbe.

Genetik der Blutgruppen Dennoch lassen sich auch beim Menschen Merkmale finden, deren Erbgang den auf ↑S. 132, 133 dargestellten Regeln folgt. Untersucht man das Auftreten der in Bild ↑2 enthaltenen Merkmale, stellt man fest, dass ihnen dominant-rezessive Erbgänge zugrunde liegen. Die Blutgruppen A, B, AB und 0 sind ein weiteres Beispiel. ↑3 Die Blutgruppen unterscheiden sich durch bestimmte Moleküle auf der Oberfläche der roten Blutkörperchen. Diese Oberflächenmerkmale entsprechen dem Phänotyp bei diesem Erbgang. Sie werden durch drei verschiedene Allele vererbt:
- Allel I^A, das zur Bildung von Merkmal A führt
- Allel I^B, das zur Bildung von Merkmal B führt
- Allel i, das nicht zur Bildung von Oberflächenmerkmalen befähigt

Jeder Einzelne kann natürlich nur zwei dieser drei Allele tragen, denn der Chromatinfaden, auf dem das Gen für die AB0-Blutgruppen liegt, kommt in jeder Körperzelle genau zweimal vor.
Die Allele I^A und I^B sind gegenüber dem Allel i dominant. Kommt aber der Genotyp I^AI^B zustande, werden die beiden Merkmale A und B ausgebildet. Die Allele I^A und I^B wirken hier kodominant.

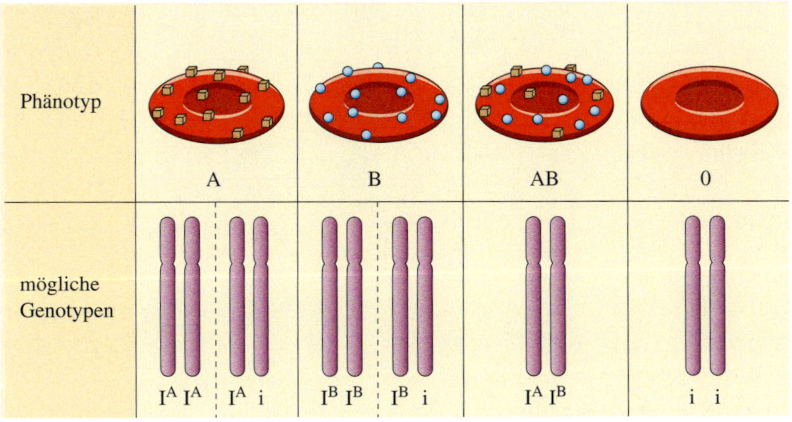

3 Phänotypen und mögliche Genotypen im AB0-Blutgruppensystem

Die Ausprägung vieler Einzelmerkmale bei den Nachkommen folgt auch beim Menschen den Mendelschen Vererbungsregeln. Die Vererbung der Allele für Blutgruppen ist ein Beispiel dafür. Meist lassen sich Erbgänge beim Menschen aber nicht leicht aufklären.

Schon gewusst?

Vielfalt bei Allelen
Für sehr viele Gene, die bei Mensch, Tier und Pflanze untersucht wurden, gibt es mehr als zwei verschiedene Allele. Dies spielt aber nur dann eine wichtige Rolle, wenn man wie in der Evolutionsbiologie ganze Populationen untersucht. Geht es aber um eine bestimmte Kreuzung von zwei Elterntieren, kann man die nicht beteiligten Allele natürlich außer Acht lassen. Die Fellfarbe von Kaninchen zum Beispiel wird durch ein Gen bestimmt, für das vier Allele bekannt sind.

Aufgaben

1 Welche Blutgruppen könnten die Kinder eines Ehepaares haben, wenn die Mutter Blutgruppe 0 und der Vater Blutgruppe AB hat? Notiere die möglichen Genotypen und weise ihnen den entsprechenden Phänotyp zu.

2 CHARLIE CHAPLIN wurde 1940 in einem Vaterschaftsprozess zu Unterhaltszahlungen verurteilt. Das Kind hatte die Blutgruppe B, seine Mutter Blutgruppe A, CHAPLIN 0. Entschied das Gericht richtig? Begründe.

Warum Merkmale veränderlich sind

Als Britta und ihr Freund aus dem Urlaub in Tunesien kamen, waren sie braun gebrannt wie noch nie. Jetzt, einige Monate später, sind sie wieder so blass wie ihre Freunde. Warum verändern sich Merkmale? Würde ein gebürtiger Tunesier in Deutschland auch so helle Haut bekommen?

136-1

1 Hautfarbe – wird man nur von der Sonne braun?

Beobachten Untersuchen Experimentieren

Licht- und Schattenform beim Löwenzahn

Löwenzahn wächst fast an jedem Standort. Aber wenn ihr Pflanzen von extrem sonnigen Plätzen mit solchen vergleicht, die im tiefen Schatten wachsen, findet ihr große Unterschiede. ↑2 Sind diese Unterschiede erblich oder erworben?

a Vergleicht Löwenzahnpflanzen aus dem Schatten mit solchen von sonnigen Standorten. Achtet besonders auf die Länge und Breite der Blätter, auf Länge und Dicke der Wurzeln sowie auf die Länge der Blütenstiele.
b Plant ein Experiment, mit dem man herausfinden könnte, ob diese Unterschiede erblich sind oder nicht. Beschreibt Schritt für Schritt, wie ihr vorgehen wollt.
c Formuliert die möglichen Ergebnisse für euer Experiment. Welchen Ausgang erwartet ihr?

2 Sonnen- und Schattenform des Löwenzahns

Modifikation und Mutation

Merkmale sind veränderlich Dass Merkmale sich verändern können, wissen wir aus Erfahrung: Je nach Ernährungslage und Training können Kinder groß und kräftig werden oder klein und zierlich bleiben. Aber kein Mensch ist jemals 10 Meter groß geworden oder 500 Kilogramm schwer. Es gibt bestimmte Merkmale, die durch Umwelteinflüsse veränderbar sind. Aber selbst diese Merkmale schwanken nur innerhalb einer bestimmten Reaktionsnorm, die genetisch bedingt ist.

Modifikationen Die meisten genetisch bedingten Merkmale zeichnen sich durch eine weite Reaktionsnorm aus: So ist die Hautfarbe des Menschen zwar genetisch bedingt – es gibt helle und dunkle Hauttypen, aber dennoch wird die Haut aller Hauttypen bei Lichtmangel heller und beim Sonnenbaden dunkler. Solche umweltbedingten Veränderungen von Merkmalen nennt man Modifikationen. Meist zeichnen sich solche Modifikationen durch fließende Übergänge zwischen den einzelnen Merkmalsausprägungen aus. Beispielsweise findet man bei der Form der Baumkrone alle Übergänge zwischen Lichtform bei frei stehenden Bäumen und Schattenform im dichten Wald.

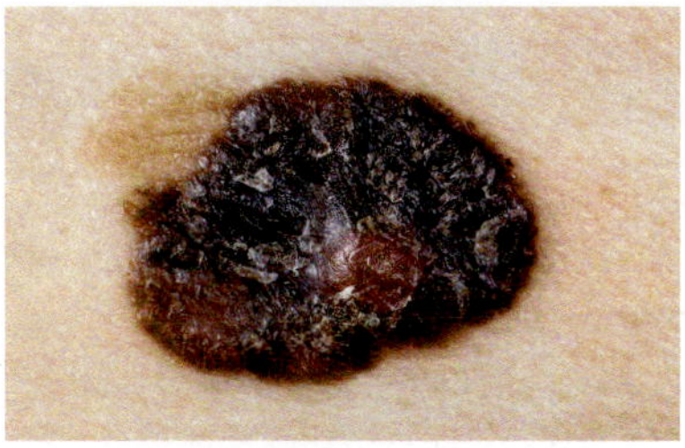

3 Hautkrebs kann durch UV-Strahlung entstehen.

Mutationen Manche Merkmalsveränderungen haben genetische Ursachen. Bei der Entwicklung vom befruchteten Ei zum Erwachsenen wird die Erbinformation unzählige Male kopiert. Dabei können Fehler vorkommen, die zu sprunghaften Veränderungen führen. Diese plötzlich auftretenden Veränderungen des Erbguts nennt man Mutationen. Mutationen können in jeder Körperzelle auftreten. Meist sterben die mutierten Zellen, sie können aber auch zu Krebszellen entarten. ↑3 Nur Mutationen, die bei der Bildung von Ei- und Spermazellen auftreten, können an Kinder vererbt werden.
Die Erbinformation kann durch Mutationen verschieden stark verändert sein. Bei Genmutationen ist nur die Basensequenz eines einzigen Gens verändert. Dies führt oft (z. B. beim Albinismus ↑4), zum Ausfall des Gens. Manchmal kommt es aber auch zu im Mikroskop sichtbaren Veränderungen eines Chromosoms. ↑5 Diese Chromosomenmutationen können durch eine Verdopplung, den Verlust oder durch eine veränderte Anordnung mehrerer Gene gekennzeichnet sein. Bei Genommutationen ist die Anzahl der Chromosomen gegenüber dem normalen Chromosomensatz verändert. Beispiele hierfür sind Trisomien wie das Downsyndrom. ↑S. 138

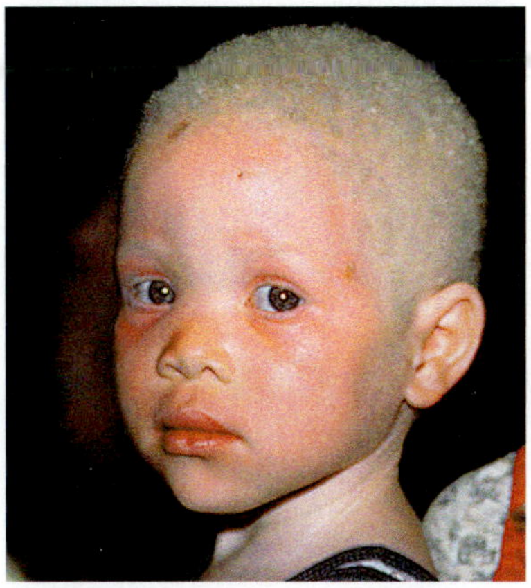

4 Albino-Mädchen. Die Eltern und Geschwister sind dunkelhäutig.

Ursachen von Mutationen Mutationen sind zufällige Ereignisse, die sich nicht vorhersehen lassen. Sie treten zwar sehr selten auf, aber bei der extrem hohen Zahl von Zellteilungen, die täglich in uns ablaufen, kann man davon ausgehen, dass jeder mutierte Zellen in sich trägt. Man kann sich vor Mutationen nicht schützen, es gibt aber bestimmte Einflüsse, die die normale Mutationsrate um ein Vielfaches erhöhen. Zu diesen Mutagene genannten Einflüssen gehören UV-, Röntgen- und radioaktive Strahlung sowie viele Chemikalien.

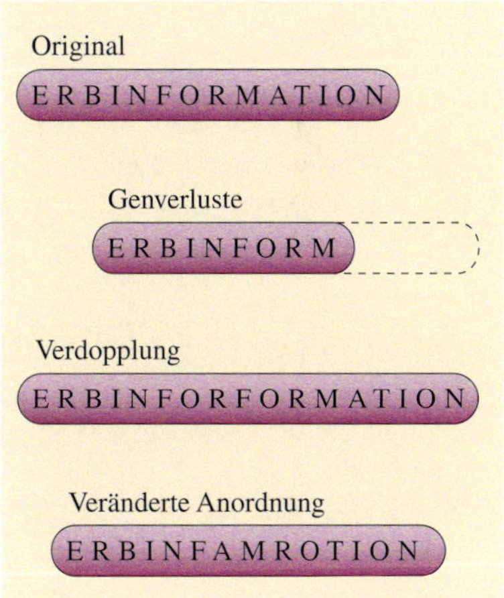

5 Verschiedene Typen von Chromosomenmutationen

Durch die Umwelt bedingte Merkmalsveränderungen nennt man Modifikationen. Sie sind nicht mit Erbgutveränderungen verbunden. Mutationen dagegen sind sprunghaft auftretende Erbgutveränderungen. Ihr Auftreten ist zufällig, wird aber durch Mutagene gefördert.

Aufgaben

1 Zähle Modifikationen auf, die du kennst. Erkläre jeweils, woran man erkennt, dass es sich um eine Modifikation handelt.

2 Begründe mithilfe von Bild ↑4, weshalb der Albinismus keine Modifikation darstellt.

3 Überlege, weshalb die meisten Mutationen dazu führen, dass Gene ausfallen und daraufhin Störungen ausgelöst werden.

4 Kann man sich vor Mutationen schützen? Begründe deine Entscheidung.

Fehler bei der Chromosomenverteilung

Eine gewisse Familienähnlichkeit kann man bei den meisten Kindern leicht erkennen. Auch bei Boris. Aber in einigen Merkmalen weicht sein Aussehen deutlich von dem seiner Eltern ab.
Weshalb sieht er so anders aus? Wie kann man erklären, warum Boris schon von Geburt an anders war?

1 Kind mit Downsyndrom und seine Eltern

Gestörte Chromosomenverteilung

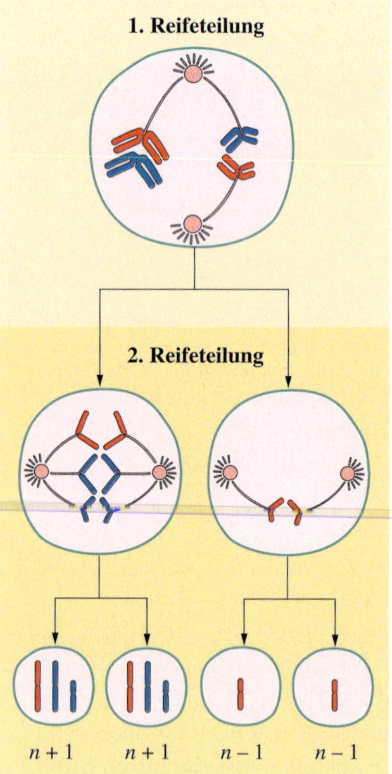

2 Folgen einer fehlenden Trennung von homologen Chromosomen während der 1. Reifeteilung

Keimzellenbildung Im Rahmen der Keimzellenbildung sorgt die Meiose dafür, dass der diploide Chromosomensatz der Vorläuferzellen auf den haploiden Chromosomensatz der reifen Keimzellen reduziert wird. Diese Reduktionsteilung läuft aber nicht immer fehlerfrei ab. So kann es beispielsweise während der ersten Reifeteilung passieren, dass zwei homologe Chromosomen sich nicht trennen. Folglich besitzen nach der zweiten Reifeteilung zwei Keimzellen von beiden homologen Chromosomen jeweils ein Chromatid, während die anderen beiden Keimzellen keines besitzen. ↑2 Nach der Befruchtung mit einer normalen Keimzelle enthält die Zygote dann entweder drei Chromatinfäden oder nur einen. Im ersten Fall spricht man von einer Trisomie, im zweiten von einer Monosomie. Solche Verteilungsfehler lassen sich im Karyogramm erkennen.

Auswirkungen Man kann sich leicht vorstellen, dass Trisomien und Monosomien tief greifende Konsequenzen für die Betroffenen haben: Im Fall einer Monosomie kommt ein bestimmtes Gen in jeder Körperzelle nur einmal und nicht doppelt vor. Entsprechend werden im Fall von Monosomien nur die Hälfte der normalerweise vorhandenen Genprodukte gebildet. Die Folgen sind so gravierend, dass Monosomien fast immer zu Totgeburten führen. Aber auch Trisomien haben starke Beeinträchtigungen zur Folge. Hier wird zu viel Genprodukt gebildet, da jedes Gen dreimal vorliegt. Daher sind auch die Träger von Trisomien der größeren Chromosomen (1 bis 18) meist nicht lebensfähig.

Trisomie 21 verursacht das Downsyndrom Eine Trisomie des kleinen Chromosoms 21 verläuft nicht tödlich. Sie führt jedoch zu ernsten Beeinträchtigungen. Das Krankheitsbild ist als Downsyndrom bekannt. Äußerlich macht sich das flache Gesicht mit den schrägen Lidfurchen und die eher untersetzte Gestalt bemerkbar. ↑1 Oft treten auch Organstörungen wie zum Beispiel Herzfehler auf. Zwar sind weniger als 10 Prozent der Menschen mit Downsyndrom schwer geistig behindert, aber bei allen Betroffenen verläuft die geistige Entwicklung verzögert. Für die volle Entfaltung ihrer Möglichkeiten sind sie auf eine intensive Förderung in den ersten Lebensjahren angewiesen.

Veränderungen der Geschlechtschromosomen Monosomien und Trisomien treten auch bei den Geschlechtschromosomen auf. ↑3 Sie sind mit weniger starken Störungen verbunden: Das Y-Chromosom trägt nur sehr wenige Gene und überzählige X-Chromosomen werden beim Menschen fast vollständig inaktiviert. Daher sind Frauen mit einer Trisomie des X-Chromosoms völlig gesund. Sie lassen sich nur anhand ihres Karyogramms von anderen Frauen unterscheiden. Bei Männern mit zusätzlichem X-Chromosom allerdings sind die Hoden unterentwickelt, was zur Sterilität führt. Steril sind auch Frauen mit einer Monosomie des X-Chromosoms. Geistige Behinderungen treten durch Verteilungsfehler bei den Geschlechtschromosomen nicht auf.

normale Spermien (n)	mutierte Eizelle (n): 23 + 1 XX	mutierte Eizelle (n): 23 – 1 –
23 X	2n: 46 + 1 XXX Poly-X-Syndrom	2n: 46 – 1 X– Ullrich-Turner-Syndrom
23 Y	2n: 46 + 1 XXY Klinefelter-Syndrom	2n: 46 – 1 Y– tödlich †
	Trisomien	**Monosomien**

3 Anomalien der Geschlechtschromosomen

Wenn bei der Meiose homologe Chromosomen nicht normal voneinander getrennt werden, entstehen sowohl Keimzellen mit überzähligen als auch solche mit fehlenden Chromatiden. Durch die Verschmelzung mit einer normalen Keimzelle bei der Befruchtung kommt es dann zu Trisomien bzw. Monosomien. Je nach betroffenem Chromosom führt dies zu mehr oder weniger schweren Schäden.

Schon gewusst?

Häufigkeit von Trisomien
Die Häufigkeit von Trisomien hängt stark vom Alter der Mutter ab. ↑4 Dies hängt mit einer Besonderheit der Eizellreifung beim Menschen zusammen: Schon zum Zeitpunkt der Geburt befinden sich in den Eierstöcken der Frau alle Eizellen, die jemals heranreifen werden. In dieser frühen Phase der Eizellreifung sind die homologen Chromosomen schon paarweise aneinandergelagert. Reift in den Eierstöcken einer 35-jährigen Frau ein Ei heran, befindet sich dieses Ei also schon 35 Jahre in dieser frühen Phase der Eireifung. Entsprechend groß ist die Wahrscheinlichkeit, dass die homologen Chromosomen sich nun nicht mehr fehlerfrei trennen – haften sie doch schon so lange Zeit aneinander.

Alter der Mutter	Häufigkeit einer Trisomie 21 des Kindes
20	1:1500
25	1:1350
30	1:890
35	1:350
40	1:100
45	1:20

4 Häufigkeit von Trisomie 21

Aufgaben

1 Trisomien und Monosomien führen zu schweren Krankheiten oder sogar zum Tod. Eigentlich ist das doch gar nicht zu erwarten, weil jedes Gen mindestens einmal vorkommt. Erkläre, warum so schwere Störungen auftreten.

2 In Bild ↑3 sind verschiedene Anomalien der Geschlechtschromosomen dargestellt. Informiere dich über die dort ebenfalls genannten Krankheitsbilder.

3 Gesunde Eltern erwarten ein Kind. In den Familien der beiden gab es bisher keine genetisch bedingten Krankheiten. Wäre es dennoch möglich, dass ihr Kind mit Downsyndrom geboren wird? Begründe.

4 Informiert euch und berichtet darüber, wie Jugendliche mit Downsyndrom in einer Förderschule lernen und wie sie ihre Probleme im Alltag bewältigen.

Krankheiten können genetische Ursachen haben

Für Karina fängt der Tag schon ganz früh an und endet, wenn andere Kinder noch spielen. Die kleine Patientin muss jeden Tag inhalieren und Krankengymnastik machen, damit sie keine Lungenentzündung bekommt. Um ihr Essen verdauen zu können, muss sie viele Tabletten nehmen. Einen Großteil ihrer Zeit verbringt sie in Krankenhäusern und bei Ärzten. Aber geheilt werden kann sie nicht, weil sie an einer genetisch bedingten Krankheit leidet. Was ist anders, wenn eine Krankheit eine genetische Ursache hat?

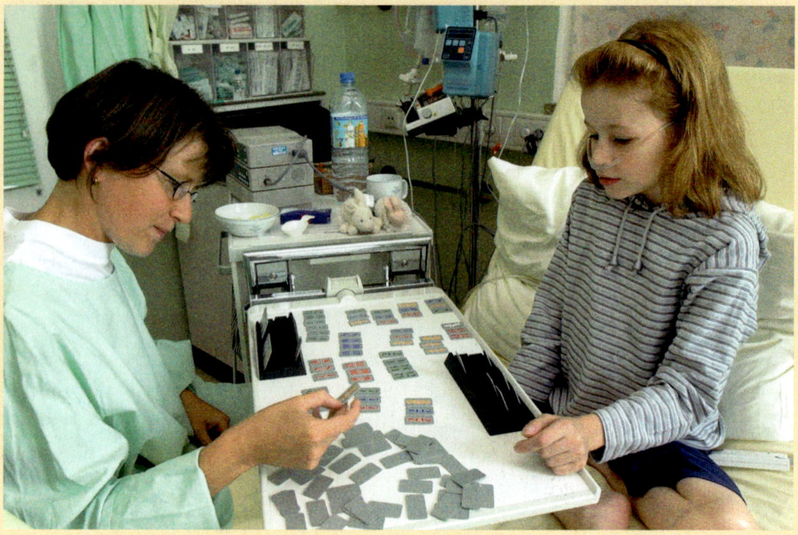

1 Manchmal sind Kinder genetisch bedingt unheilbar krank.

Beobachten Untersuchen Experimentieren

Wie kann Mukoviszidose entstehen?

Die so genannten „Erbkrankheiten" haben eine genetische Ursache. Sie können durch eine oder mehrere verschiedenartige Mutationen bei oder nach der Keimzellbildung entstehen. Meist ist ein Gen durch eine Mutation so verändert, dass ein bestimmtes Protein nicht in seiner funktionstüchtigen Form hergestellt werden kann. Bei Karinas Krankheit, der Mukoviszidose, ist das ein Protein, das den Austausch von Wasser und Salz in den Zellen regelt. Dadurch entsteht ein zähflüssiger Schleim, nach dem die Krankheit benannt wurde. Bild ↑2 zeigt den Erbgang. Untersuche anhand des Bilds:

a Unter welcher Voraussetzung wird ein Kind krank?
b Was fällt dir bei den gesunden Kindern auf?
c Sind die Eltern krank oder gesund?
d Hast du schon eine Idee, wie die Mukoviszidose verursacht wird? Formuliere eine Vermutung.
e Warum brauchen Mukoviszidosekranke viel Unterstützung? Warum ist es von Vorteil, wenn die Krankheit so früh wie möglich erkannt wird? Informiere dich im Internet.

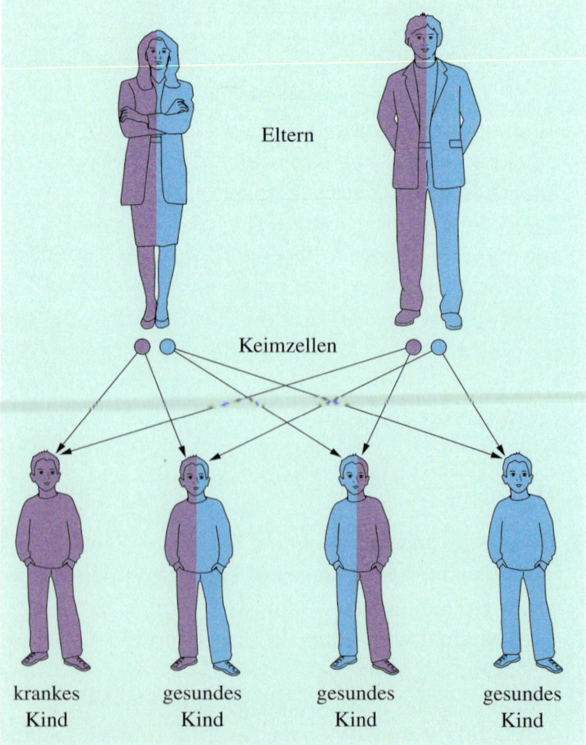

2 Erbgang der Mukoviszidose

Stammbaumanalyse

Wollen Eltern das Risiko für die Geburt eines Kindes mit einer genetisch bedingten Krankheit erfahren, gehen sie zur genetischen Beratung. Dort wird ein Familienstammbaum erstellt. Bei seiner Analyse versucht man von den Merkmalen auf die Ebene der Anlagen zu schließen, um zu einer Vermutung über den Erbgang zu gelangen. Eindeutige Aussagen sind hier nur bei Merkmalen möglich, die durch ein einziges Gen, also monogen, vererbt werden.

Autosomale Erbgänge ↑3

Die meisten Merkmale folgen einem autosomalen Erbgang. Ihre Erbanlagen befinden nicht auf einem Geschlechtschromosom, sondern auf einem der 22 anderen Chromosomen, den Autosomen. Entsprechende Merkmale treten bei beiden Geschlechtern etwa gleich häufig in Erscheinung.

1 Ein autosomal-dominanter Erbgang zeigt sich daran, dass Individuen, die bezüglich des zu untersuchenden Merkmals heterozygot sind, phänotypisch nicht von homozygoten zu unterscheiden sind. Der Besitz der entsprechenden Erbanlage in einfacher Dosis reicht aus, um das Merkmal vollständig zur Ausprägung zu bringen.
Tritt bei Vater und Mutter das Merkmal in Erscheinung und zeigt sich dieses nicht bei allen Kindern, liegt ein dominanter Erbgang vor.

2 Bei einem autosomal-rezessiven Erbgang tritt das interessierende Merkmal nur bei homozygoten Individuen in Erscheinung.
Ist bei Vater und Mutter das Merkmal nicht ausgeprägt und sind unter den Kindern Merkmalsträger, liegt ein rezessiver Erbgang vor.

Gonosomale Erbgänge ↑3

Merkmale mit gonosomaler Vererbung, deren Erbanlagen sich auf den Geschlechtschromosomen befinden, treten abhängig vom Geschlecht in Erscheinung.

1 Für einen gonosomal-rezessiven Erbgang ist typisch, dass bei Männern bereits die einfache Dosis der Erbanlage ausreicht, um in Erscheinung zu treten. Ursache ist das Fehlen eines homologen Allels, das sich bei Frauen auf dem zweiten X-Chromosom befindet.
Bei einer Frau kann ein Merkmal mit gonosomal-rezessivem Erbgang nur auftreten, wenn sie das entsprechende Allel homozygot besitzt. Dazu kann es kommen, wenn ein das Merkmal tragender Vater und eine heterozygote Mutter das X-Chromosom mit dem rezessiven Allel weitergegeben haben.
Heterozygote Frauen werden auch als Konduktorinnen, also Überträgerinnen, bezeichnet, weil sie das rezessive Allel weitergeben können, ohne dass es bei ihnen in Erscheinung tritt.

2 Bei einem gonosomal-dominanten Erbgang tritt das Merkmal bei Frauen etwa doppelt so häufig auf wie bei Männern. Bis auf dieses Anzeichen ist der Erbgang nur schwer von einem autosomal-dominanten zu unterscheiden.

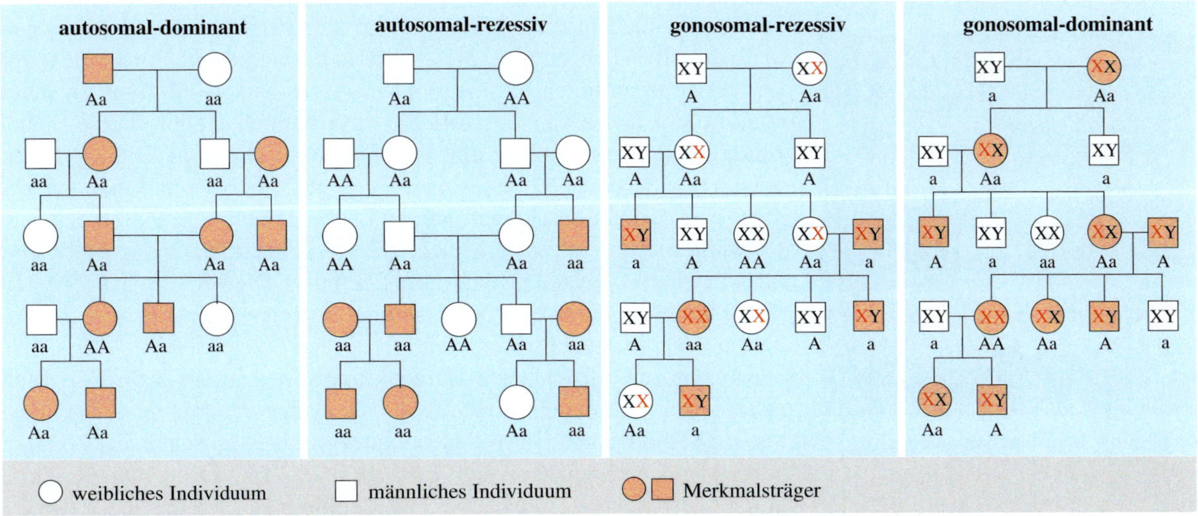

3 Darstellung verschiedener Erbgänge

Genetisch bedingte Krankheiten beim Menschen

142-1

Genetisch bedingte Erkrankungen werden in der Regel von einer durch Mutation veränderten Erbanlage verursacht. Da sie verschiedenen Erbgängen folgen, ist die Wahrscheinlichkeit zu erkranken ganz unterschiedlich. ↑S.141 Die Krankheitsmerkmale können sich unterschiedlich stark äußern, weil in vielen Fällen das entsprechende Gen nicht von einer einzigen, sondern oft von mehreren Hundert verschiedenen Mutationen betroffen ist. Außerdem kommt es vor, dass sich ein Krankheitsmerkmal nur bei einem Teil der Individuen zeigt.

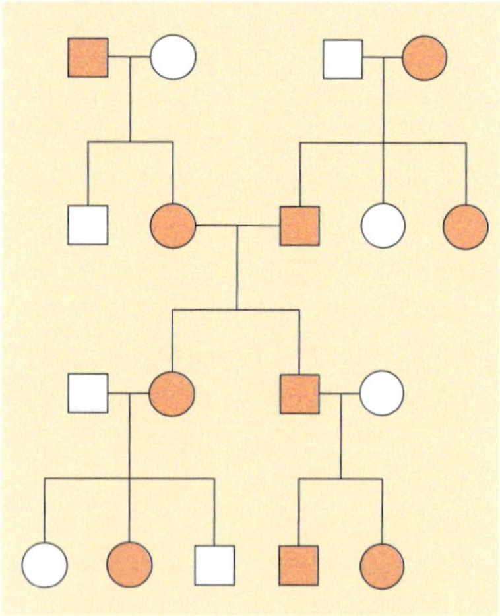

1 Chorea Huntington: Familienstammbaum

Autosomal-dominanter Erbgang Bei den meisten Betroffenen ist ein Elternteil heterozygot für das dominante krankheitsverursachende Allel, während der andere Elternteil homozygot für das wesentlich häufigere rezessive Allel ist. Statistisch wird das krankheitsverursachende Allel an die Hälfte der Kinder weitergegeben, die dann ebenfalls erkranken. Es spielt keine Rolle, von welchem Elternteil das Allel stammt.
Viele Krankheiten, die autosomal-dominant vererbt werden, sind so beeinträchtigend, dass die Betroffenen häufig nicht das Fortpflanzungsalter erreichen. Daher werden weniger als eines von 10 000 Neugeborenen mit solchen Krankheiten geboren. Oft handelt es sich um körperliche Fehlbildungen, aber auch degenerative Erkrankungen gehören dazu, wie der Veitstanz (Chorea Huntington). ↑1 Diese Krankheit, bei der Nervenzellen zugrunde gehen, tritt allerdings erst im Erwachsenenalter in Erscheinung.

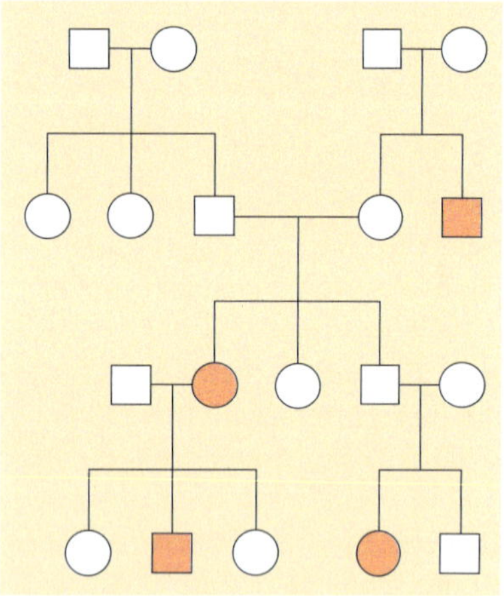

2 Sichelzellanämie: Familienstammbaum

Autosomal-rezessiver Erbgang In der Regel sind Vater und Mutter der Betroffenen heterozygot für das rezessive krankheitsverursachende Allel und daher gesund. Statistisch bekommt die Hälfte der Kinder nur eines der krankheitsverursachenden Allele übertragen. Sie sind dann ebenfalls heterozygot und gesund. Ein Viertel der Kinder erhält statistisch betrachtet beide Allele und bildet somit die Krankheit aus.
In der Mehrzahl handelt es sich um Stoffwechselkrankheiten. Die meisten Allele, die autosomal-rezessiv vererbte Krankheiten hervorrufen, kommen mit Häufigkeiten zwischen 1 : 100 und 1 : 1000 vor.
Die Sichelzellanämie ist ein Beispiel für eine Krankheit mit einem autosomal-rezessiven Erbgang. ↑2 Sie kommt in unseren Breiten nicht mehr vor, ist aber in bestimmten Regionen Afrikas sehr häufig. Sie führt im sauerstoffarmen Blut zu einer Verformung der roten Blutzellen. Diese Sichelzellen verklumpen leichter und verstopfen vor allem die Blutkapillaren, wodurch verschiedene Organe nicht mehr ausreichend mit Sauerstoff versorgt und deshalb geschädigt werden. Außerdem sind Sichelzellen nicht so stabil wie normale rote Blutzellen und werden leichter zerstört. Das führt zu einer schweren „Blutarmut" (Anämie). Die Verformung der roten Blutzellen wird durch eine Veränderung des roten Blutfarbstoffs, des Hämoglobins, verursacht. ↑3

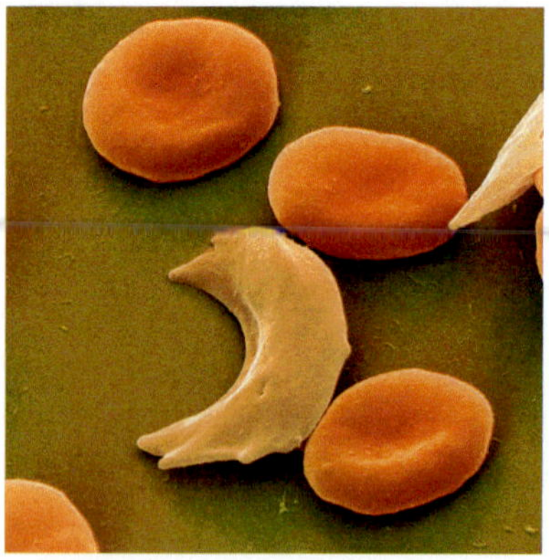

3 Blutbild bei Sichelzellanämie

Heterozygote besitzen beide Hämoglobin-Sorten in etwa gleichen Mengen. Sie zeigen unter normalen Umständen keine Symptome, da bei ihnen nur ein Teil der roten Blutzellen sichelförmig ist. Menschen, die homozygote Träger des Sichelzellallels sind, besitzen nur das veränderte Hämoglobin. Sie leiden an schweren Anämien, die meist vor Erreichen der Geschlechtsreife zum Tod führen, sodass ein Verschwinden des Allels zu erwarten wäre. Die Regionen, in denen die Sichelzellanämie auftritt, decken sich weitgehend mit den Malariagebieten. ↑4 In den verformten roten Blutzellen können sich die Erreger der Malaria nicht vermehren. Heterozygote sind dadurch deutlich resistenter gegenüber Malaria als homozygote Träger des normalen Allels für Hämoglobin. Das Beispiel zeigt, dass ein durch Mutation verändertes Gen unter bestimmten Umweltbedingungen auch vorteilhaft sein kann.

Gonosomal-rezessiver Erbgang In der Regel sind bei Betroffenen beide Eltern gesund. Die Mutter ist jedoch meist heterozygot für das krankheitsverursachende Allel. Statistisch gibt sie es an die Hälfte der Kinder weiter. Die Hälfte der Söhne wird also vermutlich das Allel tragen und die Krankheit ausbilden. Alle Töchter sind jedoch phänotypisch gesund, obwohl ebenfalls die Hälfte das Allel besitzt.
Die bekannteste Krankheit mit gonosomal-rezessivem Erbgang ist die Bluterkrankheit. Sie war bereits im 18. Jahrhundert aufgefallen, weil in mehreren europäischen Fürstenhäusern ausschließlich Männer davon betroffen waren. ↑5 Durch einen Mangel an einem Gerinnungsfaktor kommt es zu einer Störung der Blutgerinnung. Normalerweise wird ein verletztes Blutgefäß innerhalb von zwei bis drei Minuten verschlossen. Bei Bluterkranken beträgt die Gerinnungszeit mehr als 15 Minuten. Die Betroffenen würden bei größeren Verletzungen verbluten. Deshalb wird ihnen der fehlende Gerinnungsfaktor gespritzt, der in einem aufwendigen Verfahren aus Spenderblut oder gentechnisch gewonnen wird.

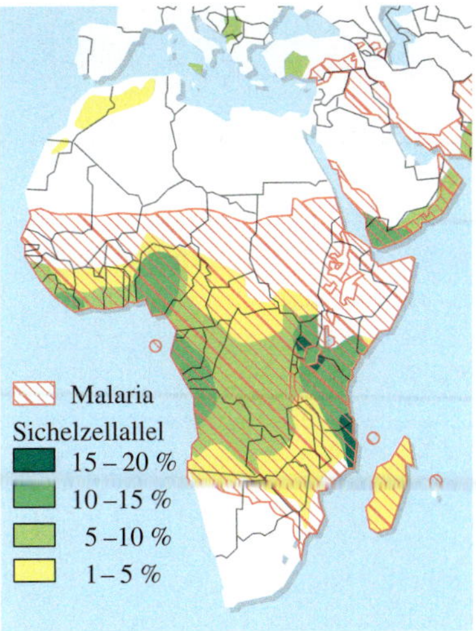

4 Verbreitung der Sichelzellanämie

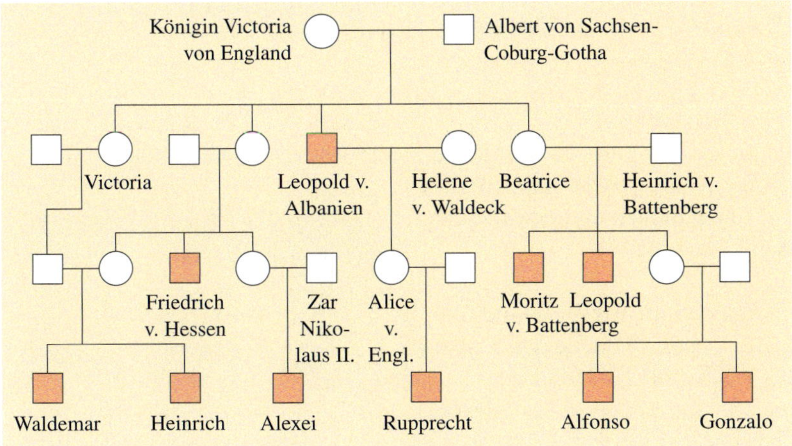

5 Die Bluterkrankheit in europäischen Fürstenhäusern

Genetisch bedingte Erkrankungen werden in der Regel von einer durch Mutation veränderten Erbanlage hervorgerufen. Sie sind unheilbar, können aber in vielen Fällen medizinisch behandelt und in ihren Auswirkungen gemildert werden.

Historisches

Adel und Inzucht
Um ihr adliges Blut „rein" zu halten, betrieben die europäischen Königshäuser eine gezielte Heiratspolitik, die letztlich zu Inzucht führte. Erbkrankheiten und Missbildungen waren die Folge. Das Geschlecht der Habsburger erzeugte so die „Habsburger Lippe", eine Missbildung des Kiefers, die die Betroffenen zwang, sich vorwiegend von Suppe und Brei zu ernähren. ↑6

6 Kaiser KARL V. (1500–1558)

Aufgaben

1 Bestimme alle Genotypen in den Stammbäumen auf ↑S. 141, 143. Begründe deine Lösungen.
2 Was ist eine Phänokopie? Recherchiere.
3 Weshalb sind Kinder aus Verwandtenehen häufiger von genetisch bedingten Krankheiten betroffen als die übrige Bevölkerung? Begründe.

Wenn Gene und Umwelt zusammenwirken

Eine Langzeituntersuchung an der Universität Jena hat ergeben, dass deutsche Schulkinder in den letzten 125 Jahren immer größer und immer schwerer wurden. Eine 14-jährige Schülerin ist heute durchschnittlich so groß und schwer wie eine erwachsene Frau im Jahr 1960. Aber auch die Erwachsenen haben zugelegt. Was sind die Ursachen für die Größen- und Gewichtszunahmen?

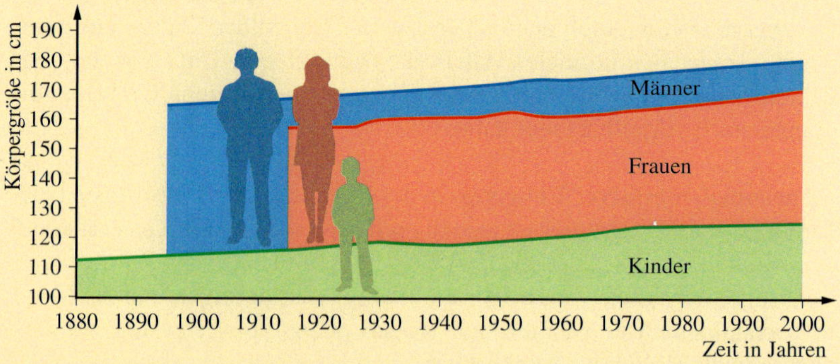

1 Die Körpergröße hat in den letzten 120 Jahren zugenommen.

Beobachten **Untersuchen** *Experimentieren*

Entwicklungsbeschleunigung

1 Setze die Daten aus der Jenaer Langzeituntersuchung ↑2, 3 in zwei Grafiken um, die die Zunahme von Körperhöhe und -gewicht zeigen.

2 Berechne, im welchem Ausmaß die Körperhöhe und das Körpergewicht von Jungen und Mädchen zwischen 1880 und 1995 zugenommen hat.

3 Wissenschaftler bezeichnen die Zunahme der Körperhöhe als Akzeleration, d. h. Entwicklungsbeschleunigung. Kannst du weitere Körpermerkmale und -vorgänge bei Kindern, Jugendlichen und Erwachsenen angeben, die zu dem Phänomen passen?

4 In mittelalterlichen Burgen sind die Türen viel niedriger und die Betten viel kleiner als heutzutage. Tatsächlich haben Messungen der Knochen aus dieser Zeit ergeben, dass das Wachstum der Männer im 12. Jahrhundert stagnierte und bis zum 18. Jahrhundert bis auf 169 cm sogar zurückging. Erst seit dem 19. Jahrhundert werden die Menschen wieder größer. Was kannst du daraus schließen?

	Jungen (in cm)	Mädchen (in cm)
1880	143,6	147,4
1932	153,5	155,1
1964	158,7	157,9
1995	164,6	163,0

2 Mittelwerte der Körperhöhe von 14-jährigen Schulkindern

	Jungen (in kg)	Mädchen (in kg)
1880	33,9	37,7
1932	45,5	46,0
1964	47,0	49,1
1995	51,2	53,1

3 Mittelwerte des Körpergewichts von 14-jährigen Schulkindern

Das Zusammenwirken von Genen und Umwelt

144-1

Die meisten Merkmale des Menschen kommen nicht durch den Einfluss eines einzigen Gens, sondern polygen, d. h. durch das Zusammenspiel mehrerer Gene zustande. Bei polygen bedingten Merkmalen beobachtet man nicht nur zwei oder drei Phänotypen, sondern eine kontinuierlich abgestufte Vielfalt wie beispielsweise bei der Hautfarbe.
Die Vielfalt ist aber nicht nur genetisch bedingt, sondern multifaktoriell: Sie beruht in der Regel auf dem Zusammenwirken von mehreren Erbanla-

gen und Umweltfaktoren (z. B. bei der Hautfarbe die Sonnenbestrahlung). Bei den verschiedenen Merkmalen kann der jeweilige Einfluss von Genen und Umweltfaktoren sehr unterschiedlich sein – mal überwiegen die Gene und mal die Umweltfaktoren.

Körperhöhe Für die Zunahme der Körperhöhe im letzten Jahrhundert, die auch aus vielen anderen Ländern berichtet wird, werden vor allem veränderte Lebensbedingungen verantwortlich gemacht: gesündere Ernährung, bessere hygienische Verhältnisse und medizinische Versorgung. So ließe sich auch der Rückgang der Körperhöhe im Mittelalter erklären. Damals waren Ernährung und hygienische Verhältnisse sehr schlecht. Aber auch wenn die Lebensbedingungen immer besser werden, wachsen die Menschen nicht bis in den Himmel. Es gibt einen genetisch vorgegebenen Spielraum für die Körperhöhe, der zwar voll ausgeschöpft, aber nicht überschritten werden kann. Nach den Untersuchungen aus Jena haben wir inzwischen den Maximalwert fast erreicht.

Körpergewicht Vor allem wegen der Zunahme von übergewichtigen Kindern, Jugendlichen und Erwachsenen wird der genetische Einfluss auf das Körpergewicht intensiv erforscht.
Aus Familienuntersuchungen ist bekannt, dass mit einem übergewichtigen Elternteil etwa 25 Prozent der Kinder ebenfalls übergewichtig werden. Haben beide Eltern Übergewicht, werden etwa 75 Prozent der Kinder übergewichtig. Adoptierte Kinder zeigen keinerlei Ähnlichkeiten mit dem Körpergewicht der Adoptiveltern, aber große Übereinstimmung mit dem Körpergewicht der biologischen Eltern. Auch hier entwickeln 75 Prozent der Kinder Übergewicht, wenn beide Eltern übergewichtig sind. Neben dem genetischen Einfluss spielen aber auch ungünstige Ernährungs- und Bewegungsgewohnheiten eine Rolle, die oft von den Eltern übernommen werden.

Krankheiten Neben den klassischen genetisch bedingten Krankheiten gibt es für viele andere Krankheiten eine mehr oder weniger ausgeprägte genetisch bedingte Veranlagung oder Anfälligkeit. Die Krankheit tritt erst in Erscheinung, wenn die entsprechenden Umweltfaktoren hinzukommen. So entwickeln nur solche Menschen einen Diabetes mellitus Typ II, die dazu genetisch veranlagt sind und übergewichtig werden. Ohne das Übergewicht bleibt die Krankheit aus – trotz genetischer Veranlagung.

Bei multifaktoriell bedingten Merkmalen bewirken die Erbanlagen lediglich eine Veranlagung des Körpers – eine genetische Disposition. Erst wenn die entsprechenden Umweltfaktoren hinzukommen, bildet sich ein bestimmter Phänotyp aus.

Zur Diskussion

Anzeige eines Anbieters:

Gentests für Privatpersonen
Für die Gesundheitsvorsorge werden zunehmend prädiktive genetische Tests eingesetzt. Das Ziel ist, rechtzeitig ein möglicherweise erhöhtes, von den Eltern ererbtes gesundheitliches Risiko zu erkennen, damit eine bessere Vorbeugung betrieben werden kann. Jeder Mensch, der in seiner Familie von Angehörigen weiß, die in relativ jungen Jahren an Thrombosen, Schlaganfall oder Herzinfarkt erkrankt sind, macht sich zu Recht Sorgen, ob er selbst vielleicht auch betroffen sein könnte. Mithilfe genetischer Tests kann das ererbte genetische Risiko sehr gut eingeschätzt werden.

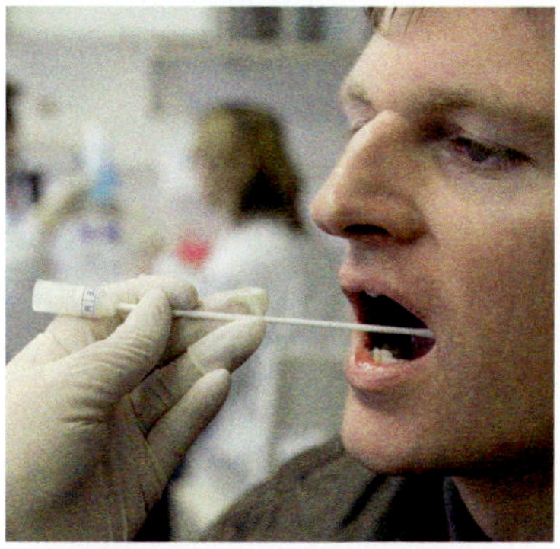

4 Eine Speichelprobe genügt für einen Gentest.

Aufgaben

1 Erläutere den Unterschied zwischen monogen bedingten Erbkrankheiten und multifaktoriell bedingten Erkrankungen.

2 Sind gesunde Ernährung und ausreichende Bewegung für Menschen mit einer genetischen Disposition für Übergewicht nutzlos?

3 Informiere dich im Internet über die Problematik des Einsatzes von Gentests für Privatpersonen.

Pflanzen- und Tierzucht

Wenn man verschiedene Hunderassen miteinander vergleicht, findet man extreme Unterschiede; viel größere als zwischen Wolf und Schakal. Kaum zu glauben, dass alle Hunderassen zur selben Tierart gehören. Wie konnte der Mensch aus einer einzigen Art so verschiedene Rassen hervorbringen? Und welche Ziele verfolgte er dabei?

1 Alle Hunderassen stammen vom Wolf (links) ab.

Beobachten Untersuchen Experimentieren

Zuchtziele früher und heute

Bei der Jagdszene rechts wurde ein Ur erlegt, ein zweites wurde lebend gefangen. Ergeben sich aus dieser Darstellung vielleicht Hinweise auf die Anfänge der Tierzucht? ↑2

a Welche Ziele hat man wohl anfangs bei der Tierzucht verfolgt?

b Informiere dich im Internet und in Fachbüchern, welche Ziele heute bei der Zucht von Tieren und Pflanzen verfolgt werden.

2 Assyrerkönig ASSURNASIRPAL bei der Jagd auf Wildrinder (Ur). Nach einem Relief aus Mesopotamien um 1000 v. Chr.

Züchtung von Pflanzen und Tieren

Die Anfänge der Züchtung Bereits in der Steinzeit, vor etwa 12 000 Jahren, begannen die Menschen Ackerbau und Viehzucht zu treiben. Wahrscheinlich wurden zunächst essbare Wildpflanzen angebaut. Wild lebende Tiere wurden gezähmt und an die Gefangenschaft gewöhnt. Doch schon bald begann eine gezielte Auslese: Die steinzeitlichen Bauern bauten vorzugsweise die Pflanzen weiter an, deren Früchte ihnen am besten schmeckten und die sich am besten verarbeiten und lagern ließen. Sie ließen nur die Tiere zur Weiterzucht zu, die besonders friedfertig waren und die ihnen viel Fleisch, Milch oder Eier lieferten. Vor der Weiterzucht erfolgte also eine Auslese. Obwohl den Bauern noch nichts über Vererbung bekannt war, begannen sie, durch diese Auslesezüchtung die kultivierten Arten zu verändern. Allmählich entstanden Nutztiere und -pflanzen, die den Wildformen, von denen sie abstammen, kaum noch ähnelten. ↑3 Bis zum Ende des 19. Jahrhunderts war die Auslesezüchtung die einzige Möglichkeit, Pflanzen und Tiere mit erwünschten Eigenschaften hervorzubringen.

3 Relative Größen von Wildart und Kulturform verschiedener Nutzpflanzenarten

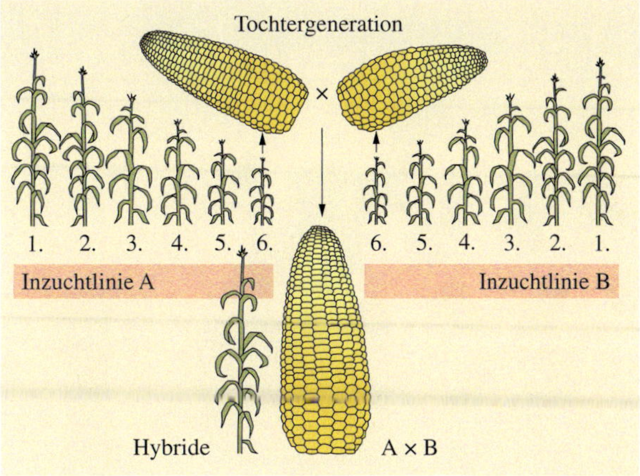

4 Erzeugung einer Hochleistungssorte durch Hybridzüchtung

Kombinationszüchtung Schließlich schaffte man es, die erwünschten Eigenschaften von verschiedenen Sorten gezielt miteinander zu kombinieren. Kreuzt man beispielsweise eine Weizensorte mit geringem Ertrag, die aber frosthart ist, mit einer zweiten Art, die zwar hohe Erträge liefert, aber frostanfällig ist, dann tauchen vermutlich in der zweiten Tochtergeneration auch Exemplare mit hohem Ertrag auf, die winterhart sind. Hat man so die gewünschte Merkmalskombination erreicht, versucht man Homozygotie zu erzeugen, damit die Merkmalskombination stabil bleibt. Viele heute gebräuchliche Hochleistungsrassen sind durch Kombinationszüchtung entwickelt worden.

Hybridzüchtung Besonders in der Pflanzenzucht stellte sich heraus, dass heterozygote Individuen oft größer und widerstandsfähiger sind als homozygote. ↑4 Bei der Züchtung von Mais, Tomate, Sonnenblume oder Schweinen macht man sich diesen Heterosiseffekt gezielt zunutze. Hier werden zunächst durch Inzucht, also Kreuzung untereinander, reinerbige Linien von möglichst unterschiedlichen Rassen erzeugt. Dann werden aus diesen Inzuchtlinien Hybriden gezüchtet. Diese sind wegen ihrer hohen Erträge sehr begehrt. Da sich der Heterosiseffekt in den Folgegenerationen verliert, können die Hybriden nicht über Samen vermehrt werden. Sie müssen stets durch Einkreuzung der Inzuchtlinien neu erzeugt werden.

Seit dem Beginn von Ackerbau und Viehzucht verändern Menschen Tier- und Pflanzenarten durch Auslesezüchtung. Dabei werden nur Individuen mit erwünschten Eigenschaften weitervermehrt. In neuerer Zeit erlauben Kombinations- und Hybridzüchtung eine gezieltere Vorgehensweise bei der Züchtung von Nutztieren und -pflanzen.

Schon gewusst?

Merkmale von Kulturformen
Die zur Ernährung angebauten Kulturpflanzen sind oft viel größer als die Wildarten, von denen sie abstammen. Bitter- und Giftstoffe sind meist kaum noch enthalten. Oft können sich Kulturpflanzen nicht mehr ohne Hilfe des Menschen vermehren. Extreme Beispiele hierfür sind Banane, Ananas und Zitrusfrüchte, die gar keine Samen mehr ausbilden.
Nutztiere setzen oft viel mehr Fleisch und Fett an als die Stammform. Sie wachsen schneller, sind früher geschlechtsreif und können mehr Junge pro Jahr zur Welt bringen. Typisch für Haustiere ist auch der Verlust der Haare oder der üblichen Fellfärbung. Bei vielen Haustierrassen ist das Gehirn kleiner und die Sinne sind weniger empfindlich als bei der Stammform.

Aufgaben

1 Vergleiche mithilfe von Bild ↑3 die Kulturform des Mais mit der Wildart, von der der Mais abstammt.

2 Erkläre, welche Vorteile die Kombinationszüchtung gegenüber der Auslesezüchtung hat.

3 Entwirf einen Versuch, mit dem du überprüfen kannst, ob der Heterosiseffekt bei einer Hybrid-Tomatensorte wirklich in den Folgegenerationen nachlässt.

Moderne Züchtungstechniken

Der Mensch hat mithilfe der klassischen Methoden leistungsfähige Pflanzensorten und Tierrassen züchten können. Aber er stößt hier auf Grenzen: Verschiedene Pflanzen- und Tierarten lassen sich nicht beliebig miteinander kreuzen. Und die meisten Nutztiere können im Lauf ihres Lebens viel weniger Nachkommen hervorbringen, als die Züchter sich das wünschen. Neue, biotechnologische Methoden erweitern die Möglichkeiten erheblich. Sollte man sich dieser Möglichkeiten ungeniert bedienen oder gibt es dabei ethische Grenzen?

1 Gewebekulturen der Kartoffel

Mehr Nachkommen pro Tier In der Tierzucht werden auch heute noch klassische Methoden wie Kombinations- oder Hybridzüchtung angewendet. Da diese Zuchtmethoden sehr langwierig sind, haben Tiere, die den Wünschen des Züchters entsprechen, einen sehr hohen Wert. Von diesen Tieren hätte man gern möglichst viele Nachkommen.
In der Viehzucht war es früher üblich, die Kühe zur Begattung zum Dorfstier zu bringen. Auf diese Weise konnte ein Stier allerhöchstens 100 Nachkommen pro Jahr zeugen. Heute werden Kühe in der Regel künstlich besamt: Mit dem in kleine Portionen aufgeteilten Sperma eines einzigen Bullen können jedes Jahr über Tausend Kälber gezeugt werden. ↑2
Bei der Nachzucht wertvoller Hochleistungskühe ist das Problem noch gravierender. Eine Kuh kann normalerweise immer nur ein Kalb auf einmal austragen. So wurde der Embryonentransfer entwickelt. Hierbei wird die Kuh zunächst mit Hormonen behandelt, die bewirken, dass nicht nur ein Ei aus dem Eierstock freigesetzt wird, sondern sogar bis zu 40. Diese unbefruchteten Eier werden mit dem Sperma eines Bullen künstlich besamt. Nach einigen Tagen entwickeln sich Embryonen aus den befruchteten Eiern. Noch bevor sich die Embryonen in der Gebärmutter der Kuh einnisten können, werden sie entnommen. Jeder einzelne Embryo wird nun einer Leihmutter eingepflanzt. So erhält man zahlreiche Nachkommen einer Kuh. ↑3
Die Tiere, die durch künstliche Besamung und/oder Embryonentransfer zur Welt kommen, sind Geschwister. Sie weisen genauso große genetische Unterschiede auf wie natürlich gezeugte Geschwister.

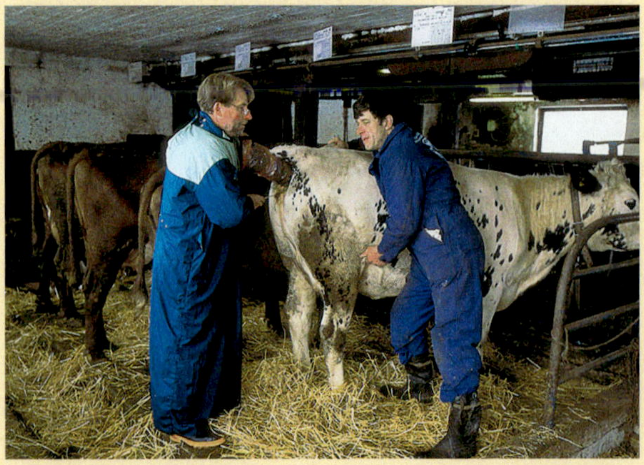

2 Künstliche Besamung einer Kuh

3 Geschwister-Kälber, gezüchtet durch Embryonentransfer

Klonen – genetische Vielfalt unerwünscht Ist ein Züchter endlich am Ziel seiner Bemühungen angelangt, möchte er möglichst viele Exemplare seiner neuen Sorte oder Rasse heranziehen, ohne dass die gewünschten Eigenschaften bei den Folgegenerationen wieder verloren gehen. Genetisch identische Kopien wären hier ideal. Solche als Klone bezeichnete Kopien lassen sich heute züchten. Bei Tieren ist dies recht schwierig und daher wirtschaftlich meist nicht sinnvoll. Pflanzen aber werden schon seit langer Zeit kloniert und die Biotechnologie bietet heute noch weitere Möglichkeiten dazu.

Viele Pflanzen bilden für ihre vegetative Vermehrung von Natur aus Klone ihrer selbst. Denn die Ausläufer der Erdbeere, die Brutzwiebeln des Knoblauchs oder die Kartoffelknollen sind nichts anderes als genetisch identische Kopien der Mutterpflanze. Viele Gehölze lassen sich künstlich über Stecklinge vermehren. Diese Möglichkeiten nutzt der Mensch schon seit Jahrhunderten. Heute besteht auch die Möglichkeit, Pflanzen zu klonieren, die sich selbst nicht vegetativ vermehren. Dabei werden in geeigneten Nährlösungen aus Pflanzenteilen wie Blattstückchen, Pollen, Einzelzellen oder Protoplasten wieder ganze Pflanzen regeneriert. Die Protoplastenkultur erweist sich als besonders leistungsfähig. ↑4 Hierbei werden die Zellwände von Gewebestücken durch Enzyme abgebaut. Übrig bleiben Protoplasten, also nackte Einzelzellen ohne Zellwand. Diese Protoplasten lassen sich in Nährmedien zu ganzen Pflanzen heranzüchten. Unter bestimmten Bedingungen gelingt es sogar, Protoplasten verschiedener Arten miteinander zu verschmelzen, die auf natürlichem Weg nicht kreuzbar sind. ↑5

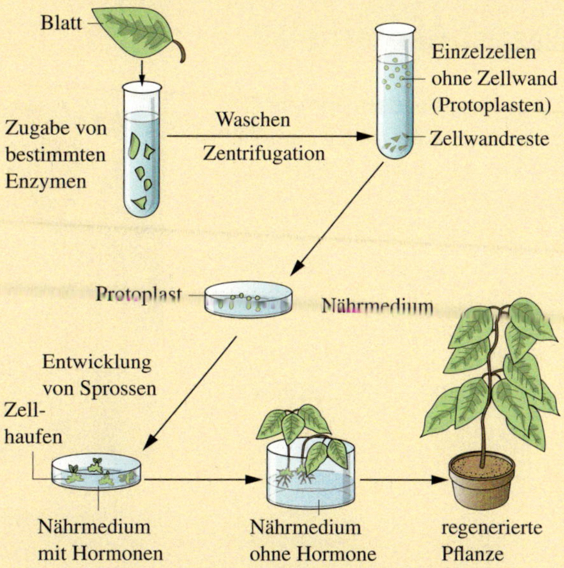

4 Regeneration ganzer Pflanzen aus Protoplasten

Viele Chromosomensätze für große Früchte Colchicin, das Gift der Herbstzeitlose, verhindert die Ausbildung von Spindelfasern bei der Zellteilung und somit auch die Trennung der Chromosomen bzw. Chromatiden. Mit diesem Gift kann man daher diploide Keimzellen herstellen. Kommen diese Keimzellen zur Befruchtung, entstehen neue Sorten mit einem vierfachen Chromosomensatz. Sorten mit einem vervielfachten Chromosomensatz, die also polyploid sind, haben meist größere Zellen und damit oft auch größere Früchte. Viele Nutzpflanzensorten sind polyploid.

Aufgabe

Suche weitere Informationen zu modernen Züchtungstechniken im Internet. Gib dazu Begriffe wie Tierzucht, Pflanzenzucht, Klonierung, Kalluskultur oder Embryonentransfer in eine Suchmaschine ein.

5 Tomoffel – so wird eine durch Verschmelzung der Protoplasten von Tomate und Kartoffel erzeugte Pflanze bezeichnet. Dieses Foto veranschaulicht aber nur den züchterischen Wunschtraum von einer Pflanze, die oberirdisch Tomaten und unterirdisch Kartoffeln bildet. Die Tomoffel ist jedoch wirtschaftlich bedeutungslos: Sie bildet weder Tomaten noch Kartoffeln.

Was ist Gentechnik?

Von den Wundern, die die Gentechnik vollbringen kann, ist in den Medien viel zu lesen. Da ist von krankheitsresistenten Nutzpflanzen die Rede und von Bakterien, die Medikamente für den Menschen herstellen. Das klingt sehr nützlich. Was ist an der Gentechnik so besonders, dass sie so viele neue Möglichkeiten eröffnet?

1 Bioreaktor zur Produktion von menschlichem Insulin mithilfe von gentechnisch veränderten Darmbakterien

Beobachten ***Untersuchen*** *Experimentieren*

Gentechnik in den Medien

Sammle Berichte aus dem Internet und verschiedenen anderen Medien, in denen das Wort „Gentechnik" vorkommt.
Werte diese Berichte nach den folgenden Gesichtspunkten aus:

a Wird der Begriff in dem Bericht erläutert und, wenn ja, wie wird er definiert?
b Werden die Vorteile der gentechnischen Anwendung erwähnt?
c Welche Risiken der gentechnischen Methoden werden in dem Bericht genannt?

2 Der genetische Code ist universell.

Erbgutveränderungen durch Gentechnik

150-1

Was ist das Besondere an der Gentechnik? Schon seit über 10 000 Jahren züchten Menschen Pflanzen und Tiere. Durch die Zucht reichern sich verschiedene Veränderungen im Erbgut an. Aber bei den klassischen Züchtungsmethoden ist man auf natürliche, zufällig auftretende Mutationen angewiesen. Will man beispielsweise eine blaue Sonnenblume züchten, muss man warten, bis eine Pflanze zufällig bläulich blüht. Diese spontane Mutation kann dann weitergezüchtet werden.
Die Gentechnik macht es möglich, gezielte Veränderungen am Erbgut vorzunehmen. Zudem ist man dabei nicht auf arteigene Gene beschränkt. Die wesentlichen Erfolge der Gentechnik beruhen darauf, dass artfremde Gene eingeschleust werden können, die dem so veränderten Organismus völlig neue Eigenschaften verleihen.
Beispielsweise wurde Maispflanzen das Gen eines Bakteriums übertragen. Dieses Gen enthält den Bauplan für ein Protein, das den schlimmsten Maisschädling, den Maiszünsler, vergiftet. Aber wie kann das Gen eines Bakteriums immer noch funktionieren, wenn es ins Genom einer Maispflanze gerät? Die Antwort ist so verblüffend wie einfach: Der genetische Code ist universell. Alle Lebewesen verschlüsseln ihre Erbinformation auf

die gleiche Weise. ↑2 Daher wird ein bestimmtes Gen immer in die gleiche Aminosäuresequenz übertragen, ↑3 S.131 sei es im Körper einer Maus, eines Menschen oder einer Möhre.

Grundoperationen der Gentechnik Die Übertragung eines Gens von einer Art auf eine völlig andere ist im Detail sehr kompliziert, aber das zugrunde liegende Prinzip ist recht einfach. ↑3
Zunächst muss man das gewünschte Gen aus der DNA der Spenderart ausschneiden. Hierfür werden sogenannte Restriktionsenzyme eingesetzt. Sie zerschneiden die DNA immer an einer bestimmten Basenfolge. Dann werden die Bruchstücke der DNA, die das gewünschte Gen enthalten, in die Erbsubstanz von bestimmten Bakterien oder Viren eingebaut, die als „Genfähren" dienen. Der Begriff Genfähre wurde gewählt, weil diese Bakterien und Viren in der Lage sind, das gewünschte artfremde Gen gemeinsam mit ihrer eigenen DNA in die Wirtszellen einzuschleusen. Man kann artfremde DNA auch durch Mikroinjektion in den Zellkern einschleusen. Bei beiden Methoden wird bei den so veränderten Lebewesen nun die artfremde DNA genauso wie die eigene DNA in ein Protein übersetzt. Dadurch erhalten sie die gewünschten Eigenschaften der Spenderart.

Gentechnik für Landwirtschaft und Medizin Das erste gentechnisch veränderte Lebewesen war ein Darmbakterium. Ihm wurde das menschliche Gen für das Hormon Insulin eingepflanzt. Dadurch wurden die Bakterien befähigt, menschliches Insulin zu bilden, das zur Behandlung von Diabetikern gebraucht wird. Früher musste Insulin aus den Bauchspeicheldrüsen geschlachteter Rinder und Schweine isoliert werden. Man brauchte über 50 Tiere, um ein Gramm Insulin zu gewinnen.
Eine relativ neue medizinische Anwendung ist das Pharming. Hierbei werden Ziegen oder Schafen menschliche Gene übertragen, damit sie menschliche Proteine, die als Medikamente gebraucht werden, mit der Milch abgeben. ↑4
Mithilfe der Gentechnik werden oft Nutzpflanzen verändert. Die schädlingsresistente Maissorte ist nur ein Beispiel. Es gibt gentechnisch veränderte Sojasorten, die gegen ein Unkrautbekämpfungsmittel resistent sind. Felder mit diesen Sorten können mit diesem Gift unkrautfrei gehalten werden, ohne dass die Sojabohnen selbst geschädigt werden. Asiatische Genetiker haben eine Reissorte entwickelt, die – anders als herkömmlicher Reis – viel Provitamin A enthält. Dieser sogenannte Goldreis soll die Ernährungssituation der Bevölkerung verbessern helfen.

Die Gentechnik umfasst Methoden, die gezielte Eingriffe ins Erbgut ermöglichen. Dabei können auch artfremde Gene ins Genom der Zielzellen eingeschleust werden. Die so veränderten Arten erhalten dadurch Eigenschaften der Spenderart. Gentechnik kommt hauptsächlich in Medizin und Landwirtschaft zur Anwendung.

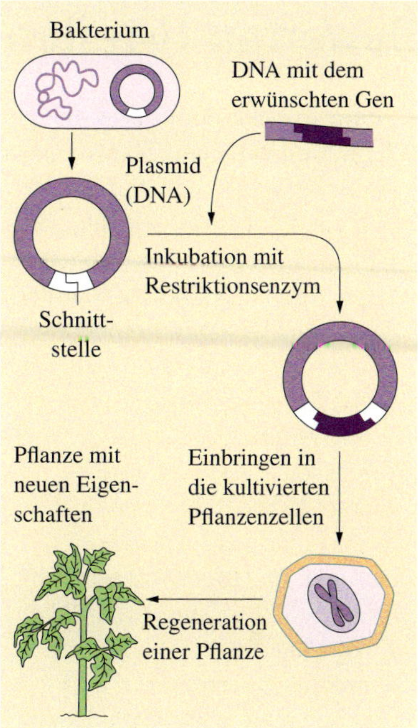

3 Übertragung artfremder DNA

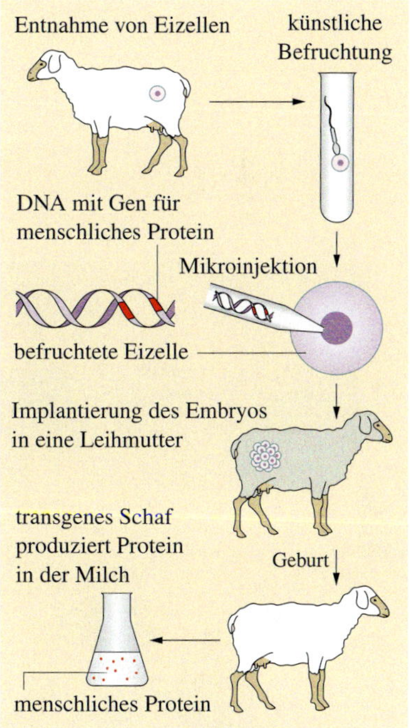

4 Produktion menschlichen Proteins

Aufgaben

1 Besteht zwischen der Kombinationszüchtung und der Gentechnik ein grundsätzlicher Unterschied? Begründe.

2 Erkläre am Beispiel der gentechnischen Insulinproduktion, warum Gentechnik nur deshalb funktioniert, weil der genetische Code universell ist. ↑4

Bewerten Urteilen Entscheiden *Ethik: Züchtung von Mausmodellen*

Marie sitzt vor dem Käfig, in dem ihre niedlichen Mäuse munter umherrennen. Im Nebenraum hört sie ihren kleinen Bruder husten. Er leidet an Mukoviszidose, einer Stoffwechselkrankheit, die durch eine Genmutation bedingt ist.
Marie hat davon gehört, dass Wissenschaftler sogenannte Knock-out-(K.-o.-)Mäuse gezüchtet haben, bei denen gezielt das Gen ausgeschaltet wurde, das auch bei ihrem Bruder nicht mehr funktionsfähig ist. Solche K.-o.-Mäuse sollen helfen, die Krankheit zu erforschen und Therapien zu entwickeln. Doch sehr viele Tiere müssen dafür sterben.

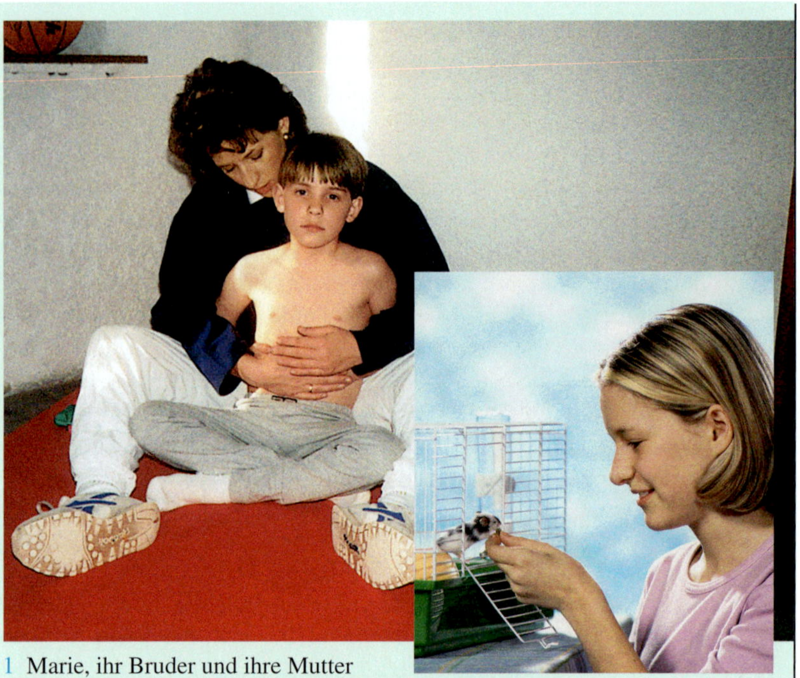

1 Marie, ihr Bruder und ihre Mutter

Aus ethischer Sicht besteht hier ein Dilemma, eine sehr schwierige Entscheidungssituation: Muss der Mensch auf Tiere Rücksicht nehmen oder kann er sie nach seinem Ermessen technisch verändern und nutzen?

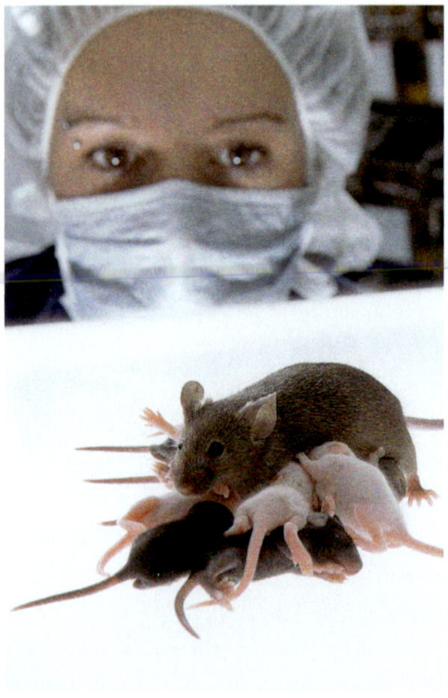

2 Tierpflegerin mit einer transgenen Labormausfamilie

Wissenschaftliche Probleme

Die Züchtung von Knock-out-Mäusen ist möglich, da sich das Erbgut von Maus und Mensch in weiten Teilen entspricht. Sie ist jedoch mit einem hohen experimentellen Aufwand verbunden. Schwangeren Weibchen werden Embryonen entnommen, diese werden gentechnisch manipuliert und erneut in Weibchen eingesetzt. Die Jungtiere müssen anschließend noch auf ihre Ausfallerscheinungen hin untersucht und charakterisiert werden. Bei all diesen Schritten müssen sehr viele Versuchstiere operiert und getötet werden.

Ethische Probleme

Das Ziel der Züchtung solcher „Krankheitsmodelle“ wie der Mukoviszidose-Maus ist es, menschliches Leiden zu vermindern. Man hofft auf diese Weise, neue Erkenntnisse über die Entstehung von Krankheiten zu erhalten und die Wirkungsweise von Genen verstehen zu lernen. Doch bedeutet dies stets, dass Tiere gezüchtet werden, die genetisch defekt sind und darunter mehr oder weniger stark leiden müssen. Mukoviszidose-Mäuse zeigen zum Beispiel schwere Verdauungsschäden und viele sterben in den ersten Monaten daran.
Es ist notwendig, die körperlichen und psychischen Risiken für die Tiere zu prüfen und sie gegen die Forschungsziele abzuwägen.

Bewerten Urteilen Entscheiden

Sind K.-o.-Mäuse ethisch vertretbar?
Die Antwort auf diese Frage ist natürlich davon abhängig, von welchen Werten man ausgeht. Im Bereich der Tierethik werden verschiedene Moralvorstellungen vertreten.

Anthropozentrische Argumentation
(griech. *anthropos:* Mensch, *kentros:* Mittelpunkt)
Der Mensch nimmt die zentrale Stelle in der Welt ein, da nur er als vernunftbegabtes Wesen angesehen wird. Wenn etwas für den Menschen Nutzen hat, ist alles andere untergeordnet. Nur wenn Eingriffe in die Natur Folgen für den Menschen haben, werden sie verurteilt. Anthropozentriker haben keine grundsätzlichen Bedenken gegen K.-o.-Mäuse.

Pathozentrische Argumentation
(griech. *pathos:* Leid, Schmerz)
Der Mensch hat Pflichten gegenüber Lebewesen, die Schmerz und Leid empfinden. Besitzen Tiere gleiche Eigenschaften wie Menschen, zum Beispiel Leidensfähigkeit, müssen sie aus moralischen Gründen auch gleich behandelt werden. Pathozentriker sind gegen Tierversuche, wenn dabei große Schmerzen oder Leid bei den Tieren hervorgerufen wird.

Biozentrische Argumentation
(griech. *bios:* Leben)
Tiere und alle anderen Lebewesen besitzen einen Selbstzweck und Eigenwert. Dieser ist unabhängig von der Nützlichkeit für den Menschen. Der Mensch hat die Pflicht, die Würde aller Lebewesen zu achten und zu schützen. Eine gentechnische Veränderung des Erbguts verletzt diese Würde. Biozentriker sind gegen die Herstellung von K.-o.-Mäusen.

3 Die Vertreter der einzelnen Gruppen können sich von einem weiteren Gruppenmitglied „den Rücken stärken" lassen.

1 Rollenspiel: In einer Fernsehrunde soll das Problem der K.-o.-Mäuse diskutiert werden. Dazu wurden Vertreter der verschiedenen Interessengruppen eingeladen: Unternehmer der Pharmaindustrie, Tierschützer, Wissenschaftler, Eltern von Betroffenen, Betroffene, Theologen und Juristen.

a Bildet Gruppen, die sich mit jeweils einer Rolle auseinandersetzen, und sammelt durch Recherche in den verschiedenen Medien Argumente für die jeweilige Rolle.

b Bestimmt jeweils einen Vertreter aus jeder Gruppe und einen Moderator für das Rollenspiel. Führt dann die Diskussionsrunde durch.

c Ordnet die Argumente den oben angegebenen Moralkonzeptionen zu.

d Formuliere für dich persönlich ein Urteil und nenne die Konsequenzen, die sich daraus ergeben.

Zur Diskussion

Gentechnik – Chance oder Risiko?

Gentechnisch veränderte Lebensmittel
Die Chancen und Risiken der Gentechnik werden nicht nur intensiv diskutiert, viele Lebensmittel enthalten bereits heute Bestandteile gentechnisch veränderter Nutzpflanzen. Ist das nützlich? Ist das gefährlich?

Umweltschützer fürchten Bt-Mais. ↑S.150
Gegner transgener Nutzpflanzen befürchten, Bt-Mais könnte Tiere schädigen, die in der Nähe von Maisfeldern Nahrung suchen. So könnte Pollen des Bt-Mais auf Nahrungspflanzen von Tagfalterraupen verwehen. Fressen diese Raupen den Pollen mit, sterben sie genau wie die Maiszünslerraupen. Dieser Effekt könnte sich durch die Nahrungsketten hindurch fortpflanzen.
Die größte Befürchtung der Kritiker ist aber, dass die veränderten Gene der transgenen Nutzpflanzen sich auf Wildkräuter übertragen könnten. Was könnte passieren, wenn Resistenzgene auf „Unkräuter" übertragen werden? Entstehen dann „Superunkräuter", die sich nicht mehr bekämpfen lassen und die ganze Lebensgemeinschaften vernichten? Manche Kritiker halten das Risiko einer Genübertragung auf Wildpflanzen für zu hoch: Eine einmal ausgewilderte Pflanze und ihre Gene lassen sich nie mehr zurückholen. Sie fordern daher den völligen Verzicht auf transgene Pflanzen.
Befürworter transgener Nutzpflanzen verweisen auf ihre Erfahrungen: In den USA wird Bt-Mais auf großen Flächen angebaut. Wissenschaftler konnten bisher keine Beeinträchtigung der Falterbestände feststellen – vermutlich, weil die Schmetterlinge schon geschlüpft sind, bevor der Mais Pollen bildet. Auch andere Veränderungen der Lebensgemeinschaft oder ein Überspringen der fremden Gene auf Wildpflanzen konnte noch nie nachgewiesen werden.

Bt-Mais
Der Maiszünsler, ein Kleinschmetterling, ist ein gefürchteter Maisschädling. Er lässt sich schwer bekämpfen, weil seine Raupen unzugänglich im Innern des Stängels fressen. Eine transgene Maissorte enthält das Gen eines Bakteriums. Mit dessen Hilfe stellt dieser Bt-Mais ein Eiweiß her, das die Darmwand der Maiszünslerlarven auflöst, sodass diese sterben. Außerdem enthält Bt-Mais Resistenzgene gegen ein Antibiotikum und ein Unkrautbekämpfungsmittel.

Was die Verbraucher denken
Einer Umfrage zufolge glauben 50 Prozent der Deutschen, dass normales Gemüse keine Gene enthält. Die Begriffe „gesund", „ökologisch" und „genfrei" sind für sie in etwa gleichbedeutend. Gentechnisch veränderte Lebensmittel gelten dagegen als ungesund und gefährlich.

Eine Stellungnahme
„Natürlich enthalten alle Zellen Gene, also auch die, aus denen unsere Nahrungsmittel bestehen. Die DNA-Moleküle werden im Lauf der Verdauung in ihre Grundbausteine gespalten, ob es sich nun um arteigene oder artfremde DNA handelt. Ob gentechnisch veränderte Nutzpflanzen andere schädliche Stoffe enthalten, muss vor der Markteinführung aufwendig getestet werden."

Fremde Gene in freier Wildbahn

1 Gegner der Gentechnik zerstören ein Feld mit Bt-Mais.

Überblick

155-1

Erbinformation

Die Erbinformation ist in DNA-Molekülen gespeichert. Im Zellkern einer stoffwechselaktiven Zelle liegt die Erbinformation in Form langer Chromatinfäden (Arbeitsform) vor. Unmittelbar vor einer Zellteilung werden die Chromatinfäden verdoppelt. Anschließend verdichten sie sich zu Chromosomen (Transportform).
Für jede Tier- und Pflanzenart ist eine bestimmte Chromosomenzahl typisch. Dabei liegt bei höheren Tieren und Pflanzen jedes Chromosom in der Regel doppelt vor.

Zellteilungen

Da sich bei der Befruchtung zwei Geschlechtszellen vereinigen, müs-sen die Chromosomensätze zuvor halbiert werden. Sonst hätte jede Tochtergeneration doppelt so viele Chromosomen wie die Elterngeneration. Dafür sorgt eine besondere Form der Zellteilung, die Meiose. Während der Meiose kommt es zu einer zufälligen Neukombination von Chromosomen.
Aus einer befruchteten Eizelle gehen durch Zellteilung sämtliche Körperzellen hervor. Jede Körperzelle enthält die gleiche Anzahl von Chromosomen wie die befruchtete Eizelle. Bei dieser Form der Zellteilung, der Mitose, entstehen aus einer Zelle stets zwei erbgleiche Tochterzellen.

Vererbungsregeln

In einer menschlichen Körperzelle kommt jeder Chromatinfaden zweimal vor. Folglich liegt auch jedes Gen – ein DNA-Abschnitt, der die Information für ein Eiweiß enthält – in zwei Ausfertigungen vor. Diese beiden Genkopien, die Allele, können identisch sein, aber auch unterschiedliche Informationen enthalten und somit für verschiedene Merkmalsausprägungen sorgen.
Aus der Tatsache, dass Körperzellen zwei, Keimzellen aber nur ein Allel jedes Gens enthalten, lassen sich Vererbungsregeln ableiten. Bei Tieren und Pflanzen lassen sich diese mithilfe von Kreuzungsexperimenten untersuchen. Auch die Vererbung beim Menschen folgt diesen Regeln. Mithilfe von Stammbaumanalysen versucht man hier, von der Ebene der Merkmale (Phänotyp) auf die genotypische Ebene (Erbanlagen) zu schließen.

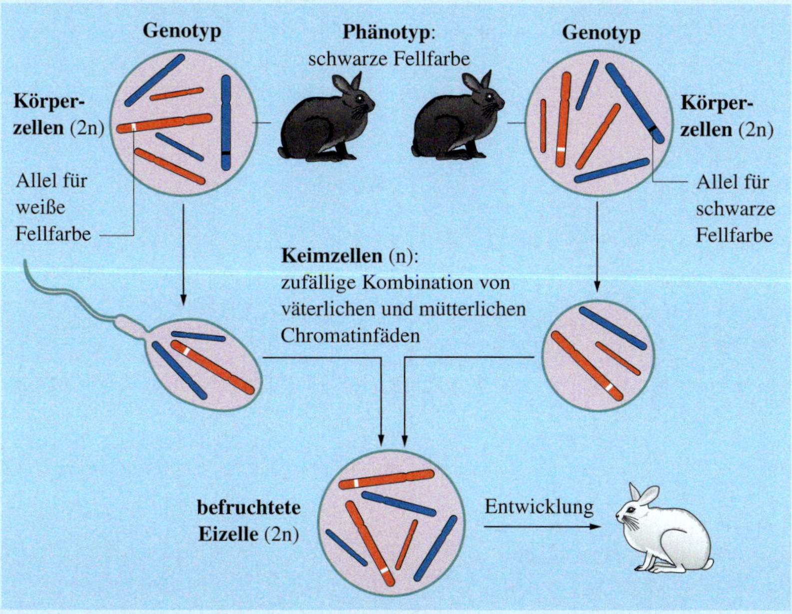

2 Die Chromatinfäden jeder Zelle sind die Träger der Erbinformation. Unterschiedliche Allele kodieren für unterschiedliche Merkmale.

Veränderung von Merkmalen

Auf die Ausprägung von Merkmalen hat die Umwelt einen gewissen Einfluss (z. B. Licht- und Schattenpflanzen derselben Art). Bei solchen Modifikationen bleiben die Erbanlagen unverändert. Regelmäßig kommt es aber auch zu erblichen Veränderungen von Merkmalen. Ursache für solche Mutationen können Veränderungen an Genen, Chromosomen oder dem ganzen Chromosomensatz sein. Mutationen sind auch die Ursache von genetisch bedingten Krankheiten des Menschen.

Züchtungsmethoden

Das spontane Auftreten von Mutationen haben sich die Menschen bei der Züchtung von Nutztieren und Nutzpflanzen zunutze gemacht. Durch gezielte Auslese, später auch durch Kombination verschiedener Zuchtlinien wurden immer leistungsstärkere Rassen erzeugt, die kaum noch Ähnlichkeit mit den Wildformen besitzen.
Heute ist es mithilfe der Gentechnik möglich, gezielt Gene für gewünschte Eigenschaften in Organismen einzuschleusen. Die Spendergene müssen nicht von einer verwandten Art stammen, da der genetische Code universell ist. So produzieren zum Beispiel Darmbakterien menschliches Insulin.

Teste dich!

1 Nicht Merkmale, sondern Erbanlagen werden vererbt.
a Beschreibe, wo man im Körper Erbanlagen finden kann.
b Woraus bestehen Erbanlagen?
c Erkläre, warum die Erbanlagen in jeder Körperzelle in doppelter Ausfertigung vorliegen.
d Was versteht man unter der Arbeitsform bzw. Transportform der Erbinformation?

2 Bei der Bildung von Geschlechtszellen läuft eine andere Form der Zellteilung ab als bei der Teilung von Körperzellen.
a Vergleiche die Erbanlagen von Mutterzelle und Tochterzellen bei der Mitose.
b Vergleiche die Erbanlagen von Mutterzelle und Tochterzellen bei der Meiose.
c Chromosomen werden als Transportform der Erbanlagen bezeichnet. Erkläre, warum eine solche Transportform für Zellteilungen benötigt wird.
d Warum ist der Vorgang der Meiose so wichtig? Was würde geschehen, wenn bei der geschlechtlichen Fortpflanzung zwei diploide Körperzellen verschmelzen würden?

3 Vererbung erfolgt nach festen Regeln.
a Unterscheide zwischen den Begriffen Gen und Allel. Wie viele Allele jedes Gens befinden sich in einer Körperzelle?
b Manchmal ähnelt ein Nachkomme nicht den Eltern, sondern den Großeltern. Erkläre.

4 Angehörige einer Art können sich in bestimmten Merkmalen unterscheiden.
a Solche Unterschiede können vererbt oder durch Umwelteinflüsse verursacht sein. Nenne für jeden Fall die Fachbegriffe.
b Erläutere, wie Umwelteinflüsse Merkmale beeinflussen können.
c Unter welchen Bedingungen sind spontan auftretende Erbgutveränderungen erblich?

5 Manche Krankheiten entstehen nicht durch äußere Ursachen, sondern sie sind genetisch bedingt.
a Im Zusammenhang mit genetisch bedingten Krankheiten werden oft Stammbaumanalysen durchgeführt. Erläutere deren Bedeutung und die Vorgehensweise bei der Erstellung eines Familienstammbaums.
b Auch ein Kind gesunder Eltern kann unter einer genetisch bedingten Krankheit leiden. Nenne mehrere Möglichkeiten, wie es dazu kommen kann.

6 Die Gentechnik hat die traditionellen Züchtungsmethoden revolutioniert.
a Beschreibe das Prinzip herkömmlicher Züchtungsmethoden am Beispiel der Auslesezüchtung.
b Wodurch entstehen bei klassischen Züchtungsmethoden neue Varianten?
c Durch gentechnische Verfahren sind Züchter nicht mehr an Artgrenzen gebunden. Erkläre.

156-1

Die Farben zeigen, worauf es bei einer Aufgabe ankommt:
■ Sachverhalte wiedergeben ■ Wissen anwenden ■ komplexe Probleme lösen

Die Lösungen findest du im Anhang.

Schätze deine Kenntnisse und Fähigkeiten ein.

Aufgabe	Lerngebiet/Fähigkeit	Lösungshilfe	Auswertung
1	Ich kann erläutern, was Erbanlagen sind, woraus sie bestehen und wie sie in der Zelle organisiert sind.	120–125	Ordne dazu deiner Lösung im Heft ein Smiley zu:
2	Ich kann den Ablauf von Mitose und Meiose beschreiben.	126–129	☺ Ich konnte die Aufgabe richtig lösen.
3	Ich kann Regeln der Vererbung nennen und erklären.	132–135	
4	Ich kann erworbene und genetisch bedingte Merkmalsveränderungen und deren Ursachen beschreiben.	136–139	😐 Ich konnte die Aufgabe nicht komplett lösen.
5	Ich kann erläutern, wie sich gentechnische Verfahren von klassischen Züchtungsmethoden unterscheiden.	146–151	☹ Ich konnte die Aufgabe nicht lösen.

Evolution

Im Naturkundemuseum stehen wir staunend vor riesigen Saurierskeletten und versuchen uns vorzustellen, wie diese Arten ausgesehen und gelebt haben. Warum gibt es heute diese Tiere nicht mehr? Warum sterben alte Arten aus, während neue Arten entstehen?

Es ist eine Tatsache, dass sich das Leben vor Millionen von Jahren von dem Leben heute auf unserer Erde völlig unterschieden hat. Fossilien erzählen etwas über dieses vergangene Leben.

Als **Evolution** bezeichnen wir den Prozess der stammesgeschichtlichen Veränderung der Lebewesen auf der Erde. Mithilfe der Regeln, nach denen Evolution funktioniert, können wir auch unsere eigene Herkunft und Entwicklung besser verstehen.

1 Wie sah das Leben früher auf unserer Erde aus?

2 Wie kommt es, dass wir im Unterschied zu den Menschenaffen auf Beinen laufen?

3 Warum und wie können sich Lebewesen verändern?

4 Wie arbeiten eigentlich Evolutionsbiologen?

Quartär
Jura
Trias
Perm

6 Woran erkennt man eine Art, warum sind Arten wichtig für die Evolution?

5 Sind wir alle Afrikaner?

Andere Zeiten, andere Lebewesen

Kaum zu glauben, dass dieses seltsam aussehende Tier mit fünf Augen und einem Rüssel mit einer Zange an der Spitze auf unserem Planeten jemals gelebt hat. Wann hat Opabinia, so der Name des Tiers, gelebt? Warum lebt Opabinia heute nicht mehr und seit wann gibt es Leben auf dem Land?

1 Opabinia

Beobachten **Untersuchen** *Experimentieren*

Vom Wasser ans Land

Als die ersten Tiere das feste Land besiedelten, gab es bereits seit mehr als 3 Milliarden Jahren Leben im Wasser. Das Leben an Land stellt an die Lebewesen andere Anforderungen. Tiere brauchen eine möglichst gleichmäßige Zufuhr von Wasser und Nahrung sowie hinreichend Sauerstoff zur Atmung. Sie vertragen keine allzu großen Temperaturschwankungen im Tages- und Jahresverlauf.

1 Stelle zusammen, wie sich die Lebensbedingungen im Wasser und an Land für Tiere zur Zeit des Silurs unterschieden haben. ↑2

2 Welche Voraussetzungen mussten erfüllt sein, bevor Tiere das Land beständig für sich erobern konnten?

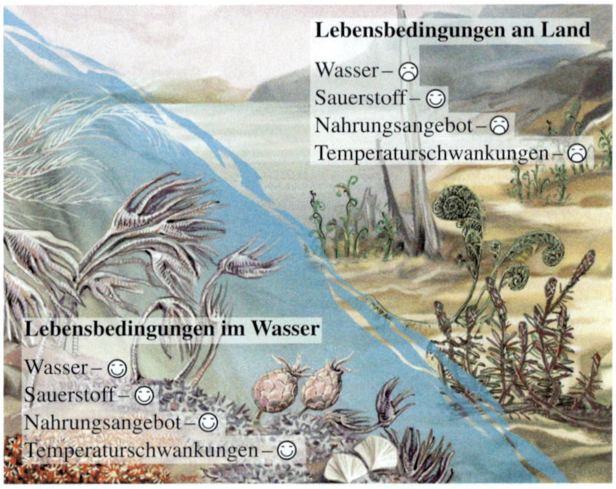

2 Lebensbedingungen im Wasser und an Land im Silur (438–410 Mio. Jahre v. Chr.)

Entstehung des Lebens auf der Erde

160-1

Am Anfang war das Wasser Die Erde ist etwa 4,6 Milliarden Jahre alt. Es hat ungefähr 800 bis 900 Millionen Jahre gedauert, bis sich im Wasser die ersten Lebewesen entwickelten.

Als das Leben „explodierte" Im Kambrium (543–490 Mio. Jahre v. Chr.) entstanden sehr schnell fast alle der Tier- und Pflanzenformen, die auch in heutigen Meeren zu finden sind; darunter die Wirbeltiere, zu denen wir Menschen zählen. Diese kurze, aber für das Leben auf der Erde wichtige Zeitspanne der Erdgeschichte wird deshalb als Kambrische Explosion bezeichnet.

3 Andere Zeiten, andere Lebewesen

Eroberung des Festlands Zum Ende des Silurs (438–410 Mio. Jahre v. Chr.) besiedelten Lebewesen zum ersten Mal das Festland. Dessen Eroberung gestaltete sich schwierig, weil das lebensnotwendige Wasser an Land äußerst knapp ist. Ohne Mechanismen zur Verminderung der Wasserabgabe an die Luft können Lebewesen das Festland als Lebensraum nicht besiedeln. Ihr weitgehend wasserundurchlässiges Außenskelett ermöglichte unter den Tieren zunächst Spinnen, Skorpionen und Tausendfüßern den Gang an Land. ↑3 Die ersten landlebenden Pflanzen wie Cooksonia hatten schon wurzelähnliche Gebilde zur Verankerung im Boden und zur Wasseraufnahme, Leitungsbahnen zum Wassertransport und feste holzartige Strukturen, die die Pflanzen aufrecht hielten. Die Abgabe von Wasser wurde bei ihnen wie bei heutigen Pflanzen durch Wachsschichten auf den oberen Pflanzenteilen eingeschränkt.

Nachzügler an Land Die ersten Wirbeltiere an Land findet man erst Millionen von Jahren später im Devon (410–355 Mio. Jahre v. Chr.). Es waren frühe Amphibien, die sowohl im Wasser als auch an Land lebten. Sie konnten das Land als Lebensraum nutzen, weil sie wie alle heutigen Wirbeltiere über Laufbeine zur Fortbewegung verfügten und den Sauerstoff aus der Luft aufnehmen konnten. Fische sind dazu nicht in der Lage, da ihre Kiemen verkleben, wenn sie nicht ständig feucht gehalten werden.

Die ersten Lebewesen auf unserem Planeten entstanden im Wasser. Die Eroberung des Festlands als Lebensraum erforderte Anpassungen an die veränderten Lebensbedingungen.

Zur Diskussion

Wie kommt es zu einem Massenaussterben?
9 von 10 Arten, die unsere Erde einmal besiedelt haben, sind heute verschwunden. Zum Teil sind dafür mehrmals auftretende Massenaussterben verantwortlich. Als Gründe hierfür werden genannt:
- Einschläge von riesigen Meteoriten ↑4
- Ausbrüche von Supervulkanen (z. B. Krater des Yellowstone-Nationalparks in den USA)
- Veränderungen des Klimas aufgrund von Kontinentalbewegungen
- das Auftreten neuer Raubtiere

Nach den Massenaussterben legte die Evolution ungeheuer an Geschwindigkeit zu, sodass in kurzer Zeit eine Vielzahl neuer Arten entstanden ist.

4 Außerirdische Ursachen für Massenaussterben?

Aufgaben

1 Wann gab es die ersten Bäume und wie sahen sie aus? Informiere dich dazu im Internet.

2 Dinosaurier haben über mehr als 100 Millionen Jahre das Leben auf dem Land geprägt. Finde mithilfe des Internets heraus, wann die Dinosaurier auf der Erde erschienen sind und wie sich die Formen dieser Lebewesen im Lauf der Zeit verändert haben.

3 Recherchiere, was das Wort „aussterben“ bedeutet.

4 Die in Südhessen 9 km von Darmstadt entfernt liegende Grube Messel gehört zu den weltweit bedeutendsten Fundstätten für Fossilien. Das Senckenberg-Museum Frankfurt hat den Auftrag, dort Funde und Daten zu sichern. Informiere dich über den Stand der Untersuchungen und Ausstellungen in Messel (www.messel.de).

Der Aufstieg dunkler Birkenspanner

Die Überraschung des englischen Schmetterlingssammlers muss groß gewesen sein, als er seinen schwarzen Fund betrachtete. Es handelte sich bei dem Tier eindeutig um einen Birkenspanner, aber diese Tiere waren normalerweise hell, hatten lediglich ein paar dunkle Sprenkel.
Warum war dieser Birkenspanner völlig schwarz?

1 Heller und dunkler Birkenspanner auf einem Baumstamm

Beobachten **Untersuchen** *Experimentieren*

Woher kommt die dunkle Färbung?

Den ersten dunklen Birkenspanner hat ein Schmetterlingssammler 1848 in einer ländlichen Gegend in Großbritannien gefunden. In den folgenden Jahren stießen Sammler immer häufiger auf die dunklen Falter. Besonders zahlreich traten die dunklen Tiere in Städten auf. Dort hatten sich durch die Industrialisierung die Ruheplätze der Falter auf Bäumen stark verändert. Die einstmals hellen Stämme und Äste wurden unter anderem durch die Ablagerung von Ruß zunehmend dunkel gefärbt.

1 Überlege, wodurch die dunkle Körperfarbe bei Birkenspannern bewirkt werden könnte. Notiere deine Vermutungen.

2 Welche Vermutungen von anderen Schülerinnen und Schülern hältst du für wahrscheinlich, welche kannst du ausschließen?

Einige Erklärungen von Schülerinnen und Schülern zur Entstehung der dunklen Farbe bei Birkenspannern:

Der Birkenspanner
... hat rußbedeckte Blätter gefressen und ist dadurch dunkel geworden
... hat gesehen, dass sich seine Umwelt verändert hat, und weil er sich tarnen musste, hat er sich gedacht: „Ich werde auch dunkel." Dann ist er dunkel geworden. Seine veränderte Farbe hat er an die Nachkommen vererbt
... ist Träger einer Mutation.
... passt sich der Farbe seines Untergrunds an. Wenn der Untergrund hell ist, ist er auch hell, auf dunklem Untergrund schaltet er auf dunkle Farbe um
... ist je nach Geschlecht gefärbt; nur die Weibchen sind hell, die Männchen sind dunkel

Gene, Enzyme und die Farbe der Birkenspanner

Was den Birkenspanner schwarz macht Die dunkle Färbung des Birkenspanners wird durch den Farbstoff Melanin bewirkt. Je mehr Melanin vorhanden ist, umso dunkler ist ein Tier gefärbt. Wie viel Melanin gebildet wird, hängt von der Menge und der Leistungsfähigkeit eines Eiweiß-Wirkstoffes, eines Enzyms, ab, das „Bausteine" der Eiweiße (Aminosäuren) in Melanin umwandelt. ↑2

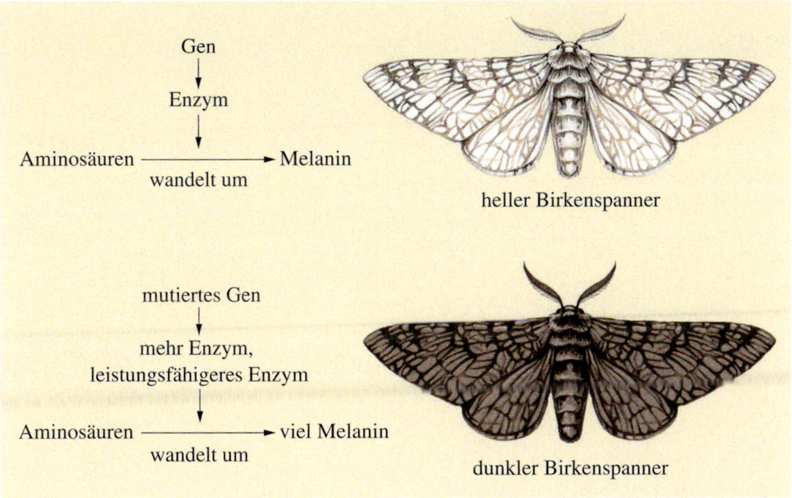

2 Melaninsynthese

Mutation und Melaninproduktion Die Produktion des Enzyms zur Herstellung von Melanin wird durch ein Gen bedingt. Bei dunklen Birkenspannern ist dieses Gen gegenüber jenem bei hellen Birkenspannern verändert. Als Folge wird viel mehr Melanin gebildet, und die Tiere sind dunkel gefärbt. Die Veränderung eines Gens wird als Mutation bezeichnet. Nur Mutationen in den Geschlechtszellen haben Auswirkungen auf die Nachkommen. Eine Mutation erfolgt zufällig. Selten wird sie durch ungünstige äußere Bedingungen wie eine erhöhte UV-Strahlung hervorgerufen. Lebewesen können Mutationen niemals absichtlich bei sich auslösen, wenn sie diese „brauchen". Da die Herstellung von Melanin genetisch bedingt ist, ist ein Birkenspanner entweder hell oder dunkel, je nachdem, ob er über das normale oder das veränderte Gen verfügt. Eine Farbveränderung während des Lebens ist nicht möglich.

Hell oder dunkel Kreuzt man zwei Birkenspanner, so sind die Nachkommen entweder dunkel oder hell. Zwischenformen gibt es nicht. Das Geschlecht der Eltern ist für die Färbung der Jungen egal. Die Anlagen für die dunkle Färbung werden rezessiv vererbt. ↑S.128

Bei dunklen Birkenspannern wird als Folge eines mutierten Gens mehr Melanin produziert als bei hellen. Das Melanin verursacht die dunkle Färbung der Tiere.

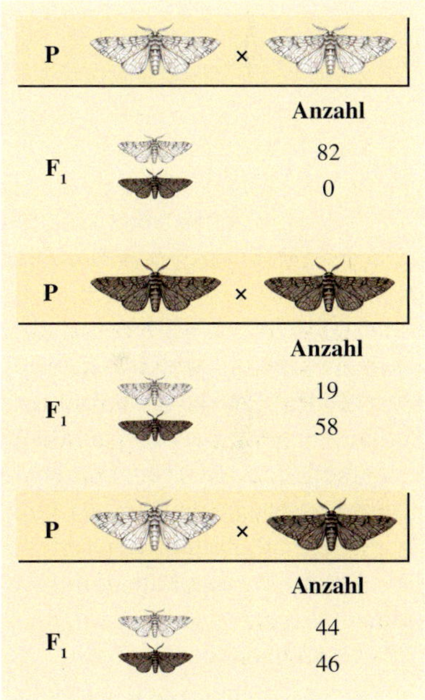

3 Mögliche Nachkommen der Kreuzung von Birkenspannern

Aufgaben

1 Setze dich mit einem Partner zusammen. Erläutert euch gegenseitig, welche der Anfangsvermutungen, die ihr oder andere Schülerinnen und Schüler zur Entstehung der dunklen Färbung bei Birkenspannern geäußert habt, zutreffen und welche nicht. ↑S.162 Begründet eure Entscheidungen.

2 Bei einem Kreuzungsversuch zwischen zwei dunklen Birkenspannern sind 19 helle und 58 dunkle Nachkommen entstanden. ↑3 Welches Ergebnis hättest du nach Kenntnis des Erbgangs erwartet? Wie erklärst du dir die Abweichung von dem erwarteten Ergebnis?

3 Viele Menschen nehmen an, dass Mutationen grundsätzlich schädlich sind. Trifft dies zu?

Wie wirkt natürliche Auslese?

Keine 50 Jahre nach dem ersten Fund eines dunkel gefärbten Birkenspanners schien ganz Großbritannien voll von diesen Tieren. Helle Falter gab es in Großstädten fast gar keine mehr. Wie kann es sein, dass die eine Form eines Lebewesens durch eine andere Form fast völlig verdrängt wird?

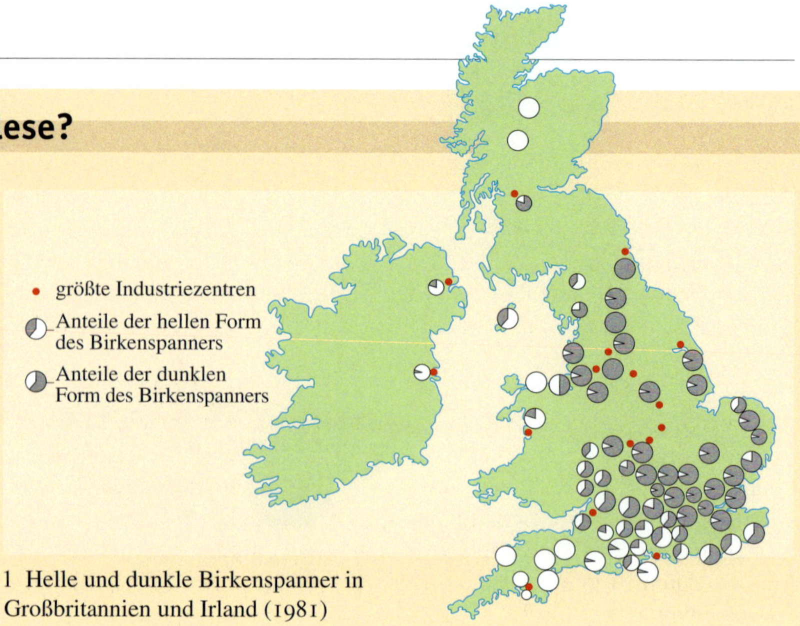

1 Helle und dunkle Birkenspanner in Großbritannien und Irland (1981)

Beobachten Untersuchen Experimentieren

Natürliche Auslese spielen

Mit einem einfachen Spiel könnt ihr euch natürliche Auslese (Selektion) vor Augen führen. Die Spielausstattung müsst ihr vorher herstellen.
Material: schwarz-weiß gesprenkeltes Spielfeld, 100 schwarze und weiße Plättchen, Stoppuhr
Durchführung: Je nach Anzahl der Spielausstattungen können mehrere Gruppen gebildet werden. Die Rollen des Spielleiters, des Zeitnehmers und von 2 Beutegreifern werden jeweils in der Gruppe vergeben. Spielleiter und Zeitnehmer verteilen die Plättchen auf dem Spielfeld, die Beutegreifer dürfen dabei nicht zusehen.
Auf das Kommando des Zeitnehmers haben die Beutegreifer 15 Sekunden Zeit, so viele Plättchen wie möglich von der Unterlage abzusammeln. ↑2 Sie dürfen sich dabei nicht nach vorne beugen und auch nicht mit der Hand über die Unterlage streichen.
Nach Ablauf der Zeit werden die restlichen Plättchen von der Platte abgestreift, gezählt und in einer Tabelle protokolliert. ↑3
Für jeweils fünf übrig gebliebene Plättchen der gleichen Farbe wird ein weiteres hinzugegeben, die neue Anzahl protokolliert.
Das Ablesen der Plättchen wird mehrmals wiederholt.
Auswertung: Stellt in einem Liniendiagramm dar, wie sich die Anzahl der weißen und der schwarzen Plättchen in den Durchläufen verändert.
Durch welche Faktoren kann die Plättchenanzahl beeinflusst werden? Nennt mindestens zwei.
Diskutiert, ob der von euch durchgeführte Modellversuch zu einer Erklärung für das Häufigwerden der dunklen Birkenspanner in britischen Großstädten beitragen kann.

2 Natürliche Auslese im Spiel

	Anzahl Plättchen	
	dunkel	hell
Beginn	50	50
nach dem 1. Durchlauf		
nach dem 2. Durchlauf		
nach dem 3. Durchlauf		

3 Beispielprotokoll des Spielverlaufs

Variabilität ermöglicht Selektion

165-1

Der kleine Unterschied Lebewesen unterscheiden sich. Das gilt für Tiere, Pflanzen und Pilze ebenso wie für Menschen. Die Unterschiede zwischen Lebewesen beschränken sich nicht auf das äußere Erscheinungsbild (Phänotyp), auch die Gesamtheit der Gene (Genotyp) ist bei jedem Lebewesen anders. Jedes Lebewesen ist daher ein Individuum. Die Unterschiedlichkeit des Erscheinungsbilds und der Gene eines Lebewesens wird als Variabilität bezeichnet.

Leben in Populationen Alle Individuen einer Art, die zur gleichen Zeit in einem abgegrenzten Gebiet leben und sich untereinander fortpflanzen können, sind Mitglieder einer Population. Die Gesamtheit aller Gene in einer Population stellt deren Genpool („Genbestand") dar.
Der Genpool einer Population wird durch Rekombination während der Meiose, durch Mutationen und durch Zuwanderung von Artgenossen in eine Population vergrößert.

Wie Selektion wirkt Die Umwelt stellt an jedes Lebewesen Anforderungen, die über dessen Eignung zu überleben entscheiden. Im Fall der Birkenspanner sind es die Farbe der Ruheplätze auf den Bäumen und die Existenz von Fressfeinden, die bestimmen, ob eher dunkle oder helle Birkenspanner überleben und sich fortpflanzen können. Sind die Ruheplätze dunkel, werden mit größerer Wahrscheinlichkeit die dunklen Birkenspanner überleben, da die Fressfeinde die hellen Tiere leichter auffinden und fressen können. In diesem Fall sind die dunklen Tiere an ihre Umgebung besser angepasst. Verfärben sich die Ruheplätze so, dass die hellen Falter eher getarnt sind, überleben eher die hell gefärbten Tiere. Die unterschiedlichen Chancen von Lebewesen, sich unter bestimmten Umweltbedingungen fortzupflanzen ermöglichen die natürliche Selektion. ↑4

Künstliche Auslese Die heutigen Hunderassen sind das Ergebnis einer über Jahrtausende erfolgten Auslese der Züchter. Dabei wählt ein Züchter jeweils zwei Elterntiere aus, die ihm besonders gut gefallen, und verwendet sie zur Weiterzucht. Diese sogenannte künstliche Auslese ist auch ein wichtiges Werkzeug, um die Nahrungsgrundlage der Menschen in Zukunft zu sichern. Unsere Nutztierrassen sind ebenso wie die Getreidesorten durch künstliche Auslese aus ihren Wildformen entstanden.

Variabilität und Selektion sind die wichtigsten Ursachen für die Veränderung von Lebewesen im Lauf der Evolution. Angepasstheit an die Umwelt ist das Ergebnis des Zusammenwirkens von Variabilität und Selektion.

5 Variabilität und natürliche Selektion durch Fressfeinde: Die helle Form des Birkenspanners (oben) ist auf dunkler Baumrinde gut sichtbar. Dunkle Birkenspanner (unten) sind auf dieser Rinde gut getarnt.

Basiskonzept

Variabilität und Angepasstheit
Lebewesen sind an ihre Umwelt angepasst. Dies wird durch Variabilität (Unterschiedlichkeit) der Individuen und natürliche Selektion in den Fortpflanzungsgemeinschaften (Populationen) von Tieren oder Pflanzen ermöglicht.

Aufgaben

1 Erläutere die Begriffe Variabilität und Selektion am Beispiel der Birkenspanner.

2 Beschreibe, wodurch sich natürliche und künstliche Auslese unterscheiden.

3 Überlege, wie an ihre Umwelt gut angepasste Lebewesen bzw. Arten (z. B. Wüstenpflanzen, Wüstentiere, Polartiere) entstanden sein könnten. Erläutere deine Vermutungen.

Wie Arten entstehen

2, 7, 10 oder auch 20 – entgegen einer verbreiteten Meinung geben die Punkte nicht das Alter des Marienkäfers an. Vielmehr ist die Zahl der Punkte charakteristisch für verschiedene Marienkäferarten. Wie aber unterscheidet man verschiedene Arten, und wie entstehen Arten?

1 Unterschiedliche Marienkäferarten

Beobachten Untersuchen Experimentieren

Woran erkennt man eine Art?

Vielleicht daran, ob sie sich von anderen Arten äußerlich unterscheidet? Wenn ja, worin liegt das geringste Ausmaß an Unterschiedlichkeit, ab dem von zwei Arten gesprochen werden kann? Lange Zeit waren diese Fragen ungelöst. Erst der Evolutionsbiologe ERNST MAYR gab darauf eine befriedigende Antwort:
„Die Vorstellung, was eine Art ist, stützt sich auf zwei Beobachtungen:
- Arten bestehen aus Populationen.
- Populationen gehören zur selben Art, wenn sie sich untereinander erfolgreich kreuzen können, ihre Nachkommen also auch wieder fruchtbare Nachkommen hervorbringen können."

2 Maulesel und Maultier

1 Was ist für E. MAYR das entscheidende Kriterium zur Abgrenzung von zwei Arten?

2 Maulesel und Maultier sind Kreuzungen von Pferd und Esel. ↑2 Handelt es sich bei Maulesel und Maultier jeweils um eigene Tierarten?

3 Ein Pferd besitzt 64 Chromosomen, ein Esel 62. Maulesel und Maultier haben folglich eine ungerade Chromosomenzahl. Welche Folgen hat das für die Bildung von Keimzellen in der Meiose?

Biologische Arten

166-1

Was ist eine Art? Zu einer biologischen Art zählen alle Lebewesen, die sich miteinander fortpflanzen können und dabei fruchtbare Nachkommen hervorbringen. Eine Art ist also eine Fortpflanzungsgemeinschaft.

Isolation ist die Voraussetzung Damit aus einer Art zwei oder mehr neue Arten entstehen können, müssen mindestens zwei Teilpopulationen der Art genetisch voneinander getrennt (isoliert) sein. Genetische Trennung bedeutet, dass eine Fortpflanzung zwischen Mitgliedern der beiden Teilpopulationen unterbunden ist. Aufgrund von Rekombinations-, Mutations- und Selektionsereignissen können sich unter diesen Umständen die Teilpopulationen genetisch so weit auseinanderentwickeln, dass sich die Mitglieder der Teilpopulationen nicht mehr miteinander fortpflanzen können. In diesem Fall hat eine Aufspaltung der Stammart in zwei Tochterarten stattgefunden. ↑3

3 Artbildung

Geografische Isolation Die Trennung von Populationen kann auf unterschiedliche Weise erreicht werden. In Nordamerika leben z. B. mehrere Arten von Leopardenfröschen, die aus einer gemeinsamen Stammart hervorgegangen sind. Ihre Teilpopulationen waren über lange Zeit räumlich voneinander getrennt. Während der Phase der Trennung haben sich die Teilpopulationen zu zwei neuen Arten auseinanderentwickelt. ↑4

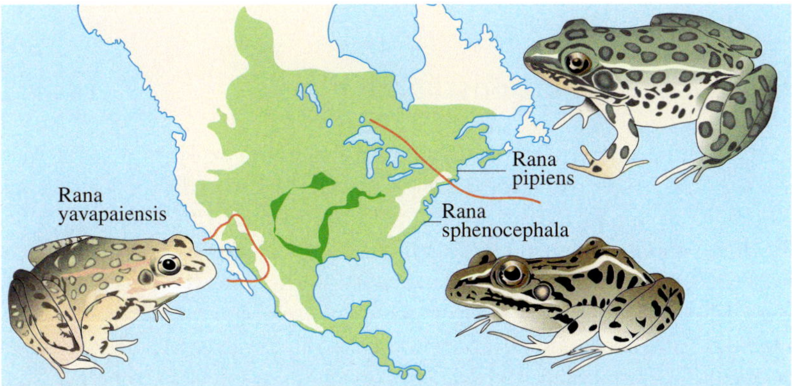

4 Bildung zweier Arten von Leopardenfröschen durch geografische Isolation

Isolation aufgrund artspezifischen Verhaltens Bei Tieren finden sich die Fortpflanzungspartner häufig aufgrund eines artspezifischen angeborenen Paarungsverhaltens. Grüne Florfliegen paaren sich beispielsweise nur mit solchen Partnern, deren Gesang sie erkennen. Kleine Unterschiede in den Partnergesängen reichen aus, um die Paarung zu verhindern. Die Tiere akzeptieren sich nicht mehr gegenseitig als Paarungspartner. Damit ist die Grundlage geschaffen, dass aus den Florfliegenpopulationen mit unterschiedlichen Gesängen verschiedene Florfliegenarten entstehen.

Die Bildung neuer Arten beruht auf der Trennung (Isolation) von Populationen der Ausgangsart. Durch Rekombination, Mutation und Selektion kann es im Verlauf von Generationen zu einer genetischen Trennung kommen. Zwei Tochterarten sind entstanden.

Schon gewusst?

Geschwindigkeit der Artbildung
Ungewöhnlich schnell hat eine Aufspaltung in neue Arten bei ostafrikanischen Buntbarschen stattgefunden. Im Malawi-See hat es nur 200 Jahre gedauert, bis dort eine Reihe von neuen Buntbarscharten entstanden ist, die sonst nirgends auf der Welt vorkommen. Im Durchschnitt dauert es ein bis zwei Millionen Jahre bis zu einer vollständigen genetischen Trennung zweier Arten.

Basiskonzept

Entwicklung
Alle Tier- und Pflanzenarten haben sich in langen Zeiträumen aus früher lebenden Arten entwickelt. Diese Entwicklung bezeichnen wir als biologische Evolution (vgl. S. 185 bis 188).

Aufgaben

1 Erläutere, welche Faktoren dazu führen, dass sich isolierte Teilpopulationen genetisch auseinanderentwickeln können.

2 Schlage im Lexikon nach, was man unter dem Wort Sorte versteht. Unterscheide die Bedeutung des Wortes von der des Wortes Art.

Aus der Geschichte der Evolutionstheorie

Vor noch nicht allzu langer Zeit glaubte man, dass alle Lebewesen von Gott geschaffen seien und sich nach der Sintflut vom Berg Ararat in der Osttürkei aus über die ganze Erde verbreitet haben. Der Berg Ararat galt als der Landeplatz der Arche Noah. Fossilienfunde und unterschiedliche Tier- und Pflanzenarten in der alten und neuen Welt widersprechen dieser Annahme. Aber wie könnte sich das Leben auf der Erde entwickelt haben?

1 Der Berg Ararat

2 Jean–Baptiste de Lamarck (1744–1829)

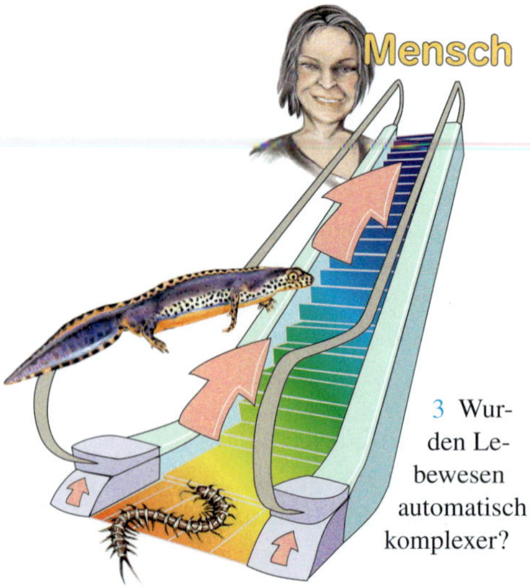

3 Wurden Lebewesen automatisch komplexer?

Historische Evolutionstheorien

168-1

Entwicklung durch Umwandlung und Zunahme an Komplexität Der Zoologe Jean–Baptiste de Lamarck war Professor für „Insekten und Würmer" in einem Pariser Museum. ↑2 Bei seinen Untersuchungen an Fossilien und heute lebenden Tieren stellte er fest, dass es früher Tierarten gegeben hat, die man heute nicht mehr findet. Da Lamarck davon ausging, dass Tierarten nicht aussterben können, lag es für ihn auf der Hand, dass sich die früher lebenden Tierarten langsam in die heute lebenden umgewandelt haben müssten. Bei diesem Umwandlungsprozess sollte der Aufbau der Lebewesen immer komplizierter werden. Aus „einfachen" Würmern sollen mit der Zeit Amphibien, Reptilien und Säugetiere ganz automatisch entstanden sein. ↑3 Die gegenwärtige Existenz von einfachen Lebewesen erklärte er mit dem Auftreten von Urzeugungen. Unter günstigen Umständen sollten immer wieder ganz einfache Lebewesen neu entstehen, die dann mit der Zeit immer komplexer werden.

Die Augen der Maulwürfe Maulwürfe sehen schlecht, Raubkatzen sehen sehr gut. Beide sind Säugetiere und stehen auf der gleichen Stufe der Rolltreppe. ↑3 Um Unterschiede auf gleicher Entwicklungsstufe (Modell: Rolltreppenstufe) zu erklären, entwickelte Lamarck folgende Vorstellung:
- Die Umwelt eines Lebewesens ändert sich ständig. Dadurch ändern sich die Anforderungen an ein Lebewesen.
- Das Lebewesen passt sich durch Gebrauch oder Nichtgebrauch von Organen an neue Anforderungen an.
- Die Anpassungen, die ein Lebewesen während seines Lebens erworben hat, vererbt es an seine Nachkommen.

Angewendet auf den Maulwurf würde dies bedeuten: Er lebt unter der Erde, also braucht er dort seine Augen kaum, da es ohnehin dunkel ist. Folglich verkümmern sie mit der Zeit. Die Verkümmerung der Augen vererbt der Maulwurf an seine Nachkommen.

Variabilität und Selektion LAMARCKS Theorie zur Entwicklung der Lebewesen überzeugte CHARLES DARWIN nicht. ↑4 Zwar war auch er der Ansicht, dass Arten nicht durch Gott geschaffen werden, sondern sich auf eine andere Weise entwickelt haben mussten, doch erklärte er die Entstehung der Arten mit einer neuen genialen Hypothese:

- Jedes Lebewesen ist einzigartig, keines gleicht dem anderen. Ein Großteil der Verschiedenheit der Lebewesen wird vererbt.
- Lebewesen bringen viel mehr Nachkommen hervor als zum Überleben einer Art notwendig sind. Trotzdem bleibt die Anzahl der Lebewesen einer Art über lange Zeit gesehen relativ gleich.
- Die den Lebewesen zur Verfügung stehenden Grundlagen wie Nahrung, Lebensraum oder Geschlechtspartner sind begrenzt.

Allgemein überleben weniger Nachkommen als ursprünglich erzeugt werden. Deshalb nahm DARWIN an, dass mit größerer Wahrscheinlichkeit die Nachkommen überleben und sich auch selbst fortpflanzen können, die Merkmale oder Eigenschaften aufweisen, durch die sie vergleichsweise besser mit den Bedingungen in ihrer Umwelt zurechtkommen. Diese durch die Umwelt bedingte „Auswahl“ nannte er natürliche Selektion. Die Angepasstheit, die DARWIN bei den Lebewesen beobachtete, erklärte er folglich mit dem Zusammenspiel zwischen der Erzeugung von genetisch bedingter Unterschiedlichkeit (Variabilität) von Individuen und der dadurch ermöglichten Auslese der jeweils besser angepassten Individuen (Selektion) in der Umwelt. Da sich so „ausgewählte“ Erbanlagen (Gene) der überlebenden Tiere oder Pflanzen erhalten und verbreiten, kann es auch zur Entstehung neuer Arten kommen.

4 CHARLES DARWIN (1809–1882)

Darwins Evolutionstheorie hat sich durchgesetzt Als CHARLES DARWIN seine Evolutionstheorie veröffentlichte, hatten viele Menschen Angst vor den Konsequenzen seiner Aussagen, denn seine Theorie konnte die Existenz der Lebewesen auf der Erde einschließlich des Menschen und ihre Evolution ohne den Rückgriff auf einen göttlichen Schöpfungsakt erklären. Dafür wurde er von verschiedenen Seiten sehr hart und zum Teil ungerechtfertigt angegriffen. ↑5 Heute ist bewiesen, dass DARWINS Evolutionstheorie in ihren wesentlichen Gedanken zutrifft. Wissenschaftlich besteht an der Tatsache der biologischen Evolution kein Zweifel mehr.

5 Karikatur von DARWIN als Affenmensch

Nach LAMARCK entwickeln sich komplexere Tierarten automatisch durch Umwandlungsprozesse aus einfachen Würmern. Dabei bewirken Umweltveränderungen ihnen entsprechende erbliche Anpassungen bei den einzelnen Arten. DARWIN hingegen geht in seiner Evolutionstheorie von erblicher Variabilität mit anschließender Selektion aus. Heute gilt die Evolution als wissenschaftlich anerkannte Tatsache.

Aufgaben

1 Welche zwei Ursachen führen LAMARCK zufolge zur Evolution von Lebewesen?

2 LAMARCK erklärt die schlechte Sehfähigkeit von Maulwürfen damit, dass deren Augen aufgrund langen Nichtgebrauchs mehr und mehr verkümmert sind. Wie hätte DARWIN argumentiert?

3 Nenne mindestens eine Aussage LAMARCKS über die Ursachen der Evolution, die aus heutiger Sicht als falsch angesehen werden muss.

4 DARWIN kannte noch keine genetischen Ursachen für die Entstehung von Variabilität. Welche Ursachen dafür kennt man heute?

Fossilien – Zeugen früheren Lebens

Wenn Forscher Knochen eines Tieres finden, stehen sie vor der Frage nach dem Alter des Knochens und welcher Tierart sie den Knochen zuordnen können. Wie bestimmen die Forscher das Alter eines Knochens und wie kommt es, dass Knochen über Jahrmillionen scheinbar unverändert erhalten bleiben?

1 Oberschenkelknochen und Rekonstruktion eines *Tyrannosaurus Rex*

Beobachten Untersuchen Experimentieren

Wie bestimmt man das Alter von Fossilien?

Zur Bestimmung des Alters von Knochen gibt es verschiedene Möglichkeiten. Bei sehr alten Fundstücken sammeln die Forscher eine Gesteinsprobe in der Nähe des Fundorts ein und messen deren Alter mit der Kalium-Argon-Methode. Sie müssen darauf achten, dass sie Vulkangesteine einsammeln, denn nur damit funktioniert die Messung. Anschließend bringen sie die Probe in ein Labor, in dem die weitere Untersuchung stattfindet.
Die Forscher teilen die Gesteinsprobe zur Messung in zwei Stücke von je 5 g auf. Das erste Stück wird chemisch untersucht, um den Anteil von Kalium in der Probe festzuhalten. Es zeigt sich, dass die Probe 0,1 g Kalium enthält.
Im Lauf der Zeit zerfällt Kalium in das Edelgas Argon. Pro Jahr und Gramm entstehen auf diese Weise 110 Millionen neue Argonatome.
Eine Messung ergibt die Zahl von 726 000 000 000 000, also 726 Billionen, Argonatomen im zweiten Stück der Probe.

1 Berechne, wie viele Argonatome pro Jahr bei einer Kaliummenge von 0,1 g entstehen.

2 Berechne nun das Alter der Probe. Nimm dabei an, dass die Zerfallsrate in jedem Jahr gleich ist.

3 Der Knochen wurde in einer Gesteinsschicht über der Vulkanschicht gefunden. ↑2 Welche Schlussfolgerungen kannst du aus diesem Befund im Hinblick auf das Alter des Knochens ziehen?

4 Die Forscher nehmen an, dass sie einen Tyrannosaurus-Oberschenkel gefunden haben. Suche im Internet, ob Tyrannosaurus zu dieser Zeit auf der Erde gelebt hat.

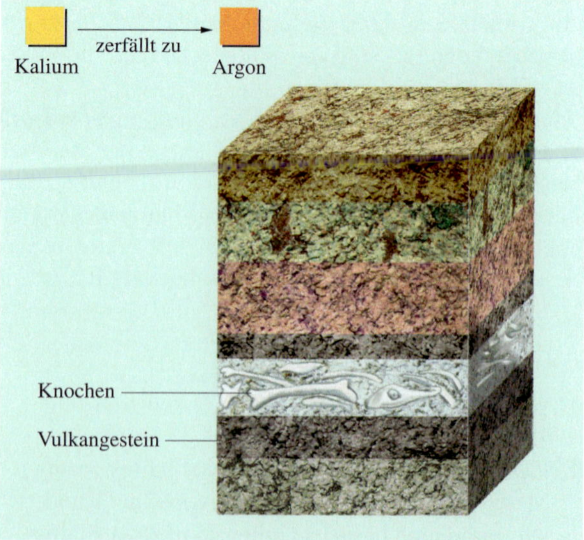

2 Kalium-Argon-Methode

Fossilien und ihre Entstehung

171-1

Wo man Fossilien findet Fossilien nennt man die Spuren, die das Leben auf unserer Erde hinterlässt. Dazu gehören Reste von Lebewesen, Tierspuren oder auch deren Ausscheidungen. Fossilien liegen beispielsweise in den Gesteinsschichten verborgen.

Fossilisation Normalerweise werden Lebewesen nach ihrem Tod zersetzt. Die Entstehung von Fossilien, die Fossilisation, kann auf unterschiedliche Weise erfolgen. Versteinerungen entstehen, wenn die organischen Stoffe eines Lebewesens durch Kieselsäure oder Kalk zersetzt werden oder wenn die organischen Stoffe rasch von Sedimenten wie Sand oder Schlamm bedeckt werden. Bei der Zersetzung der organischen Stoffe bleibt ein Hohlraum zurück, der sich mit mineralischen Stoffen auffüllt und durch den Druck der darüberliegenden Erdschichten allmählich versteinert. Auf ähnliche Weise entwickeln sich Abdrücke. Fossilien von Pflanzen findet man nicht selten als Inkohlungen bei der Bildung von Braun- und Steinkohle. ↑3

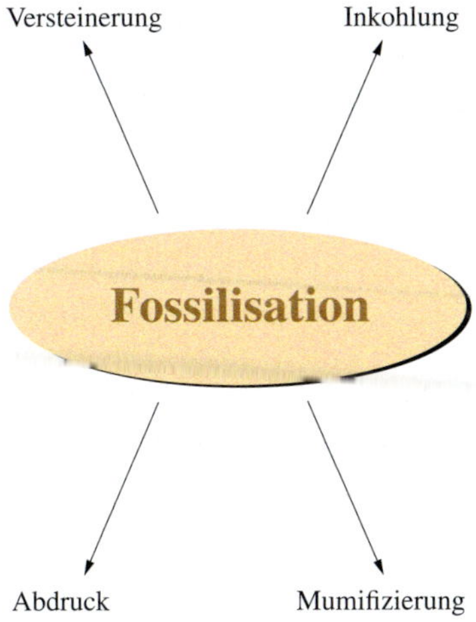

3 Formen der Fossilisation

Mumifizierung Trockenheit, Kälte (Eis) und Gifte können dazu führen, dass abgestorbene Lebewesen nicht vollständig zersetzt werden. Auf solche Weise können Kadaver über einen Zeitraum von einigen Tausend Jahren erhalten bleiben. Sie werden als Mumien bezeichnet. Wenn sich die Umgebungsbedingungen ändern, also z. B. das Eis schmilzt, in das die Mumien eingelagert sind, verwesen sie sehr schnell.

Das Alter von Fossilien Viele Gesteine entstehen als Ablagerungen, die man Sedimente nennt. Sandstein und Kalkstein sind die bekanntesten Ablagerungsgesteine. Durch die beständige Zufuhr von Sedimenten nimmt im Laufe der Zeit die Dicke der Gesteinsschichten zu. Je dicker eine Schicht ist, umso mehr Zeit war in der Regel für ihre Bildung nötig. Je weiter unten die Schicht liegt, umso älter ist die Gesteinsschicht normalerweise. Die Schichtung von Gesteinen ist eine Möglichkeit, Rückschlüsse auf das Alter von Fossilien zu ziehen.

„Kollege Zufall“ Fossilien stellen nur einen winzigen Ausschnitt des Lebens aus der vorzeitlichen Lebenswelt dar. Das liegt daran, dass die Fossilisation ein extrem seltenes Ereignis ist und es vom Zufall abhängt, ob Fossilien gefunden werden. Man wird deshalb mithilfe von Fossilien nie ein vollständiges Bild des Lebens zu anderen Zeiten auf der Erde erhalten.

Lebewesen oder Teile von ihnen können nach ihrem Tod durch Fossilisation über Jahrmillionen erhalten bleiben.

Schon gewusst?

Die Altersbestimmung von Gesteinsschichten wird dadurch erleichtert, dass manche Fossilien nur in einer ganz kleinen Zeitspanne der Erdgeschichte vorkommen. Hat man erst einmal das Alter dieser Fossilien bestimmt, kann man auf das Alter der Gesteinsschicht schließen. Solche besonderen Fossilien nennt man Leitfossilien. ↑4

4 Der Ammonit *Dactyliocerus* ist ein Leitfossil des Juras (208–144 Mio. Jahre v. Chr.).

Aufgaben

1 Um welche Art von Fossil handelt es sich bei dem Tyrannosaurus-Knochen? ↑1 Begründe.

2 Unter welchen Umständen können Fossilien von Weichtieren (Tiere ohne festes Skelett) entstehen?

3 Erläutere, warum man keine Mumien findet, die einige Millionen Jahre alt sind.

Ergebnisse der Evolution

Fossilien belegen, dass Vögel erst sehr spät auf der Erde erschienen sind. Woher sind sie gekommen? Sind Vögel im Lauf der Evolution völlig neu entstanden oder sind sie aus Wirbeltieren hervorgegangen, die bereits zuvor auf der Erde gelebt haben? Die Aufklärung dieser Frage hilft zu verstehen, wie Evolution funktioniert.

1 Archaeopteryx lebte vor mehr als 140 Millionen Jahren.

Beobachten Untersuchen Experimentieren

Von Dinosauriern zu Vögeln

Vom Urvogel Archaeopteryx sind derzeit nur zehn fossile Exemplare bekannt. Allein seine Seltenheit macht ihn kostbar. Für die Wissenschaft ist er aber deshalb unersetzlich, weil Archaeopteryx eine Übergangsform zwischen Dinosauriern und Vögeln darstellt. Das bedeutet, dass er Merkmale aufweist, die sonst entweder bei Dinosauriern oder bei Vögeln, nicht aber bei beiden gemeinsam auftreten. ↑2

1 Erstelle mithilfe der Abbildung unten eine Tabelle, in der du die Merkmale von Archaeopteryx, Vogel und Dinosaurier einander gegenüberstellst. ↑2

2 Forscher haben lange Zeit gerätselt, ob Archaeopteryx gleichwarm oder wechselwarm war. Welche Möglichkeit hältst du eher für zutreffend?

3 Überlege, warum die Existenz von Übergangsformen für Evolutionsbiologen sehr wichtig ist.

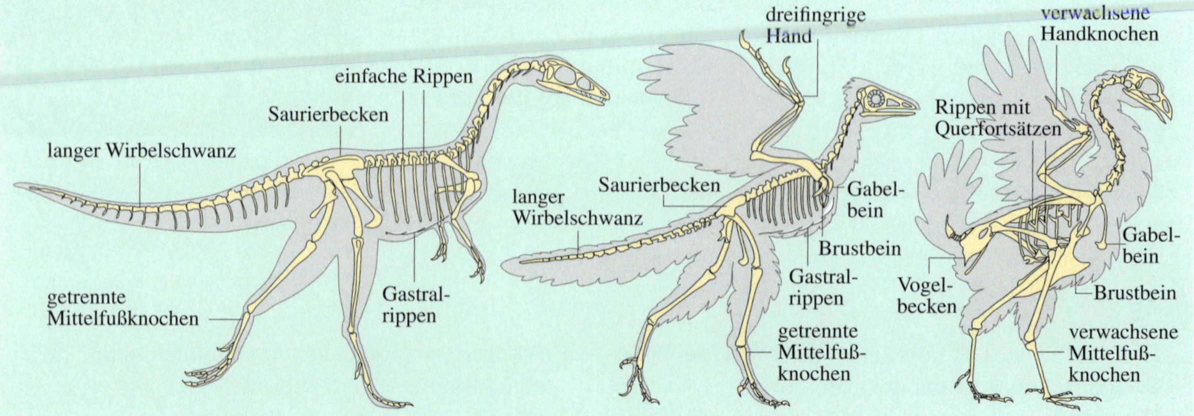

2 Skelettvergleich: Maniraptor, Archaeopteryx und moderner Vogel

Übergangsformen

173-1

Umbau statt Neubau Der Urvogel zeigt, dass im Lauf der Evolution Strukturen fast nie neu gebildet werden. Meist werden vorhandene Formen umgebaut. Archaeopteryx stellt deshalb ein wichtiges Bindeglied zwischen Reptilien, zu denen die Dinosaurier gehören, und Vögeln dar.
Die vorderen Gliedmaßen bei den Wirbeltieren zeigen in ihrer Anordnung große Übereinstimmungen. Sie bestehen aus einem Oberarmknochen, zwei Unterarmknochen und mehreren Handwurzel-, Mittelhand- und Fingerknochen. ↑3 Von außen ist diese Übereinstimmung kaum oder gar nicht zu erkennen. Die Gliedmaßen erfüllen auch ganz unterschiedliche Funktionen; sie werden zum Laufen, Schwimmen, Greifen oder wie bei den Vögeln zum Fliegen genutzt. Auf der Grundlage der Evolutionstheorie lassen sich diese Übereinstimmungen im Bau erklären. Sie gehen auf eine einzige Grundstruktur zurück, die sich bei den ersten Landwirbeltieren fand. Durch das beständige Auftreten neuer Variationen in jeder Generation und anschließende Selektionsereignisse ist es allmählich zu Abwandlungen des Grundbauplans gekommen. Man bezeichnet Strukturen als homolog, wenn sie durch Evolution aus einer entsprechenden Struktur des letzten gemeinsamen Vorfahren hervorgegangen sind.

Unterschiedlicher Start, gleiches Ergebnis Fischsaurier, Fische, Pinguine und Wale zeigen alle einen stromlinienförmigen Körperbau. ↑4 Diese Ähnlichkeit geht nicht auf einen gemeinsamen Ursprung zurück. Sie wird durch eine in die gleiche Richtung wirkende Selektion verursacht. In diesem Fall ist der für die Auslese entscheidende Faktor das Wasser, in dem die Tiere leben. Die Ähnlichkeit in Merkmalen bei Lebewesen, die nicht auf einen gemeinsamen Vorfahren zurückgehen, nennt man Analogie.

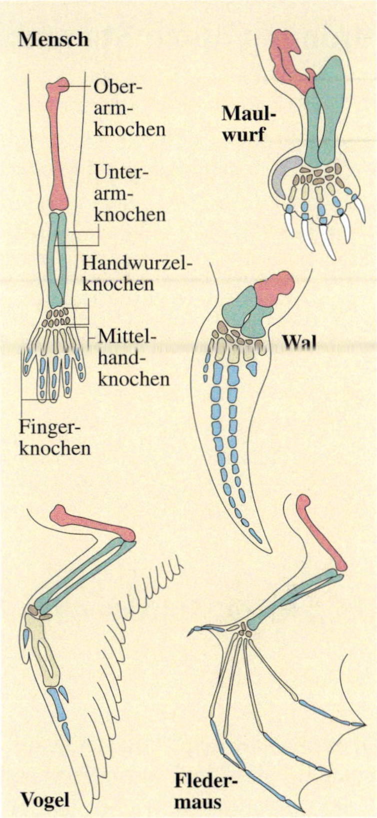

3 Homologie bei den Vordergliedmaßen der Wirbeltiere

4 Analoge Körperformen bei Tieren: Fischsaurier (Rekonstruktion) und Pinguin

Lebende Fossilien Latimeria ist ein im Indischen Ozean lebender Quastenflosser. Man kennt mehr als 70 Millionen Jahre alte Fossilien, die kaum vom heute lebenden Latimeria zu unterscheiden sind. Da die nächsten Verwandten des Fischs vor Jahrmillionen ausgestorben sind, wird Latimeria als lebendes Fossil bezeichnet.

Im Lauf der Evolution entsteht selten etwas Neues. Meist werden vorhandene Organe umgebaut. Durch Selektionskräfte, die in die gleiche Richtung wirken, entstehen Ähnlichkeiten, die nicht auf gemeinsame Vorfahren zurückzuführen sind.

Aufgabe

Fledermäuse sind die einzigen flugfähigen Säugetiere. Untersuche, ob die Flügel von Fledermaus und Vogel homolog oder analog sind. ↑3

Ordnung durch Stammbäume

Die Urpferdchen, die vor etwa 55 bis 35 Millionen Jahren auch in Deutschland gelebt haben, zählen zu den Verwandten unserer heutigen Pferde. Ihre geringe Größe von ca. 30 cm, die Zahl der Zehen an Vorder- und Hinterfüßen (vier bzw. drei) sowie die anders geformten Backenzähne lassen diese Vorstellung zunächst unglaubwürdig erscheinen. Wie gelingt es Paläontologen, diese Verwandtschaft trotzdem zu erkennen?

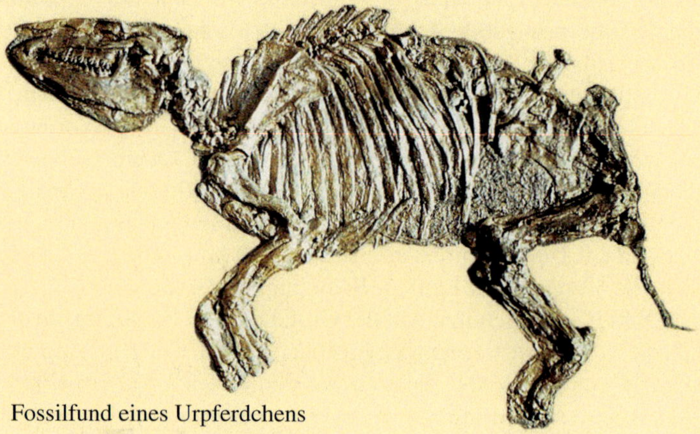
1 Fossilfund eines Urpferdchens

Beobachten Untersuchen Experimentieren

Ordnung schaffen

Stammbäume kennst du schon aus der klassischen Genetik. Sie dienen dazu, Verwandtschaftsbeziehungen deutlich zu machen. Die Stammbäume in der Evolutionsbiologie unterscheiden sich von denen in der Genetik unter anderem dadurch, dass direkte Beziehungen durch einfache Striche angedeutet werden (Eltern – Kinder), Geschlechts- und Geschwisterbeziehungen werden nicht dargestellt. Im Bild rechts siehst du eine Reihe von Mitgliedern der alten Adelsfamilie der Grafen von Braunlocke, bei denen die Verwandtschaftsbeziehungen nicht eingezeichnet sind. ↑2

1 Stelle einen Stammbaum der Familie von Braunlocke auf. Überlege dir, wie du dabei am besten vorgehen könntest.

2 An welchen Stellen im Stammbaum hattest du Schwierigkeiten? Gibt es eine Person, die kein Familienmitglied sein kann?

2 Adelsfamilie der Grafen von Braunlocke

Die Evolution der Pferdeartigen

Die Letzten ihrer „Art“ Die Pferde, wie wir sie heute kennen, sind die letzten Überlebenden einer einstmals sehr erfolgreichen Tiergruppe mit einer Vielzahl von unterschiedlichen Arten, von denen zahlreiche Fossilfunde existieren. Von allen konnte die Zeit vom frühesten Auftreten bis zum Aussterben bestimmt werden.

3 Evolution der Pferdeartigen

Klimawandel Vor etwa 25 Mio. Jahren veränderte sich infolge eines Klimawandels das Landschaftsbild im Lebensraum der Vorfahren der heutigen Pferde. Der bis dahin verbreitete Laubwald wurde zu Grasland und Steppe. Von den Pferdeartigen überlebten bevorzugt jene, die an das Leben im Grasland besser angepasst waren (Selektion). Sie waren wesentlich größer als ihre Vorfahren und liefen auf einer einzigen Zehe. Zudem verfügten sie über Zähne mit einer sehr hohen Kaufläche, die es ihnen ermöglichte, das harte Gras zu zerkauen und dadurch leichter zu verdauen.

Stammbäume Mit Stammbäumen versuchen Wissenschaftler zu verstehen, welche Veränderungen im Lauf der Evolution an den Lebewesen erfolgten und welche neuen Arten bei diesem Prozess entstanden sind. ↑3 Die Stammbaumerstellung beginnt immer mit der Betrachtung der Eigenschaften des heutigen Lebewesens. An diesem werden homologe Merkmale gesammelt, die als Vergleichsmittel dienen können. Im Fall der Pferdeartigen sind das unter anderem die Zahl der Zehen an Vorder- und Hinterläufen sowie die Höhe der Kaufläche der Zähne. Durch Vergleich der Fossilfunde kann dargestellt werden, wie diese miteinander verwandt sind. In einem Stammbaum werden die Vertreter, deren Merkmale geringer voneinander abweichen, eng zueinandergestellt. Wesentlich bei der Erstellung eines Stammbaums ist die Kenntnis des Alters der Fossilien, anhand dessen die Richtigkeit der Überlegungen überprüft werden kann.

In die Abfolge von Lebewesen auf der Erde wird durch Stammbäume Ordnung gebracht. Der Stammbaum der Pferde ist durch viele Fossilfunde gut belegt. Nur das heutige Pferd hat überlebt.

Schon gewusst?

Was kleine Pferde fressen
Vor knapp 50 Millionen Jahren war das Klima in Deutschland feuchtheiß. Dichte Tropenwälder bedeckten eine seenreiche Landschaft. Einer dieser ehemaligen Seen ist heute eine der wichtigsten fossilen Fundstätten weltweit. Die Grube Messel liegt bei Darmstadt in Südhessen. Besondere Aufmerksamkeit erregen die Funde von Säugetierfossilien wie dem Urpferdchen; es war etwa so groß wie ein Foxterrier. ↑1 Das Fossil ist so bedeutsam, weil neben dem Skelett auch Organe wie die Haut und der Magen-Darm-Trakt mit Inhalt zu sehen sind. Die Untersuchung des Mageninhalts ergab, dass sich das Urpferdchen von weichen Blättern und Früchten ernährt hat.

Aufgaben

1 Wie haben sich die Zehenzahl, der Bau der Kauflächen und die Körpergröße im Verlauf der Evolution der Pferdeartigen verändert?

2 Warum sind die Füße vom Urpferdchen und heutigem Pferd einander homolog? Begründe.

Evolution des Menschen

DARWIN schrieb: „Wir müssen ... anerkennen, dass der Mensch mit all seinen edlen Eigenschaften ... in seinem Körper noch den unauslöschlichen Stempel eines niederen Ursprungs trägt" (aus: *The Descent of Man*, 1871). Unter welchen Umständen wurde aus diesem „niederen" Ursprung ein denkender, sprechender, moralisch handelnder Mensch?

1 Zeitgenössische Karikatur über CHARLES DARWIN

Beobachten Untersuchen Experimentieren

Fragen zur Menschheitsgeschichte

Ein Interview mit einem Fachmann kann helfen, sich in ein neues Thema einzuarbeiten. Fragen formulieren hilft, einen neuen Stoff zu strukturieren und ihn aus eigener Sicht zu bewerten: Was kenne ich, was verstehe ich, was ist neu für mich?

1 Finde ein deutsches Wort für Paläoanthropologe.

2 Überlegt euch drei weitere Fragen zur Menschheitsevolution, die ihr Herrn SCHRENK oder einem anderen Paläoanthropologen gerne stellen würdet.

3 Übersetze den Titel von DARWINS Werk *The Descent of Man* ins Deutsche.

4 Recherchiere im Internet, was man unter Kreationismus und Intelligent Design (ID) versteht. Finde Argumente, warum diese Theorien keine Wissenschaft sind.

5 Bilde Hypothesen zu der Frage, warum der Neandertaler aussterben musste.

Interview mit einem Paläoanthropologen

2 FRIEDEMANN SCHRENK, Paläoanthropologe in Frankfurt

Herr Schrenk, mit welchen Methoden wollen Paläoanthropologen das Rätsel unserer Herkunft lösen?

Im Grunde mit denselben Methoden, die man auch beim Erforschen der Stammesgeschichte z. B. des Pferdes ange-wendet hat – man braucht Spuren aus der Vergangenheit, also vor allem Fossilien. Wichtig ist die Altersbestimmung dieser Spuren. So wurde das erste, 1856 in der Nähe von Düsseldorf gefundene Neandertalerskelett von den damaligen Zeitgenossen sehr unterschiedlich interpretiert: Der berühmte Anatom RUDOLF VIRCHOW war der Meinung, es handle sich um einen an Rachitis erkrankten Kosaken, dessen Knochen höchstens einige Hundert Jahre in der Kalkhöhle gelegen hätten. Der Naturforscher CARL FUHLROTT dagegen, der die Bergung der 16 berühmten Knochenteile organisiert hatte, glaubte

Beobachten Untersuchen Experimentieren

einen eiszeitlichen Menschen „aus der vorhistorischen Zeit" entdeckt zu haben. Heute wissen wir, dass die Knochen zwischen 40 000 und 50 000 Jahre alt sind. Schließlich muss man die Anatomie der Knochenfragmente untersuchen und Vergleiche ziehen.

Worin besteht der Unterschied zwischen Affen und Menschen?
Menschenaffen haben große anatomische und genetische Ähnlichkeit mit dem Menschen. Der springende Punkt ist wohl nicht allein der aufrechte Gang, das große Gehirnvolumen und das Sozialverhalten, sondern die Entwicklung von Kultur, Technik und Kunst. Vor 2,5 Millionen Jahren gab es einen höchst spannenden Punkt in der Entwicklungsgeschichte des Menschen: Erstmals wurden Steine bearbeitet, um damit Nahrung zu zermahlen. Ein Prozess, der vorher innerhalb des Körpers, im Mund, stattfand, wurde nach außen verlagert. Ich denke, wenn es einen Beginn der Menschheit gab, war es dieser Moment.

3 Geröllwerkzeuge

4 Nicht gerade Erfolg versprechend

Wie glaubhaft sind die Darstellungen der heutigen Anthropologen zu unserer Abstammung?
Die Details unseres Stammbaums werden sehr unterschiedlich beurteilt manche Paläoanthropologen sind uneins, ja sogar zerstritten. Das ist verständlich, weil die Beweislage leider ziemlich mager ist – wir haben einfach zu wenige Funde. Weltweit sind es an die 3000 Fundstücke, aus denen man eine Millionen Jahre dauernde Entwicklung ablesen will – das ist fast so, als wolle man aus einem Schuh von KARL DEM GROSSEN und einer Coladose die Geschichte Europas erklären.

Welche Rolle spielte der Neandertaler?
Er scheint nicht unser direkter Vorfahre zu sein, allerdings lebte er lange Zeit in Europa und im nahen Osten. Da es relativ viele Fossilien von ihm gibt, wissen wir über ihn eine ganze Menge. Er lebte in einer tundrenartigen Landschaft, vermutlich von der Jagd. Er war sehr gut an die kalten Klimabedingungen der Eiszeit angepasst. Über einen längeren Zeitraum scheint er sich den Lebensraum mit unserem direkten Vorfahren, dem Homo sapiens, geteilt zu haben. Warum er vor 30 000 Jahren verschwand, ist ungeklärt.

Wie geht es Ihrer Meinung nach mit der Menschheit weiter?
Unser Körper ist in vielen Punkten nicht perfekt, die Unvollkommenheit ist gewissermaßen „Programm" der Evolution. Ich ärgere mich über Kreationisten, die behaupten, wir wären von einem intelligenten Designer in die Welt gebeamt worden. Viele Entwicklungen sind in vollem Gange wie die Rückentwicklung des Gesichtsschädels mit entsprechenden Platzproblemen für die Zähne. ↑5 Toll wäre es, wenn unsere Nachkommen nicht immer wieder alles von Neuem lernen müssten. Eine Vererbung von Erfahrungen wäre super.

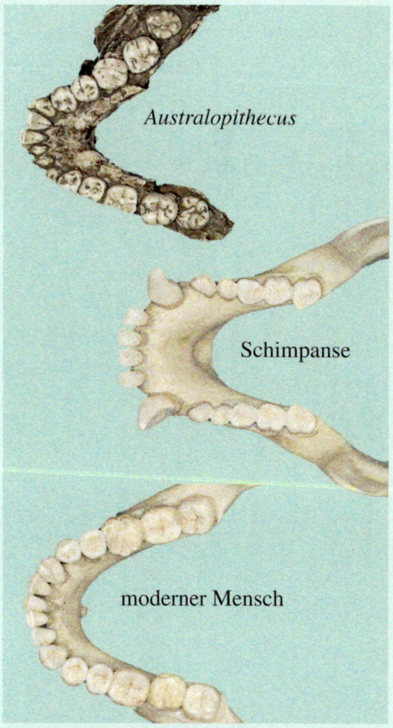

5 Die Anordnung der Zähne beim modernen Menschen, *Australopithecus* (Vorfahre des Menschen) und Schimpansen

Evolution der Menschenartigen – von Fuß bis Kopf

Vor ca. 10 Millionen Jahren war das tropische Afrika wohl von vielen Affenarten besiedelt, die in den Baumkronen der Urwälder lebten. 4 Millionen Jahre alte fossile Knochen stellten sich als Überreste aufrecht gehender, affenartiger Lebewesen heraus. Stammt der Mensch von aufrecht gehenden Affen ab?

1 So könnten unsere hangelnden Vorfahren ausgesehen haben.

Beobachten Untersuchen Experimentieren

Das Gehirnvolumen eines fossilen Schädels messen

Das Volumen der menschlichen Gehirne vergrößerte sich im Lauf der Evolution kontinuierlich. Man geht davon aus, dass sich in der zunehmenden Größe auch eine Leistungssteigerung widerspiegelt.

Material: Abgüsse von Schädeln aus der Schulsammlung, Klebestreifen, 2 kg Hirse, Messzylinder

Durchführung: Klebe die Durchtrittsstellen der Nerven (Löcher) im Schädel zu, fülle die Hirse durch das Hinterhauptsloch ein. Wenn der Schädel voll ist, füllst du die Hirse um in einen passenden Messzylinder und liest das Volumen ab.

Auswertung: Vergleiche deine Werte mit den Durchschnittsvolumina, die in der Literatur für den entsprechenden Schädeltyp angegeben sind.

Entwicklungstendenzen zum modernen Menschen

178-1

2 Fußspur von Laetoli

Australopithecinen 1974 wurde in Äthiopien ein 3,2 Millionen Jahre altes weibliches Skelett entdeckt. Es bekam neben einer wissenschaftlichen Katalognummer den Namen Lucy und wird zur Gattung *Australopithecus* gezählt, was so viel bedeutet wie Südaffe. Lucy misst nur 105 cm. Das Besondere ist, dass sie mit großer Sicherheit bereits aufrecht ging. Dafür sprechen ihre breiten, schalenförmigen Hüftknochen, die beim aufrechten Gang den inneren Organen Halt geben.

Die Fußspur von Laetoli Es war eine Sensation, als die Paläoanthropologin MARY LEAKY eine versteinerte Fußspur fand, die trotz ihres Alters von 3,6 Millionen Jahren so aussah, als wäre ein heutiger Erwachsener mit einem Kind neben sich durch feuchten Sand gegangen. ↑2 Man vermutet, dass die beiden Spuren von derselben Australopithecusart stammen, zu der auch Lucy gehörte. Es wurden aber weder Werkzeuge noch andere Spuren menschlicher Kultur gefunden. Der Biologe STEPHEN JAY GOULD (1941–2002) fasste diese Erkenntnisse salopp zu einer Hypothese zusammen: „Die Menschheit stand zuerst auf und wurde erst später klug.“

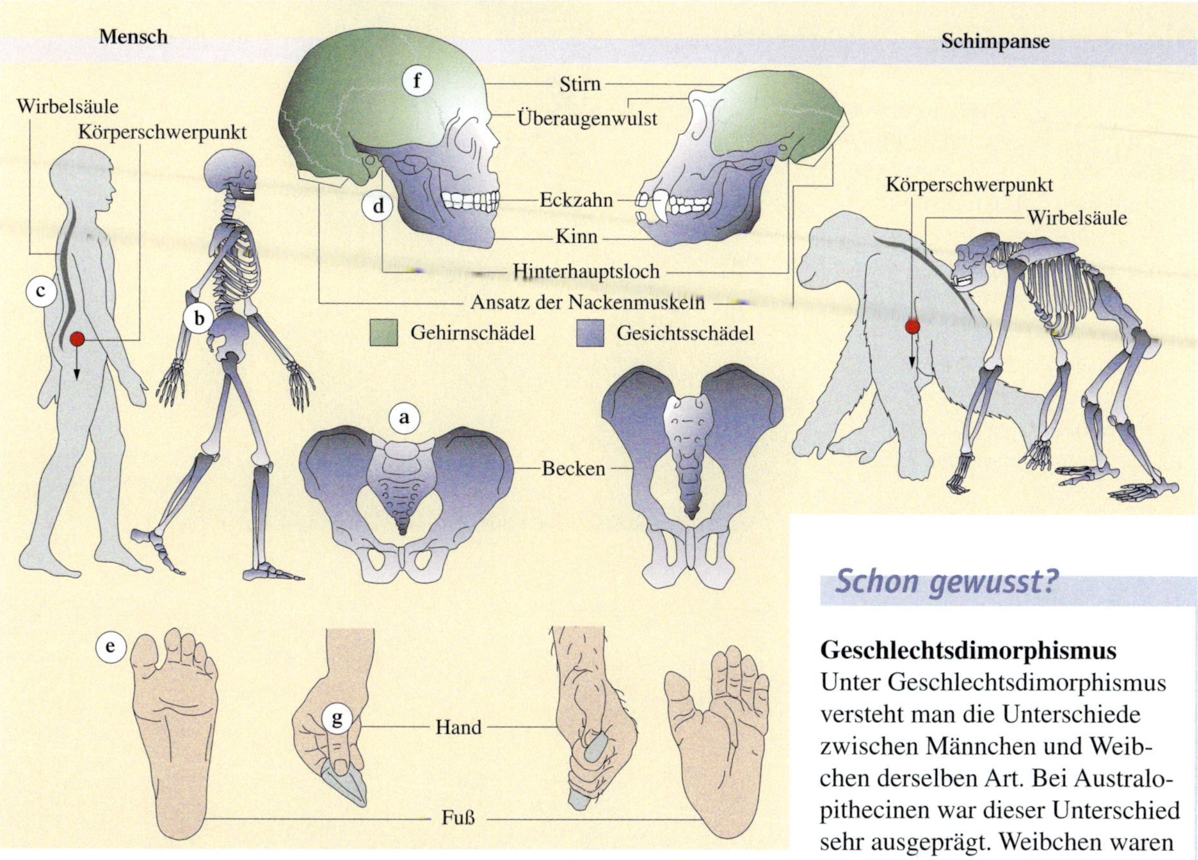

3 Entwicklungsstufen bei Schimpanse und Mensch

Auf dem Weg zum Menschen Die Entwicklungstendenzen zum aufrechten Gang zeigen sich am breiter werdenden Becken (a), an den großen Lendenwirbeln, die die Hauptlast tragen (b), an der Doppel-S-Form der Wirbelsäule (c), an dem nach vorne verlagerten Hinterhauptsloch (d) und an der Verlagerung des großen Zehs (e). Die Größenzunahme des Gehirnschädels gegenüber dem Gesichtsschädel (f) und die Fähigkeit des Daumens zum Pinzettengriff (g) sind Hinweise auf die Hirnentwicklung.

Menschliche Merkmale sind gegenüber den Affenmerkmalen der aufrechte Gang (Becken, Oberschenkelwinkel, Wirbelsäule, Hinterhauptsloch, Fuß), die Gehirnvergrößerung, die Reduzierung des Gesichtsschädels (weniger Platz für das Gebiss) und die Feinmotorik der Hand.

Schon gewusst?

Geschlechtsdimorphismus
Unter Geschlechtsdimorphismus versteht man die Unterschiede zwischen Männchen und Weibchen derselben Art. Bei Australopithecinen war dieser Unterschied sehr ausgeprägt. Weibchen waren nur wenig über 1 m groß und wogen 30 kg. Männchen wogen mit einer Körpergröße von 1,50 m mehr als doppelt so viel. Bei heutigen Gorillas beobachtet man, dass dieser Geschlechtsdimorphismus mit einem bestimmten Sozialverhalten gekoppelt ist, bei dem Männchen untereinander um einen Harem an Weibchen konkurrieren. Bei den monogamen asiatischen Gibbons sind Männchen und Weibchen dagegen kaum zu unterscheiden.

Aufgaben

1 Beschreibe die dargestellten Unterschiede zwischen Mensch und Menschenaffe. Hebe die jeweilige Anpassung hervor.

2 Erkläre, welche Erkenntnisse STEPHEN J. GOULD zu seiner Aussage berechtigen, der Mensch sei zuerst aufrecht gegangen und dann erst hätte die Gehirnentwicklung eingesetzt.

3 Überlege, was der Geschlechtsdimorphismus, d. h. die Unterschiedlichkeit der sekundären Geschlechtsmerkmale von Mann und Frau, über das Sozialleben des jeweiligen Hominiden aussagen könnte. Bilde eine Hypothese über die Sozialstruktur bei *Australopithecus* und vergleiche mit dem heutigen Menschen.

Die Gattung *Homo* – Ausbreitung in der Alten Welt

Verschiedene Vertreter der Gattung *Homo,* also echte Menschen, traten schon vor ca. 4 Millionen Jahren auf den Plan. Zunächst fand man sie nur in Afrika, erst viel später auch in Europa und Asien. Woher kamen diese Europäer? Waren sie aus Afrika ausgewandert oder hatten sie sich parallel entwickelt? Wieso gibt es heute nur noch eine einzige Menschenart, den *Homo sapiens*?

1 *Homo erectus* – über seine Herkunft wird spekuliert

Beobachten **Untersuchen** *Experimentieren*

Auswertung einer Fundkarte

Die Karte zeigt Fundorte und Datierungen von Fossilien der Art *Homo erectus.* ↑2

1 Zeichne die Karte in dein Heft und ergänze die Wanderbewegungen dieses Menschentyps, die man aufgrund des Alters der Funde vermuten könnte.

2 Welche klimatischen Voraussetzungen könnten zu diesen Wanderungen beigetragen haben?

3 Welche besonderen Fähigkeiten brauchte eine Art, die Afrika hinter sich ließ?

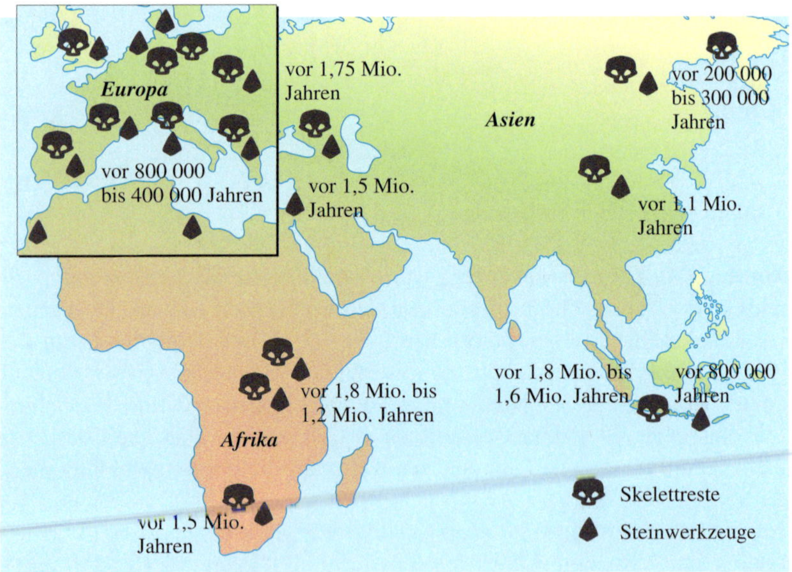

2 Wege des *Homo erectus*

Die Wurzeln der Gattung *Homo*

180-1

Älteste Vertreter der Gattung *Homo* in Afrika *Homo rudolfensis* (3 bis 1,8 Millionen Jahre) soll Werkzeuge wie Steinmesser und Mahlsteine nicht nur benutzt, sondern selbst hergestellt haben. Damit hätte er sich unzweifelhaft als Mensch qualifiziert. *Homo habilis* (2,1–1,5 Millionen Jahre), der mit einer Körpergröße von 145 cm, einem Körpergewicht von 40 kg und einer Gehirngröße von 500 bis 700 cm^3 noch recht affenähnlich war, hat wohl ebenfalls Werkzeuge benutzt.

Unzweifelhaft ein Mensch – *Homo erectus* Die frühesten Funde eines Hominiden, der wegen seiner Gehirngröße, der handwerklichen Beifunde und der Feuernutzung unzweifelhaft zu den echten Menschen gehörte, wurden 1891 in Java ausgegraben. Man fand ein Schädeldach mit einem dicken Wulst über den Augen, das flacher war als das eines heutigen Menschen. Das Gehirnvolumen von etwa 940 cm^3 übertraf das eines Schimpansen um mehr als das Doppelte. Als 1927 in einer Höhle bei Peking ganz ähnliche Knochen gefunden wurden, war klar, dass Javamensch und Pekingmensch zu ein und derselben Art gehörten, die von da an *Homo erectus* genannt wurde.

***Homo erectus* – mobiler Wanderer der Alten Welt** Nirgends außerhalb Afrikas hat man bisher affenartige Hominiden, also Vorfahren des *Homo erectus,* gefunden. In Nordafrika nahe des Turkanasees entdeckte man aber ein 1,6 Millionen Jahre altes, fast vollständiges Skelett eines 12-jährigen Jungen, das Ähnlichkeit mit dem *Homo erectus* aufweist. Damit wurde klar, dass *Homo erectus* wohl aus Afrika stammend in die Alte Welt eingewandert ist.

***Homo sapiens* – Out of Africa?** Über die Herkunft des modernen Menschen wurde und wird immer noch gerätselt. Wo entstand der *Homo sapiens* mit seiner hohen Stirn und dem vorspringenden Kinn? Natürlich suchte man wieder in Afrika und fand tatsächlich zwei *Homo-sapiens*-Schädel, die mit modernen Messmethoden auf 195 000 Jahre datiert wurden. Somit hätte unser direkter Vorfahre neben *Homo erectus* in Afrika gelebt. Dieser Typus dürfte auch sein Urahn gewesen sein.
Von dort soll *Homo sapiens* laut der Out-of-Africa-Hypothese in mehreren Wellen ausgewandert sein und alle anderen Menschenformen Europas verdrängt und letztlich ersetzt haben. Die frühen europäischen Vertreter des *Homo erectus* waren also nur Auslaufmodelle, die spätestens vor 30 000 Jahren ausstarben. Diese Idee wird von genetischen Analysen der vorhandenen Fossilien stark gestützt.

***Homo sapiens* – Ausbreitung vor Ort?** Eine ältere Hypothese, das multiregionale Modell, besagt, dass sich die modernen Menschen aus den in Afrika, Asien und Europa vorhandenen Vorfahren (*Homo erectus*) mehrmals an verschiedenen Orten entwickelt hätten; dabei sei es zwischen den lokalen Gruppen immer wieder zu Vermischungen des Erbguts gekommen.

***Homo erectus* war der erste „globalisierte" Hominide (außer Amerika). Vermutlich stammt der Neandertaler von ihm ab. Eine afrikanische Variante des *Homo erectus* war wohl der Vorfahre des modernen Menschen. Der moderne Mensch wurde zum einzigen Überlebenden der Gattung *Homo*.**

Schon gewusst? 181-1

***Homo erectus* in Deutschland**
In der Nähe von Heidelberg wurde 1907 in einer Sandgrube ein kinnloser Unterkiefer entdeckt, der auf 600 000 Jahre geschätzt wird. Somit ist *Homo heidelbergensis* der bislang älteste Mitteleuropäer. Vermutlich handelt es sich bei ihm um einen späten *Homo erectus,* der sich im Lauf der Jahrhunderttausende zum Neandertaler weiterentwickelte. Letzterer war in Europa und im nahen Osten bis vor 30 000 Jahren heimisch und verschwand dann plötzlich.

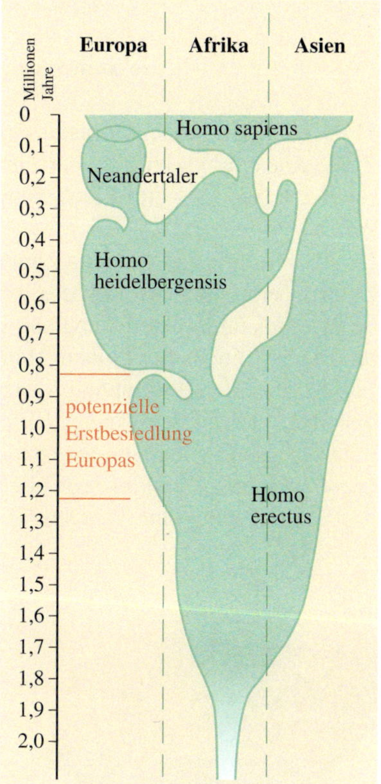

3 Verbreitung der Gattung *Homo*

Aufgaben

1 Suche den Turkanasee (Rudolfsee) auf einer Karte von Afrika und beschreibe seine Lage.
2 Erläutere, was mit „Alter Welt" im Text gemeint ist.
3 Bilde Hypothesen, weshalb *Homo erectus* nicht die Neue Welt besiedelte.
4 Finde heraus, wann die ersten Menschen Amerika besiedelten.

Kulturelle Evolution des Menschen

Der älteste Vertreter der Gattung *Homo,* also des echten Menschen, ist mit 3,0–1,8 Millionen Jahren der ca. 155 cm große „Mensch vom Rudolfsee", *Homo rudolfensis.* Sein Gehirn war mit 600–800 cm^3 deutlich größer als das der Australopithecinen, aber noch weit entfernt von unserer durchschnittlichen Gehirngröße von 1350 cm^3. Was aber macht neben der Gehirngröße den Menschen eigentlich aus?

1 Kulturgüter des Menschen

Beobachten Untersuchen Experimentieren

Feuer machen wie die Steinzeitmenschen

Material: Feuersteine (Hornsteine), Stroh, Hammer, Pyrit (Katzengold) und Zunderschwamm, Salpeterlösung, z. B. ein Esslöffel Blaukorndünger in ¼ Liter Wasser aufgelöst

Durchführung: Erst musst du Zunderschwamm zu Zunder verarbeiten. Weiche das Innere des Schwamms in Salpeterlösung ein, lass es trocknen, um es anschließend mit einem Hammer flach zu klopfen. Schlage den Feuerstein und das Pyrit aneinander, bis ein Funke auf den Zunder fällt; ↑2 schnell Stroh unterlegen und vorsichtig anblasen.

Diese vermutlich uralte Art des Feuermachens erfordert etwas Übung und viel Geduld.

2 Funken schlagen mit Feuerstein (links) und Katzengold (Markasitknolle, rechts)

Fundamente der kulturellen Entwicklung

182-1

3 Schimpanse beim Termitenangeln

Werkzeug und Waffen Wie Schimpansen heute dürften die Australopithecinen Geröllsteine oder Stöcke als Werkzeug genutzt haben, um z. B. Knochen von Kadavern zu zerschlagen oder um Termitenbauten aufzugraben. ↑3 *Homo rudolfensis* gelang es, scharfe Splitter von Steinen abzuschlagen und diese als Steinmesser zu nutzen. Die Gehirnentwicklung schritt seitdem rasant voran. Planvolles Denken und handwerkliche Geschicklichkeit belohnten die kreativen Hominiden wohl mit höherem Jagderfolg und zahlreicheren, besser genährten Nachkommen. *Homo habilis* konnte als einziger Hominide bei dieser Entwicklung mithalten. Welcher von beiden die Urform des *Homo erectus* hervorbrachte, bleibt bisher im Dunkeln.

Basis der menschlichen Kultur Wann die Sprache in der menschlichen Entwicklung Einzug hielt, ist letztgültig kaum nachzuweisen. Dass diese Fähigkeit aber die Entwicklung stark beschleunigt haben muss, ist unumstritten. Die Fähigkeit, 100 Laute bilden zu können, verdankt der Mensch der Anatomie seines Rachenraums. Er ist durch einen tiefer gelegten Kehlkopf doppelt so groß wie beim Schimpansen, der gerade mal 12 verschiedene Laute bilden kann. Da Sprache letztlich im Gehirn entsteht, spiegelt die Vergrößerung des Gehirns u. a. die Sprachfähigkeit wider.

Sich ein Bild machen Der Heidenheimer Heimatforscher HERMANN MOHN staunte 1931 nicht schlecht, als er im frischen Auswurf eines Dachsbaus Feuersteinstückchen entdeckte, die an dieser Stelle der Schwäbischen Alb normalerweise nichts zu suchen haben. Daraufhin begann man in der Vogelherdhöhle zu graben und fand elf aus Mammutelfenbein geschnitzte Tierplastiken, deren Alter die Fachwelt erstaunte. Aus der Eiszeit vor 32 000 Jahren kannte man bis zu diesem Zeitpunkt allenfalls Werkzeuge und Waffen aus Stein. Die Kunstwerke der Neandertaler werden allerdings von den eindrucksvollen Höhlenmalereien überstrahlt (z. B. 17 000 Jahre alte Malereien in der Höhle von Lascaux ↑4), die fast alle vom modernen Menschen (*Homo sapiens*) stammen, der nach einem Fundort in Südfrankreich auch als Cro-Magnon-Mensch bezeichnet wird.

4 Malerei in der Höhle von Lascaux, Frankreich

Die kulturelle Entwicklung der Gattung *Homo* begann mit Werkzeuggebrauch und Feuernutzung. Die rasante Entwicklung des Gehirns und der Sprache könnten Ursachen der explosionsartigen kulturellen Entwicklung des *Homo sapiens* gewesen sein.

Schon gewusst?

Sprachforschung
Einige Forscher, die sich mit der Verwandtschaft von Sprachen beschäftigen, vermuten eine einzige Wurzel aller Sprachen (monophyletisches Sprachsystem). Durch statistische Annahmen für die Mutationshäufigkeit dieser Ursprache kommt ein amerikanischer Sprachforscher zu dem Schluss, die Ursprache müsste vor 60 000 bis 100 000 Jahren gesprochen worden sein.

Basiskonzept

Geschichte und Verwandtschaft
Alle Lebewesen bzw. Arten haben eine Geschichte, denn sie haben sich im Verlauf der Evolution in langen Zeiträumen aus „Vorläufer-Arten" entwickelt. Stammbäume verdeutlichen, wie nah verschiedene Arten miteinander verwandt sind.

Aufgaben

1 Liste auf, welche Überlebensvorteile die Nutzung des Feuers den Menschen brachte.

2 Es gibt einige Tierarten, die eine symbolhafte Sprache benutzen, z. B. die Bienen. Recherchiere und beschreibe jeweils ihre Ausdrucksmöglichkeiten.

3 Wir haben zwei Hypothesen zur Wurzel der Art *Homo sapiens* kennengelernt. Welche entspricht dem monophyletischen Sprachmodell? Erkläre.

4 Beschreibe, wie der Mensch in den letzten 10 000 Jahren das Antlitz der Erde veränderte (Landwirtschaft, Rohstoffgewinnung, Energiewirtschaft, Bauwirtschaft, Wasser, Atmosphäre).

5 Mit den Knochen von Neandertaler und *Homo sapiens* wurden mehrfach auch Feuersteine ausgegraben, die nicht aus dieser Gegend stammen können. Welche Schlüsse lassen sich daraus ziehen?

Projekt

Sie sind unter uns

184-1

Neozoen nennt man Tiere, die nach der Entdeckung Amerikas 1492 in Mitteleuropa neu aufgetaucht sind und die seit mindestens drei Generationen in Freiheit leben. Einige von ihnen wie die Wollhandkrabbe sind unbeabsichtigt mit Schiffen zu uns eingeschleppt worden, andere wie der Damhirsch wurden vom Menschen absichtlich eingebürgert und wieder andere sind zum Zweck der Zucht nach Europa gebracht worden, doch irgendwann aus der Gefangenschaft entflohen.

1 Kartoffelkäfer und Damhirsch

2 Schmuckschildkröte

4 Wollhandkrabbe

5 Kamberkrebs und Edelkrebs

Edelkrebs und Kamberkrebs

Vor 150 Jahren waren die deutschen Bäche und Flüsse voller Edelkrebse. Heute kommt der Edelkrebs nur noch in kleinen Restbeständen vor. Ein Grund für sein Verschwinden ist die Krebspest. Ausgelöst wird die Krankheit durch einen Pilz, der die Tiere innerhalb von einer Woche tötet. Als Ersatz wurden vor etwa 100 Jahren amerikanische Kamberkrebse in deutschen Flüssen ausgesetzt. Sie sind resistent gegenüber der Krebspest und vermehren sich daher auch in Gewässern, in denen der Erreger vorkommt. Mittlerweile ist der Kamberkrebs der häufigste Krebs in unseren Gewässern, während der deutsche Flusskrebs auf der Roten Liste der vom Aussterben bedrohten Tierarten steht. Der Kamberkrebs hat sich daher als bedeutender ökologischer und wirtschaftlicher Schädling erwiesen. ↑5

Bestandsaufnahme und Kartierung In welchen Gewässern in deiner Nähe kommen Krebse vor? Welche Krebse kann man finden? Dürfen sie entnommen werden? Erkundige dich dazu beim Landesfischereiverband.

3 Der Waschbär, ein weiterer Neubürger

Eine nächtliche Krebsexkursion Krebsexkursionen werden in der Dämmerung unternommen, da sowohl der einheimische Edelkrebs wie die Mehrheit der eingeschleppten Arten dämmerungs- und nachtaktiv sind. Welche und wie viele Krebse könnt ihr finden? Stimmen die Funde mit den Angaben des Landesfischereiverbands überein?

Andere Neubürger

Forscht im Internet nach weiteren Neubürgern: Woher kommen sie, wie sind sie zu uns gekommen, welche wirtschaftliche und ökologische Bedeutung haben sie? Sind darunter auch Pflanzen? Präsentiert die Ergebnisse im Rahmen einer Ausstellung. ↑3

Entwicklungsgeschichte der Erde im Überblick

	Wichtige exogene und endogene Vorgänge; Entstehung bedeutender Lagerstätten; klimatische Verhältnisse und Veränderungen	Evolution der Organismen

Erdurzeit

Beginn vor 4700 Millionen Jahren

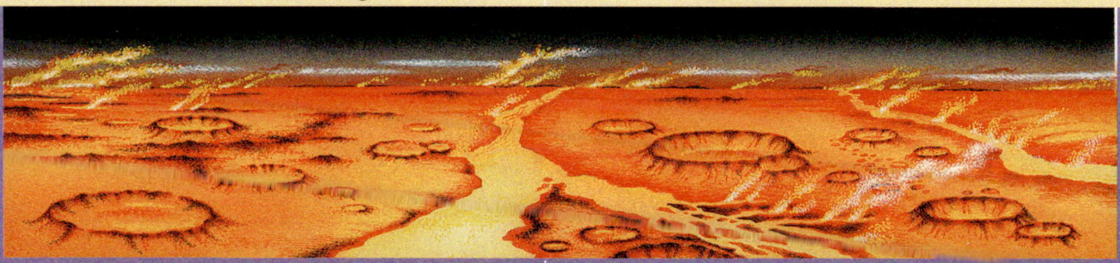

	Wichtige exogene und endogene Vorgänge; Entstehung bedeutender Lagerstätten; klimatische Verhältnisse und Veränderungen	Evolution der Organismen
Erdurzeit	Entstehung des Sonnensystems; Bildung der Erde durch Zusammenballung kosmischer Gas- und Staubmassen, die sich abkühlten und kondensierten (Entstehung der meisten chemischen Elemente!).	Entstehung der Uratmosphäre: Sie enthielt ursprünglich keinen freien Sauerstoff und war wahrscheinlich aus Wasserstoff, Methan, Wasserdampf, Ammoniak sowie Schwefelwasserstoff zusammengesetzt.

Erdfrühzeit

Beginn vor 4000 Millionen Jahren

	Wichtige exogene und endogene Vorgänge; Entstehung bedeutender Lagerstätten; klimatische Verhältnisse und Veränderungen	Evolution der Organismen
Erdfrühzeit	Entwicklung der festen Erdkruste mit Wasserkreislauf, mit Abtragungs- und Sedimentationsprozessen, erste tektonische Vorgänge, Magmatismus, Gesteinsmetamorphose, mehrere Geosynklinalzyklen. Entstehung zweier riesiger, mehr oder weniger zusammenhängender Landmassen (Urkontinente) auf der Nord- und Südhalbkugel, erste Sedimente. Bedeutende Vereisungen zum Ende der Erdfrühzeit.	Chemische Evolution, Entstehung des Lebens, Beginn der biologischen Evolution im Urozean, Beginn der Fotosynthese (dadurch Anreicherung der Atmosphäre mit Sauerstoff!)

Erdaltzeit

Kambrium
Beginn vor 570 Millionen Jahren

	Wichtige exogene und endogene Vorgänge; Entstehung bedeutender Lagerstätten; klimatische Verhältnisse und Veränderungen	Evolution der Organismen
Kambrium	Meer überflutet mehrfach große Teile des Festlandes, wärmeres Klima setzt ein (bis in die arktischen Breiten warm und trocken), intensive tektonische Vorgänge und Magmatismus in Geosynklinalen, Entstehung von Erdöl, Steinsalzen und Kalksteinen.	Scheinbar sprunghafte Entfaltung der Tier- und Pflanzenwelt: Auftreten der meisten Gruppen der Wirbellosen, rasche Verbreitung wirbelloser Meerestiere (z. B. Trilobiten, Medusen) und verschiedener Algen im Urozean.

Ordovizium
Beginn vor 500 Millionen Jahren

	Wichtige exogene und endogene Vorgänge; Entstehung bedeutender Lagerstätten; klimatische Verhältnisse und Veränderungen	Evolution der Organismen
Ordovizium	Weiterhin Festlandsüberflutungen durch das Meer, intensive Krustenbewegungen in Geosynklinalen, Klima warm und feucht, weite Verbreitung von Eisenerzen, Schiefern. Beginn der (Falten-)Gebirgsbildungen im heutigen östlichen Nordamerika, in Nordeuropa und Zentralasien (kaledonische Gebirgsbildung).	Entwicklung der Flora und Fauna weiterhin im Meer. Die Vielfalt wirbelloser Tiere nimmt stark zu (z. B. Korallen, Quallen, Schnecken, Muscheln, Seeigel); erste Wirbeltiere entstehen, Algen dominieren in der Pflanzenwelt.

Wichtige exogene und endogene Vorgänge; Entstehung bedeutender Lagerstätten; klimatische Verhältnisse und Veränderungen	Evolution der Organismen

Erdaltzeit

Silur
Beginn vor 440 Millionen Jahren

Im Ordovizium begonnene Gebirgsfaltungen finden ihren Abschluss. Als Folge dessen sowie des ariden Klimas zieht sich das Meer großflächig zurück. Es bleiben riesige Salz- und andere Meeresablagerungen zurück.	Erstmals in der Erdgeschichte großer Artenreichtum; Beginn der Besiedlung des Festlandes (Pflanzen, Gliederfüßer), Verbreitung von Algen, Pilzen und Flechten. Entstehung der ersten Fische; weite Verbreitung von Korallen.

Devon
Beginn vor 405 Millionen Jahren

Erneute Meeresüberflutungen; Beginn der (Falten-)Gebirgsbildungen im heutigen Mitteleuropa, die sich nach Westen bis Nordamerika und nach Osten über Zentralasien bis zum Pazifik erstreckten (variskische Gebirgsbildung); Klima sehr unterschiedlich: auf der Nordhalbkugel warm, arid; auf der Südhalbkugel kalt (Vereisungen). Sandsteine, Diabase, Marmor, Eisenerz, Tonschiefer.	Ausbildung der Vielfalt der Knochenfische; Fauna (erste Lurche, erste Insekten sowie weitere Wirbellose) und Flora (Schachtelhalme, Farne) „erobern" das Festland. Entstehung von Moospflanzen.

Karbon
Beginn vor 350 Millionen Jahren

Rückgang der Meeresüberflutungen durch variskische Gebirgsbildung. In den vermoorten Niederungen der Randsenken und Mulden der variskischen Gebirge bilden sich (Stein-)Kohlenlager. Das Klima ist sehr warm und feucht, in Mitteleuropa zum Teil tropisch. Vulkanismus, Entstehung magmatischer Gesteine (Granit).	Erste Reptilien und geflügelte Insekten, im Meer dominieren Fische. Große Sumpfwälder (Grundlage für die Entstehung von Steinkohlenlagern); Vorherrschaft der Lurche, erste Süßwassermuscheln.

Perm
Beginn vor 285 Millionen Jahren

Ende der variskischen Gebirgsbildung, Abtragung der variskischen Gebirge und Ablagerung gewaltiger terrestrischer und mariner Sedimente auf variskischem Gebirgsrumpf. Zwischen nördlichem und südlichem Urkontinent entsteht das Thetysmeer (als alpidische Geosynklinale). Klima: warm, arid auf dem nördlichen Urkontinent; kalt, arid auf dem südlichem Urkontinent. Kupfer, Stein- und Kalisalze, Erdöl, Erdgas, Gips, Kupferschiefer, Kalkstein	Rasche Entwicklung der Reptilien, Entstehung säugetierähnlicher Reptilien und der meisten bis heute existierenden Insektenordnungen (z. B. Käfer), viele wirbellose Meerestiere sterben aus. Nacktsamer (Nadelbäume) treten auf.

Erdmittelzeit

Wichtige exogene und endogene Vorgänge; Entstehung bedeutender Lagerstätten; klimatische Verhältnisse und Veränderungen	Evolution der Organismen
Trias Beginn vor 225 Millionen Jahren 	
Die Aufspaltung des südlichen Urkontinents tritt ein. Fortsetzung der Ablagerung mächtiger Sedimentgesteinsschichten über dem Rumpf des abgetragenen variskischen Gebirges. Zu Beginn und am Ende der Trias überwiegen Ablagerungen terrestrischer Sedimente, dazwischen marine Ablagerungen. Klima: erst heiß und trocken, später warm mit Regenzeiten.	In der Pflanzenwelt des Festlandes dominieren Nacktsamer, Kalkalgen, unter den Landtieren überwiegen Reptilien (Saurier), in den Binnengewässern Fische und Amphibien, im Meer Muscheln. Erstmaliges Auftreten von Säugetieren; erstmaliges Vorkommen von Schmetterlingen.
Jura Beginn vor 195 Millionen Jahren 	
Erneut großflächige Meeresüberflutungen (Europa und Amerika). Entstehung von Erdöllagerstätten (z. B. in Nordamerika und in der Nordsee und im nördlichen Afrika). Der südliche Urkontinent zerfällt, Indik und Pazifik befinden sich im Grabenstadium. Klima: erst kühl-feucht, dann warm-feucht und schließlich warm-arid.	Auf dem Festland dominieren Nacktsamer (Nadelbäume u. a.) sowie Wälder von Riesenfarnen und Riesenschachtelhalmen. „Blütezeit" der Saurier. Vögel treten erstmals auf (z. B. Archaeopteryx). Reiche Meeres-Fauna: Fische, Ammoniten, Schnecken, Schildkröten, Krokodile. Nur kleinwüchsige Säuger anzutreffen.
Kreide Beginn vor 140 Millionen Jahren 	
Beginn der Entstehung der heutigen Hochgebirge (junge Faltengebirge): Alpen, Apenninen, Karpaten, Dinarisches Gebirge, Kaukasus, Pamir, Himalaya, Rocky Mountains, Atlas, Anden u. a. (alpidische Gebirgsbildung). Das dadurch zurückgedrängte Meer überflutet weite Teile der Erdoberfläche und erreicht gleichzeitig seine größte Ausdehnung in der Erdgeschichte. Indik und Atlantik entwickeln sich zu Ozeanen. Australien, Afrika, Amerika und Vorderindien entfernen sich immer weiter voneinander. Im Vergleich zum Jura wird das Klima etwas kühler.	Erste Bedecktsamer (z. B. Weiden und Eichen) treten in Erscheinung, Entstehung von immergrünen Laubwäldern. Die Dinosaurier und viele andere Gruppen von Lebewesen (z. B. die Ammoniten) sterben am Ende der Kreidezeit aus. Vermutete Ursachen dieses Aussterbens: z. B. Folgen des Einschlags eines Kometen oder Asteroiden auf der Erde; Klimaveränderungen.

	Wichtige exogene und endogene Vorgänge; Entstehung bedeutender Lagerstätten; klimatische Verhältnisse und Veränderungen	Evolution der Organismen

Erdneuzeit

Tertiär
Beginn vor 65 Millionen Jahren

Die alpidische Gebirgsbildung erreicht ihren Höhepunkt, an Bruchstörungen der Erdkruste entstehen Bruchschollengebirge und tektonische Gräben (z. B. Oberrheingraben und Elbtalgraben), Vulkanismus.
Das Mittelmeer verbleibt als Restmeer der Thetys. Meere ziehen sich im Allgemeinen auf den heutigen Küstenverlauf zurück. In den Randgebieten bilden sich (Braun-)Kohle- und Erdöllagerstätten.
Die Temperaturen nehmen ab.

Auf dem Festland nimmt die „Vorherrschaft“ der Bedecktsamer zu. Rasche Evolution der Vielfalt niederer und höherer Säugetiere (z. B. Beuteltiere, Wale, Primaten, Pferdeartige, Elefanten, Raubtiere) sowie der Vögel.
In den Meeresökosystemen sind Schnecken, Muscheln, Seeigel, Knochenfische und Moostierchen weit verbreitet.

Quartär
Beginn vor 1,5 Millionen Jahren

Temperaturabnahme, Wechsel von Kalt- und Warmzeiten in höheren nördlichen Breiten; weite Teile der Erdoberfläche waren von mehr als 1000 m mächtigen Eismassen bedeckt. Reliefformung hier durch Inlandvereisung und Gletscherschmelzwässer (glaziale Serie), in südlichen Breiten durch Abtragung und Sedimentation (Flüsse, Massenbewegungen, Wind).
Sand, Torf, Tuffe, Ton, Löss, Kies.
Heutige Verteilung von Meer und Festland. Vereisungsgebiete der Nordhalbkugel waren schließlich weitestgehend vom Eis befreit. Entwicklung der heutigen Klimazonen.

Reiche Artenvielfalt bei Pflanzen und Tieren in Warmzeiten, in Kaltzeiten entsprechend dem Klimawechsel Verschiebung des Verbreitungsgebiets von Pflanzenarten und Tierarten nach Süden.
Der Mensch tritt auf, zeitlich vorher menschenaffenähnliche Vorfahrengruppen.
Anpassung der Tier- und Pflanzenwelt an die heutigen Klimabedingungen. Ausbildung der heutigen Vegetationszonen und geografischen Zonen.

Überblick

189-1

Du bist einzig
Kein Lebewesen gleicht dem anderen. Die Variation von Individuen ist in erster Linie das Ergebnis von Rekombination während der Meiose und von Mutationen. Nur Mutationen, die bei der Bildung von Spermien und Eizellen auftreten, sind für die genetische Unterschiedlichkeit von Lebewesen bedeutsam.

Selektion
Aufgrund ihrer Variabilität sind Lebewesen unterschiedlich gut an die Bedingungen ihrer Umwelt angepasst. Besser angepasste Lebewesen haben eine größere Chance, in ihrer Umwelt zu überleben, und können mehr Nachkommen hervorbringen als weniger gut angepasste Lebewesen. Über eine Reihe von Generationen verändern sich auf diese Weise Populationen. Das einzelne Lebewesen hat keinen Einfluss darauf, ob es an eine bestimmte Umwelt angepasst ist.

Arten
Zu einer Art zählen die Lebewesen, die miteinander fruchtbare Nachkommen haben können. Eine Art kann in zwei oder mehr Arten aufgespalten werden, wenn Populationen der Art voneinander getrennt werden.

Fossilien
Fossilien sind die Überreste früheren Lebens auf der Erde. Sie kommen als Versteinerungen, Inkohlungen, Abdrücke und Mumien vor. ↑6–9 Ihr Alter lässt sich über die Lage von Gesteinsschichten und über physikalische Messmethoden bestimmen.

Evolutionstheorie
Archaeopteryx stellt eine Übergangsform zwischen fleischfressenden Dinosauriern und Vögeln dar. Die Existenz von Übergangsformen wie Archaeopteryx zeigt, wie gut die Evolutionstheorie die Entwicklung des Lebens auf der Erde erklären kann.

Woher der Mensch kommt
Unsere Entstehungsgeschichte gleicht doch in vielem der unserer Mitlebewesen. Auch wir haben unsere Wurzeln im Tierreich und werden durch Selektion an unsere Lebensumstände angepasst. Unsere Vorfahren vor mehreren Millionen Jahren waren affenähnliche Geschöpfe, die aufrecht gehen konnten. Dann entwickelte sich das Gehirn, dem der Mensch seine kulturelle Evolution verdankt.

Kultur
Durch das Denken, die Sprache und die Weitergabe von Erfahrungen konnte sich eine nie dagewesene Kultur entwickeln. Sie begann mit der Nutzung des Feuers und dem Gebrauch von Werkzeugen und prägt seit einigen Jahrhunderten das Antlitz der Erde in Form von Städten, Straßen, Autos, aber auch von Abgasen und Artenschwund.

1 Versteinerung eines Trilobiten aus dem Kambrium

3 Abdruck

2 Inkohlung

4 Mumifizierung

Teste dich!

1 Lebewesen haben erst sehr spät das Festland erobert.
a In welchem Erdzeitalter betraten die ersten Lebewesen das feste Land?
b Warum dauerte es bei Wirbeltieren noch viele Millionen Jahre, bis sie das Land eroberten?
c Warum war für die ersten landlebenden Tiere die vorherige Besiedlung des Landes durch Pflanzen wichtig? Nenne Gründe.

2 Variabilität und Selektion sind wichtige Mechanismen für die Evolution.
a Wodurch entsteht Variabilität in einer Population?
b Wird durch die Selektion der Genpool einer Population vergrößert oder verkleinert?

3 In der Evolution entstanden neue Arten.
a Unter welchen Umständen können im Lauf der Evolution neue Arten entstehen?
b Handelt es sich bei der dunklen und hellen Form des Birkenspanners um zwei Arten oder gehören sie zur gleichen Art? Begründe.

4 Wie stellte man sich Evolution früher vor?
a Erläutere, wie J.–B. DE LAMARCK die Entstehung der geringen Sehfähigkeit bei den Maulwürfen erklärt.
b Warum fürchteten viele Menschen die Konsequenzen von DARWINS Theorie?

5 Fossilien sind Zeugen früheren Lebens auf der Erde.
a Welche Formen von Fossilien kann man unterscheiden?
b Wie entstehen Fossilien? Nenne Beispiele.
c Definiere die Wörter Übergangsform, lebendes Fossil, homologes und analoges Organ.

6 Menschen sind wie alle Lebewesen Produkte der Evolution.
a Beschreibe die Körpermerkmale von *Australopithecus,* einem möglichen Vorfahren des Menschen.
b Welche Eigenschaften zeichnen die Gattung *Homo* aus? Erläutere.
c *Homo erectus* hatte einen sehr ähnlichen Körperbau wie der *Homos sapiens,* allein seine Schädelmerkmale unterscheiden ihn noch vom heutigen Menschen. Welche? ↑1
d Warum stimmt der Satz „Der Mensch stammt vom Affen ab“ so nicht? Begründe.

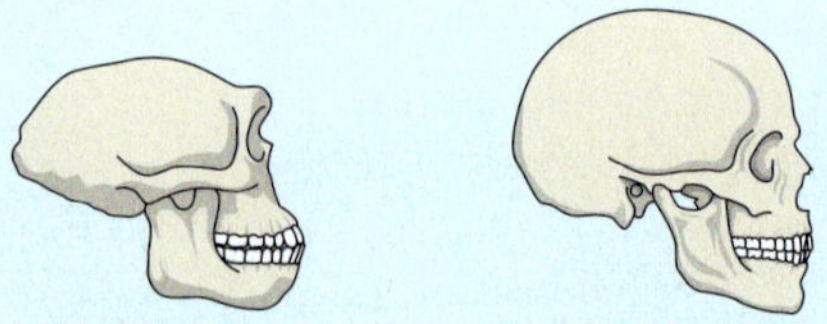

1 Schädel von *Homo erectus* und *Homo sapiens*

190-1

Die Farben zeigen, worauf es bei einer Aufgabe ankommt:
■ Sachverhalte wiedergeben ■ Wissen anwenden ■ komplexe Probleme lösen

Die Lösungen findest du im Anhang.

Schätze deine Kenntnisse und Fähigkeiten ein.

Aufgabe	Lerngebiet/Fähigkeit	Lösungshilfe	Auswertung
1	Ich kann die Eroberung des Festlandes mit den erforderlichen Anpassungen an die neuen Lebensbedingungen erklären.	160, 161	Ordne dazu deiner Lösung im Heft ein Smiley zu: ☺ Ich konnte die Aufgabe richtig lösen. 😐 Ich konnte die Aufgabe nicht komplett lösen. ☹ Ich konnte die Aufgabe nicht lösen.
2	Ich kann Variabilität und Selektion als Mechanismen für Evolution beschreiben.	162-165	
3	Ich kann eine Art definieren und die Entstehung von Arten erklären.	166, 167	
4	Ich kann die Ideen LAMARCKS und DARWINS erläutern.	168, 169	
5	Ich kann die Entstehung und Bedeutung von Fossilien erläutern sowie homologe und analoge Organe unterscheiden.	170–175	
6	Ich kann den Körperbau von menschlichen Vorfahren im Unterschied zum modernen Menschen beschreiben.	176-183	

Ökologisch verantwortlich handeln

Eine Eule fängt eine Maus, die wiederum eine Nuss erbeutet hat. Tier und Pflanze sind hier durch Nahrungsbeziehungen miteinander verknüpft. Die Einflüsse, die wir Menschen auf unsere Umwelt ausüben, haben daher oft weiter reichende Auswirkungen, als zunächst gedacht. Daraus erwächst eine besondere Verantwortung für die Natur.

1 Was hat ein Bauernmarkt mit der Agenda 21 zu tun?

2 Bauern düngen ihre Äcker, damit sie fruchtbar sind. Im Wald wachsen Bäume auch ohne Dünger. Wieso?

3 Was heißt hier „Öko“? Ökologisch? Was bedeutet dieser Begriff eigentlich?

Ökologie – diesen Begriff verwenden wir auch in unserer Alltagssprache. Er bezeichnet meist etwas, das mit Umweltschutz zu tun hat. In der Werbung werden viele Produkte als „ökologisch“ angepriesen. Unter Ökologie als Naturwissenschaft versteht man aber etwas anderes. Ökologen untersuchen die Wechselbeziehungen zwischen Lebewesen, wie zum Beispiel den Tieren und Pflanzen sowie deren belebter und unbelebter Umwelt.

4 Einige sagen, der Boden sei wertvoll und müsse geschützt werden. Ist doch bloß Dreck – oder?

5 Fruchtkörper eines Birkenpilzes – warum sind Pilze so wichtig für den Wald?

6 Hier könnte ein Veilchen nicht wachsen. Warum nicht? Was bindet eine neue Art an ihren Lebensraum?

7 Amseln fressen Raupen, Raupen fressen Blätter. Dann sind Amseln auch auf Blätter angewiesen, oder?

8 Der Große Eisvogel, ein Tagfalter, ist stark gefährdet. Ist es denn so schlimm, wenn ein Schmetterling ausstirbt?

9 Pflanzen nutzen Sonnenenergie, sie betreiben Fotosynthese. Welche Energiequelle zapfen Tiere an?

Was ist Ökologie?

Wenn du das Bild rechts betrachtest, wirst du bestimmt stutzig werden und denken: „Moment mal, da fehlt doch was!“ Stimmt. Der Grafiker hat das Reh aus einem digitalen Foto ausgeschnitten und es auf eine weiße Fläche gestellt. Jetzt steht das Reh „im leeren Raum“ – es hat keine Umwelt mehr. Das wirkt ausgesprochen unnatürlich.
Diese Spielerei veranschaulicht etwas, das so selbstverständlich ist, dass wir selten darüber nachdenken: Kein Lebewesen kann ohne Umwelt überleben. Aber wie ist das Reh auf seine Umwelt angewiesen?

1 Kann ein Reh so leben?

Beobachten Untersuchen Experimentieren

Untersuche, was du selbst zum Leben brauchst und was ein Reh braucht. Vergleiche und überlege, was Umwelt eigentlich heißt.

1 Umweltkollage Klebe ein Foto von dir in die Mitte eines leeren DIN-A3-Blattes. Beschreibe deine eigene Umwelt mit Texten und Bildern.

a Überlege zunächst, unter welchen klimatischen Bedingungen du lebst. In welchem Temperaturbereich kannst du existieren? Bei welchem Wetter fühlst du dich besonders wohl?

b Untersuche den Austausch zwischen dir und deiner Umwelt. Stelle dar, welche Stoffe du aus der Umwelt aufnimmst und welche du an sie abgibst.

c Finde heraus, welche Lebewesen zu deiner Umwelt gehören. Beschreibe genau, welche Beziehungen du zu den Pflanzen und Tieren hast. Überlege, ob auch Mikroorganismen wie Grippeviren ein Teil deiner Umwelt sind.

d Welche Bedeutung haben andere Menschen? Stelle die Beziehungen zwischen ihnen und dir dar.

e Menschen entnehmen der Umwelt viel mehr Stoffe, als sie zum Essen, Trinken und Atmen brauchen, u. a. für Wohnung, Kleidung und Transport. Füge Beispiele in dein Bild ein.

2 Was die Umwelt des Rehes ausmacht

2 Die Umwelt des Rehes Fertige eine Umweltkollage für das Reh an. Gehe dabei schrittweise vor wie in Aufgabe 1.

a Betrachte Bild ↑2. Ergänze gegebenenfalls Faktoren der Umwelt, die für das Reh von Bedeutung sind, in deiner Kollage.

b Vergleiche die Kollagen für Tier und Mensch. Welche Ansprüche an die Umwelt sind beiden gemeinsam? Gelten sie auch für Pflanzen? Worin bestehen die wesentlichen Unterschiede?

Ökologie als Wissenschaft von der Umwelt

195-1

Ökologie ist die Wissenschaft von den Wechselbeziehungen zwischen Organismen untereinander und ihrer Umwelt. Dabei ist mit Umwelt nicht einfach die Umgebung gemeint, sondern der Begriff umfasst alle direkten und indirekten Beziehungen des Organismus zur Welt.

Abiotische und biotische Umweltfaktoren Umweltfaktoren wirken auf den Organismus ein. Gehen diese von anderen Lebewesen aus, nennt man sie biotische Faktoren (von griech. *bios:* Leben). Einflüsse der unbelebten Umwelt heißen abiotische Faktoren. Der Ort, an dem ein Lebewesen lebt, wird vor allem durch Klima und Bodenart geprägt. ↑3A In der Natur trifft man bestimmte Arten immer in einem bestimmten Lebensraum, weil sie mit den vorherrschenden abiotischen Umweltfaktoren gut zurechtkommen. Zu den biotischen Umweltfaktoren gehören Nahrung, Feinde, Konkurrenten, aber auch Krankheitserreger. ↑3B

Ökosystem Pflanzen und Tiere bilden in einem Lebensraum eine Lebensgemeinschaft. Diese ist durch eine Vielzahl von Wechselbeziehungen geprägt und typisch für einen bestimmten Lebensraum. Lebensraum und Lebensgemeinschaft stellen eine Einheit dar, die man als Ökosystem bezeichnet. Beispiele für Ökosysteme sind Hecken, Mischwälder, Seen, Teiche, Trockenrasen und das Wattenmeer.

Schon gewusst?

Der Ökologie-Begriff
Der Begriff Ökologie stammt von den griechischen Wörtern *oikos:* Haus, Haushalt, Platz zum Leben und *logos:* Lehre. Frei übersetzt ist Ökologie also die Lehre vom Haushalt der Natur.

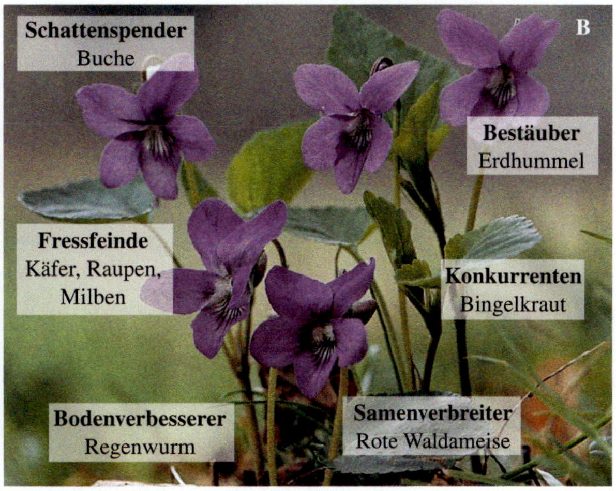

3 Beispiele für abiotische (A) und biotische (B) Umweltfaktoren, die auf das Waldveilchen einwirken.

Die Ökologie untersucht die Wechselbeziehungen zwischen Arten untereinander und ihrer Umwelt. Die Umwelt eines Lebewesens umfasst biotische und abiotische Umweltfaktoren. Ökosysteme sind Einheiten aus Lebensräumen und den Lebensgemeinschaften, die darin vorkommen.

Aufgaben

1 Viele Umweltfaktoren wirken auf ein Lebewesen. Einer oder mehrere sind aber besonders wichtig. Überlege am Beispiel einer Zimmerpflanze.

2 Informiere dich über das Waldveilchen. Übertrage die Schaubilder ↑3A und ↑3B in dein Heft. Ergänze weitere wichtige Umweltfaktoren.

Betrachtungsebenen und Methoden der Ökologie

1 Betrachtungsebene Lebewesen

2 Betrachtungsebene Population

Organismen gehen die verschiedensten Wechselbeziehungen mit ihrer Umwelt ein. Um sie zu untersuchen, beschränken sich Ökologen jeweils auf eine bestimmte Betrachtungsebene. Für jede Betrachtungsebene sind andere Untersuchungsmethoden nötig.

Lebewesen Hier befinden sich die Forscher auf der Ebene einer einzelnen Pflanze oder eines Tieres. Mögliche Fragestellungen in diesem Forschungsansatz wären: Wie findet ein Fichtenborkenkäfer eine geeignete Fichte zur Eiablage? Wie kommt das Waldveilchen mit dem geringen Lichtangebot in der Krautschicht des Waldes zurecht? ↑1

Population Hier werden Populationen untersucht, also Gruppen von Pflanzen oder Tieren derselben Art. Denkbare Fragestellungen wären: Von welchen Faktoren hängt es ab, wie viele Waldveilchen in einem bestimmten Waldstück wachsen? Ab welcher Dichte von Fichten in einem Wald kann es zu einer Massenvermehrung von Fichtenborkenkäfern kommen? ↑2

Lebensgemeinschaft Hier steht eine ganze Lebensgemeinschaft im Mittelpunkt des Interesses. Erforscht werden Fragen wie: Weshalb kommen in einem bestimmten Waldstück sehr viele, in einem anderen sehr wenige Pflanzen- und Tierarten vor? Beeinflussen einzelne Populationen einander? Wie wirkt sich beispielsweise das Vorkommen von Schnecken auf das Bakterienwachstum und damit auf den Laubabbau aus? ↑3

Ökosystem Auf der Ebene des Ökosystems werden zusätzlich zur Lebensgemeinschaft auch die abiotischen Faktoren berücksichtigt, die den Lebensraum kennzeichnen. Meist werden hier Fragen untersucht, die mit dem Kreislauf der Stoffe im Ökosystem oder mit dem Energiefluss durchs Ökosystem zu tun haben. Eine typische Fragestellung wäre: Wie wirkt sich der Stickstoffeintrag durch Verkehr und Industrie auf den Stickstoffkreislauf im Ökosystem Wald aus? ↑4

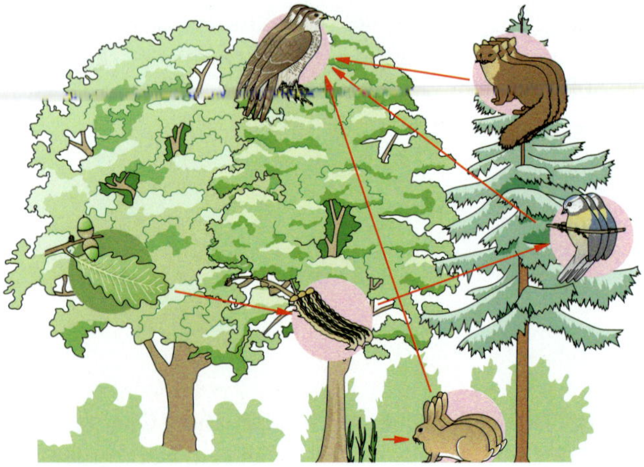

3 Betrachtungsebene Lebensgemeinschaft

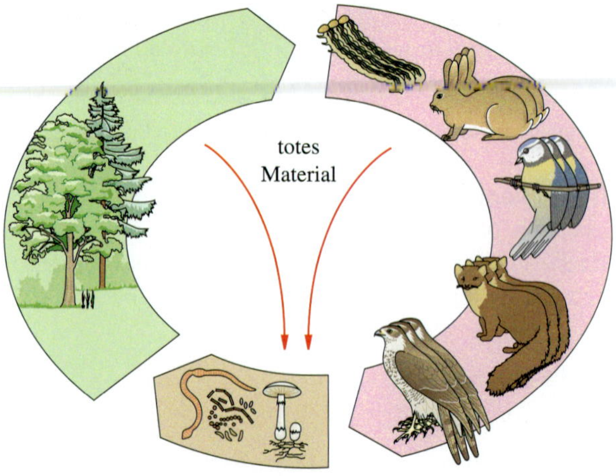

4 Betrachtungsebene Ökosystem

Methoden in der Ökologie Je nach Betrachtungsebene und wissenschaftlicher Fragestellung wenden Ökologen unterschiedliche Methoden an. Um beispielsweise zu klären, wie die Borkenkäfer einen geeigneten Baum zur Eiablage finden, müssen die Stoffe untersucht werden, die gesunde und geschädigte Fichten ausdünsten. Dann wird in einem Verhaltensexperiment getestet, ob einer dieser Stoffe besonders stark anziehend auf die Borkenkäfer wirkt. Andere Fragestellungen machen genaue Naturbeobachtungen notwendig.
Für die Untersuchung von Populationen und Lebensgemeinschaften ist es meist notwendig, die darin vorkommenden Arten zu bestimmen und ihre Häufigkeit zu ermitteln. Hierbei werden die vorhandenen Individuen gezählt. Die Zahlen werden anschließend hochgerechnet und mit statistischen Verfahren ausgewertet. Wie sich Populationen in Abhängigkeit von bestimmten Umweltfaktoren entwickeln – ob sie wachsen, schrumpfen oder gar ganz verschwinden –, lässt sich mit geeigneten Computerprogrammen simulieren und darstellen.

Alle Ebenen hängen zusammen Die hier beschriebenen Betrachtungsebenen sind nur ein Hilfsmittel, das es ermöglicht, ein Ökosystem wissenschaftlich zu erfassen und zu untersuchen.
In der Natur ist das Ökosystem eine untrennbare Einheit. Verändert sich lediglich die Häufigkeit einer einzigen Art, kann sich dies auf das gesamte Ökosystem auswirken. Daher muss man bei der Betrachtung von Detailfragen immer auch das Ökosystem als Ganzes im Blick behalten. Über die Atmosphäre tauschen letztlich alle Ökosysteme der Erde Stoffe miteinander aus und sind auf diesem Weg wiederum miteinander verbunden.

Je nach Fragestellung wählen Ökologen unterschiedliche Betrachtungsebenen für ihre Forschungsarbeit aus. Dementsprechend wenden sie jeweils andere Untersuchungsmethoden an. Das Ökosystem ist jedoch eine untrennbare Einheit, die immer in ihrer Gesamtheit gesehen werden muss.

Schon gewusst?

Ökologisches Arbeiten
Will man die Stoffkreisläufe in einem Ökosystem untersuchen, muss man bestimmen, woraus die häufigsten Tier- und Pflanzenarten bestehen. Dafür werden die Organismen vermessen und gewogen. Anschließend wird anhand der Häufigkeit ihre Gesamtmasse im Ökosystem berechnet. Hierzu sind aufwendige mathematische Verfahren nötig.

Basiskonzept

System
Zellen, Organismen und Ökosysteme sind Systeme der lebenden Natur. Das Zusammenwirken der Teile ermöglicht das Funktionieren des ganzen Systems, zum Beispiel die Lebensvorgänge einer Zelle oder eines ganzen Organismus. Grundlage für die Erhaltung eines Ökosystems sind die Nahrungsbeziehungen zwischen den Pflanzen, Tieren, Pilzen und Mikroorganismen, Stoffkreisläufe und Energiefluss.

Aufgaben

1 Erläutere, weshalb ein Lebewesen eine ganz bestimmte und nicht irgendeine Umwelt braucht. Gehe vor allem auf Austauschvorgänge ein.
2 Viele Tierarten in Deutschland, z. B. der Moorfrosch, sind vom Aussterben bedroht, obwohl sie niemals vom Menschen gejagt wurden. Suche nach einer Erklärung.
3 Kann man sagen, dass der Buntspecht für den Fichtenborkenkäfer einen biotischen Umweltfaktor darstellt? Kann man dasselbe auch vom Reh behaupten? Begründe deine Entscheidung.
4 Menschen haben fast alle Lebensräume der Erde besiedelt. Sind sie nicht auf einen bestimmten Lebensraum angewiesen? Überlege, welche abiotischen Umweltfaktoren in deiner Umwelt herrschen müssten, wenn du nicht durch Kleidung und beheizte Wohnräume geschützt wärst. In welchen Gegenden der Erde herrschen solche Bedingungen?
5 Suche dir ein Lebewesen aus und formuliere Untersuchungsaufgaben, die sich jeweils auf eine der genannten Betrachtungsebenen der Ökologie beziehen.
6 Schreibe auf, was du unter Ökologie verstehst.

Der Wald als Beispiel für ein Ökosystem

Bauer Mahr hat auf einem seiner Äcker Pappeln gepflanzt. Etwa alle fünf Jahre erntet er das Holz, das zur Energiegewinnung genutzt wird. Dazu werden alle Bäume gefällt. Aus den Wurzeln treiben die Pappeln wieder aus. Hat Herr Mahr einen Wald angelegt? Viele würden spontan sagen: „Nein, das ist doch kein Wald!" Aber was macht denn einen Wald eigentlich aus? Wodurch genau unterscheidet sich ein natürlich gewachsener Wald von Herrn Mahrs Holzacker?

1 Pappelplantage zur Produktion von Biomasse

Beobachten Untersuchen Experimentieren

198-1

Was macht einen Wald aus? An einem Sommertag ist es wesentlich angenehmer, sich im Wald aufzuhalten als auf einem Acker. Untersucht selbst, wie sich die beiden Lebensräume ökologisch unterscheiden.
Material: Luxmeter, Anemometer, Hygrometer, Thermometer, Ferngläser, Lupen, Pinzetten, Sammelgefäße (z. B. Schraubgläser), Klebeetiketten, Bestimmungsbücher, Schreibzeug

2 Exkursion im Wald

Durchführung: Führt an einem Sommertag eine Exkursion durch und untersucht in Gruppenarbeit jeweils mindestens zwei Stellen im Wald und auf dem Feld. Geht dabei jeweils so vor:

- Messt die abiotischen Umweltfaktoren Lichtintensität, Windgeschwindigkeit, Luftfeuchtigkeit und Lufttemperatur. Die Messungen sollten gleichzeitig erfolgen.
- Erfasst die Pflanzen, die ihr auf einer etwa 5 m × 5 m großen Fläche findet, teilt sie in Lebensformtypen ein (Bäume, Sträucher, Kräuter) und bestimmt sie so genau wie möglich.
- Notiert, welche Vögel und Säugetiere ihr hört oder seht. Sammelt kleinere Tiere und vermerkt auf Etiketten, wo genau ihr sie gefunden habt, damit ihr sie wieder an den Fundort zurücksetzen könnt. Bestimmt sie so genau wie möglich.

Auswertung: Vergleicht die Messungen und Ergebnisse der Untersuchungsstellen für den Wald und für das Feld miteinander. Sind die Messwerte ähnlich? Gibt es Überschneidungen bei den gefundenen Pflanzen- und Tierarten?
Vergleicht anschließend die Lebensräume miteinander. Welche abiotischen Faktoren sind kennzeichnend? Gibt es typische Pflanzen- und Tierarten?
Versucht nun die Frage zu beantworten, was einen Wald ausmacht.

Was den Wald kennzeichnet

199-1

Lebensbedingungen im Wald Wer an einem Sommertag in den Wald geht, der merkt sofort: Der Wald erzeugt ein eigenes Innenklima. In seinem Innern ist es tagsüber kühler, nachts jedoch wärmer als auf dem Feld. Die Luft ist feuchter und die Windgeschwindigkeit sehr viel geringer. Für die Pflanzen im Wald ist der Faktor Licht entscheidend. Im Sommer erreichen nur zwei Prozent der ursprünglichen Lichtmenge den Waldboden.
Etwa 4000 Pflanzen- und 7000 Tierarten Mitteleuropas kommen nur in Wäldern vor. Der Schwarzspecht ist auf große, alte Bäume angewiesen, außerhalb des Waldes trifft man ihn deshalb nie an. Auch vielen Feuchtlufttieren wie Nacktschnecken, Lurchen und Moostierchen bietet der Wald sehr gute Lebensbedingungen. Wälder zeichnen sich also durch ganz bestimmte abiotische Bedingungen und durch typische Lebensgemeinschaften aus. Dies macht Wälder zu Ökosystemen.

Wald ist nicht gleich Wald Die Faktoren Boden, Wasser, Licht und Wärme bestimmen das Erscheinungsbild des Waldes. Je nachdem, welche Bedingungen an einem Standort herrschen, gedeihen dort unterschiedliche Pflanzenarten. Laubbäume, besonders Buchenwälder prägen die Mittelgebirgslandschaft in Hessen. ↑3 Eichenwälder wachsen auf Böden, die für Buchen zu nass oder zu trocken sind. Fichtenwälder kommen natürlicherweise nur im Gebirge vor – wie etwa im Hochschwarzwald und in den Alpen –, weil Fichten viel Wasser und flachgründige Böden brauchen. ↑4 Entlang des Oberrheins finden sich noch ausgedehnte Auwälder. ↑5 Auf den nassen, oft überfluteten Böden wachsen Weiden, Erlen und Pappeln. Auwälder sind die artenreichsten Wälder Deutschlands.

Waldwirtschaft Heute werden fast alle Wälder mehr oder weniger intensiv bewirtschaftet. Man wählt die Baumarten oft nach dem Verkaufswert des Holzes aus. In einem Wirtschaftswald findet man jüngere Bäume und andere Baumarten als in einem naturbelassenen Urwald.

Wälder sind Ökosysteme, die sich durch ganz bestimmte abiotische Umweltfaktoren und daran angepasste Lebensgemeinschaften auszeichnen. Je nach Klima und Bodenbeschaffenheit bilden sich in verschiedenen Regionen unterschiedliche Waldtypen aus. Die meisten Wälder werden heute bewirtschaftet. Sie entsprechen nicht mehr ihrem Urzustand.

3 Buchenwald

4 Fichtenwald

5 Auwald

Aufgaben

1 Sammle Informationen über die Lebensweise folgender Arten: Schwarzspecht, Waldmeister, Hirschkäfer, Steinpilz. Begründe, warum diese Arten nur im Wald leben können.

2 Lies den Grundlagentext auf dieser Seite durch. Sammle Argumente, mit denen du zeigen kannst, dass Herrn Mahrs Pappelacker ↑1 kein Wald ist.

3 „Der Wald erzeugt sein eigenes Klima." Überlege, was an dieser Aussage wahr ist und was nicht stimmt.

4 Ökologen, die einen Wald untersuchen, bestimmen Tiere und Pflanzen häufig im Labor. Begründe, warum sie entnommene Tiere anschließend genau am Fundort wieder aussetzen.

Der Wald – ein vielfältiger Lebensraum

200-1

Stockwerkbau des Waldes In natürlich gewachsenen Mischwäldern sind nicht alle Bäume gleich hoch. Der Wald lässt sich in seinem Innern in verschiedene Stockwerke gliedern. ↑1 Eine solche Unterteilung ist sinnvoll, da in jeder Schicht andere Lebensbedingungen herrschen. So sind die Blätter in den höchsten Baumkronen Wind und Sonne voll ausgesetzt, während es in der Krautschicht fast windstill und dunkel ist.

Kleinlebensräume Aber ein naturnaher Wald ist noch viel kleinräumiger gegliedert. Man findet Lichtungen und sehr schattige Orte, Baumstümpfe, Moospolster und umgestürzte Bäume, um nur ein paar Beispiele zu nennen. Alle diese Kleinlebensräume bilden ein Mosaik aus unterschiedlichen Lebensbedingungen. Im Wald haben daher so viele verschiedene Tier- und Pflanzenarten die Möglichkeit nebeneinander zu existieren.

1 In natürlich gewachsenen Mischwäldern lässt sich im Innern eine stockwerkartige Gliederung erkennen.

Vielfalt der Spezialisten Wenn zwei Tierarten dieselbe Nahrung bevorzugen, machen sie sich gegenseitig Konkurrenz. Den Tieren steht weniger Nahrung zur Verfügung, wenn beide Arten gemeinsam vorkommen. Diese Konkurrenzsituation könnte dadurch aufgelöst werden, dass eine Art die andere völlig verdrängt. Dies passiert oft. Seit im 19. Jahrhundert das nordamerikanische Grauhörnchen nach England eingeführt wurde, ist das europäische Eichhörnchen aus Wäldern und Parks fast verschwunden.

Konkurrenz kann aber auch dadurch vermieden werden, dass sich Arten im Lauf der Evolution unterschiedlich spezialisieren. Der Eichelbohrer ist ein Rüsselkäfer, dessen Larven in Eicheln leben. ↑2, 3 Der Eichenblattroller ist ebenfalls ein Rüsselkäfer. Das Weibchen wickelt seine Eier aber in Blattstücke ein, indem es ein Blatt abschneidet und aufrollt. ↑4 Beide Arten findet man also auf derselben Pflanze. Aber durch ihre unterschiedliche Spezialisierung entsteht kaum Konkurrenz.

Ökologische Nische Jede Tier- und Pflanzenart im Wald ist also auf eine ganz bestimmte Lebensweise spezialisiert. Keine andere Art stellt genau die gleichen Ansprüche an den Lebensraum. Diese für jede Art typische Lebensweise nennt man die ökologische Nische der Art. Sie umfasst beispielsweise Nahrung und Lebensraum, aber auch die Aktivitätszeiten und die Art der Fortpflanzung.
Die Nische einer Art ist nicht unveränderlich. Sie wird beispielsweise durch Konkurrenz mit anderen Arten, Fressfeinde und Parasiten beeinflusst. Sauerklee zum Beispiel kann auch im Halbschatten wachsen. Er kommt aber nur im Schatten vor, weil an helleren Stellen andere Kräuter schnell hochwachsen und für ihn nicht genügend Licht übrig bleibt.

Ein naturnaher Mischwald ist reich gegliedert. Er stellt ein Mosaik aus verschiedensten Kleinlebensräumen dar. Daher können im Wald eine Vielzahl von Tier- und Pflanzenarten leben. Konkurrenz wird vermieden, indem jede Art ihre einzigartige ökologische Nische besetzt.

2 Der Eichelbohrer hat seine Spuren hinterlassen.

3 Eichelbohrer

4 Eichenblattroller

Aufgaben

1 Was unterscheidet ein Stockwerk im Wald von einem Stockwerk im Hochhaus?

2 Betrachte Bild 1 und vergleiche Foto und Schema. Erkläre die Unterschiede.

3 Im Text sind einige Kleinlebensräume genannt. Ordne sie den Stockwerken des Waldes zu. Nenne weitere Kleinlebensräume für jedes Stockwerk.

4 Der Buchenkeimling zählt zur Krautschicht. Später ist die Buche so groß, dass man sie zur Strauchschicht rechnet. Erst nach Jahren gehört die Jungbuche zur Baumschicht. Welche unterschiedlichen Lebensbedingungen erfährt die Buche dabei?

5 Der Begriff Nische bezeichnet in unserer Alltagssprache einen Ort. Auf die ökologische Nische trifft das aber nicht zu. Begründe. Überlege dir eine treffende Bezeichnung.

6 Zwei Uhrmacher haben ihr Geschäft in derselben kleinen Straße. Beide verdienen trotzdem gut, denn der eine verkauft hauptsächlich Armbanduhren und Schmuck, der andere bietet ein großes Sortiment an Wanduhren und einen guten Reparaturservice an.
Erläutere, inwiefern ein Zusammenhang zwischen dem geschilderten Zustand und dem Begriff „ökologische Nische“ hergestellt werden kann.

Waldboden – der Dschungel unter deinen Füßen

Schreibpapier aus Zeitungen? Eine Parkbank aus Jogurtbechern? Aus der Idee, Abfälle als Wertstoffe weiter zu nutzen, ist ein ganzer Wirtschaftszweig entstanden. Recycling ist aber keine Erfindung des Menschen. In der Natur geht nichts ungenutzt verloren. Jedes abgefallene Blatt, jedes tote Tier, alles, was zu Boden fällt, wird in seine Bestandteile zerlegt, die Tiere und Pflanzen dann wieder nutzen können. Das geschieht im Boden. Welche Organismen sind dafür verantwortlich? Wie verläuft der Zersetzungsvorgang genau?

1 In der Natur geht nichts ungenutzt verloren.

Beobachten Untersuchen Experimentieren

Was passiert im Boden? Das kann man herausfinden, indem man seine Schichten genauer untersucht. Holt einen Schuhkarton voll Waldboden ins Klassenzimmer. Ihr braucht die obersten 10 cm Boden mit der darauf liegenden Laubschicht. Notiert eure Ergebnisse so, dass ihr sie austauschen könnt.

1 Sucht in der Laubstreu und im Boden nach unterschiedlich stark zersetzten Blättern. Klebt einige davon so auf ein Blatt Papier, dass der Ablauf vom unversehrten Blatt zum zersetzten Material erkennbar wird. Welche Blattteile zerfallen zuerst, welche bleiben bis zum Schluss übrig?

2 Durchsucht die Laubstreu nach Tieren, die größer als 5 mm sind. Versucht die Tiere grob einzuordnen: Käfer, Schnecken, Spinnen, Asseln, Würmer, Tausendfüßer. Wie viele verschiedene Tiere könnt ihr unterscheiden? Welche dieser Tiere sind häufig, welche selten? Mit etwas Glück lassen sich einige dieser Tiere beim Fressen beobachten.

3 Untersucht die oberste Bodenschicht mit der Stereolupe. Wie viele verschiedene Tiere könnt ihr unterscheiden? Ordnet sie nach Gruppen. Welche dieser Tiere sind häufig, welche selten?

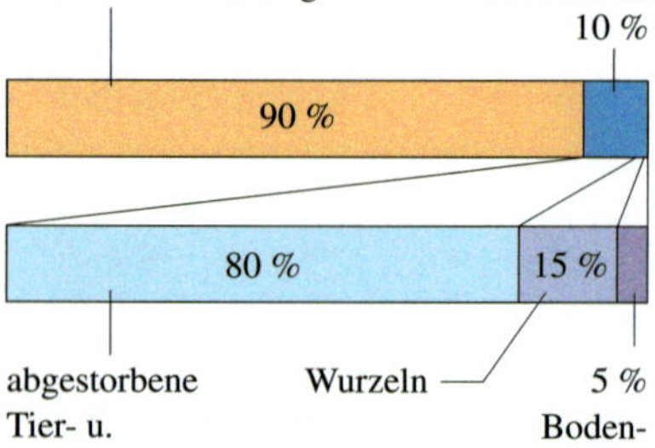

2 Zusammensetzung des Bodens

Das Leben im Boden

202-1

In einem Hektar Buchenwald fallen pro Jahr rund vier Tonnen Laub, Äste und Früchte, tote Tiere und tierische Ausscheidungen auf den Boden. All diese Reste nennt man organisches Material. Sie werden im Lauf der Zeit zu Humus abgebaut. Die Lebewesen, die diese Leistung erbringen, bilden den artenreichsten Teil der Lebensgemeinschaft im Wald.

Die Vielfalt der Zersetzer Eine Hand voll Erde enthält mehr Lebewesen, als es Menschen auf der Welt gibt. ↑4 Wie in einem Dschungel wimmelt es hier von Bakterien, Einzellern, Pilzen und größeren Tieren. ↑3 Verschiedene Bodenlebewesen ergänzen sich beim Zersetzen des toten orga-

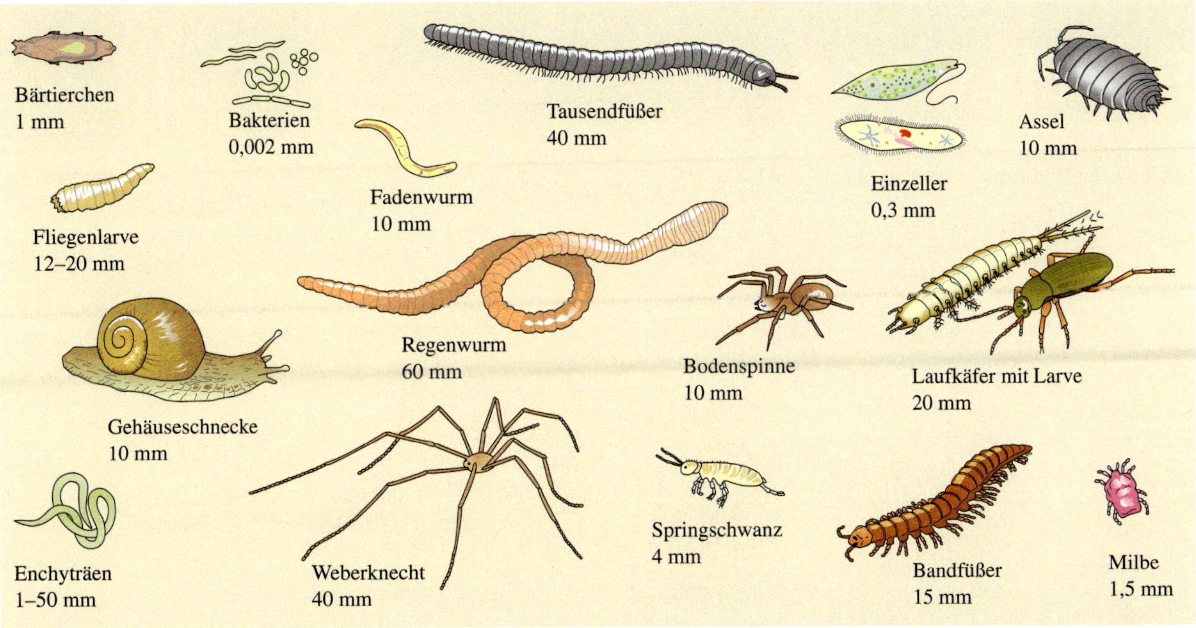

3 Häufige Tiere der Laubstreu

nischen Materials in Humus: Vollständig erhaltene Blätter werden zunächst von größeren Tieren wie Schnecken und Tausendfüßern angenagt und zerkleinert. Ihr Kot, der noch viel organische Substanz enthält, ist ein idealer Nährboden für Pilze und Bakterien. Diese Mikroorganismen bauen das tote organische Material vollständig zu Kohlenstoffdioxid, Wasser und Mineralstoffen ab. Diese Mineralstoffe werden von den Pflanzenwurzeln aufgenommen und fördern das Wachstum. Ohne die Bodentiere, die das organische Material zerkleinern, würde diese Mineralisierung der organischen Stoffe sehr lange dauern.
Nicht alle Tiere im Boden fressen tote Substanz. Manche Fadenwürmer und Milben bevorzugen Pilzfäden als Nahrung. Raubmilben, Hundertfüßer, Laufkäfer und Spinnen erbeuten andere Bodenlebewesen. Alle diese Lebewesen bilden eine komplexe Lebensgemeinschaft im Boden.

Boden ist ein Gemisch aus verwittertem Gestein und organischen Stoffen. Viele Bodenlebewesen fressen und verdauen abgestorbenes Pflanzenmaterial und Tierreste. Nur Bakterien und Pilze können das organische Material vollständig zu Kohlenstoffdioxid, Wasser und Mineralstoffen abbauen.

Organismengruppe	Anzahl in 1 m² der obersten 10 cm Boden
Bakterien	Billionen
Einzeller	Billionen
Fadenwürmer	1 000 000
Bärtierchen	100 000
Milben	100 000
Springschwänze	50 000
Enchyträen	10 000
Tausendfüßer	300
Käfer und -larven	100
Fliegenlarven	100
Regenwürmer	80
Spinnen	50
Asseln	50
Schnecken	50

4 Häufigkeit von Bodenlebewesen

Aufgaben

1 Beschreibe, woraus Boden besteht. Gib einen Überblick über die mineralischen und organischen Bestandteile. ↑2

2 Nicht alle Bodenorganismen ernähren sich von totem Pflanzenmaterial. Gib Beispiele für andere Ernährungsweisen an.

3 Bestimmte Bodenlebewesen werden von den Ökologen „Mineralisierer“ genannt. Wie kommt es zu dieser Namensgebung?

4 Weshalb fördert Humus das Pflanzenwachstum? Welche Stoffe im Humus werden von den Pflanzen aufgenommen und verwertet?

Totholz lebt

204-1

Holz ist so stabil, dass man Häuser daraus bauen kann. Aber das Holz eines Baumstamms, der schon lange tot auf dem Waldboden liegt, kann man zwischen den Fingern zerreiben. Von außen erkennt man nicht, warum das so ist. Aber unter der moosbedeckten Borke finden sich viele Lebewesen, die das Holz zersetzen, darunter Pilze, Bakterien und viele wirbellose Tiere.

1 Totholz in einem Buchenwald

2 Grüner Prachtkäfer

3 Rothaarbock

4 Holzwespe

5 Borkenkäfer

6 Schlupflöcher des kleinen Buchenborkenkäfers: Der Baum ist seit kurzem abgestorben und schon besiedelt.

Holz wird zersetzt

Bis ein umgestürzter Baum vollständig verrottet, können Jahrzehnte vergehen. ↑11 Dabei lassen sich drei Phasen unterscheiden.

Besiedlung Pionierarten, die in der Lage sind, sich vom Holz selbst zu ernähren, dringen ein. ↑6 Zu ihnen gehören Borkenkäfer ↑5, Prachtkäfer ↑2 und Holzwespen. ↑4 Durch ihre Bohr- und Fraßgänge gelangen weitere Insekten und Mikroorganismen ins Holz. Der mikrobielle Abbau beginnt.

Zersetzung Die Rinde, Zweige und Äste fallen ab. Pilze und Bakterien zersetzen das Holz. ↑8 Zu Beginn dieser Phase sind noch Pionierarten zu finden. Die meisten Tiere ernähren sich von deren Kot oder Bohrmehl. ↑9, 10 Andere leben räuberisch oder von Pilzen.

Bodenbildung Das Holz zerfällt und geht langsam in Boden über. ↑11, 12 In diesem Material, das größtenteils aus dem Kot der bisherigen Besiedler besteht, leben vor allem Fliegenlarven, Springschwänze ↑13 und Milben, aber auch Bodenlebewesen wie Asseln und Fadenwürmer. Die meisten ernähren sich von Bakterien und Pilzen. Es gibt aber auch räuberische ↑14 und parasitische Arten.

Ein Stück Wald im Klassenzimmer

Wenn ihr die Lebewesen im Totholz untersuchen wollt, solltet ihr sie ins Klassenzimmer holen: Sammelt einige unterschiedlich stark zersetzte Stücke Totholz. Gebt diese Holzstücke in Behälter aus Glas oder Plastik, deren Boden drei Zentimeter hoch mit Sand bedeckt ist (feucht halten!). Legt Glasplatten auf die Gefäße und lasst einen schmalen Belüftungsschlitz frei. So bleibt die Luftfeuchtigkeit in den Gefäßen immer hoch. Beobachtet mindestens zehn Wochen lang, welche Lebewesen sich entwickeln.

Was ihr noch untersuchen könntet:

- Welche Tiere finde ich? Welche ihrer Stadien leben im Holz?
- Woran kann ich feststellen, dass Pilze das Holz besiedelt haben?
- Welche Stadien der Zersetzung kann ich unterscheiden?
- Werden bestimmte Bereiche des Holzes schneller zersetzt als andere? Woran könnte das liegen?
- Wie schnell wird das Holz abgebaut? Wo geht die Zersetzung schneller vonstatten: im Klassenzimmer oder im Freien?
- Welchen Einfluss haben die Tiere auf den Abbau des Holzes? Kann ich sie ausschließen?
- Wie wirkt es sich auf den Abbauprozess aus, wenn ich das Holz zerkleinere?

11 Ein Baumstamm verrottet.

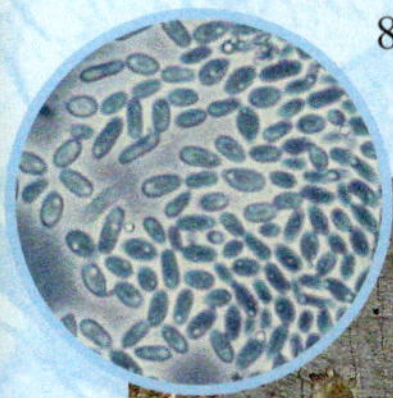
8 Holzzersetzende Bakterien

10 Puppe eines Zwerghirschkäfers

7 Buche mit Zunderschwamm und Bohrlöchern vom Zwerghirschkäfer, einige von Spechten aufgemeißelt

9 Zwerghirschkäfer

12 Zerfallender Baumstumpf

14 Hundertfüßer

13 Springschwanz

Totholz in der Schule

Totholzgarten Wenn der Platz dafür vorhanden ist, kann man auch im Schulgarten Totholzforschung betreiben. Man muss nur etwas Holz dort lagern und beobachten. Interessante Fragestellungen wären: Was zersetzt sich wie schnell? Welche Tiere siedeln sich an?
Da Holz nur langsam zersetzt wird, kommt es vor allem auf die Dokumentation eurer Beobachtungen an: Entwerft eine Protokollvorlage für nachfolgende Klassen, fertigt Zeichnungen und Fotos an.

Baumpilze selbst züchten Im Handel sind fertige Kulturkits für Shii-Take- oder Austernpilze erhältlich. Mit ihnen könnt ihr Baumpilze selbst züchten. Untersucht beispielsweise, wie schnell die Pilze wachsen und welche Lebensbedingungen sie brauchen.
Ausstellung: Totholz lebt! Die Informationen, die ihr während eurer Arbeit am Projekt sammelt, könnt ihr anderen in einer Ausstellung zugänglich machen. Bei der Gestaltung einer Vitrine könnt ihr Originalobjekte, Texte und Bilder kombinieren.

Sicherheitshinweise

Während einer Waldexkursion solltet ihr euch durch helle, geschlossene Kleidung und geeignetes Schuhwerk vor Zeckenbissen schützen. Um jedes Risiko einer Infektion mit dem Fuchsbandwurm auszuschließen, solltet ihr beim Umgang mit Totholz gewisse Hygienevorschriften beachten, zum Beispiel während der Untersuchung nicht essen oder trinken und hinterher gründlich die Hände waschen. Eure Lehrerin oder euer Lehrer wird euch genauere Hinweise geben.

Nahrungsbeziehungen und Stoffkreisläufe

Anfang des 20. Jahrhunderts wurden im Yellowstone-Nationalpark in den USA die letzten Wölfe abgeschossen. Danach wuchsen dort keine jungen Pappeln mehr nach. Seitdem 1995 der Wolf wieder eingebürgert wurde, gibt es wieder viele Jungbäume im Nationalpark. Was haben Wölfe und Bäume miteinander zu tun? Die Wölfe im Yellowstone-Park jagen vor allem Wapiti-Hirsche, die sich auch von Jungbäumen ernähren.
Wie stehen diese Organismen miteinander in Beziehung?

206-1

1 Was haben Wölfe mit Jungbäumen zu tun?

Beobachten Untersuchen Experimentieren

1 Auf (Fraß-)Spurensuche Wenn du eine Pflanze genau untersuchst, wirst du an vielen Blättern Spuren von Tieren finden, die daran gefressen haben. Fressen Tiere wahllos an verschiedenen Pflanzen oder sind sie auf bestimmte Arten spezialisiert?
Material: kleine Behälter, Lupe, Schreibzeug
Durchführung: Sucht im Wald, im Park oder auf dem Schulgelände nach Pflanzen mit Fraßspuren. Wenn ihr Fraßspuren findet, bestimmt zuerst die betroffene Pflanzenart. Sucht dann nach dem Tier, von dem die Spur stammt. Setzt es zusammen mit einem Stück der Futterpflanze in einen Behälter und beschriftet ihn (Fundort, Futterpflanze). Bringt die Tiere nach dem Auswerten an den Fundort zurück.
Auswertung: Tragt die Proben in der Klasse zusammen. Sortiert sie nach Pflanzenarten, -gattungen und Familien. Bestimmt die Tiere so weit wie möglich.
Gibt es Tiere, die nur an bestimmten, an allen oder vielen verschiedenen Pflanzen fressen? Bevorzugen Tiere an derselben Pflanze unterschiedliche Pflanzenteile? An welchen Pflanzen kommen besonders viele Tiere oder Arten vor?

2 Schneckenzoo Die Vorlieben von Schnecken für bestimmte Pflanzenarten lassen sich im Klassenzimmer gut untersuchen.
Material: 2 große Glasgefäße, Glasscheiben, Gurkenscheiben, Salatblätter, verschiedene selbst gesammelte Pflanzen, Blumenspritzen
Durchführung: Sammelt mindestens zwei verschiedene Schneckenarten (z. B. Hain-Bänderschnecke und Spanische Wegschnecke). Lasst die Tiere einen Tag hungern. Setzt sie dann einzeln auf eine große Glasscheibe oder auf den Tisch und besprüht sie mit Wasser, damit sie ihr Haus verlassen. Legt eine Gurkenscheibe, ein Salatblatt und die Blätter der gesuchten Pflanzen jeweils im Abstand von ca. 15 cm im Kreis um die Schnecke herum. Beobachtet, auf welche Nahrung sich die Schnecke zubewegt und was sie frisst. Legt die nicht gefressenen Pflanzen über Nacht in die Glasgefäße und untersucht, ob die Schnecken dann davon gefressen haben.
Auswertung: Stellt eine Liste mit Pflanzen auf, die eine Schneckenart frisst oder meidet, und macht Aussagen über ihre Vorlieben. Unterscheiden sich diese beiden einzelnen Schneckenarten?

Nahrungsbeziehungen

207-1

Bevorzugte Nahrung Jede Tierart im Wald ist auf eine bestimmte Ernährungsweise spezialisiert. Von den über 800 Blattlausarten in Deutschland saugen die meisten nur an wenigen Pflanzenarten, weil sie nur bestimmte Pflanzeninhaltsstoffe vertragen. Fleischfresser bevorzugen Beutetiere, die für sie leicht zu finden und zu überwältigen, dabei aber möglichst nahrhaft sind. So erbeutet der Waldkauz hauptsächlich Mäuse, weil diese klein, sehr häufig und wie er selbst nachtaktiv sind. Andere Tiere wie die Spanische Wegschnecke sind flexibler. Sie frisst verschiedene Pflanzen, Pilze, Aas, sogar tote Artgenossen.

Nahrungskette und Nahrungsnetz Eine Meise frisst eine Kreuzspinne, die zuvor eine Florfliege erbeutete, welche eben noch einige Blattläuse verspeist hatte, die Saft aus einem Buchenblatt saugten. In diesem Beispiel sind alle genannten Arten durch Nahrungsbeziehungen verknüpft. Man kann sie in einer Nahrungskette anordnen:
Buche → Blattlaus → Florfliege → Kreuzspinne → Meise.
Die Nahrungsbeziehungen im Wald sind komplizierter, weil sich die wenigsten Tiere nur von einer einzigen Art ernähren. Blaumeisen fressen verschiedene Insekten- und Spinnenarten. Gleichzeitig fallen sie nicht nur Baummardern, sondern auch Habichten und Eichhörnchen zum Opfer. So lassen sich Nahrungsketten zu Nahrungsnetzen verknüpfen.

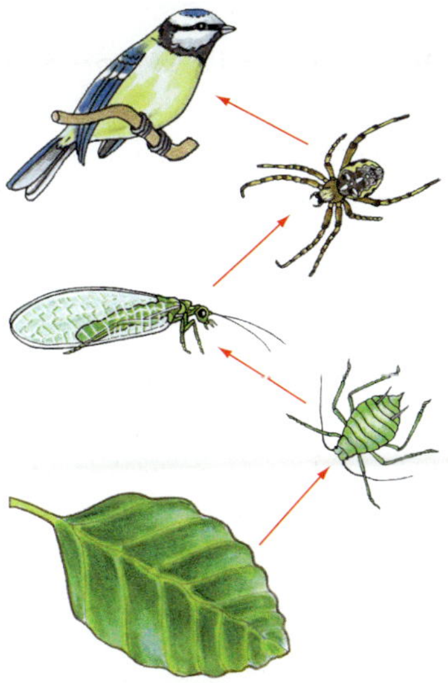

2 Beispiel einer Nahrungskette im Wald

Tiere und Pflanzen einer Lebensgemeinschaft sind über Nahrungsbeziehungen verbunden. Dabei dient eine Art der anderen als Nahrung. Diese Beziehung lässt sich als Nahrungskette darstellen. Da sich die meisten Tiere von mehr als einer Art ernähren, ergeben sich Beziehungsnetze, in denen Nahrungsketten zu Nahrungsnetzen verknüpft sind.

3 Beispiel eines Nahrungsnetzes im Wald (→ gefressen von)

Aufgaben

1 Erkläre den im Einstiegstext erwähnten Fall: Weshalb führte die Wiedereinführung der Wölfe dazu, dass der Wald sich erholt?
Verwende in deiner Erklärung den Begriff Nahrungskette.

2 Zeichne Bild ↑3 in dein Heft und verbinde die Tiere und Pflanzen durch Pfeile zu einem Nahrungsnetz. Nimm Sachbücher zu Hilfe.
Bild ↑3 S.196 hilft dir bei der Lösung.

Energiefluss und Stoffkreisläufe im Ökosystem

208-1

Die Energie kommt von der Sonne Jedes Tier im Wald hat ein anderes Nahrungsspektrum. Wenn man aber beliebige Nahrungsketten vergleicht, findet man Gemeinsamkeiten. Auffallend ist der gemeinsame Ursprung. Denn alle Nahrungsketten beginnen mit einer Pflanzenart. Nur grüne Pflanzen können mithilfe der Fotosynthese Nährstoffe selbst aufbauen. Hierfür nutzen sie die Energie des Sonnenlichts. Tiere sind darauf angewiesen, energiereiche Nährstoffe mit der Nahrung aufzunehmen. Letztlich ernähren sich also alle Tiere von Sonnenenergie, die in den Blättern der grünen Pflanzen zu Energie der Nährstoffe umgewandelt wurde. Daher werden die Pflanzen als Produzenten bezeichnet, also als Erzeuger von Nährstoffen.

Tiere als Verbraucher (Konsumenten) Weil Tiere energiereiche Nährstoffe mit der Nahrung aufnehmen müssen, bezeichnet man sie als Konsumenten. Pflanzenfresser wie die Eichengallwespe werden als Konsumenten 1. Ordnung bezeichnet. Fleischfresser wie der Wolf, die sich von Pflanzenfressern (Rehen und Hirschen) ernähren, sind entsprechend Konsumenten 2. Ordnung. Diese Zuordnung zu Ernährungsebenen ist aber nicht in jedem Fall eindeutig. Das Eichhörnchen beispielsweise frisst hauptsächlich Samen und Nüsse (1. Ordnung), verschmäht aber auch Eier und Jungvögel nicht (2. und höhere Ordnung).

Nahrungspyramide Die beherrschende Lebensform im Ökosystem Wald sind die Pflanzen. Sie sind am zahlreichsten und stellen die größte Biomasse. ↑1 Pflanzenfresser wie Blattläuse sind zwar klein, aber sehr häufig.

Art	Biomasse in g/ha
Buche	313 000 000
Erdmaus	4 600
Fuchs	150
Wolf	7

1 Biomasse im Wald

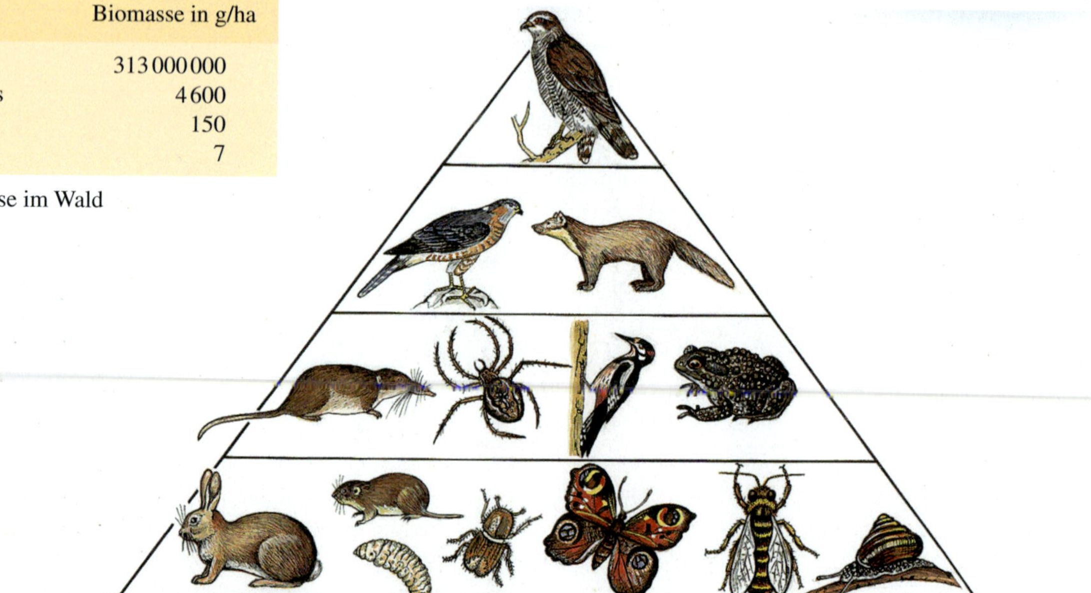

2 Nahrungspyramide im Wald

Ihre Biomasse ist trotzdem viel kleiner als die der Pflanzen. Große Fleischfresser wie der Wolf sind so selten, dass ihre Biomasse kaum ins Gewicht fällt. Warum ist das so? Um dies zu beantworten, muss man den Weg der Nahrung beim Fressen verfolgen: Nicht alles kann verdaut werden. Energiereiche Nährstoffe verlassen den Körper über Kot und Urin. Von den aufgenommenen Nährstoffen wird der größte Teil zur Aufrechterhaltung der Lebensfunktionen umgesetzt. Nur wenig Energie kann für das Wachstum investiert werden. Die Biomasse nimmt daher von einer Ernährungsebene zur nächsten ab. Stapelt man die Ernährungsebenen übereinander, erhält man eine Nahrungspyramide. ↑2

„Zersetzer" und der Kreislauf der Stoffe Wenn Tiere und Pflanzen im Wald sterben, werden ihre Überreste von Tieren, Pilzen, Mikroorganismen und Bakterien abgebaut. Man fasst diese Arten als Zersetzer (Destruenten) zusammen. Dabei kann man unterscheiden zwischen größeren Bodenlebewesen, deren Kot immer noch viel organische Substanz enthält, und Mineralisierern. Mineralisierer sind Bakterien und Pilze, die das organische Material zu Kohlenstoffdioxid, Wasser und Mineralstoffen abbauen. In dieser Form können diese Stoffe wieder von Pflanzen aufgenommen werden. Pflanzen nutzen für die Fotosynthese auch das Kohlenstoffdioxid, das ausgeatmet wird. ↑3

Sauerstoff, Kohlenstoffdioxid und Mineralstoffe wie Stickstoff oder Phosphor befinden sich also in einem ständigen Kreislauf durch das Ökosystem. Mal befinden sich diese Stoffe als anorganische Substanzen in der Luft oder im Boden, mal werden sie von Pflanzen in energiereiche organische Substanzen eingebaut und wandern dann durch die Nahrungsketten.

Im Ökosystem sind Pflanzen als Produzenten dazu in der Lage, energiereiche Nährstoffe aufzubauen. Tiere müssen als Konsumenten diese Nährstoffe mit der Nahrung aufnehmen. Destruenten mineralisieren tote organische Substanzen. Die anorganischen Stoffe können dann wieder von Pflanzen aufgenommen werden. So ermöglichen Destruenten den Kreislauf der Stoffe im Ökosystem.

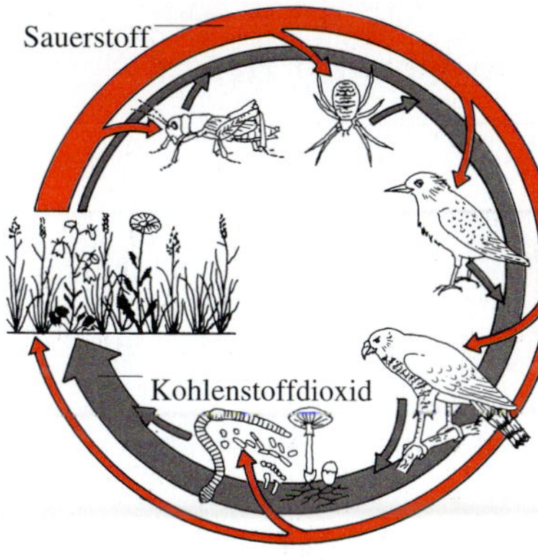

3 Kreislauf von Kohlenstoffdioxid und Sauerstoff

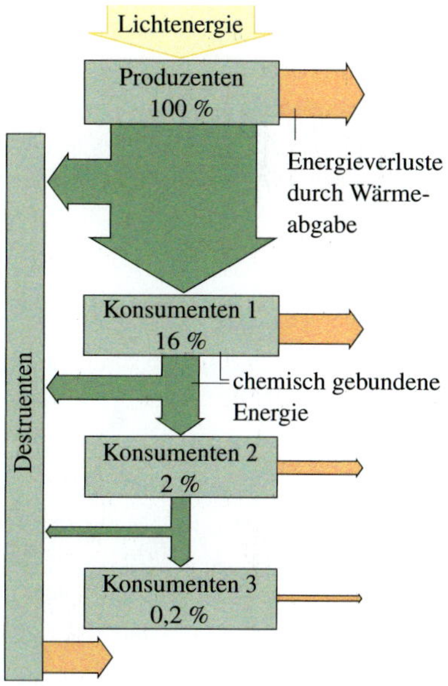

4 Energiefluss durch das Ökosystem

Aufgaben

1 Untersuche den Inhalt deines Kühlschranks. Stelle Nahrungsketten auf, die mit dir als Konsumenten enden. Vergleiche sie miteinander. Was fällt dir auf?

2 Könnte man sagen, dass sich alle Tiere von Sonnenenergie ernähren? Diskutiere diese Aussage.

3 Übertrage Bild ↑4 S.196 in dein Heft.

a Ergänze es durch eine Legende und ordne zu, welche Farbe jeweils für Produzenten, Konsumenten und Destruenten steht.

b Versuche die abgebildeten Tiere den verschiedenen Ernährungsebenen zuzuordnen.

4 Vergleiche Bild ↑1 und Bild ↑2. Weshalb ergibt sich in Bild ↑2 eine Pyramide? Anders gefragt: Welche Größe wird durch die Fläche jeder Ernährungsebene symbolisiert?

5 Untersuche Bild ↑4. Erkläre, warum Tiere nur einen kleinen Teil der aufgenommenen Nahrungsenergie in Wachstum und Fortpflanzung investieren können. Wo bleibt der Rest? Stelle einen Zusammenhang mit der Nahrungspyramide her.

6 In allen Ökosystemen kommen neben Produzenten auch Konsumenten und Destruenten vor. Könnte es theoretisch auch Ökosysteme ohne Konsumenten oder Destruenten geben? Begründe deine Entscheidung.

Mensch und Natur – zwischen Ausbeutung und Naturschutz

Ach, nö! Recyclingpapier ist so hässlich, ich möchte glattes, weißes Papier zum Schreiben. Was macht das schon aus? Die paar Blatt Papier fallen doch kaum auf …
So denken offenbar viele. Denn von bundesweit 200 Millionen Schulheften sind nur 5–10 Prozent aus Recyclingpapier. Seit 1950 hat sich der Papierverbrauch in Deutschland versechsfacht. Jeder fünfte Baum weltweit wird zur Papierproduktion genutzt. Es zeigt sich, dass das Konsumverhalten jedes Einzelnen globale Auswirkungen hat.

1 Bäume abholzen oder Altpapier sammeln?

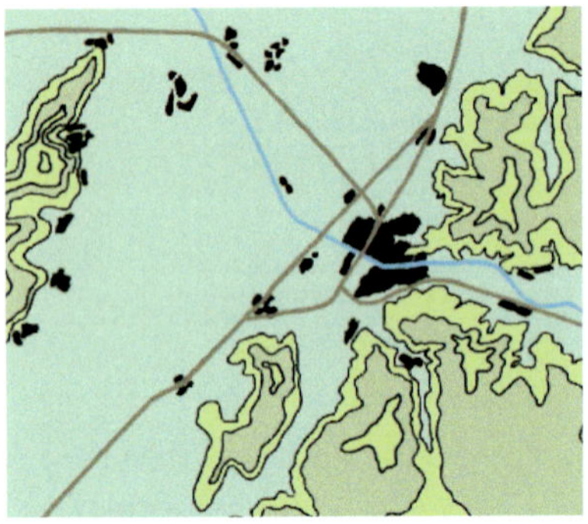

2 Karte einer Stadt im Jahr 1910
(■ Siedlungsfläche, — Straße)

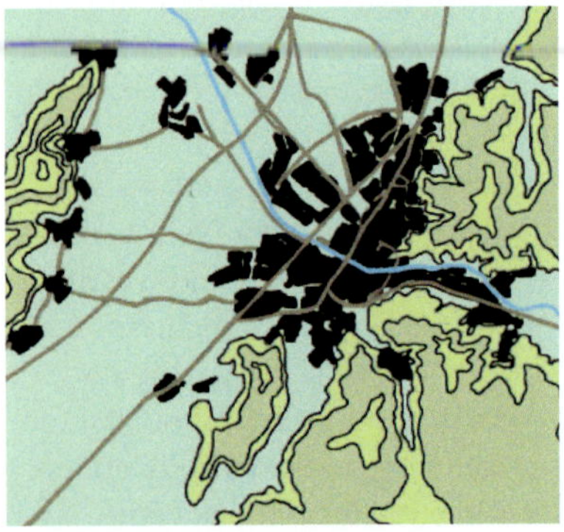

3 Dieselbe Stadt im Jahr 1970
(■ Siedlungsfläche, — Straße)

Mensch und Wald – Eingriffe in das Ökosystem

210-1

Obwohl Deutschland zu den größten Papierproduzenten der Welt gehört, wird hierzulande kaum Wald eigens für die Papierproduktion gerodet. Trotzdem ist der Zustand unserer Wälder bedenklich. In alten Märchen ist von Wäldern die Rede, aus denen man erst nach tagelangen Wanderungen wieder herausfand. Was ist davon heute noch übrig?

Wälder werden zurückgedrängt In Mitteleuropa ist der Wald die natürliche Vegetationsform. Auf jedem Acker und jeder Wiese, die man brachliegen lässt, würde sich nach ein paar Jahrzehnten ein Wald bilden. Hessen ist mit einem Bewaldungsanteil von 42 % seiner Landesfläche eines der waldreichsten Bundesländer Deutschlands. Mehr als die Hälfte der Fläche wird also für die Landwirtschaft, für Siedlungen und für Straßen verbraucht. ↑2, 3 Straßen zerschneiden große zusammenhängende Waldgebiete in kleinere Parzellen. Für etliche Waldbewohner sind Straßen nahezu unpassierbar.

Wälder werden durch Nutzung verändert Undurchdringliche Urwälder gibt es in Deutschland nur noch in wenigen Naturwaldreservaten. Die meisten Waldgebiete dienen der Holzproduktion. Durch die wirtschaftliche Nutzung verändert sich das Gesicht des Waldes. Erstens werden Bäume gefällt und aus dem Wald entfernt, weil das Holz verkauft wird. Ein Wirtschaftswald enthält daher weniger alte Bäume und Totholz als ein Urwald. Dies benachteiligt die vielen Tierarten, die auf Totholz angewiesen sind. Zweitens stehen in einem Forst oft die Bäume, deren Holz sich am besten verkaufen lässt. Besonders bei Fichtenmonokulturen wird dies zum Pro-

blem. Fichten brauchen viel Wasser. In niederschlagsarmen Gebieten kränkeln sie und werden dann leicht von Schädlingen befallen, die sich im reinen Fichtenbestand rasend schnell vermehren. Außerdem sind Fichten Flachwurzler. Sie können leicht vom Sturm ausgerissen werden.
Die Forstwirtschaft hat allerdings aus den Fehlern der Vergangenheit gelernt. Heute ist eine nachhaltige Bewirtschaftung des Waldes vorgeschrieben: Es darf nicht mehr Holz geerntet werden, als nachwachsen kann. Anstelle von Monokulturen werden verstärkt Mischwälder mit für den Standort typischen Baumarten angelegt.

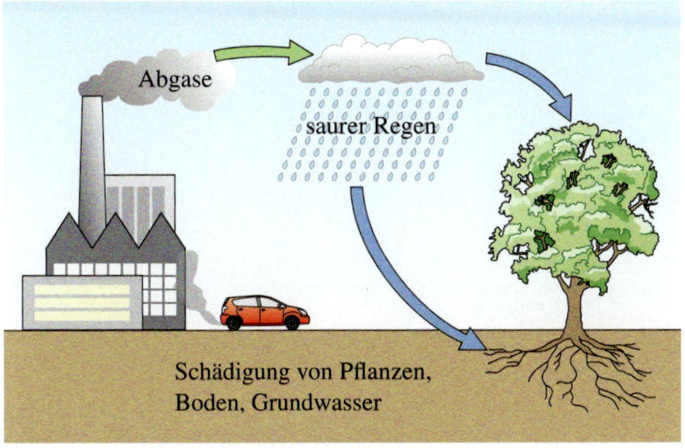

4 Vom Menschen verursachte Luftverschmutzung führt zu saurem Regen.

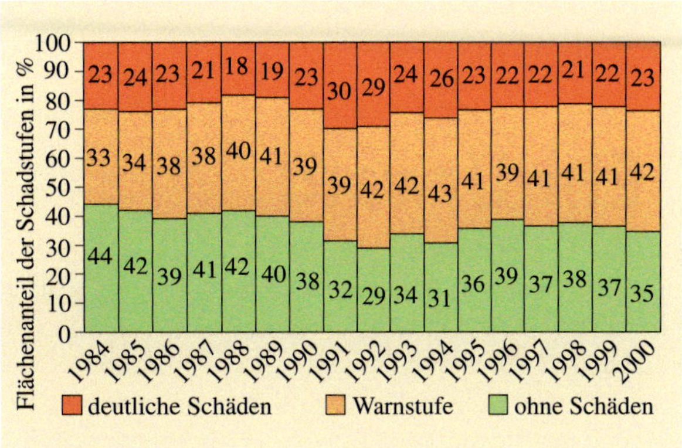

5 Entwicklung der Waldschäden in Deutschland (alle Baumarten)

Wälder werden durch Schadstoffe belastet In den 1980er Jahren ging ein Aufschrei durch Deutschland: Der Wald stirbt! Zum ersten Mal war von neuartigen Waldschäden die Rede, die durch sauren Regen verursacht werden.
Abgase aus Industrie, Verkehr und privaten Haushalten lösen sich im Wasser der Wolken und bilden dort Säuren. ↑4 Diese regnen auch über den Wäldern ab und schädigen die Bäume. Heute, ein Vierteljahrhundert später, hat sich der Zustand des Waldes nicht gebessert. ↑5 Immer noch werden die Wälder aus der Luft mit stickstoffhaltigen Säuren überfrachtet. Die Folge: Die Wälder werden mit Stickstoff überversorgt, sodass Nitrat ins Grundwasser gelangt. Gleichzeitig waschen die sauren Niederschläge wichtige Mineralstoffe aus dem Boden aus, was zu Mangelerscheinungen bei den Bäumen führt.

Verantwortung für den Wald Am Beispiel des Waldes zeigt sich, dass der Mensch wie kein anderes Lebewesen in natürliche Ökosysteme eingreift. Daraus erwächst eine besondere Verantwortung. Man kann Waldökosysteme ausbeuten, indem man so viel Holz wie möglich erntet, um kurzfristig maximale Gewinne zu erzielen. Man kann Wälder aber auch nachhaltig nutzen. Dabei wird zum Teil auf kurzfristige Gewinne verzichtet, damit auch kommende Generationen den Wald so nutzen können wie wir heute.

Unsere Wälder sind durch Zersiedlung, Luftverschmutzung und falsche Bewirtschaftung gefährdet. Ein verantwortlicher Umgang mit dem Wald erfordert nachhaltige Nutzungskonzepte.

Aufgaben

1 Im Einstiegstext wird behauptet, dass das Verhalten Einzelner einen Einfluss auf ganze Ökosysteme hat. Diskutiert in der Klasse darüber, ob dies stimmt.
2 Vergleicht die Bilder ↑2 und ↑3. Arbeitet die wesentlichen Unterschiede heraus.
3 Vom Waldsterben wird in den Massenmedien nichts mehr berichtet. Ist der Wald wieder gesund? Ziehe Bild ↑5 zur Beantwortung der Frage heran.
4 Am Beispiel des Waldes lässt sich zeigen, dass Menschen ein Ökosystem auch nachhaltig nutzen können. Was ist damit gemeint? Erläutere.

Ausblick

Ein Urwald

Echte Urwälder gibt es in Deutschland zwar nicht mehr, aber manche Waldgebiete sind noch sehr naturnah. In Hessen findest du solche Wälder unter anderem in manchen Auen der Rheintalarme. Auch im Rothaargebirge, im Taunus oder in der Rhön haben viele Waldgebiete noch urwaldähnlichen Charakter. Dort leben noch zahlreiche Arten der Roten Liste, wie etwa die Wildkatze oder der Schwarzstorch.

1 Umgestürzte Bäume sind in Naturwäldern recht häufig zu finden. Als Totholz bieten sie neuen Lebensraum, und die entstehenden Lücken sind wichtig für die Verjüngung der Baumbestände.

2 Wildkatzen sind Einzelgänger, die sich fast ausschließlich von kleinen Nagern ernähren. Sie brauchen große Reviere: Auf 1 km leben höchstens 5 Tiere. Die Katze bringt ihre Jungen bevorzugt in Baumhöhlen zur Welt.

3 Das Große Mausohr ernährt sich wie die meisten Fledermäuse überwiegend von Nachtfaltern. Für die Aufzucht der Jungen und zum Winterschlaf benötigt es Baum- oder Felshöhlen.

4 Orchideen reagieren sehr empfindlich auf Störungen im Lebensraum. Viele, wie das Stattliche Knabenkraut, wachsen in Wäldern, sie benötigen aber relativ viel Licht zum Gedeihen.

5 Schwarzstörche leben in Feuchtgebieten. Ihre Nahrung besteht aus Wasserinsekten, kleinen Amphibien, Fischen und Fröschen. Die Nester stehen auf hohen Bäumen in ungestörten Wäldern.

Aufgaben

1 Finde heraus, wo Wildkatzen in Deutschland vorkommen. Was müsste unternommen werden, damit die Wildkatze auch in anderen Gebieten heimisch wird? Eine gesunde Population sollte mindestens 500 Tiere umfassen. Was könnte unternommen werden, wenn bestehende Biotope dafür zu klein sind?

2 Charakterisiere den Lebensraum eines Schwarzstorchs.

3 Durch Stürme oder Borkenkäfer können auch in Naturwäldern größere Lücken entstehen. „Da muss aber dringend naturnah aufgeforstet werden“, meinen dann manche Leute. Was sagst du dazu?

4 Finde heraus, ob in den Wäldern deiner Umgebung auch Fledermäuse vorkommen. Überlege, wie du ihre Ansiedlung fördern kannst.

5 Nenne Maßnahmen, durch die ein naturferner Wald langfristig in ein naturnahes Ökosystem überführt werden kann.

Eingriffe in globale Stoffkreisläufe – gibt es Wege aus der Krise?

Der Mensch hat nicht nur die Wälder in Deutschland verändert. Inzwischen haben sich messbare Veränderungen in den weltweiten – globalen – Stoffkreisläufen ergeben.

Kohlenstoffkreislauf Seit etwa 1800 nutzt der Mensch verstärkt fossile Rohstoffe wie Erdöl und Kohle als Energiequelle. Bei deren Verbrennung gelangt Kohlenstoffdioxid in die Atmosphäre. Das hat die Kohlenstoffdioxidkonzentration in der Luft von 0,028 Prozent um 1800 bis auf den heutigen Wert von 0,037 Prozent ansteigen lassen. Dadurch werden Tiere und Pflanzen zwar kaum direkt geschädigt, aber die hohe CO_2-Konzentration in der Luft bewirkt einen verstärkten Treibhauseffekt: Weltweit erwärmt sich die Erde mit bisher unabsehbaren Folgen für natürliche Ökosysteme. ↑1

Stickstoffkreislauf Auch in den globalen Stickstoffkreislauf greift der Mensch massiv ein: In der Landwirtschaft wird künstlich erzeugter Mineraldünger eingesetzt. Auch durch Industrie und Verkehr gelangen Stickstoffoxide in die Luft. Auf diese Weise entstehen aus Luftstickstoff, der für Pflanzen wertlos ist, Ammonium und Nitrate, die als Pflanzendünger wirken. Man kann sagen, der Mensch führt gerade ein weltweites Überdüngungsexperiment mit dem Planeten Erde durch. Die Zusammensetzung von Land- und Wasserökosystemen ändert sich dadurch deutlich. Manche Ökosysteme, zum Beispiel nährstoffarme Seen, werden durch die Stickstoffüberfrachtung instabil und brechen zusammen.

Agenda 21 Noch vor 150 Jahren dachte man allgemein, dass die Rohstoffe der Natur unerschöpflich sind. Heute wissen wir es besser. Allen ist klar, dass die Menschheit die Ressourcen der Natur schneller aufbraucht, als sie sich nachbilden können: Der Verlust der Regenwälder und die Überfischung der Meere sind nur zwei Beispiele hierfür. Daher haben die Vereinten Nationen 1992 ein Programm ins Leben gerufen, das Agenda 21 genannt wird.
Ziel des Programms „Agenda 21" ist der Übergang zu einer nachhaltigen Nutzung der Natur. Möglichst bald soll der Natur nur noch so viel entnommen werden, wie im gleichen Zeitraum nachgebildet werden kann.

Global denken – lokal handeln Die Agenda 21 hat eine weltweite Veränderung der Wirtschaftssysteme im Blick. Aber was kann der Einzelne da schon tun? Einer allein kann zwar nicht die ganze Welt verbessern, aber wenn jeder vor der eigenen Haustür ein kleines Projekt in Angriff nimmt, kann sich insgesamt sehr viel verändern.
Die Umstellung auf Recyclingpapier an der Schule oder eine Initiative zum Umbau in eine „Energiesparschule" sind zwei Beispiele, die die Schüler/-innen unmittelbar betreffen. ↑S.229
In vielen Gemeinden werden verbaute Bäche und Flussabschnitte wieder naturnah gestaltet. Es zeigen sich erste Erfolge. In viele Gewässer hat der Biber – einst völlig ausgerottet – wieder Einzug gehalten. ↑S.224

Schon gewusst?

Treibhauseffekt
Kohlenstoffdioxid, Methan und einige andere Gase haben eine für das Klima bedeutende Eigenschaft: Sie lassen zwar die Sonnenstrahlen durch die Luftschicht einfallen, die von der Erde reflektierte Wärmestrahlung wird aber zurückgeworfen (rote Pfeile im Bild ↑1). Daher wirken diese Gase wie die Glasscheiben eines Treibhauses: Die Wärme wird in der Atmosphäre festgehalten. Dieser natürliche Treibhauseffekt stellt sicher, dass unser Planet nicht zur Eiswüste wird.
„Treibhausgase" entstehen zum einen durch natürliche Ursachen wie Vulkanismus, Waldbrände oder die Abbautätigkeit von Mikroorganismen. Zum anderen setzt der Mensch heute Treibhausgase in nie dagewesenem Ausmaß frei. Dies führt zu einer gefährlichen Klimaerwärmung, die sich für die Menschheit als existenzbedrohend herausstellen könnte. ↑S.216

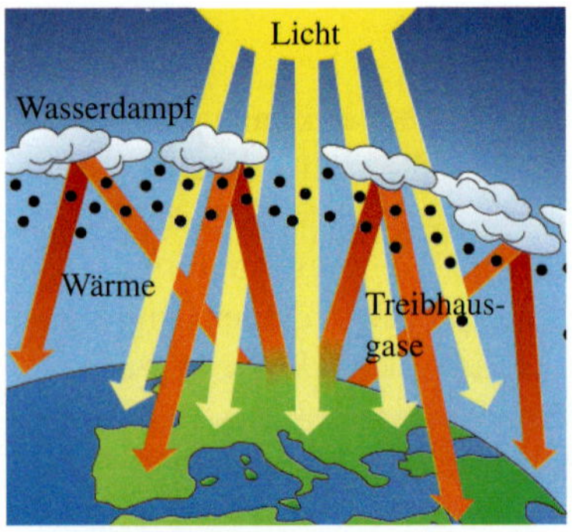

1 Treibhauseffekt

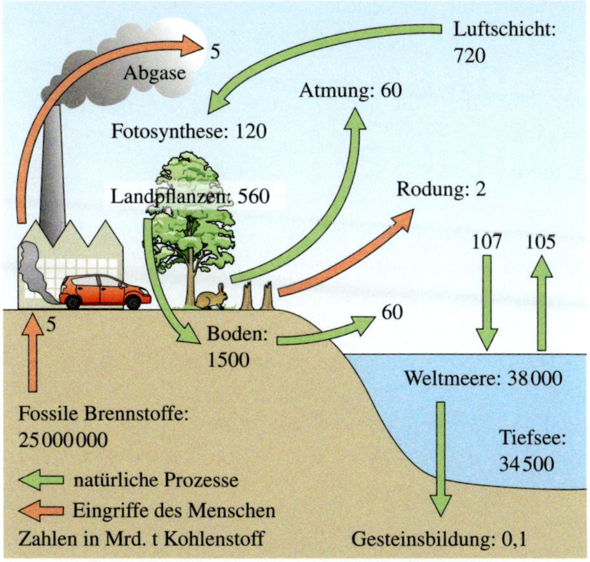

2 Kohlenstoffkreislauf und Einflüsse des Menschen

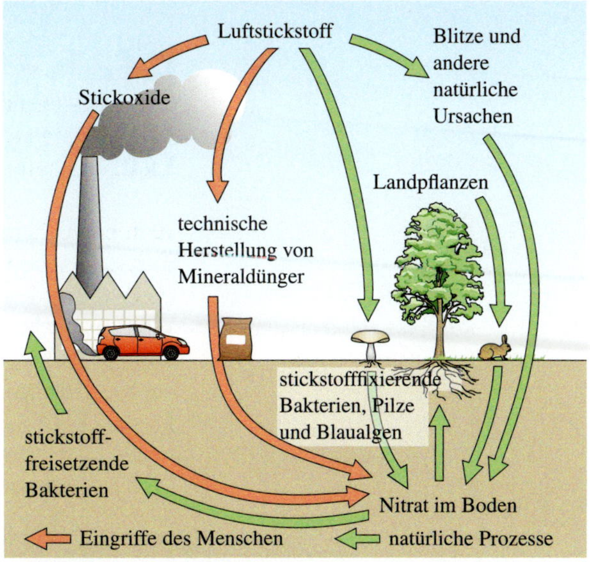

3 Durch den Menschen veränderter Stickstoffkreislauf

Interessenkonflikte Einen See, der als Naturschutzgebiet dienen soll, kann man nicht gleichzeitig als Badesee nutzen. Strom aus Sonnenenergie ist teurer als Strom aus Wärmekraftwerken. Und einen nachhaltig bewirtschafteten Wald kann man nicht abholzen, um gleich heute große Gewinne zu erwirtschaften. Diese Beispiele zeigen, dass Naturschutz und nachhaltige Wirtschaftsformen oft gegen Widerstände zu kämpfen haben. Das Prinzip der Nachhaltigkeit wird sich erst dann durchsetzen, wenn wir erkennen, dass wir ein Teil der Natur sind und dass es deshalb überlebenswichtig ist, unsere Umwelt als Lebensraum und Rohstoffquelle auch für kommende Generationen zu erhalten.

Über die Luft werden alle Ökosysteme der Erde vom Menschen beeinflusst. Die Eingriffe des Menschen in den globalen Kohlenstoff- und Stickstoffkreislauf sind Beispiele hierfür. Die natürlichen Ressourcen der Erde werden sehr viel schneller aufgebraucht, als sie nachwachsen können. Daher wirbt die Agenda 21 für eine nachhaltige Nutzung der Natur. Alle heute lebenden Menschen tragen auch für kommende Generationen die Verantwortung.

Aufgaben

1 Das Wort Wald bedeutete im Germanischen „nicht bebautes, wildes Land“. Überlege, wie es zu dieser Namensgebung kam. Trifft die Bezeichnung heute noch zu? Begründe.

2 Durch Verbiss an jungen Bäumen kann Rotwild erhebliche Schäden anrichten. Der Einfluss des Menschen auf den Wald bewegt sich in einer ganz anderen Größenordnung. Vergleiche und erkläre.

3 Betrachte die Bilder ↑2 und ↑3. Arbeite die jeweils wesentlichen Eingriffe des Menschen heraus.

4 Kohlenstoffdioxid ist weder für Tiere noch für Pflanzen schädlich. Weshalb ist der Anstieg der CO_2-Konzentration in der Atmosphäre dennoch bedenklich? Erkläre.

5 Weshalb sollten sich besonders Kinder und Jugendliche für die Agenda 21 einsetzen? Begründe.

6 Erläutere den Titel dieses Kapitels im Zusammenhang mit den hier dargestellten Fakten.

Ausblick

Global denken – der Treibhauseffekt

2006 tauchte erstmals der Eisbär auf der Roten Liste der vom Aussterben bedrohten Tierarten auf. Sein Lebensraum, die arktischen Eisflächen, schmelzen buchstäblich unter seinen Tatzen weg. Schuld daran ist die in den letzten Jahrzehnten schnell zunehmende Erderwärmung, die durch den enormen Anstieg von Treibhausgasen wie Kohlenstoffdioxid oder Methan verursacht wird.

3

4

5

6

Aufgaben

1 Beschreibe die Entwicklung der Kohlenstoffdioxidkonzentration in der Atmosphäre und die der Jahresmitteltemperatur. Welche Zusammenhänge lassen sich daraus ableiten? Begründe die jahreszeitlichen Schwankungen der Kohlenstoffdioxidkonzentration. ↑7, 8

2 Nenne anthropogene (vom Menschen verursachte) Kohlenstoffdioxidquellen. Zeige, wie diese in den Kohlenstoffkreislauf der Biosphäre einwirken.

3 Die Vernichtung großer Waldflächen durch Brandrodung beispielsweise in den Tropen ist aus Sicht des Kohlenstoffkreislaufs doppelt problematisch. Begründe. Beurteile dieses Problem und berücksichtige, dass durch Brandrodung häufig Weideflächen für Rinder gewonnen werden, die Methan ausscheiden – ebenfalls ein Treibhausgas.

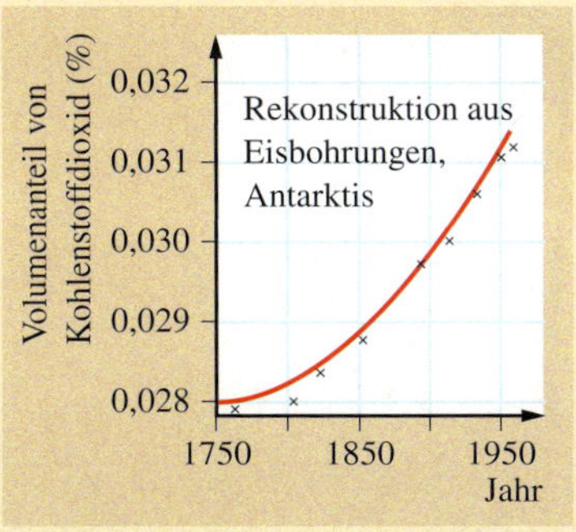

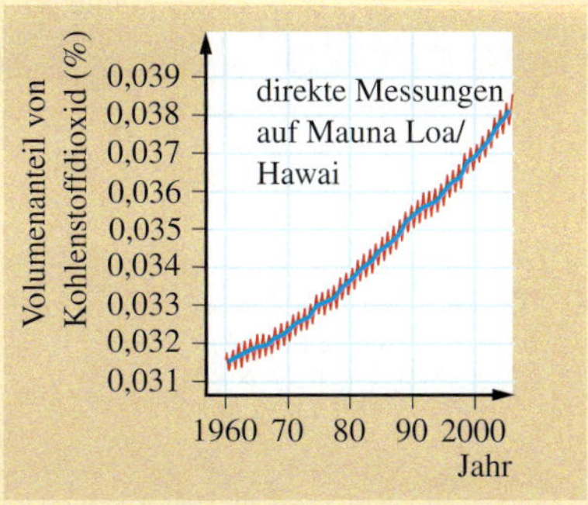

7 und 8 Atmosphärische Kohlenstoffdioxidkonzentration

Lokal handeln – weniger Kohlenstoffdioxid erzeugen

1997 wurde auf der UN-Klimakonferenz im japanischen Kyoto das so genannte Kyoto-Protokoll beschlossen.

In ihm verpflichteten sich die 38 führenden Industrieländer auf eine Verringerung der Emissionen von sechs klimaschädigenden Gasen bis 2012 um insgesamt 5,2 % unter den Wert von 1990. Seit dem 16.2.2005 ist das Protokoll völkerrechtlich in Kraft getreten; allerdings ohne den Beitritt der USA, die derzeit allein für etwa ein Viertel aller Emissionen verantwortlich sind. Auch Deutschland ist vom angestrebten Ziel, einer Reduktion um 21 % bis 2012, noch weit entfernt.

4 Heimische Äpfel

5 „Flugäpfel“ aus fernen Ländern

Aufgaben

1 Als umweltfreundlicher Brennstoff werden heute vermehrt Holzpellets eingesetzt. ↑6 Doch auch bei der Verbrennung von Holz wird Kohlenstoffdioxid frei. Erläutere, inwiefern Holz als umweltfreundlicher Brennstoff angesehen werden kann.

2 Der Anteil der regenerativen Energien am Primärenergieverbrauch ist immer noch gering, wird aber stetig ausgebaut. Nenne Beispiele für regenerative Energien. Diskutiert in der Klasse deren Vor- und Nachteile. Stellt das Ergebnis in einer Tabelle dar.

6 Holzpellets – eine Alternative zu Heizöl und Gas

3 Das Kyoto-Protokoll sieht in Deutschland eine Einsparung von Kohlenstoffdioxid bis 2012 in Höhe von 21 % vor. Wie ließe sich an eurer Schule Kohlenstoffdioxid einsparen? Sammelt eure Ideen und stellt sie der Schulgemeinschaft vor.

4 Viele Produkte erzeugen auch bei ihrer Herstellung und ihrem Transport Kohlenstoffdioxid. Informiere dich über den Begriff „ökologischer Rucksack“.

Zur Diskussion Evolution des Menschen und Umweltprobleme der Gegenwart

Mutationen und Auslese, Isolation und Artbildung, Spezialisierung und Erschließung neuer Lebensräume kennzeichnen die biologische Evolution. ↑S.176 Seit der Entstehung des Menschen veränderte sich diese auch selbst. Die Umwelt des Menschen wird zunehmend durch die von ihm selbst geschaffene Welt der materiellen und geistigen Kultur gebildet.
Die durch die kulturelle Evolution des Menschen immer mehr veränderte Welt wurde aber zugleich auch die Umwelt aller anderen Organismen.

Bevölkerungswachstum
Gegenwärtig gibt es etwa 6 Milliarden Menschen. Vom Australopithecus, so wird geschätzt, mag es 100 000 gleichzeitig lebende Individuen gegeben haben. ↑1
Anfangs nahm die Anzahl der Menschen nur sehr langsam zu. Sie waren großen und vielfältigen Gefahren ausgesetzt. Die Entwicklung der Größe einer Population hängt vom Verhältnis zwischen ihrer Geburtenrate und ihrer Sterberate ab. Wenn die Geburtenrate größer als die Sterberate ist, wächst die Population. In den letzten 150 Jahren veränderten sich diese Größen – in den Industrieländern beginnend – weltweit.
Die verbesserten Lebensverhältnisse senkten zunächst vor allem die Sterberaten, die Geburtenraten sanken zeitverzögert. Das hatte insgesamt ein sprunghaftes Wachstum der Weltbevölkerung zur Folge. Aus der Ökologie ist dir bekannt, dass dieses – vor allem in den Entwicklungsländern – auch gravierende globale Probleme (z. B. Hunger, Umweltverschmutzung) bewirkt hat. ↑2
Zukünftig müssen Energie- und Rohstoffressourcen nachhaltiger genutzt und die Produktion von Nahrungsmitteln muss gesteigert werden. Diese Bemühungen müssen global mit einer Einschränkung des Bevölkerungswachstums verbunden werden, um ein menschenwürdiges Leben auf der Erde langfristig zu ermöglichen.
Die Versuche zur bewussten Gestaltung der Umwelt durch den Menschen hatten in der Geschichte und haben auch in der Gegenwart – oft schwerwiegende – unbeabsichtigte und unvorhergesehene ökologische Auswirkungen.

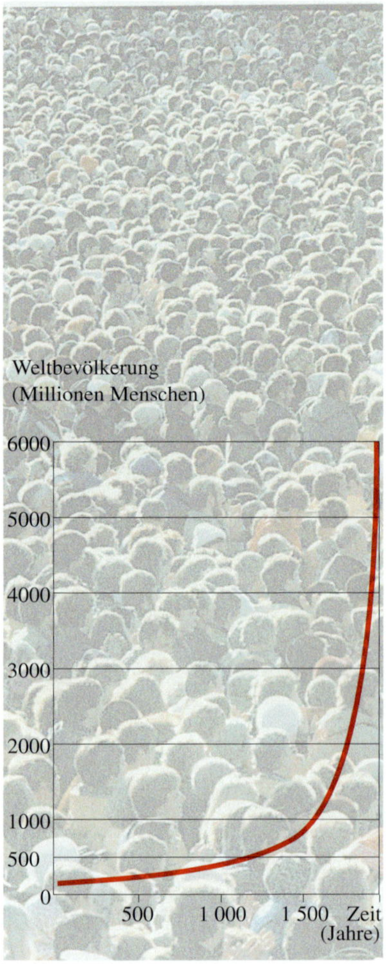

1 Bevölkerungswachstum seit 2000 Jahren

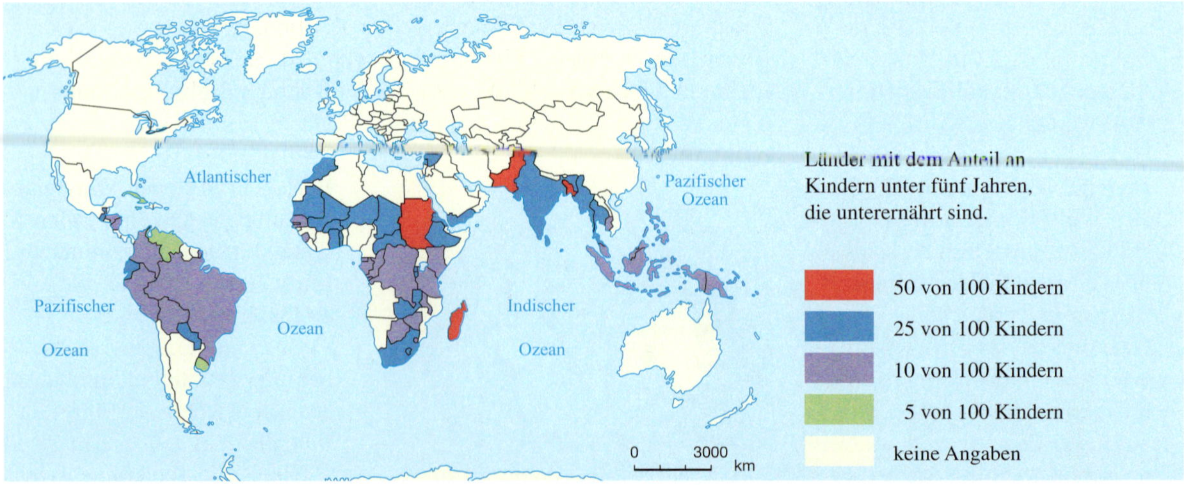

2 Weltproblem Hunger – betroffene Länder brauchen vor allem „Hilfe zur Selbsthilfe“.

Zur Diskussion Evolution des Menschen und Umweltprobleme der Gegenwart

Bodenbelastung
Der Boden ist ein vielfältiger Lebensraum, der im Verlauf der Evolution durch Verwitterung und das Wirken vieler Organismen entstanden ist. Bodenorganismen erhalten den Boden durch ihre Lebenstätigkeit. Vor allem chemische Belastungen (z. B. Überdüngung mit Mineralsalzen, Biozide, saurer Regen) können das ökologische Gleichgewicht im Boden zerstören. Manche in den Boden eingebrachte Biozide (Schädlingsbekämpfungsmittel) werden durch Bodenorganismen nicht abgebaut, sondern sickern in das Grundwasser und gefährden unser Trinkwasser. So können solche Stoffe auch in Nahrungsketten bzw. Nahrungsnetze gelangen und sich dort anreichern. ↑3

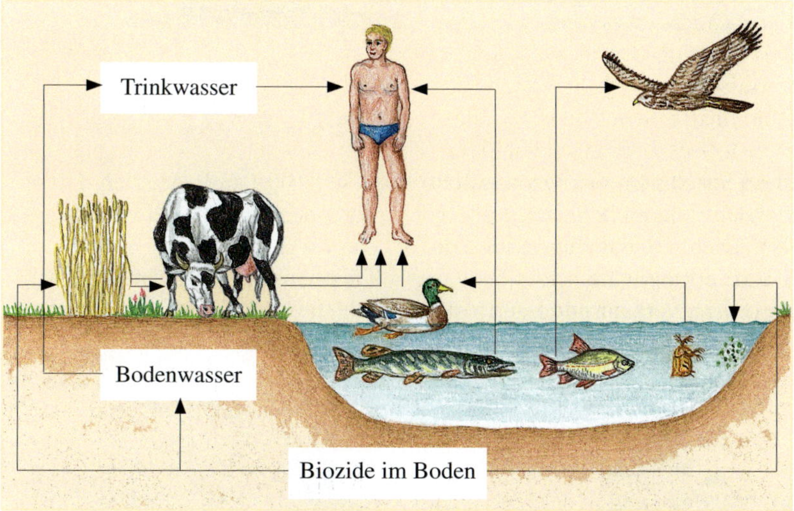

3 Gefahren der Anreicherung und Weitergabe von Bioziden in Nahrungsketten

Organismen in einem Bodenblock (Oberfläche: 100 cm^2, Tiefe: 30 cm)

Gruppen	Individuen-Anzahl (Durchschnitt)
Mikroorganismen Pilze	
Bakterien	1 Billion
Strahlenpilze	10 000 Mill.
Pilze	1 000 Mill.
Algen	1 Mill.
Bodentiere	
Einzeller	0,6 Billionen
Rädertierchen	25 000
Fadenwürmer	1 Million
Milben	100 000
Springschwänze	50 000
Enchyträen	10 000
Schnecken	50
Spinnen	50
Asseln	50
Doppelfüßer	150
Vielfüßer	150
Käfer/Larven	100
Zweiflüglerlarven	100
übrige Insekten	150
Regenwürmer	80

Gefährdete Wasserressourcen
Gewässer bedecken heute mehr als zwei Drittel der Erdoberfläche. Sie sind Lebensräume für eine in der Evolution entstandene große Vielfalt von Lebewesen (Pflanzen, Tiere, Pilze, Mikroorganismen). Alle Organismen benötigen Wasser zum Leben. Der Mensch nutzt die Gewässer nicht nur als Trinkwasser, sondern in großem Umfang auch in der landwirtschaftlichen und industriellen Produktion, als Verkehrswege, zur Energieerzeugung und als Abfalldeponie (Kanalisation, Abwasser). ↑4 Fische und andere Wassertiere sind für ihn wichtige Nahrungsmittel.

4 Trinkwassermangel: dürstende Menschen in Afrika

Aufgaben

1 Erläutere die Lebensweise der Vorfahrengruppen des Menschen. Vergleiche mit der Lebensweise in der modernen menschlichen Zivilisation.

2 Sammelt Informationsmaterial über Organisationen in Deutschland, die helfen, den Hunger in anderen Ländern zu mildern.

3 Welche Gefahren können von Bioziden im Boden ausgehen?

Zur Diskussion Evolution des Menschen und Umweltprobleme der Gegenwart

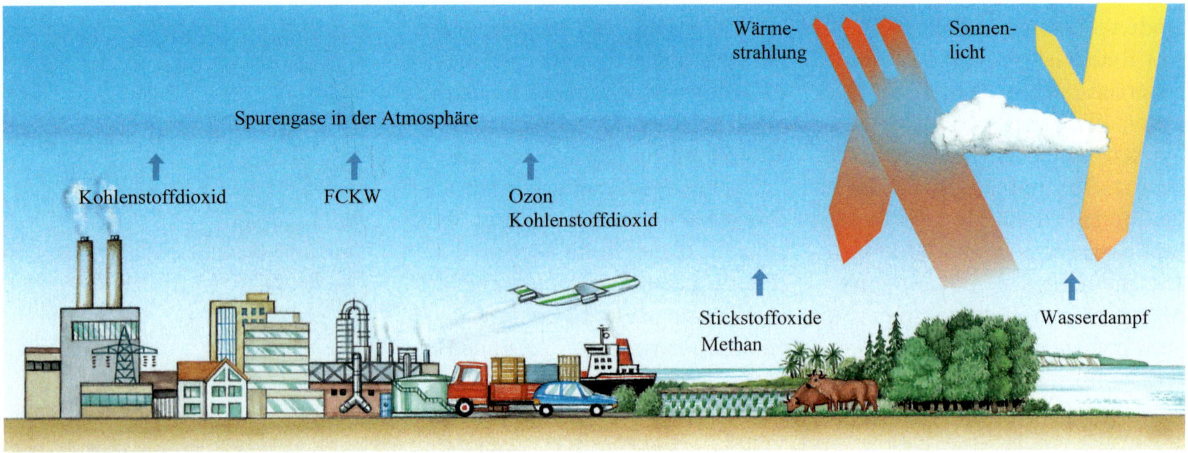

1 Verstärkung des Treibhauseffekts in der Atmosphäre.

Luftverschmutzung

Auch die Zusammensetzung der heutigen Atmosphäre ist das Resultat einer langen Entwicklung, die auf der Urerde begann. Beispielsweise wurde erst durch Fotosynthese Sauerstoff gebildet, der die Entstehung einer Ozonschicht bewirkte, deren Schutzwirkung vor UV-Strahlung das Leben auf dem Lande ermöglichte.

Industrie, Verkehr und Landwirtschaft verändern die Erdatmosphäre seit 100 Jahren deutlich. Diese Veränderungen haben vielfältige Auswirkungen.

Treibhausgase könnten langfristig folgenreiche Klimaveränderungen bewirken. ↑1, 2; S.214

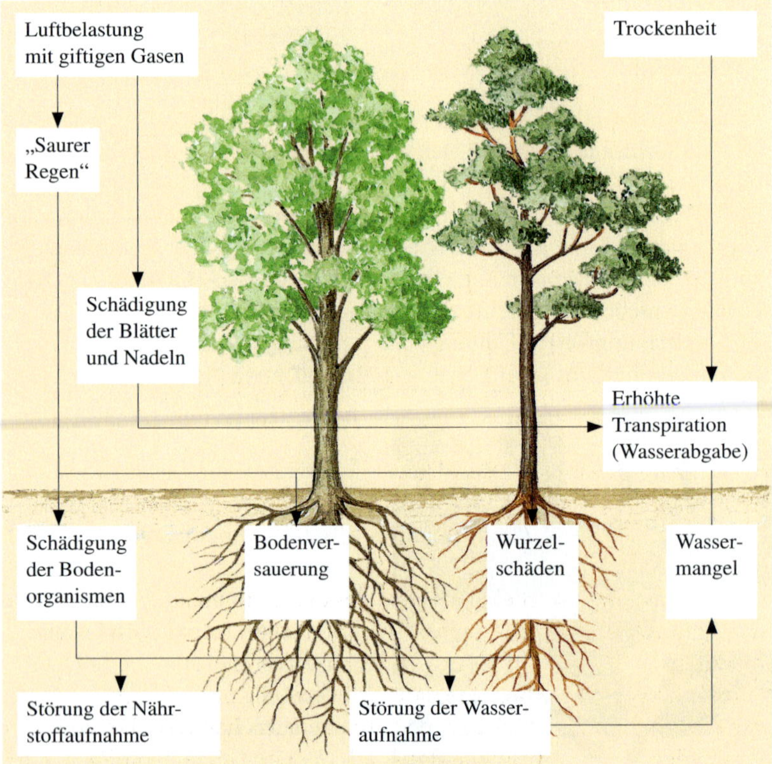

3 Zusammenhänge bei der Verursachung von Waldschäden

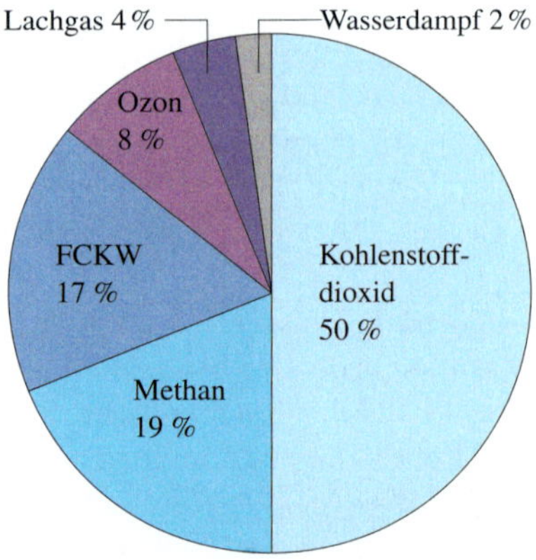

2 Am Treibhauseffekt beteiligte Gase

4 Luftverschmutzung durch Industrie

Zur Diskussion Evolution des Menschen und Umweltprobleme der Gegenwart

Schwefeldioxid und Stickoxide in der Atmosphäre bewirken den so genannten sauren Regen. ↑S.211 In Gewässern ohne Kalksedimente führte saurer Regen zur Versauerung des Wassers um bis zu zwei pH-Stufen. Deshalb kam es beispielsweise in Skandinavien dazu, dass in vielen Seen keine Fische mehr leben. In Wäldern haben Luftverschmutzung und Bodenversauerung großflächige Baumschäden verursacht. ↑3, 4

Zerstörung von Lebensräumen und Artenschwund Schon immer haben die Menschen Tiere getötet oder Bäume gefällt. Später wurden Wälder gerodet, Landflächen gepflügt und Rohstoffvorkommen ausgebeutet.
Mit ihren Ökosystemen verschwanden und verschwinden auch die Organismen, die den Lebensbedingungen darin angepasst sind. ↑5, 6
Heute gibt es auf der ganzen Welt nur noch sehr wenige Gebiete, in denen wir eine ursprüngliche Natur vorfinden. Meist handelt es sich um unwirtliche Landstriche ohne Bodenschätze wie die Tundren im hohen Norden, Hochgebirge oder Wüsten. Die Existenz vieler Arten ist bedroht. Deshalb werden Gebiete mit ursprünglicher Natur weltweit unter Schutz gestellt (z. B. in Nationalparks und Biosphärenreservaten).

5 Gegenwärtig ist die Großtrappe in Deutschland vom Aussterben bedroht.

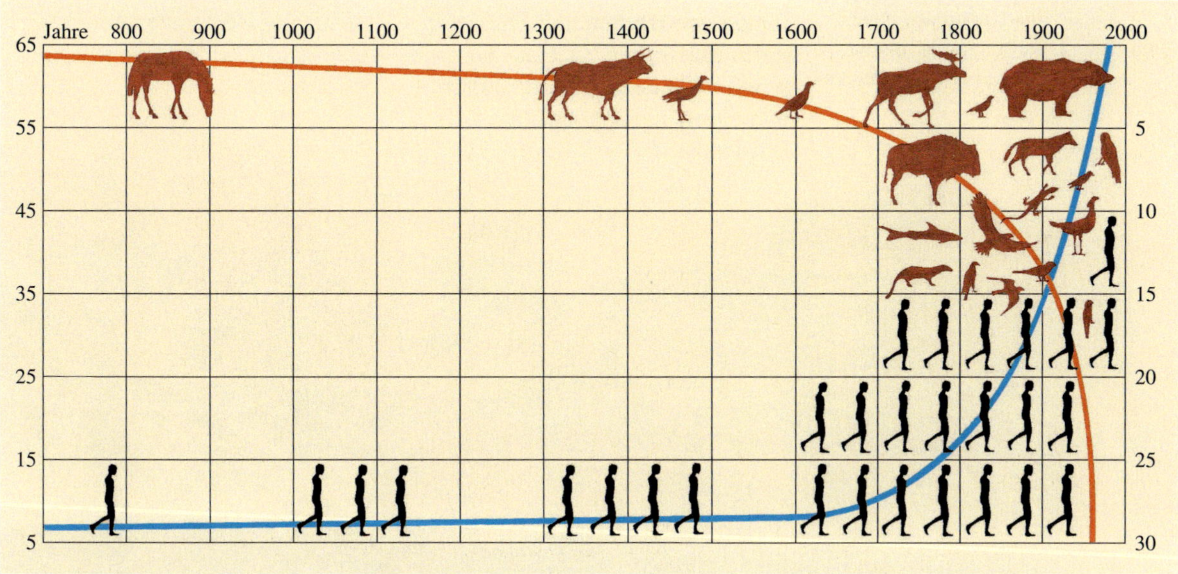

6 Bevölkerungswachstum und das Aussterben von Wirbeltierarten in Deutschland

Aufgaben

1 Erläutere mithilfe der grafischen Darstellung Zusammenhänge zwischen dem Bevölkerungswachstum und dem Aussterben von Wirbeltierarten! ↑6

2 Stelle die Zusammenhänge bei der Verursachung von Waldschäden in einem Kurzvortrag dar! ↑3

3 Ermittle, welche geschützten Gebiete es in der Nähe deines Heimatortes gibt. Berichte darüber!

4 Stelle aus Chemie- und Biologielehrbüchern Informationen über Ozon und das „Ozonloch“ sowie seine Auswirkungen zusammen.
Berichte darüber in einem Kurzvortrag!

5 Stelle Ergebnisse der jährlichen Berichte über den Zustand der Wälder in Deutschland zur Diskussion. Nutze dazu auch das Internet!

Ausblick

Zurück zur Natur – ein Bach wird renaturiert

1 Eisvögel sind auf saubere Flüsse mit bewachsenen, steilen Uferzonen angewiesen, wo sie ihre Nisthöhlen bauen können. Durch die Begradigung von Flüssen sind Eisvögel bei uns selten geworden.

Noch bis vor 30 Jahren wurden Bäche und Flüsse begradigt und kanalisiert. Man wollte damit das Übertreten von Wasser aus den Flüssen verhindern, mehr Platz für Felder schaffen und die Befahrung durch größere Schiffe ermöglichen. Dann erkannte man jedoch, dass durch diese Maßnahmen viele Pflanzen und Tierarten, wie z. B. der Biber oder der Eisvogel, ihren Lebensraum verloren und aus den kanalisierten Flüssen und Bächen verschwanden.

Man begann daher mit Renaturierungen, das heißt mit dem Zurückführen von Bächen und Flüssen in einen naturnahen Zustand. So konnten sich die Fließgewässer erholen und viele Pflanzen- und Tierarten kehrten zurück.

2 Flusskrebse leben in den langsam fließenden Bereichen von Bächen und Flüssen. Tagsüber verstecken sie sich oft in selbst gegrabenen Uferhöhlen oder unter unterspülten Weidenwurzeln. Daher sind sie auf einen lehmigen Uferrand angewiesen, wie man ihn in naturnahen Gewässern findet.

3 Noch vor einigen Jahren galten Biber, die ursprünglich auf der ganzen Nordhalbkugel der Erde lebten, als stark gefährdet. Heute haben sich die Tiere in Hessen, Niedersachsen und Brandenburg wieder an einigen Stellen angesiedelt. Um die bekannten Biberbauten anzulegen, benötigen sie genug Bäume und ruhige Flussabschnitte.

4 Vorher: Ein kanalisierter Bach

5 Ein Bach wird renaturiert

7 Eisvogel, Biber und Flusskrebs ziehen um.

6 Nachher: Der gleiche Bach, nur 6 Monate später

Aufgaben

1 Ein kanalisierter Bach und ein naturnahes, renaturiertes Gewässer unterscheiden sich in vielen Merkmalen voneinander. Welche lassen sich in dem hier dargestellten Beispiel erkennen? Überlege, ob es noch andere Unterschiede geben könnte.

2 Abbildung 5 wurde während der Renaturierung des Baches aufgenommen. Erläutere anhand dieses Fotos, welche Maßnahmen durchgeführt wurden.

3 In viele renaturierte Bäche und Flüsse kehren die vorher verschwundenen Tiere und Pflanzen zurück. So siedeln sich nach und nach wieder Insektenlarven und verschiedene Fische an. Auch Vögel, die sich von den Fischen ernähren, findet man wieder. Erkläre, warum eine Besiedlung des neuen Lebensraums schrittweise erfolgt.

4 Gelegentlich unterstützt der Mensch die Neubesiedlung von renaturierten Bächen und Flüssen und setzt beispielsweise Flusskrebse oder Biber ein. Überlege, warum diese Eingriffe manchmal notwendig sind und mit welchen Schwierigkeiten sie verbunden sein könnten. Begründe deine Meinung.

5 Man spricht nach einer Renaturierung von einem „naturnahen Gewässer". Begründe diese Wortwahl.

6 Recherchiert, ob auch in der Nähe eurer Schule ein Bach oder Fluss renaturiert wurde. Überlegt euch Fragen dazu und interviewt Verantwortliche bei örtlichen Naturschutzverbänden oder bei der Gemeinde. Legt eine Wandzeitung mit den gesammelten Informationen an.

Nachgehakt Gewässer in Gefahr

„Für die flüssigen und festen Abgänge ist der Rhein eben doch der beste Beseitiger". Dieser Meinung waren Gutachter der Chemiefabrik Sandoz bei Basel im Juli 1885 und genehmigten die Zufuhr von Chemikalien in den Rhein. Auch andere Firmen entsorgten über diesen Weg ihre Abfälle und belasteten die Gewässer dadurch erheblich. Erst ein schwerer Chemieunfall 1986 im Chemiewerk der Firma Sandoz, der das Leben im Rhein auf einer Strecke von 100 Kilometern auslöschte, führte zu einem Umdenken in Politik und Wirtschaft. ↑1

Gewässerschutz Bis heute wurde viel unternommen, um unsere Gewässerökosysteme zu renaturieren und zu stabilisieren. Es gelten strenge Regelungen für die Einfuhr von Schadstoffen in Flüsse und Seen und man achtet auf naturnahe Bepflanzung. Uferbefestigungen und Begradigungen aus Beton wurden entfernt und Kläranlagen in der Nähe von Industrie und Landwirtschaft gebaut. Die Wasserqualität soll so weit verbessert werden, dass früher heimische Arten wie der Lachs zurückkehren können. Das Projekt „Lachs 2000" hat sich dieses ehrgeizige Ziel gesetzt und kann bereits Erfolge aufweisen. ↑2
Stillgewässer, die kurz vor dem Umkippen stehen, werden mit teuren Maßnahmen wie der Belüftung der Tiefenzone und dem Ausgraben des Sediments saniert.

„Selbstreinigung" der Gewässer Ein wichtiger Bereich des natürlichen Stoffkreislaufs ist der Abbau organischer Stoffe, (z. B. von abgestorbenen Pflanzen und Tieren) durch Sauerstoff verbrauchende spezialisierte Mikroorganismen (Bakterien, tierische Einzeller). Unsere Abwässer sind jedoch stark belastet und ihre Menge ist sehr groß. Die in den Gewässern vorkommenden sauerstoffabhängigen Mikroorganismen können die Aufbereitung der Abwässer nicht leisten. Bei Sauerstoffmangel treten Fäulniserreger in Aktion, die keinen Sauerstoff benötigen, die biologische Selbstreinigung hört auf.

Abwasserreinigung Die Reinigung der Abwässer dient deshalb dem Schutz unserer Gewässer, weil unsere Flüsse und Seen trotz ihrer Fähigkeit zur Selbstreinigung unter der Belastung mit Industrie- und Haushaltsabwässern zusammenbrechen würden. Alleine die Haushalte in Kassel produzieren täglich 60 Millionen Liter Schmutzwasser!

1 Die Sandoz-Katastrophe

2 Springender Lachs

3 Blick auf eine Kläranlage

Nachgehakt Gewässer in Gefahr

Kläranlage Eine Kläranlage ist in mindestens zwei Stufen gegliedert. ↑3 Die erste Stufe umfasst die mechanische Reinigung. Ein Rechen hält zunächst die gröbsten Verunreinigungen zurück. Im sich anschließenden Sandfang wird das Wasser mit geringer Geschwindigkeit geführt, sodass sich Sand und Kies absetzen können. Gleichzeitig werden Fette und Öle von der Oberfläche abgeschöpft. Im Vorklärbecken setzt sich schließlich organischer Schlamm ab, der direkt zu den Faultürmen geleitet wird. ↑3
Im Belebtschlammbecken beginnt die zweite Stufe, die biologische Reinigung. Hier wird die Selbstreinigungskraft der Gewässer nachgeahmt: Mikroorganismen bauen organische Stoffe mithilfe von Sauerstoff ab. Im Nachklärbecken setzt sich der Belebtschlamm ab, der ebenfalls in die Faultürme transportiert wird. Der Schlamm wird in den Faultürmen weiterverarbeitet und als Energieträger oder Düngemittel genutzt. Das gereinigte Wasser gelangt entweder in Flüsse und Seen oder, vor allem in industriereichen Gegenden, in die sich anschließende dritte Stufe, die chemische Reinigung. Hier werden umweltgefährdende Stoffe abgefangen.
Belastete Gewässer können ihr ökologisches Gleichgewicht wiedererlangen, wenn die Ursachen der Verschmutzung dauerhaft beseitigt werden und durch geeignete Maßnahmen der natürliche Zustand wiederhergestellt wird.

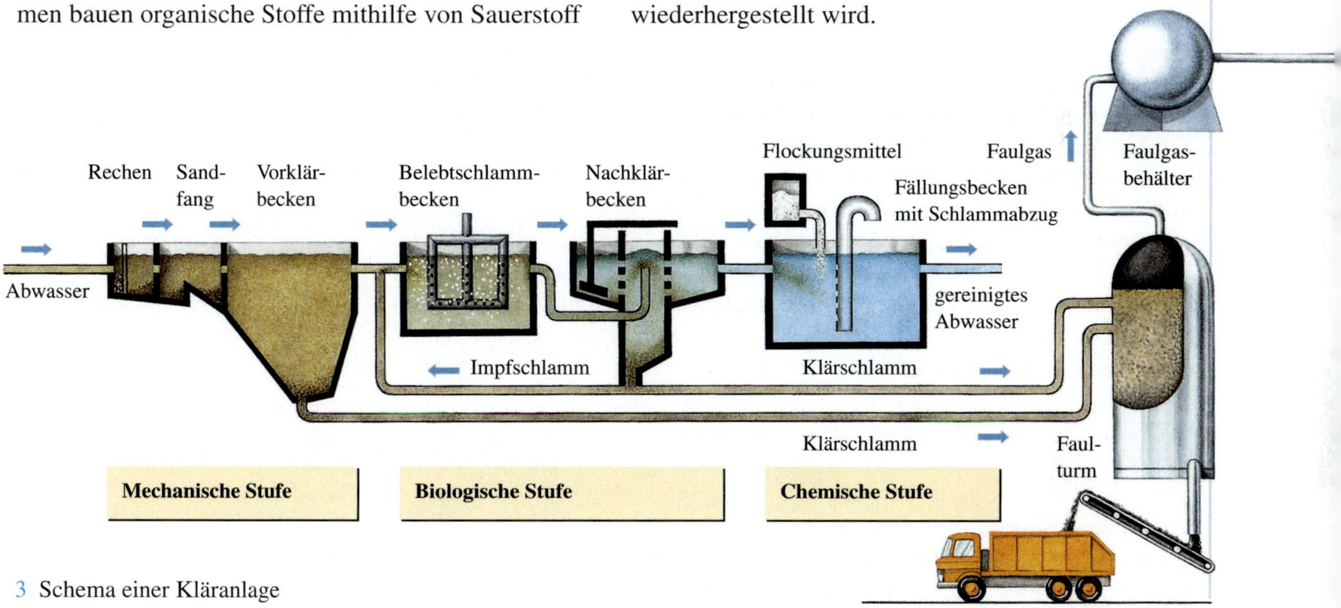

3 Schema einer Kläranlage

Aufgaben

1 Projekt: Informiere dich über Wasserschutzgebiete in deiner Umgebung. Folgende Anhaltspunkte sind denkbar: Wodurch wurden die Gewässer gefährdet? Gibt es dort bedrohte Tier- und Pflanzenarten, die nun erhalten werden? Vielleicht kannst du ja auch aktiv an einem Schutzprojekt mitarbeiten.

2 Informiere dich im Internet genauer über die Vorgänge in einer Kläranlage und bereite ein Referat dazu vor. *Tipp:* Einige Klärwerke bieten auf ihrer Homepage virtuelle Rundgänge.

3 Öffne einen Wasserhahn bis er tropft (etwa 20 Tropfen je Minute). Stelle ein Gefäß mit bekanntem Volumen (Litermaß) unter den tropfenden Wasserhahn und kontrolliere in Abständen von 2 Stunden den Wasserstand im Gefäß. Ermittle, nach welcher Tropfzeit das Gefäß voll ist. Berechne dann den jährlichen Wasserverlust durch diesen tropfenden Hahn.

4 Erläutere die Wirkungen der im Text genannten Gewässerschutzmaßnahmen auf das Ökosystem.

5 Was will man durch das Belüften und Ausgraben von Gewässern erreichen?

6 Viele Gewässer werden von Menschen als Erholungsgebiete genutzt. Stelle Verhaltensregeln auf, die dem Schutz dieser Gewässer und ihrer Pflanzen- und Tierwelt dienen.

Nachgehakt Kreislauf des Wassers

„In den nächsten Tagen erreichen atlantische Tiefdruckausläufer unser Vorhersagegebiet. Sie werden lang anhaltende Regenfälle bringen." Diese Aussage eines Wetterberichtes verdeutlicht, dass ein großer Teil unseres Regenwassers aus dem Meer stammt. Etwa 71 % der Erdoberfläche sind von Ozeanen bedeckt, etwa 0,5 % von Flüssen oder Seen. Nur ungefähr 2,5 % des Wassers auf der Erde ist Süßwasser. Der größte Teil davon liegt als Eis vor (Polkappen, Gletscher). ↑2 Alle Gewässer stehen durch einen großräumigen Wasserkreislauf in Verbindung. Darin sind die Lebewesen mit ihrem Stoffwechsel einbezogen. ↑1

Der Wasserkreislauf wird durch von der Sonne stammende Energie ermöglicht: Besonders über den Meeren verdunsten täglich große Wassermengen und steigen als Wasserdampf in die Höhe. In mehreren tausend Metern Höhe ist es so kalt, dass der Wasserdampf zu Wolken kondensiert. Diese Wolken wandern mit der Luftströmung, sodass der Regen oft erst weit entfernt vom Meer zu Boden fällt. Wolken bilden sich aber auch über dem Festland, denn aus Flüssen, Seen oder dem feuchten Erdreich verdunstet ebenfalls viel Wasser. Die Niederschläge fließen über Bäche und Flüsse zum Meer hin ab. Ein Teil davon versickert ins Grundwasser, das über Quellen ebenfalls in die Flüsse und damit zum Meer gelangt.

In gleicher geografischer Breite können in Abhängigkeit von der Wasserversorgung unfruchtbare Böden üppigen Regenwald tragen, fruchtbare Böden aber Wüsten bleiben. Beispielsweise sind die Ökosysteme der Savannen am Südrand der Sahara auf regelmäßige Niederschläge angewiesen. Weil aber dort Regenfälle seit Jahrzehnten immer seltener wurden, breitet sich die Wüste nach Süden aus.

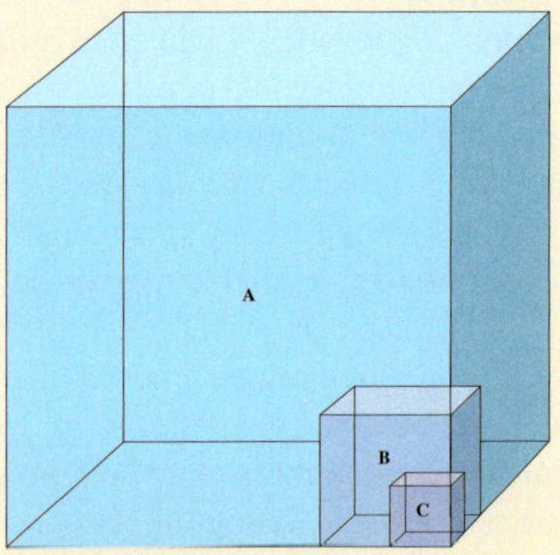

Wasser insgesamt: 1384 Mio. km³
A Meerwasser: 1344 Mio km³
B Eis: 36 Mio. km³ (Pole, Gletscher)
C Verfügbares Trinkwasser: 3,6 Mio. km³

2 Wasserverteilung auf der Erde

1 Der Kreislauf des Wassers wird durch Energie von der Sonne „angetrieben"

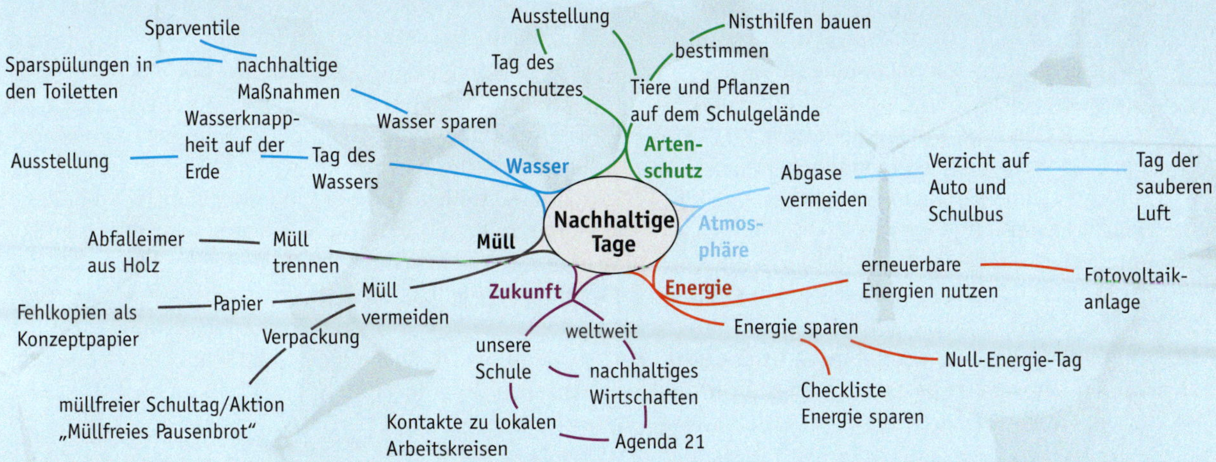

3 Gedankenkarte zum Projekt „Nachhaltige Tage"

So, nun hatten wir die Unterrichtseinheit „Globale Umweltprobleme" also abgeschlossen. Über einige Themen hatten wir auch in den Pausen und nach der Schule gesprochen. Wir fühlten uns dabei jedoch stets unwohl, denn durch Reden allein verändert sich nichts. Bei so großen, durch den Menschen verursachten Problemen wollten wir gemeinsam etwas tun. Da kam uns die Idee, unsere Mitschüler und Mitschülerinnen über Probleme sowie mögliche Maßnahmen zu informieren und so vielleicht zu einem umweltgerechteren Verhalten anzuregen. Unsere Lehrerin Frau Strauss war begeistert. Gemeinsam mit ihr überlegten wir, wie wir das Vorhaben am besten in die Tat umsetzen könnten.

Ein Projekt?

Frau Strauss schlug vor, dass wir unsere Pläne in Form eines Projekts in den letzten Schulwochen verwirklichen könnten. Wir waren sofort einverstanden. Die bisherigen Projekte hatten uns immer viel Spaß gemacht.

4 Erste Überlegungen

Ideenbörse

Zunächst bildeten wir Arbeitsgruppen aus vier bis fünf Personen und überlegten, was wir machen könnten. So hatten alle die Möglichkeit, ihre Ideen vorzutragen. Jede Gruppe schrieb die besten Vorschläge auf. Anschließend erstellten wir gemeinsam mit der ganzen Klasse eine Gedankenkarte. … Ach ja, wir hatten ja noch gar keinen Namen für unser Projekt! Nach einiger Diskussion einigten wir uns auf die Formulierung „Nachhaltige Tage". Besonders gut gefiel uns die Zweideutigkeit des Titels. Zum einen wollten wir mit diesem Projekt als Klasse einen nachhaltigen Eindruck hinterlassen. Zum anderen ist der Ausdruck Nachhaltigkeit ein feststehender Begriff der Agenda 21. In diesem Vertrag erklären sich 179 Staaten bereit, den Umweltschutz stärker zu berücksichtigen. Nachhaltig heißt also, die Umwelt zu schonen und die natürlichen Ressourcen nicht rücksichtslos auszubeuten. Ziel der Agenda 21 ist es, die Lebensbedingungen für die künftigen Generationen zu erhalten.

Projektskizze

Es war gar nicht schwer, auch die Parallelklassen für die Teilnahme an dem Projekt zu gewinnen. Auch viele Lehrkräfte wollten uns in ihren Stunden unterstützen.
Natürlich war uns klar, dass wir nicht alle gesammelten Ideen umsetzen konnten. In einer klassenübergreifenden Diskussionsrunde, die von den Deutschlehrkräften geleitet wurde, legten wir mithilfe unserer Gedankenkarte fest, welche Aktionen wir durchführen wollten. Außerdem überlegten wir uns, welchen Beitrag die einzelnen Unterrichtsfächer beisteuern könnten. So entstand eine Projektskizze, in der wir uns auf fünf Schwerpunkte einigten:

Checkliste für alle Arbeitsgruppen
- Woher bekommen wir notwendige Informationen?
- Welche Materialien werden benötigt?
- Brauchen wir eine Genehmigung?
- Brauchen wir einen Raum?
- Welche Kosten entstehen?
- Wer sind mögliche Ansprechpartner?
- Wie viel Zeit nimmt die Arbeit in Anspruch? Wann wollen wir fertig sein?
- Wie können wir unsere Ergebnisse festhalten?
- Wo und bei welcher Gelegenheit stellen wir unsere Ergebnisse vor?

- *Bereich Müll:* Werken, Deutsch, Hauswirtschaft & Ernährung, Biologie
- *Bereich Energie:* Physik, Mathematik, Deutsch, Biologie
- *Bereich Wasser:* Hauswirtschaft & Ernährung, Biologie, Chemie
- *Bereich Artenschutz:* Werken, Biologie
- *Bereich Schutz der Atmosphäre:* Chemie, Physik, Biologie

Arbeitsgruppen
Passend zu den fünf Arbeitsschwerpunkten bildeten wir zunächst fünf Großgruppen. Jede dieser Gruppen legte nun genauer fest, welche Themen innerhalb ihres Bereichs bearbeitet werden sollten.
Es stellte sich sehr schnell heraus, dass mehr Aufgaben zu bewältigen waren, wenn wir die Großgruppen in kleinere Arbeitsgruppen unterteilten. So könnte sich jedes Team auf ein spezielles Thema konzentrieren. Jeder durfte sich seine Arbeitsgruppe aussuchen. Dabei war es besonders schön, dass sich auch Schüler und Schülerinnen aus unterschiedlichen Klassen zusammenfanden.
Als Hilfestellung erhielt jede Arbeitsgruppe eine Checkliste mit allen Fragen, die für die Durchführung der gestellten Aufgaben wichtig waren.
Nach den ersten Treffen der Gruppen war jedem klar,
- was gemacht werden soll,
- wer innerhalb der Gruppe wofür zuständig ist,
- in welcher Reihenfolge die einzelnen Arbeiten durchzuführen sind,
- wie die Ergebnisse gesammelt und präsentiert werden sollen.

Damit es nicht zu Überschneidungen kam, wählten wir für jede Großgruppe einen Sprecher.

Planung
Nach den ersten Treffen der einzelnen Gremien hatten wir auch einen Zeitplan erarbeitet: Für die Vorbereitung der konkreten Arbeiten, ihre Durchführung und die Präsentation der Ergebnisse sollte jeweils eine Woche zur Verfügung stehen. Außerdem einigten wir uns darauf, dass jede Großgruppe mit dem Ziel arbeiten sollte, in der dritten Woche einen Schwerpunkttag zu ihrem Bereich gestalten zu können. So entstanden unsere „Nachhaltigen Tage“, die jeweils einen anderen Themenschwerpunkt besaßen. Zudem wollte jede Großgruppe zu unserem Projektthema etwas schaffen, das auch nach unserem Schulabschluss bleibt.

Kosten
Am Anfang machten wir uns Sorgen, weil uns klar war, dass einige Teilprojekte Geld kosten würden. Schließlich gelang es aber den Gruppen, Geld- und Sachmittel zu organisieren: Mehrere Firmen, Banken und Sparkassen im Ort stellten uns Geld und Material zur Verfügung. Im Gegenzug erwähnten wir ihre Unterstützung in Presseinformationen und brachten Schilder an den gespendeten Objekten an. Der örtliche Bauhof stand uns ebenfalls mit Rat und Tat zur Seite. Auch einige Eltern konnten zur Mitarbeit gewonnen werden. Unter ihnen gab es richtige Experten. Außer einer Frage hat diese Unterstützung gar nichts gekostet!

Projektdurchführung
Wir möchten euch einige Teilaspekte unseres Abschlussprojekts vorstellen. Habt ihr Lust ein ähnliches Projekt an eurer Schule durchzuführen? Dann könnt ihr diese Beschreibung als Ideenbörse verstehen, die zeigt, was man machen kann und welche Dinge man beachten sollte.

Bereich Müll
„Wohin mit dem Müll an unserer Schule?“ Diese Frage fiel uns sofort ein. Zunächst wollten wir aber wissen, woraus der Müll besteht und woher er stammt. Danach könnten wir besser entscheiden, wie sich die Müllmenge verringern ließe. Bei der Untersuchung der Mülleimer stellte sich heraus, dass es vor allem zwei Quellen gibt: Zum einen wird in der Schule viel Papier verbraucht, zum anderen befinden sich Pausenbrote und Getränke meist in aufwändigen Verpackungen, die nach einmaligem Gebrauch weggeworfen werden. Für den Aktionstag planten wir deshalb einen müllfreien Schultag. Zuvor mussten wir alle Schüler, Schülerinnen und Lehrkräfte informieren. Dazu entwarfen wir ein großes Plakat mit unseren Ideen zu

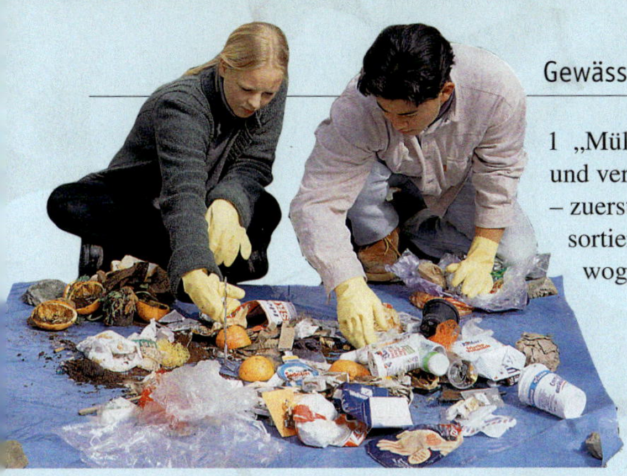

1 „Müll trennen und vermeiden" – zuerst wurde sortiert und gewogen.

Checkliste fürs Energiesparen

- Raumtemperatur der Nutzung anpassen: Bad 23 °C, Wohnräume 20 °C, Schlafzimmer 18 °C, Flur 15 °C, nachts bis zu 5 °C niedriger
- Heizkörper nicht abdecken oder zustellen
- Heizung regelmäßig warten lassen
- Lieber duschen als baden
- Fernseher und Stereoanlagen mit Fernbedienung haben einen Stand-by-Modus, der viel Strom verbraucht. Besser ganz abschalten!
- Schwache Raumbeleuchtung wählen, nur den Arbeitsplatz gut ausleuchten
- Halogenlampen, Leuchtstoffröhren und Energiesparlampen einsetzen

einem müllfreien Pausenbrot, das durch Tipps für eine gesunde Ernährung ergänzt wurde. Dieses platzierten wir so hinter der Eingangstür der Schule, dass niemand sagen konnte, er hätte es nicht gelesen.In der Schule wird viel Papier für Fotokopien verwendet. An diesem Aktionstag sollten Kopien aber nur für die Verwaltung erlaubt sein. Dadurch wurden alle daran erinnert, dass Unterricht auch ohne Papierflut möglich ist. Als nachhaltiges Vorhaben haben wir zusammen mit Kunst- und Werklehrern Pläne für Abfalleimerhalter aus Holz entworfen, die eine leichte Mülltrennung ermöglichen. Sie werden nach den Ferien gebaut. Außerdem wurde neben allen Kopierern eine Schachtel für Fehlkopien aufgestellt, die als Schmierpapier dienen können. Jetzt werfen wir Papier erst weg, wenn es von beiden Seiten beschrieben ist.

Bereich Energie

Auch hier stand zunächst die Frage im Mittelpunkt, wie die Situation an unserer Schule ist. Also nahmen wir jedes Klassenzimmer unter die Lupe: Beleuchtung, Temperatur und Dichte der Fenster. Als wir einen Überblick über den Energieverbrauch hatten, überlegten wir uns Möglichkeiten, Energie einzusparen. Dazu entwickelten wir eine Checkliste.
Für unsere Aktionstage haben wir einen Null-Energie-Tag organisiert. Alle Schüler, Schülerinnen und Lehrkräfte sollten an diesem Tag (möglichst) keine elektrische Energie verwenden: Lichter und Overheadprojektoren sollten genauso ausgeschaltet bleiben wie Diaprojektoren, Computer, Filmapparate und Kopierer. Nur unseren Sekretärinnen war es erlaubt, die für die Verwaltung wichtigen Geräte zu verwenden. Außerdem hatten wir noch große Pläne für die Zukunft. Zusammen mit den Physiklehrkräften, interessierten Eltern sowie Schülerinnen und Schülern haben wir eine Arbeitsgruppe ins Leben gerufen, welche die Möglichkeit prüfen soll, auf unserem Schuldach eine Fotovoltaikanlage zu installieren. Wenn unsere Idee weitergeführt wird, kann vielleicht eines Tages ein Teil des in der Schule benötigten Stroms mithilfe der Anlage aus Sonnenenergie gewonnen werden. Die Anregung dazu haben wir aus einer Broschüre des Bundesumweltministeriums erhalten. Eine Schule in Norddeutschland hat so eine Anlage bereits installiert. ↑2

2 Schüler mit Fotovoltaikanlage

Bereich Wasser

Im Unterricht wurde uns immer wieder bewusst, wie kostbar Wasser ist. Besonders deutlich wurde dies, als wir uns mit dem Leben in den Gebieten der Welt beschäftigten, in denen Wasserknappheit herrscht. Deshalb stellten wir unseren Aktionstag unter das Motto „Die Wasserknappheit auf der Welt". Wir gestalteten z. B. eine Ausstellung mit Bildern und Infotafeln. In der Kreisbildstelle konnten wir Dias ausleihen und damit Vorträge zu diesem Thema halten.
Zusammen mit unserem Hausmeister erkundigten wir uns bei einer Installationsfirma, wie wir in der Schule Wasser sparen könnten. Daraufhin wurden als nachhaltige Maßnahme in den Toiletten Sparspülungen und in die Wasserhähne Sparventile eingebaut. Die Installationsfirma hat uns dabei großzügig unterstützt.

Bereich Schutz der Atmosphäre

Für den Tag der sauberen Luft haben wir alle Schüler, Schülerinnen und Lehrkräfte zu einem möglichst abgasfreien Schulweg aufgefordert. Schüler sollten nicht mit Autos von den Eltern gebracht oder abgeholt wer-

Montag	Dienstag	Mittwoch	Donnerstag	Freitag	Samstag
Müllfreier Tag	Tag des Wassers	Null-Energie-Tag	Tag der sauberen Luft	Tag des Artenschutzes	Tag der offenen Tür
Infotafel: Müll	Infotafel: Wasser	Infotafel: Energie	Infotafel: Luft	Infotafel: Artenschutz	
Müllsammel- und Wiegeaktion	Diapräsentation: Wasser	Präsentation: Fotovoltaikanlage	Computer-präsentation: Luft	Ausstellung: Gefährdete Tiere	
Info: Mülltrennungskonzept der Schule	Info: Wassersparen	Info: Energiesparen		Info: Nisthilfen	

1 Gemeinsam überlegen wir, wie unser Projekt aussehen soll.

den. Wir wollten den Schulbus für einen Tag abbestellen. Da der Einzugsbereich für unsere Schule nicht zu groß ist, war es für kaum ein Mitglied der Schulgemeinschaft ein Problem, einen Tag auf das private Kraftfahrzeug zu verzichten.

Bereich Artenschutz

Die Artenschutzgruppen haben auf dem Schulgelände lebende Tiere und Pflanzen bestimmt. Für den Tag des Artenschutzes wurde dann eine Ausstellung mit dem Titel „Lebensraum Schulgelände" gestaltet. Zudem wurden für verschiedene Jahrgangsstufen Führungen zu interessanten Stellen auf dem Schulgelände durchgeführt. Gemeinsam mit den Biologielehrkräften haben wir, ausgehend von den Kenntnissen über bei uns vorkommende Arten, mithilfe von Fachliteratur verschiedene passende Nisthilfen ausgesucht. In Zusammenarbeit mit den Werklehrkräften wurden Materialbedarfspläne zusammengestellt. Dann begann die handwerkliche Arbeit. Wir haben beschlossen, neben zwei verschiedenen Vogelnistkästen auch Fledermauskästen und Bienennistkästen zu bauen und im Schulgelände aufzuhängen.

Vorarbeiten und Durchführung der Projekttage

Damit unsere Arbeit tatsächlich nachhaltig wirkt, haben wir von Anfang an eine Gruppe gehabt, die sich mit Fragen der Dokumentation und Präsentation unseres Projekts beschäftigte. Ihre Aufgabe bestand zunächst darin, die anderen Schüler und Schülerinnen vom Sinn der „Nachhaltigen Tage" zu überzeugen und zum Mitmachen zu gewinnen. Das war gar nicht so einfach. Aus den Präsentationsgruppen sind jeweils drei Schüler von Klasse zu Klasse gegangen und haben mit Informationen und Präsentationsmaterial Überzeugungsarbeit geleistet. In zwei Pausen wurden die Lehrkräfte für unsere Ideen eingenommen. In einer der letzten Schulwochen war es dann so weit: Unsere Schule präsentierte die „Nachhaltigen Tage". Unsere Aktivitäten könnt ihr aus der Tabelle oben ablesen. 1992 wurde auf einer UN-Konferenz in Rio de Janeiro die Agenda 21 beschlossen. Mit ihr verpflichten sich die Politiker zu einer „nachhaltigen Entwicklung" ihrer Länder. Durch unser Projekt sind wir auch in Kontakt mit einigen lokalen Arbeitskreisen der Agenda gekommen. Wir hoffen, dass nachfolgende Klassen diese Kontakte weiter pflegen und ausbauen werden.

2 Überzeugungsarbeit leisten

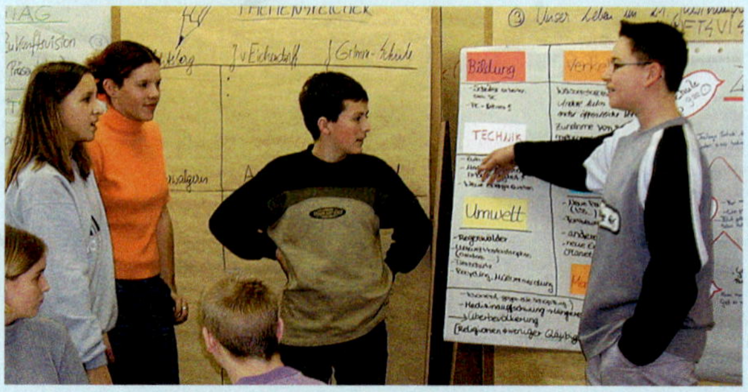

3 Auf Infotafeln werden Schüler in den Pausen informiert.

Überblick

233-1

Ökologie als Wissenschaft

Die Wissenschaft von den Wechselbeziehungen zwischen Organismen und ihrer Umwelt nennt man Ökologie. Umwelt ist also der zentrale Begriff in der Ökologie: Alles, was auf ein Lebewesen einwirkt, gehört zu seiner Umwelt. Man unterscheidet *abiotische Umweltfaktoren* wie Temperaturen, Windgeschwindigkeit, Luft- und Bodenfeuchtigkeit usw. und *biotische Umweltfaktoren* wie Fressfeinde, Krankheitserreger, Nahrungspflanzen usw.
Um wissenschaftliche Fragestellungen zu klären, setzen Ökologen verschiedenste Methoden ein.

Der Wald als Ökosystem

Ökosysteme sind Einheiten aus Lebensräumen und Lebensgemeinschaften. Der Wald ist ein Beispiel für ein Ökosystem. Je nach Klima und Bodenbeschaffenheit bilden sich unterschiedliche Waldtypen aus, die sich in ihrer Artenzusammensetzung deutlich unterscheiden. Naturnahe Wälder sind artenreiche Ökosysteme, weil sie viele unterschiedliche Kleinlebensräume bieten. Zwischen den Blättern der Baumkronen und dem von Wurzeln und Pilzen durchwachsenen Boden finden Arten mit unterschiedlichster Angepasstheit einen Lebensraum.

Waldboden

In einem Wald fällt jedes Jahr viel tote organische Substanz an: vom Herbstlaub über tote Tiere bis zu umgestürzten Bäumen. Im Waldboden findet sich eine artenreiche Lebensgemeinschaft, die diese Überreste schrittweise abbaut.
Durch das Zusammenwirken von Kleinlebewesen wie Gliedertieren und Würmern entsteht Humus, der den Boden fruchtbar macht. Bakterien und Pilze bauen organische Stoffe vollständig ab. Übrig bleiben Mineralsalze, die für das Pflanzenwachstum entscheidend sind.

Nahrungsbeziehungen und Stoffkreisläufe

Jede Tierart ist auf eine bestimmte Ernährungsweise spezialisiert. Aus Nahrungsbeziehungen, die zwischen verschiedenen Arten bestehen, lassen sich Nahrungsketten und Nahrungsnetze konstruieren. Mit ihrer Hilfe kann man zeigen, dass einzelne Arten einer Lebensgemeinschaft voneinander abhängig sind. Für viele Fragestellungen ist es sinnvoll, einzelne Arten nach ihrer Ernährungsweise zu Ernährungsebenen zusammenzufassen. Man unterscheidet dann nur noch Produzenten, Konsumenten und Destruenten. Bestimmte Stoffe wie Kohlenstoff, Sauerstoff, Stickstoff und andere Elemente befinden sich in einem ständigen Kreislauf durch das Ökosystem. Diese Elemente sind dabei mal Teil von organischen Stoffen in Pflanzen und Tieren, mal befinden sie sich in anorganischer Form (in Mineralstoffen) im Boden oder in der Luft.

Ökologisch verantwortlich handeln

Menschen tragen eine besondere Verantwortung für die Natur.
Durch ihre Eingriffe in die globalen Stoffkreisläufe beeinflussen sie jedes Ökosystem der Erde mit unabsehbaren Folgen. Der Anstieg der CO_2-Konzentration durch die exzessive Nutzung von fossilen Brennstoffen ist nur ein Beispiel hierfür. ↑5 Inzwischen beginnen viele umzudenken: Man erkennt die Notwendigkeit, nachhaltig zu wirtschaften, damit auch kommende Generationen die Ressourcen der Natur nutzen können. Die Agenda 21 ist Ausdruck dieser Umorientierung.

4 Keine andere Art hinterlässt so deutliche Spuren auf dem Planeten Erde wie der Mensch. Die Lichter der Großstädte sieht man sogar aus dem Weltraum.

Teste dich!

1 Ökologie ist die Wissenschaft vom Haushalt der Natur.

a Begründe, warum der Begriff Umwelt für die Ökologie von zentraler Bedeutung ist.

b Ökologen unterscheiden verschiedene Umweltfaktoren. Zähle einige für eine selbst gewählte Pflanzen- oder Tierart auf.

c Kann die Himmelsrichtung und Neigung eines Hanges ein Umweltfaktor für eine Pflanze sein? Begründe.

d In der Ökologie werden verschiedene Betrachtungsebenen unterschieden. Erläutere, welche Vorteile das hat.

2 Wälder sind artenreiche Ökosysteme.

a Warum sind Wälder artenreicher als z. B. Wiesen? Gehe bei deiner Erklärung auf den Begriff Kleinlebensraum ein.

b Erläutere am selbst gewählten Beispiel einer Pflanzen- oder Tierart, wodurch diese Art an den Lebensraum Wald angepasst ist.

c Die Bildung von ökologischen Nischen ermöglicht vielen Arten das Zusammenleben im selben Lebensraum. Erkläre.

3 Im Boden laufen für das Ökosystem wichtige Vorgänge ab.

a Beschreibe das Schicksal eines Blattes, das im herbstlichen Wald zu Boden fällt.

b In einer Hand voll Erde gibt es mehr Lebewesen als Menschen auf der Erde. Gib einen Überblick über die Lebensgemeinschaft im Boden.

c In Wäldern kommen viel mehr Pilzarten vor als in allen anderen Ökosystemen. Überlege, warum das so ist.

4 Die Mitglieder einer Lebensgemeinschaft sind über Nahrungsbeziehungen verknüpft.

a Erkläre die Begriffe Nahrungskette und Nahrungsnetz. Ist es sinnvoll, von Nahrungsketten im Wald zu sprechen? Begründe.

b Die Nahrungsbeziehungen einer Lebensgemeinschaft lassen sich bei der Betrachtung ganzer Ökosysteme zu Ernährungsebenen zusammenfassen. Erkläre.

c Damit ein Tier ein Gramm zunimmt, muss es etwa zehn Gramm Nahrung aufnehmen. Erläutere, was mit dem Rest der Nahrung passiert.

5 Menschen tragen eine besondere Verantwortung für die Natur.

a Menschen haben ihren Lebensraum nachhaltig verändert. Nenne Beispiele.

b Wie unterscheiden sich die Eingriffe des Menschen in den globalen Kohlenstoffkreislauf von denen der Tiere? Rehe und Wattwürmer geben doch auch CO_2 ab.

c Gib Beispiele dafür, wie du das in der Agenda 21 geforderte Prinzip der Nachhaltigkeit in deinem persönlichen Alltagsleben umsetzen kannst.

234-1

Die Farben zeigen, worauf es bei einer Aufgabe ankommt:
■ Sachverhalte wiedergeben ■ Wissen anwenden ■ komplexe Probleme lösen

› Die Lösungen findest du im Anhang.

Schätze deine Kenntnisse und Fähigkeiten ein.

Aufgabe	Lerngebiet/Fähigkeit	Lösungshilfe	Auswertung
1	Ich kann erläutern, was Ökologie ist und mit welchen Fragestellungen sich Ökologen beschäftigen.	194–197	Ordne dazu deiner Lösung im Heft ein Smiley zu:
2	Ich kann den Wald als Ökosystem beschreiben.	198–201	☺ Ich konnte die Aufgabe richtig lösen.
3	Ich kenne die Bedeutung des Bodens für Landökosysteme.	202, 203	
4	Ich kann erläutern, wie Nahrungsbeziehungen und Stoffkreisläufe zusammenhängen.	206–209	😐 Ich konnte die Aufgabe nicht komplett lösen.
5	Ich kann die ökologische Sonderstellung des Menschen beschreiben.	210, 211, 214–222	☹ Ich konnte die Aufgabe nicht lösen.

Lösungen der Teste-dich!-Aufgaben

Sinne erschließen die Welt

1a 1 Augenlid, 2 Hornhaut, 3 Iris, 4 Pupille, 5 Linse, 6 Augenmuskel, 7 Lederhaut, 8 Aderhaut, 9 Netzhaut, 10 Glaskörper, 11 Sehnerv

b Augenlid: Schutz des Auges; Hornhaut und Pupille: durch sie gelangt Licht ins Auge; Linse: bündelt die Lichtstrahlen; Augenmuskel: mit ihm kann das Auge in verschiedene Richtungen bewegt werden; Lederhaut: Schutz, Abgrenzung, Aderhaut: Versorgung des Auges; Netzhaut: Sitz der Sinneszellen, diese wandeln Lichtreize in Erregungen um; Glaskörper: lässt Licht durch bis zur Netzhaut, Formgebung; Sehnerv: leitet die Erregungen von der Netzhaut weiter zum Gehirn.

c Wir können trotz des blinden Flecks vollständige Bilder wahrnehmen, weil das andere Auge, das einen etwas anderen Blickwinkel hat, jeweils das Bild vervollständigt.

d Man kann bis zur Aderhaut sehen, d. h. der Glaskörper und die Netzhaut sind durchsichtig bzw. lichtdurchlässig.

2a Die Lichtstrahlen der Sonne bescheinen das Flugzeug. Die vom Flugzeug reflektierten Lichtstrahlen treffen durch Pupille und Linse auf die Netzhaut. Dort werden die Sinnesreize in Erregungen umgewandelt und über den Sehnerv zum Gehirn weitergeleitet, wo sie verarbeitet werden.

b Lichtstrahlen breiten sich nur geradlinig aus und nur wenn Strahlen vom Gegenstand direkt auf unsere Netzhaut treffen, sehen wir den betreffenden Gegenstand. Schallwellen laufen als Luftverdickungen und -verdünnungen nach allen Seiten durch den Raum. An Hindernissen werden Schallwellen umgelenkt oder zurückgeworfen und können daher auch um die Ecke gelangen.

c Das Gehirn vergleicht jede Wahrnehmung mit bereits gemachten Erfahrungen und Erlerntem. Es weiß in etwa, wie groß ein Flugzeug ist und schätzt daher die Entfernung passend zur tatsächlichen Größe ein.

3a Sinnesorgane nehmen nur passende Reize wahr: das Auge nur Lichtreize, das Ohr nur Schallreize.

b Geruchssinn (Nase): Duftstoffe; Temperaturempfinden, Tastsinn (Haut): Kälte und Wärme, Berührungsreize; Geschmackssinn (Zunge): Geschmacksstoffe; Gleichgewichtssinn (Ohr): Schwerkraft.

c Fernsinne sind Sinne, die Reize verarbeiten können, die aus entfernten Reizquellen stammen, z. B. Sehsinn, Hörsinn, Geruchssinn. Nahsinne sind Sinne, die nur Reize verarbeiten können, die unmittelbar auf das Sinnesorgan einwirken, z. B. Tast-, Geschmacks-, Gleichgewichtssinn;

4a Der Schall trifft zu unterschiedlicher Zeit auf die beiden Ohren. Das Gehirn berechnet den Unterschied und wir erkennen die Richtung.

b Um rechtzeitig reagieren zu können, soll man das Rettungsfahrzeug hören, bevor man es sieht. Das Blaulicht ist wichtig, damit man das Rettungsfahrzeug bei Straßenlärm und im Dunkeln (auch als Reflexion) bemerkt (auch Schwerhörige sind auf das Blaulicht angewiesen).

Was ist gesund?

1a Viel Stress, wenig Bewegung, Zeitdruck, falsche Ernährung, Alkoholkonsum, Rauchen.

b Unsere Gesundheit wird vor allem von Schutzfaktoren bestimmt, unabhängig davon, ob wir uns gesund ernähren, ausreichend bewegen, auf Alkohol und Zigaretten verzichten.

c Sie hängen entscheidend davon ab, ob wir regelmäßig positive Erfahrungen machen. ↑S.47

2a Das Herz schlägt schneller, der Blutdruck steigt, das Denken fällt schwerer, der Appetit bleibt aus.

b Stress ist eine Anpassungsreaktion des Körpers an Belastungen, bei der die Körperfunktionen, die nicht lebenswichtig sind, gedrosselt werden. Dadurch werden wir leistungsfähiger; bei ständiger Überforderung macht Stress uns langfristig krank. So ist z. B. die Gefahr eines Herzinfarkts erhöht.

c Es gibt drei Ansatzpunkte. ↑S.49

d Ja und nein! Manchmal muss man sich abreagieren. Aber in vielen Fällen wird der Stressauslöser dadurch nicht beseitigt. Die Stressreaktion wird nicht gedrosselt, sondern schaukelt sich weiter auf; die Belastung steigt.

3a Drogen greifen in den Haushalt der Botenstoffe im Belohnungssystem des Gehirns ein. Sie setzen Botenstoffe frei, die gute Gefühle erzeugen. Werden Drogen häufig und regelmäßig konsumiert, stellt sich das Gehirn auf die regelmäßige Zufuhr ein und kommt nicht mehr ohne die Droge aus.

b Drogen greifen in den Haushalt der Botenstoffe im Belohnungssystem ein und erzeugen gute Gefühle.

c Gehirne von Jugendlichen verändern sich schneller als die von Erwachsenen. Deshalb graben sich Erfahrungen mit Drogen sehr viel schneller und stabiler ins jugendliche Gehirn ein. Dabei entsteht ein „Suchtgedächtnis“, das der Drogenkonsument meist sein Leben lang nicht mehr loswird. Je früher und je mehr Alkohol, Nikotin und andere Drogen ein Mensch zu sich nimmt, desto abhängiger wird sein Belohnungssystem im Gehirn.

d Ob ein Mensch als süchtig anzusehen ist, hängt von fünf Kriterien ab. ↑S.51

e Ja, da ein wichtiges Suchtkriterium (äußerlich sichtbar) erfüllt ist: Der Spieler ist abstinenzunfähig.

4a Neben Nikotin verursachen viele Schadstoffe im Zigarettenrauch (u. a. Kohlenstoffmonooxid, Benzol) gesundheitsschädigende Folgen. ↑S.55

b Nikotin ist dafür verantwortlich. Zur Sucht kommt es durch die Beeinflussung von Botenstoffen im Belohnungssystem des Gehirns. Mit der regelmäßigen Zufuhr der Droge steigt die Zahl der Bindungsstellen für Nikotin schnell an und das Gehirn gewöhnt sich daran. Ausbleibende Nikotinzufuhr führt zu Entzugserscheinungen.

c Nichtraucher sind durch Schadstoffe im Nebenstromrauch gefährdet (Passivrauchen).

d Es macht Spaß und schmeckt. Nikotin macht süchtig, sodass es schwer fällt, das Rauchen aufzugeben.

5a Sprach-, Wahrnehmungs- und Koordinationsstörungen, Gereiztheit, Aggressivität, Kontrollverlust; dann stellen sich Benommenheit und Müdigkeit ein; sehr hoher Alkoholspiegel führt zum Koma.

b Reaktions- und Konzentrationsfähigkeit nehmen ab.

c Der Alkohol im Blut wird relativ rasch abgebaut. Der „Kater" kommt von einem Zwischenprodukt des Alkoholabbaus, dem Acetaldehyd, das länger (mehrere Stunden) im Körper verbleibt.

6a Man kann zum Beispiel süchtig sein nach Spielen, Essen, Arbeiten, Sex, Sport, Einkaufen, Fernsehen, Computerspielen, Chatten, Telefonieren oder SMS-Schreiben.

b Verhaltensweisen, die süchtig machen können, führen im Belohnungssystem des Gehirns zur Freisetzung bestimmter Botenstoffe und lösen so gute Gefühle aus. Je öfter man sich so verhält, desto mehr Botenstoffe werden freigesetzt. Nach einiger Zeit gewöhnt sich das Gehirn an die erhöhte Botenstoffmenge und kommt nicht mehr ohne sie aus.

c Viele Verhaltensweisen, die süchtig machen können, gehören zum normalen Verhalten von Menschen. Auf Essen kann man überhaupt nicht verzichten, weil sonst keine Nährstoffe mehr zugeführt werden. Die meisten Menschen müssen arbeiten, da sie vom Lohn ihren Lebensunterhalt bestreiten. Auch auf Sport sollte man nicht verzichten, da er zu Gesundheit und Wohlbefinden beiträgt.

Krankheitserreger und körpereigene Abwehr

1a Lymphsystem: Lymphgefäße (von Lymphe durchströmt) und lymphatische Organe (Knochenmark, Thymus, Milz, Mandeln, Lymphknoten).

b Haut, Talg, Schweiß, Bakterien, Schleimhäute, Schleim, Speichel, Tränen, saurer Magensaft, Abwehrzellen.

c ↑4 S.71 (kann als Hilfestellung dienen).

d Nach dem ersten Kontakt mit einem Antigen dauert es 5–10 Tage, bis wirksame Abwehrzellen (T- und B-Lymphocyten) bzw. -proteine (Antikörper) gebildet werden. Gleichzeitig entstehen antigenspezifische Gedächtniszellen, die jahrelang erhalten bleiben. Bei erneutem Kontakt mit demselben Antigen lösen sie eine schnellere und bessere Abwehr aus.

2a Die Ansteckung mit Krankheitserregern der Urlaubsregionen ist möglich (z. B. Malaria).

b Spezielle Schutzimpfungen vor dem Urlaub ermöglichen Immunität, dadurch können bestimmte Infektionskrankheiten verhindert werden.

3a Grippeerreger können sich sehr schnell verändern, d. h. auf ihrer Oberfläche neue Antigene bilden. Diese können von den Gedächtniszellen, die spezifisch für den „alten" Grippeerreger sind, nicht erkannt werden. Da es ca. ein Jahr dauert, bis ein Präparat gegen das bestehende Virus auf den Markt kommt, wirkt es meist nicht gegen die aktuellen Erreger.

b Passive Immunisierung: 1. Erkrankung (Erreger im Körper); 2. Impfung (Antikörper gelangen über Spritze in Körper); 3. Gesundung (Erreger durch Antikörper gebunden); 4. Zweitinfektion (Erreger in Körper, erneute Erkrankung).

Aktive Immunisierung: 1. Impfung (Mann gesund, abgeschwächte Erreger in Spritze und Körper); 2. Immunreaktion (Antikörper, Erreger, Gedächtniszellen im Körper); 3. Zweitinfektion (Gedächtniszellen, Erreger durch Antikörper gebunden).

4a Bei Autoimmunkrankheiten schädigen Zellen des Immunsystems körpereigene Zellen. Allergien äußern sich als Heuschnupfen, Hautausschläge, Asthma usw. Zu Krebs kommt es, wenn wuchernde Zellen vom Immunsystem nicht mehr erkannt werden.

b Beim Pricktest werden winzige Mengen von Allergenen auf die Haut aufgetragen. Die Haut wird leicht angeritzt. Besteht eine Allergie, ist nach ca. 30 min an der betreffenden Stelle ein kleiner roter Fleck zu sehen, der häufig juckt. Er verschwindet nach wenigen Stunden. Beim Läppchentest wird die Substanz auf die Haut aufgetragen und mit einem Pflaster verklebt. Die Reaktion wird nach 1–2 Tagen abgelesen.

c Hyposensibilisierung, v. a. Meiden des Allergens.

d Das Immunsystem von Allergikern zeigt beim Kontakt mit körperfremden, harmlosen Stoffen eine Überreaktion. Beim ersten Kontakt mit dem Allergen werden Antikörper gebildet. Sie besetzen die Oberfläche der Mastzellen, die beim zweiten Kontakt mit dem Allergen Histamin freisetzen. Dieses ruft allergische Reaktionen hervor.

5a Unmittelbar oder wenige Wochen nach der Infektion treten grippeähnliche Symptome auf; nach deren Abklingen fühlen sich die HIV-positiven Personen vollständig gesund; die Krankheit bricht evtl. erst nach Jahren aus. Als Träger des Virus können Infizierte andere Menschen zu jeder Zeit anstecken.

b Gefährlich: ungeschützter Geschlechtsverkehr, gemeinsam benutzte Spritzen, Kontakt mit Blut (Wunden), Bluttransfusionen, Schwangerschaft, Geburt, Stillen bei HIV-positiven Müttern. Ungefährlich: Küssen, Insektenstiche, Toiletten.

c HI-Viren befallen und zerstören T-Helferzellen. Dadurch können B- und cytotoxische T- Lymphocyten nicht aktiviert werden. Es entstehen nur noch wenige Antikörper; das Immunsystem bricht zusammen.

Erwachsen werden

1a Unter Sexualität oder Geschlechtlichkeit versteht man die Unterscheidung männlicher und weiblicher Individuen aufgrund ihrer Geschlechtsmerkmale sowie die Gesamtheit der geschlechtlichen Lebensäußerungen (wie z. B. das Verhalten bei der sexuellen Fortpflanzung). Menschliches Sexualverhalten wird von körperlichen, sozialen und psychischen Funktionen bestimmt.

b Jugendliche orientieren sich nicht mehr nur an den Eltern, sondern gehen immer öfter ihre eigenen Wege. Sie empfinden sich mehr und mehr als eigene Persönlichkeit und suchen nach neuen Vorbildern. Jugendliche richten sich stärker nach Gleichaltrigen. Die Fähigkeit zur Kommunikation wächst. Interessen und Aktivitäten werden zunehmend selbstständiger.

c Homosexualität hat es zu allen Zeiten und vermutlich auch in allen Kulturen gegeben. Sie kommt auch heute in allen Regionen und Gesellschaftsschichten vor und ist offenbar genauso natürlich wie Heterosexualität. Homosexuelle werden daher heute heterosexuellen Paaren rechtlich weitgehend gleichgestellt. Die Ursachen der bei Männern und Frauen vorkommenden Orientierung auf das eigene Geschlecht sind bis heute nicht geklärt.

2a

	Mann	Frau
Primäre Geschlechtsmerkmale	Hoden, Nebenhoden, Harnspermienröhre, Penis	Eierstöcke, Eileiter, Gebärmutter, Scheide
Sekundäre Geschlechtsmerkmale	Muskelwachstum, Stimmbruch, Schultern werden breiter, Bartwuchs, Achsel- und Schambehaarung, Wachstum der Geschlechtsorgane	Abrundung der Körperformen, Verbreiterung des Beckens, Entwicklung der Brüste, Achsel- und Schambehaarung

b A Harnblase, B Kitzler, C kleine Schamlippen, D große Schamlippen, E Tubentrichter, F Eierstock, G Eileiter, H Gebärmutter, I Scheide

c Hoden/Eierstöcke: Bildung der Keimzellen (Spermien/Eizellen), Produktion von Sexualhormonen; Nebenhoden: Speicherung der Spermien; Spermienleiter/Eileiter: Transport der Keimzellen; Gebärmutter: Einnisten der befruchteten Eizelle, Entwicklung von Embryo und Fetus; Penis: Übertragung der Spermien; Scheide: Aufnahme des Ejakulats, Geburtskanal.

3a Der Menstruationszyklus dauert 28 Tage. Der 1. bis 4. Tag umfasst die Menstruation, d. h. die Regelblutung. Den 5. bis 14. Tag nennt man Wachstumsphase: Die Gebärmutterschleimhaut wird neu aufgebaut und der Follikel wächst bis zum Eisprung heran. In der anschließenden Sekretionsphase (15. bis 28. Tag) lockert sich die Gebärmutterschleimhaut und der Gelbkörper bildet sich zurück, bis mit dem 1. Tag erneut die Menstruation einsetzt, wenn keine Befruchtung stattgefunden hat.

b Östrogene steuern die Follikelreifung und das Wachstum der Gebärmutterschleimhaut. Progesteron (Gelbkörperhormon) bereitet die Gebärmutterschleimhaut auf die Eizelleinnistung vor. Die Einstellung der Progesteronproduktion bewirkt den Abbau der Gebärmutterschleimhaut durch Menstruation.

c Die Gebärmutterschleimhaut ermöglicht die Einnistung der befruchteten Eizelle in der Gebärmutter.
d) In den Wechseljahren ist das Zusammenspiel von Östrogenen und Progesteron verändert. Normalerweise würde ein Abfallen des Progesteronspiegels bei angewachsener Gebärmutterschleimhaut die Regelblutung auslösen. Die Östrogenproduktion sinkt jedoch in den Wechseljahren stark ab, sodass die Follikelreifungen abnehmen und Follikelsprünge ausbleiben. Das Wachstum der Gebärmutterschleimhaut entfällt. Mit dem ausbleibenden Follikelsprung produziert der Gelbkörper kein Progesteron, also wird auch keine Menstruation ausgelöst.

4a Keimzellen des Mannes: Beim geschlechtsreifen Mann werden aus unreifen Spermienzellen ständig durch Teilung in großer Zahl reife Spermien gebildet. Dieser Vorgang wird von Teilen des Gehirns und Hormonen gesteuert. Das männliche Sexualhormon Testosteron löst in den Hoden die Spermienproduktion aus. Die heranreifenden Spermien gelangen in den Nebenhoden und nehmen dort ihre endgültige Gestalt an. Die Reifung von Spermien und die damit verbundene Zeugungsfähigkeit bleiben bis ins hohe Lebensalter erhalten.
Keimzellen der Frau: 1. Phase: Bereits in einem frühen Embryonalstadium werden beim Mädchen in jedem Eierstock mehrere hunderttausend Eizellen durch Zellteilung gebildet. Diese beginnen sofort mit der 1. Reifeteilung.
Bis zur Pubertät ruhen sie dann aber und bleiben als unreife Eizellen im Eierstock. 2. Phase: Nach Einsetzen der Pubertät beginnt für einige tausend dieser Primärfollikel eine zweite Wachstumsphase. Unter Einwirkung von Hormonen wachsen sie zu befruchtungsfähigen Eizellen heran. In den Wechseljahren, meist zwischen dem 45. und 50. Lebensjahr, verliert die Frau ihre Fortpflanzungsfähigkeit. Es reifen keine Eizellen mehr heran.

b Eizelle, Eierstock, Eileiter, Befruchtung, Einnisten des Keimlings, Gebärmutter, Schwangerschaft, Plazenta, Embryo, Fetus, Geburt.

c Die Eizelle hat nur eine kurze Lebensdauer von etwa 24 Stunden. Damit die Spermienzellen kurze Zeit nach dem Geschlechtsverkehr in den Eileiter gelangen und damit auf eine befruchtungsfähige Eizelle treffen können, ist die große Beweglichkeit der Spermienzellen notwendig.

d Die Spermienzelle wird in den Hoden gebildet und gelangt dann in die Nebenhoden. Beim Orgasmus gelangt sie zusammen mit Millionen anderer Spermienzellen über den Spermienleiter in die Harnspermienröhre. Aus Bläschen- und Vorsteherdrüse wird Samenflüssigkeit dazugegeben. Der Penis überträgt die Spermienzellen in die Scheide der Frau. Von dort wandert die Spermienzelle mit einigen hundert anderen durch die Gebärmutter in die Eileiter. Die Eizelle gelangt aus einem Eierstock in den Eileiter. Hier erfolgt die Befruchtung der Eizelle, indem die Spermienzelle in diese eindringt und mit ihr verschmilzt.

e Das Kind ist durch die Nabelschnur mit der Plazenta verbunden. Hier findet zwischen Kind und Mutter ein Stoffaustausch statt. Aus dem Blut der Mutter gelangen Sauerstoff und Nährstoffe in das Blut des Kindes. Kohlenstoffdioxid und weitere Stoffwechselendprodukte treten aus dem Blut des Kindes in das Blut der Mutter über.

Vererbung

1a Erbanlagen befinden sich in jeder Körperzelle im Zellkern. Dabei enthält jede Körperzelle eine Kopie des gesamten Erbmaterials. Auch die Geschlechtszellen enthalten in ihrem Zellkern Erbanlagen.

b Erbanlagen bestehen aus sehr langen DNA-Molekülen. Meist liegen sie im Zellkern in Form von dünnen Molekülfäden vor, die sich mit dem Lichtmikroskop nicht unterscheiden lassen. Erst kurz vor einer Zellteilung verdichten sich diese Molekülfäden zu deutlich unterscheidbaren Chromosomen. Der vollständige Chromosomensatz des Menschen besteht aus 46 Chromosomen.

c Alle Körperzellen sind aus einer befruchteten Eizelle hervorgegangen. Bei der Befruchtung vereinigen sich die Geschlechtszellen von Mann und Frau. Jede der beiden Geschlechtszellen enthält einen einfachen (haploiden) Chromosomensatz (beim Menschen 23 Chromosomen). Daher enthält die befruchtete Eizelle einen doppelten (diploiden) Satz (46 Chromosomen).

d Die Substanz, die sich im Zellkern mit bestimmten Farbstoffen gut färben lässt, wird Chromatin genannt. Dieses besteht aus sehr langen und sehr dünnen Fäden, den Chromatinfäden. Sie stellen die Arbeitsform der Erbinformation dar. In diesem Zustand werden die Vorgänge in der Zelle gesteuert. Die Chromosomen dagegen stellen die Transportform der Erbinformation dar. Sie entsteht kurz vor der Zellteilung durch Verdopplung und Verdichtung der Chromatinfäden. Lichtmikroskopisch sind jetzt deutlich zwei gleiche Stränge, die Chromatiden, zu erkennen, die am Centromer zusammenhängen. Die Transportform allein ermöglicht eine geordnete Aufteilung der Erbinformation auf die sich neu bildenden Tochterzellen.

2a Bei der Mitose erhält jede Tochterzelle einen vollständigen Chromosomensatz; es wird eine komplette Kopie aller Erbanlagen von der Mutterzelle an die Tochterzellen weitergegeben. Der einzige Unterschied besteht darin, dass die Chromosomen der Mutterzelle vor der Teilung aus zwei Chromatiden bestehen, während die Tochterzellen nach der Teilung Chromosomen aus nur einem Chromatid enthalten.

b Vor einer Meiose ist die Mutterzelle diploid. Die daraus hervorgehenden vier Tochterzellen sind haploid. Wie bei der Mitose bestehen die Chromosomen der Mutterzelle aus zwei Chromatiden, die der Tochterzellen nur aus einem.

c In der Arbeitsform, in der die DNA im Zellkern die meiste Zeit vorliegt, sind die DNA-Moleküle extrem lang und daher vielfach ineinander verwunden. Wäre dies während einer Zellteilung auch der Fall, könnte eine geregelte Aufteilung der Erbanlagen auf die Tochterzellen gar nicht stattfinden. Auch wäre die Gefahr, dass die DNA-Stränge zerreißen, sehr groß.

d Die Meiose ist ein entscheidender Prozess bei Lebewesen mit geschlechtlicher Fortpflanzung. Damit die Chromosomenzahl der Nachkommen konstant bleibt, muss der Chromosomensatz vom ursprünglich diploiden Satz auf den haploiden Satz in den Geschlechtszellen reduziert werden. Ein weiteres wichtiges Ergebnis der Meiose ist, dass das Erbgut völlig neu kombiniert wird. Der Zufall entscheidet, welche Chromosomen (Vater oder Mutter) in welche Tochterzelle gelangen.
Wenn zwei diploide Körperzellen bei der Befruchtung verschmelzen würden, hätte die Folgegeneration bereits den 4-fachen Chromosomensatz, also nicht mehr die gleiche Anzahl Chromosomen wie die Eltern. Beim Menschen würde der Chromosomensatz dann aus 92 Chromosomen bestehen.

3a Ein Gen ist ein Abschnitt auf der DNA, der ein bestimmtes Protein kodiert. Oft bewirkt dieses Protein die Ausprägung eines einzigen Körpermerkmals. Für jedes Gen kann man einen Genort unterscheiden: Jedes Gen liegt auf einem genau bestimmbaren Abschnitt eines Chromosoms. Für viele Gene existieren aber mehrere Varianten, d.h. an einem Genort findet man bei verschiedenen Individuen DNA-Abschnitte mit unterschiedlicher Sequenz. Diese Genvarianten nennt man Allele. Sie sind für verschiedene Ausprägungen des betreffenden Merkmals verantwortlich.

b Bei einem dominant-rezessiven Erbgang kann es leicht passieren, dass eine Merkmalsvariante für eine Generation zu verschwinden scheint. Angenommen, das Allel für dunkles Fell würde dominant vererbt, das für weißes Fell rezessiv. Hätten ein reinerbig dunkles und ein reinerbig weißes Tier Nachkommen, wären alle Kinder dunkel. Diese Nachkommen wären aber alle heterozygot veranlagt, d.h., sie trügen ein Allel für dunkles und ein Allel für weißes Fell. Die meisten Nachkommen von zwei dieser heterozygoten Tiere wären zwar dunkel, einige aber auch weiß. Damit würde ein Merkmal in der Enkelgeneration wieder auftauchen, das zuletzt bei den Großeltern beobachtbar war.

4a Sind diese Unterschiede genetisch bedingt, spricht man von Mutationen. Merkmalsunterschiede, die durch Umwelteinflüsse entstehen, nennt man Modifikationen.

b Die Größe von Pflanzen hängt z. B. von der Nährstoffversorgung ab. Unter Mangelbedingungen ist der Wuchs kümmerlich. Die Farbe unserer Haut ist zwar zum Teil genetisch bedingt, sie hängt aber auch davon ab, wie lange die Haut der Sonne ausgesetzt war. Die Muskulatur entwickelt sich je nach Gebrauch oder Nichtgebrauch unterschiedlich.

c Mutationen sind nur dann erblich, wenn sie in Keimzellen oder deren Vorläufern auftreten.

d Beim Edwards-Syndrom handelt es sich um eine autosomale Trisomie. Alle Körperzellen besitzen das Chromosom 18 dreimal statt zweimal. Nach der Trisomie 21 ist die Trisomie 18 die zweithäufigste autosomale Trisomie. Die Kinder haben schwerste körperliche Missbildungen und leiden unter schwerer Beeinträchtigung der körperlichen und geistigen Entwicklung. Sie werden selten älter als einige Monate.
Die Trisomie kann durch verschiedene Trennungsfehler während der Meiose entstehen. So ist es möglich, dass in der Meiose I sich ein Chromosomenpaar nicht trennt. Beide Chromosomen gelangen in die gleiche Zellhälfte. In der Meiose II werden die Chromatiden dann normal getrennt, das überzählige Chromosom bleibt. Bei der Befruchtung kommt der Chromosomensatz des anderen Geschlechts dazu und somit entsteht eine Zygote mit 24 + 23 = 47 Chromosomen.
Aber auch eine verpasste Trennung in der Meiose II kann zur Trisomie 18 führen. Die Chromosomen trennen sich zunächst in der Meiose I ganz normal, aber im Folgenden werden die Chromatiden des Chromosoms 18 nicht auseinandergezogen. Das Ergebnis nach der Befruchtung ist, dass das Chromosom 18 wieder dreifach vorhanden ist.

5a Stammbaumanalysen werden meist dann durchgeführt, wenn ein Paar sich Kinder wünscht, in deren Familien bereits Erbkrankheiten vorgekommen sind. Die Stammbaumanalyse kann dann Auskunft darüber geben, mit welcher Wahrscheinlichkeit dieses Paar ein erbkrankes Kind zur Welt bringen wird. Bei einer Stammbaumanalyse versucht man von der Ebene der Phänotypen auf die der Genotypen zurückzuschließen. Dies gelingt, wenn man die Phänotypen von möglichst vielen Verwandten berücksichtigt und wenn man weiß, nach welchen Gesetzmäßigkeiten die zu untersuchende Erbkrankheit vererbt wird.

b Dass ein phänotypisch gesundes Paar ein Kind mit einer Erbkrankheit zur Welt bringt, ist auf verschiedene Weise möglich: Zum einen könnte die Krankheit auf eine spontan aufgetretene Mutation zurückzuführen sein, die früh in der Embryonalentwicklung des Kindes aufgetreten ist und sich daher auf den ganzen Körper auswirkt.
Wird eine Krankheit rezessiv vererbt, dann könnte ein krankes Kind (das homozygot rezessiv veranlagt sein muss) auch von gesunden Eltern, die dann beide heterozygot veranlagt sein müssten, abstammen.
Bei x-chromosomal-rezessiven Erbgängen wie der Bluterkrankheit könnte die Mutter als Konduktorin ein krank machendes X-Chromosom auf ihren Sohn vererben, bei dem die Krankheit dann ausbricht.

6a Das Prinzip der Auslesezüchtung beruht darauf, dass der Züchter viele Pflanzen oder Tiere begutachtet. Er wählt aus einer Vielzahl von Individuen diejenigen aus, die seinen Zuchtzielen am ehesten entsprechen. Nur sie werden zur Weiterzucht verwendet. Über viele Generationen hinweg entstehen so neue Rassen mit den gewünschten Eigenschaften.

b Eigentlich kann der Züchter nicht wissen, wodurch die Merkmalsunterschiede verursacht wurden. Beispielsweise kann eine Pflanze mit besonders großen Früchten einfach besser als andere Pflanzen mit Nährstoffen versorgt worden sein. Es ist aber auch möglich, dass eine Mutation die Ursache war. In diesem Fall könnte die Pflanze diese erwünschte Eigenschaft an ihre Nachkommen weitervererben. Daher wird sie zur Weiterzucht verwendet.

c Mithilfe gentechnischer Verfahren ist es möglich, gezielt Gene ins Erbgut einer Nutzpflanze oder eines Nutztiers einzuschleusen. Da der genetische Code universell ist, kann man auch das Erbgut fremder Arten verwenden. So ist es möglich, Eigenschaften von Arten zu kombinieren, die sich niemals kreuzen lassen.

Evolution

1a Die ersten Pflanzen und Tiere betraten zum Ende des Silurs das Festland. Zu den ersten landlebenden Pflanzen gehörte Cooksonia, unter den ersten landlebenden Tieren waren Spinnen, Skorpione und Tausendfüßer.

b Wirbeltiere betraten das Festland erst im Devon (410–355 Mio. Jahre v. Chr.). Bei den Wirbeltieren mussten sich zum einen zunächst Beine entwickeln, mit denen sie sich an Land fortbewegen konnten, zum anderen mussten Organe ausgebildet werden, mit denen sie den Sauerstoff aus der Luft aufnehmen konnten.

c Pflanzen sind für Tiere wichtige Nahrungs- und Sauerstofflieferanten. An Pflanzenteilen kann sich Wasser niederschlagen, das von den Tieren aufgenommen werden kann. Zudem bieten Pflanzen Tieren Lebensräume.

2a Variabilität, also die Unterschiedlichkeit von Lebewesen in einer Population, entsteht durch Rekombination während der Meiose, durch Mutation und durch die Zuwanderung von Lebewesen in eine Population.

b Durch Selektion werden Genotypen aus einer Population entfernt. Der Genpool einer Population wird durch Selektion also verkleinert.

3a Voraussetzung für die Entstehung einer neuen Art ist

die Trennung von zwei Populationen. Die Trennung kann räumlich (geografische Isolation) oder auch über unterschiedliches Verhalten in den beiden Populationen erfolgen. In der Folge können sich die beiden Populationen durch jeweils eigene Rekombinations-, Mutations- und Selektionsereignisse so weit auseinanderentwickeln, dass sich irgendwann die Mitglieder der beiden Populationen nicht mehr erfolgreich paaren können. Zwei neue Arten sind entstanden.

b Beide Formen gehören zu einer Art, da sich die Tiere der beiden Formen untereinander paaren können und dabei fruchtbare Nachkommen hervorbringen.

4a Maulwürfe stammen von Tieren ab, die einst sehr gut gesehen haben, wie andere Säugetiere auch. Da sie in einer Umwelt leben, in der sie ihre Augen nicht brauchen, verkümmern die Augen bei einem Maulwurf während seines Lebens etwas. Die weniger guten Augen vererbt der Maulwurf auf seine Nachkommen. Über mehrere Generationen ist auf diese Weise die schlechte Sehfähigkeit der Maulwürfe entstanden.

b DARWIN legte erstmals eine Evolutionstheorie vor, die das Leben auf der Erde ganz ohne Zutun eines Schöpfers erklärte.

5a Versteinerungen, Abdrücke, Inkohlungen, Mumien.

b Versteinerungen und Abdrücke entstehen durch das Auffüllen der bei der Zersetzung organischer Stoffe zurückbleibenden Hohlräume durch Kieselsäure oder Kalk. Pflanzenfossilien entstehen häufig durch Inkohlung. Mumien entstehen durch einen raschen Stopp des Verwesungsprozesse (z. B. durch Kälte, extreme Trockenheit) nach dem Tod eines Lebewesens.

c Übergangsform: Übergangsformen weisen Merkmale von zwei verschiedenen Gruppen von Lebewesen aufweisen. Archaeopteryx besitzt Merkmale von Dinosauriern und Vögeln.
Lebendes Fossil: Lebewesen, deren nächste Verwandte alle schon vor langer Zeit ausgestorben sind.
Homologe Merkmale: Merkmale, die aus einer gemeinsamen Grundstruktur hervorgegangen sind. Oft erfüllen sie bei unterschiedlichen Tiergruppen ganz verschiedene Funktionen.
Analoge Merkmale: Merkmale mit ähnlichen Funktionen, die aber nicht auf gemeinsame Vorfahren zurückzuführen sind.

6a Australopithecus war klein (Lucy nur 105 cm), er ging aufrecht, die Füße glichen dem modernen Menschen. Die Männer waren deutlich größer als die Frauen. Das Gehirnvolumen war affenähnlich, das Gebiss glich mit seiner parabolischen Form und den kleinen Eckzähnen mehr einem Menschen- als einem Affengebiss.

b Vertreter der Gattung *Homo* gehen aufrecht, besitzen ein großes Gehirn und nutzen ihre Hände (*Homo habilis*). Besonderes Kennzeichen des Menschen ist jedoch auch die Fähigkeit, Werkzeuge herzustellen und Feuer zu benutzen (*Homo erectus*), zu sprechen und eine Kultur zu begründen (*Homo sapiens*).

c Der Schädel ist flach mit Überaugenwülsten, der Gesichtsschädel bildet eine Art „Schnauze“, er besitzt kein Kinn. Sein Gehirnvolumen (durchschnittlich 900 cm^3) ist kleiner als beim modernen Menschen.

d Menschenaffen und Menschen haben gemeinsame äffische Vorfahren (getrennte Evolution seit ca. 8 Mio. Jahren).

Ökologisch verantwortlich handeln

1a Die Ökologie untersucht die Beziehungen der Organismen untereinander und zu ihrer Umwelt.

b Umweltfaktoren des Waldveilchens: ↑3 S. 195

c Ja, je nach Hangneigung fließt das Regenwasser schnell oder langsam ab. Steile Südhänge sind also besonders trocken und heiß.

d Die Betrachtungsebenen sind der jeweiligen Fragestellung angepasst. Die Bearbeitung einer wissenschaftlichen Fragestellung wird dadurch erleichtert.

2a In Wäldern gibt es eine Vielzahl von Kleinlebensräumen (Moospolster, Baumkronen usw.). Je vielfältiger ein Ökosystem, desto artenreicher ist es.

b Fichtenborkenkäfer entwickeln sich nur im Fichtenholz.

c Jede Tier- und Pflanzenart besetzt eine andere ökologische Nische. Dadurch nutzen viele Arten denselben Lebensraum, ohne zu konkurrieren.

3a Verschiedene Bodenlebewesen ergänzen sich beim Zersetzen von totem organischem Material, z. B. von Blättern. ↑S. 203

b Bakterien, Einzeller, Pilze, größere Tiere: Häufigkeit und Ernährungsweise. ↑S. 203

c Viele Pilze leben von totem organischem Material, wovon im Wald sehr viel anfällt.

4a Nahrungsketten sind unverzweigt. Da sich die meisten Arten im Wald von mehr als einer Nahrungsquelle ernähren, betrachtet man hier Nahrungsnetze. ↑S. 207

b Möchte man Fragen untersuchen, die mit Nahrungsbeziehungen im Allgemeinen zu tun haben, sieht man von einzelnen Arten ab. Alle Pflanzen werden dann als Produzenten (Erzeuger von Nährstoffen) zusammengefasst und Tiere entweder als Konsumenten oder mit den Mineralisierern (Bakterien, Pilze) als Destruenten gewertet.

c Die Nahrung enthält auch Unverdauliches, das wieder ausgeschieden wird. Von dem, was ein Tier an Nahrungsenergie aufnimmt, wird der größte Teil für energieverbrauchende Prozesse (z. B. Bewegung) verwendet; für Wachstum bleibt nur wenig übrig.

5a Waldrodung, Landwirtschaft, Verstädterung usw.

b Menschen geben CO_2 nicht nur als Produkt der eigenen Atmung ab. Der Großteil der CO_2-Emission entsteht u. a. durch das Heizen und das Betreiben von Maschinen. Dabei werden fossile Energieträger (u. a. Erdöl, Kohle) verbraucht.

c Nutzung von Recyclingprodukten, Einschränkung des Energie- und Wasserverbrauchs.

Glossar

abiotisch: die unbelebte Umwelt betreffend; Gegensatz: biotisch.

adäquater Reiz: bestimmte Reizart, auf die bestimmte Sinneszellen ansprechen und reagieren.

Agenda 21: 1992 von den Vereinten Nationen ins Leben gerufenes Programm, das sich für eine nachhaltige Nutzung der Natur einsetzt.

Aids: (acquired immune deficiency syndrome) erworbene, von Viren ausgelöste Immunschwächekrankheit, bei der im Endstadium das Immunsystem zusammenbricht und der Patient an eigentlich harmlosen Infektionen stirbt.

aktive Immunisierung: Impfung mit abgetöteten oder abgeschwächten Krankheitserregern; führt zum Aufbau eines Immungedächtnisses; wird vorbeugend durchgeführt.

Allel: Bezeichnung für die unterschiedliche Zustandsform homologer Gene bei Organismen mit diploidem Chromosomensatz.

Allergie: krankhaft übersteigerte Reaktion des Immunsystems auf eigentlich harmlose Stoffe aus der Umwelt.

Analogie: Merkmal, das bei zwei Arten auftritt, aber nicht auf Abstammung von einer gemeinsamen Vorfahren-Art zurückgeführt werden kann; Entstehung durch natürliche Auslese (Selektion).

Angepasstheit (Basiskonzept): Lebewesen haben genetisch bedingte Körperbaumerkmale und Verhaltensweisen, die ihnen das Überleben und die Fortpflanzung in bestimmten Lebensräumen ermöglichen. Zum Beispiel sind Vögel an das Fliegen, Fische an das Leben im Wasser angepasst.

animalisches Nervensystem: willkürliches Nervensystem; Teil des Nervensystems; der die bewusste Steuerung von Körperfunktionen ermöglicht.

anorganische Stoffe: einfache chemische Verbindungen; meist ohne Kohlenstoff; Gegensatz: organische Stoffe (enthalten immer das Element Kohlenstoff).

Antibiotikum: natürlich vorkommendes oder künstlich hergestelltes Arzneimittel, das Bakterien hemmt oder abtötet. (Pl.:Antibiotika)

Antigen: Stoff, der beim Eindringen in den Körper eine Abwehrreaktion des Immunsystems auslöst.

Antikörper: nach einer Infektion gebildete Eiweißstoffe, die „ausgewählte" Antigene binden.

Art: Gesamtheit aller Individuen (Tiere, Pflanzen, Pilze), die miteinander eine Fortpflanzungsgemeinschaft bilden.

Arzneimittel: Stoffe oder Zubereitungen, die dazu dienen, Krankheiten zu heilen, zu lindern, zu erkennen oder zu verhüten.

aufrechter Gang: wichtiges Merkmal bei der Beurteilung von vermeintlich menschlichen Fossilien; nur der Mensch hat diese Gehweise perfektioniert, erste aufrecht gehende Menschenverwandte: Australopithecinen.

Australopithecus: ältester aufrecht gehender Menschenvorfahr, hat vor 4 Mio. Jahren gelebt; Ausgrabungsstellen der Fossilien vor allem in Süd- und Ostafrika.

Autoimmunkrankheiten: Krankheiten, bei denen das Immunsystem körpereigene Zellen und körpereigenes Gewebe angreift.

Autosomen: alle Chromosomen, die keine Geschlechtschromosomen sind. Der Mensch hat 44 Autosomen (22 Paare).

autotroph: Ernährungsweise, bei der energiereiche organische Stoffe selbst hergestellt werden können (wichtigste Form: Fotosynthese der Pflanzen).

Axon: langer Fortsatz einer Nervenzelle, der das Nervensignal zu einer nachgeschalteten Nerven-, Drüsen- oder Muskelzelle leitet.

Bakterien: aus kernlosen Zellen bestehende Mikroorganismen; nach der Form der Zellen unterscheidet man verschiedene Bakteriengruppen.

Basensequenz: Abfolge der Nukleotide (bzw. Basen) der DNA in Symbolform. Basentriplett: Dreierkombination von Basen der DNA, die den Einbau einer bestimmten Aminosäure bei der Herstellung eines Eiweißes bewirkt.

Bazillen: stäbchenförmige bakterielle Krankheitserreger. Umgangssprachlich werden manchmal alle Bakterien als B. bezeichnet.

Befruchtung: Eindringen einer Spermienzelle in die Eizelle und Verschmelzung der beiden Zellkerne miteinander.

Bewegung (Basiskonzept): Lebewesen können aktiv Körperteile bewegen und/oder ihren Aufenthaltsort verändern (z. B. Bewegung von Tieren zu ihren Nahrungsquellen hin; Wachstumsbewegungen von Pflanzen zum Licht hin).

biologische Evolution: Entstehung, Erhaltung und Aussterben von Arten in der Erdgeschichte. Wichtige Evolutionsfaktoren sind die genetisch bedingte Variabilität der Lebewesen und die natürliche Auslese (Selektion) durch Umweltfaktoren.

Biomasse: Körpermasse einzelner Organismen oder aller Lebewesen je Flächen- oder Volumeneinheit eines Lebensraums.

biotisch: die belebte Umwelt (Lebewesen) betreffend; Gegensatz: abiotisch.

Boden: oberste Schicht der Erdkruste; bestehend aus verwittertem Gestein und organischem Material.

Centromer: Einschnürungsstelle am Chromosom, an der die Chromatiden zusammenhängen; die Fasern der Teilungsspindel setzen bei Mitose und Meiose hier an.

Chloroplasten: Bestandteile pflanzlicher Zellen, in denen die Fotosynthese abläuft.

Chromosomen: Träger der Erbinformation im Zellkern; jedes Chromosom besteht aus zwei Chromatiden, die am Centromer zusammenhängen.

Chromosomenmutation: Veränderungen des normalen Aufbaus der Chromosomen.

Chromosomensatz: Anzahl aller Chromosomen pro Zellkern; man unterscheidet einfachen (haploiden) und doppelten (diploiden) Chromosomensatz.

Dendrit: kurze, stark verzweigte Fortsätze der Nervenzellen, die Signale von anderen Nervenzellen empfangen.

Destruenten („Zersetzer"): Lebewesen, die sich von abgestorbenem organischem Material ernähren (z. B. bestimmte Bodenbakterien und Pilze).
Devon: erdgeschichtliche Phase (vor ca. 400 Mio. Jahren), in der Wirbeltiere das feste Land als Lebensraum eroberten.
Diabetes mellitus: Zuckerkrankheit; Stoffwechselkrankheit, die zur Überzuckerung des Blutes führt.
diploid: doppelter Chromosomensatz (2n), bei dem die Chromosomen in homologen Paaren vorliegen.
Distress: als schädigend empfundener Stress, der zum Tod führen kann.
DNA: engl. Abk. für: desoxyribonucleic acid: die gesamte Erbinformation eines Lebewesens ist darin gespeichert (Desoxyribonukleinsäure – der Stoff, aus dem die Gene bestehen).
dominant: Erbgang, bei dem ein Allel die Wirkung des anderen überdeckt.
Eisprung: eine herangereifte Eizelle wird etwa alle 4 Wochen aus dem Follikel ausgestoßen und gelangt in den Eileiter.
Ejakulation: Samenerguss beim Orgasmus des Mannes.
Embryo: menschlicher Keimling bis zum Ende des dritten Schwangerschaftsmonats.
Embryotransfer: Überführung von Eizellen, die im Reagenzglas befruchtet wurden, in die Gebärmutter.
Empfängnisverhütung: von Mann und Frau angewendete Methoden, mit denen eine Befruchtung oder die Einnistung der befruchteten Eizelle verhindert wird.
Entwicklung (Basiskonzept): Lebewesen unterliegen zeitlichen Veränderungen (z. B. Individualentwicklung des Menschen). Auch Lebensräume verändern sich (z. B. Verlandung eines Gewässers). Arten verändern sich im Lauf sehr langer Zeiträume (z. B. Entstehung des Menschen in der biologischen Evolution).
Enzyme: körpereigene spezifische Eiweißstoffe, die den Ablauf von Stoffwechselvorgängen (z. B. Verdauungsvorgänge) ermöglichen.
Ernährungsebene: Gruppe von Arten innerhalb eines Ökosystems, die an gleicher Stelle in den Nahrungsketten stehen (Erzeuger; Verbraucher 1. Ordnung, Verbraucher 2. und höherer Ordnung; Zersetzer).
Eustress: geringer bis mäßiger Stress; kann die Widerstandskraft und Leistungsfähigkeit eines Lebewesens erhöhen.
Fetus: menschlicher Keimling nach Abschluss der Organentwicklung.
Filialgeneration: Abk.: F1, F2 ... die aus einer Kreuzung hervorgegangene Nachkommengeneration.
Follikel: Eibläschen; Einheit aus einer Eizelle und der sie umgebenden Schicht.
Fortpflanzung (Basiskonzept): Lebewesen erzeugen Nachkommen, die ihnen ähnlich sind. Dabei geben sie Erbinformationen (Gene) an ihre Nachkommen weiter.
Fossilien: alle Lebensspuren aus früheren erdgeschichtlichen Zeiten; dazu zählen z. B. Reste von Lebewesen, Tierfährten und tierische Ausscheidungen.
Fotosynthese: Herstellung energiereicher, organischer Stoffe in grünen Pflanzenteilen; dabei wird Sonnenlichtenergie in Energie organischer Stoffe (Zucker) umgewandelt.
Geburt: Ausstoßen der Frucht aus dem Mutterleib unter Wehentätigkeit.
Gedächtnis: Fähigkeit, Wissen und Können zu speichern und wieder abzurufen; Unterscheidung von Langzeit- und Kurzzeitgedächtnis.
Gehirn: im Kopf gelegener Teil des Zentralnervensystems; beim Menschen und vielen Wirbeltieren in einer Schädelhöhle.
Gen: Bezeichnung für eine Erbanlage; in der Molekulargenetik Bezeichnung für einen Abschnitt der DNA, der die Bauanleitung für die Herstellung eines Eiweißes (Proteins) trägt.
genetische Disposition: genetisch bedingte Veranlagung für ein Merkmal (z. B. Anfälligkeit für eine Krankheit).
genetischer Code: jede Aminosäure wird durch ein bestimmtes Basentriplett kodiert. Der genetische Code ist universell (stimmt in allen Lebewesen überein).
Genmutation: Veränderung der Basenfolge eines einzelnen Gens, die in der Regel zum Ausfall dieses Gens führt.
Genom: Gesamtheit aller Gene eines Organismus.
Genommutation: Veränderung der Chromosomenanzahl gegenüber dem normalen Chromosomensatz.
Genotyp: Summe der genetischen Informationen eines Organismus.
Gentechnik: umfasst Methoden, die einen gezielten Eingriff in das Erbgut ermöglichen.
Geschlechtschromosomen: Chromosomen, deren Erbinformationen das Geschlecht eines Lebewesens bestimmen (X-Chromosom/Y Chromosom).
gonosomal: Erbgänge von Merkmalen, deren Gene auf den Geschlechtschromosomen platziert sind.
graue Substanz: Gewebe des Zentralnervensystems, das überwiegend aus Nervenzellkörpern besteht.
Großhirn: Hirnabschnitt, der beim Menschen nahezu wie ein Mantel das gesamte Gehirn umgibt, bestehend aus linker und rechter Hemisphäre.
haploid: Chromosomensatz (n), bei dem alle Chromosomen nur einmal vorhanden sind.
Heilserum: antikörperhaltiges Blutserum; dient als Arzneimittel für Menschen; wird gewonnen, indem ein Säugetier mit einem Antigen geimpft wird, sodass sein Immunsystem entsprechende Antikörper herstellt.
heterotroph: Ernährungsweise, bei der energiereiche, organische Stoffe (Fette, Kohlenhydrate, Eiweiße) als Nahrung benötigt werden.
heterozygot: Zellen oder Organismen, die zwei verschiedene Allele eines Gens tragen.
Hirnstamm: Verbindung zwischen Großhirn und Rückenmark, wird von mehreren Hirnteilen gebildet.
HIV: (human immunodeficiency virus) Virus, das die Immunschwächekrankheit Aids auslöst.
Homo erectus: der „aufrechte Mensch"; hat sich vor ca. 2 Mio. Jahren von Afrika über Europa und Asien ausgebreitet; benutzte Feuer, Werkzeuge, Waffen; Weiterentwicklung zum Homo heidelbergensis und Neandertaler.
Homo habilis: der „geschickte Mensch"; lebte vor 2,1–1,6 Mio. Jahren in Ostafrika; Werkzeuggebrauch.

Homo heidelbergensis: Weiterentwicklung des Homo erectus; lebte vor 500 000 bis 100 000 Jahren in Europa.
Homo rudolfensis: lebte vor 3,0–1,8 Mio. Jahren; kennzeichnend sind Werkzeuggebrauch und Werkzeugherstellung.
Homo sapiens: der „vernünftige Mensch", Artbezeichnung für den „Jetztmenschen"; lebte vor ca. 200 000 Jahren in Afrika; leichter Körperbau; hohe, gewölbte Stirn ohne auffällige Überaugenwülste; Gehirnvolumen etwa 1400 cm3; breitete sich in mehreren Wellen über die ganze Welt aus; hinterließ künstlerisch anspruchsvolle Höhlenmalereien.
homolog: zu einem Paar gehörende Gene oder Chromosomen in Lebewesen mit diploiden Chromsomensätzen.
Homologie: Merkmale, die verschiedene Arten aufgrund übereinstimmender Erbinformation (vom letzten gemeinsamen Vorfahren) gemeinsam haben.
Homosexualität: Sexualität mit gleichgeschlechtlichen Partnern.
homozygot: reinerbig; Zellen oder Organismen mit zwei gleichen Allelen eines Gens.
Hormone: biochemische Botenstoffe, die innerhalb eines Organismus Informationen übermitteln.
Hormonsystem: Gesamtheit aller im menschlichen und tierischen Körper befindlichen Hormondrüsen und der von ihnen ausgeschütteten Hormone.
Hypophyse: Hirnanhangsdrüse.
Hypothese: unbewiesene Annahme; erster Schritt bei der Durchführung von Experimenten: Formulierung einer Vermutung über den unbekannten Zusammenhang.
Immungedächtnis: Fähigkeit des Immunsystems, durch die Ausbildung von Gedächtniszellen auf eine Zweitinfektion mit einem Erreger so schnell und heftig zu reagieren, dass die Krankheit nicht ausbricht.
Immunität: Fähigkeit zur erfolgreichen Abwehr von Krankheitserregern /Antigenen (bei wiederholtem Kontakt) mithilfe antigenspezifischer Gedächtniszellen.
Immunsystem: alle an der körpereigenen Abwehr beteiligten Organe und Zellen.
Impfen (künstliche Immunisierung): künstlich hergestellte Widerstandskraft gegenüber einem Krankheitserreger durch kontrollierten Antigenkontakt (aktive Immunisierung) oder durch Zufuhr von fremden Antikörpern (passive Immunisierung).
Infektion: Eindringen von Krankheitserregern (z. B. Viren, Bakterien) in einen Organismus und ihre anschließende Vermehrung.
Infektionskrankheiten: Krankheiten, die durch Krankheitserreger (z. B. Viren, Bakterien) ausgelöst werden; meist ansteckend.
Influenza: fachsprachlich für Grippe; wird durch Viren ausgelöst.
Information (Basiskonzept): Lebewesen können Informationen senden, empfangen, verarbeiten, speichern und mit Reaktionen beantworten (z. B. Bewegung eines Tiers zu einer Nahrungsquelle hin).
Inkohlung: Form der Fossilbildung bei der Bildung von Kohle.
Inkubationszeit: Zeitraum zwischen einer Infektion und den ersten Anzeichen einer Infektionskrankheit.
intermediär: Erbgänge, bei denen zwei unterschiedliche Allele vorliegen und sich gleich stark auf die Merkmalsausbildung auswirken.
Isolation: Spaltung (z. B. geografisch durch Wüstenbildung oder Gebirgsbildung) einer Population in Teilpopulationen, die sich dann getrennt voneinander fortpflanzen. Aus solchen Teilpopulationen können sich allmählich neue Arten entwickeln .
Karyogramm: bildliche Darstellung des Chromosomensatzes einer Zelle.
Kleinlebensraum: Teil eines Lebensraums, der sich durch die dort herrschenden Umweltbedingungen von anderen Kleinlebensräumen abgrenzen lässt.
Klon: genetisch identische Zellen oder Organismen.
Konduktorin: die heterozygote Überträgerin des krankheitsverursachenden Allels bei einer Krankheit mit gonosomal-rezessivem Erbgang.
Konsumenten: Lebewesen, die durch Fotosynthese entstandene Stoffe verbrauchen.
Krebs: bösartige Geschwülste (Tumoren), die durch unkontrollierte Zellvermehrung entstehen und Tochtergeschwüre (Metastasen) bilden.
Lebensgemeinschaft: Gesamtheit aller Pflanzen , Tiere, Pilze und Mikroorganismen, die Teil des gleichen Ökosystems sind.
Lebensraum: von einer Lebensgemeinschaft bewohnter Raum, der durch seine abiotischen und biotischen Umweltfaktoren gekennzeichnet ist.
Leitfossilien: Fossilien, die in verschiedenen Schichten sehr häufig vorkommen, in anderen weniger; das Alter der Gesteinsschicht ist dadurch bestimmbar.
Lernen: Prozess, mit dem sich Organismen spezielles Wissen und Können aneignen und dieses in ihrem Gedächtnis speichern; Gelerntes kann aus dem Gedächtnis wieder abgerufen oder auch vergessen werden.
Lymphsystem: Teil der körpereigenen Abwehr; umfasst die Lymphgefäße sowie Knochenmark, Milz, Thymus, Mandeln und Lymphknoten.
Meiose: Reifeteilung, Reduktionsteilung; Form der Zellteilung, die nur bei der Bildung von Geschlechtszellen auftritt und bei der der Chromosomensatz vom diploiden auf den haploiden Zustand reduziert wird.
Melanin: dunkler Farbstoff, der bei einer Vielzahl von Tieren und auch beim Menschen die Hautfärbung bewirkt.
Menschenartige: Hominide; Zuordnung aufgrund vieler Seitenverzweigungen teilweise umstritten; im allgemeinen Sprachgebrauch diejenigen fossilen Formen, die direkte Vorfahren des Menschen sind.
Menstruationszyklus: periodische Follikelreifung in den Eierstöcken, die mit einem Auf- und Abbau der Gebärmutterschleimhaut verbunden ist.
Mineralisierer: Lebewesen, die organische Stoffe vollständig zu anorganischen Stoffen abbauen; meist Bakterien und Pilze.
Mineralstoffe: energiearme, anorganische Substanzen; notwendig für die Ernährung von Pflanzen und Tieren.
Mitose: Zellkernteilung , nach der aus einer Körperzelle zwei erbgleiche Tochterzellen entstehen .

Modifikationen: Merkmalsveränderungen, die durch Umwelteinflüsse hervorgerufen werden.
motorische Nervenbahnen: leiten elektrische Impulse vom Zentralnervensystem in die Körperregionen.
multiple Allelie: von vielen Genen gibt es mehr als zwei verschiedene Zustandsformen (Allele).
Mumifizierung: Form der Fossilbildung, bei der ein Körper aufgrund von Kälte, Trockenheit oder Giften nicht vollständig zersetzt wird.
mutagen: Einflüsse, die eine Mutation auslösen können, wie UV-, Röntgen-, radioaktive Strahlung sowie viele Chemikalien.
Mutation: zufällig auftretende Veränderung eines oder mehrerer Gene bzw. Chromosomen; neben der Rekombination eine wichtige Ursache für die Variabilität von Lebewesen; nur Mutationen in Geschlechtszellen spielen für die Evolution eine Rolle.
Nahrungskette: Abfolge von Organismen, die durch ihre Ernährung direkt voneinander abhängig sind.
Nahrungsnetz: vielfältige Verzweigung von Nahrungsketten.
Nahrungspyramide: Darstellung der Aufeinanderfolge von Organismen in einer Lebensgemeinschaft; geordnet nach Ernährungsebenen.
Neandertaler: stammte vermutlich vom Homo erectus ab; lebte vor ca. 130 000 Jahren; vor ca. 30 000 Jahren rätselhaftes Verschwinden, Verdrängung durch den modernen Menschen.
Nerv: durch Bindegewebe zusammengehaltenes Bündel von Nervenfasern.
Nervenfaser: von Hüllzellen umgebenes Axon.
Nervensystem: Gesamtheit der Nervenzellen und ihrer Verbindungen im Tierkörper.
Neuron: Nervenzelle; kleinste zelluläre Einheit des Nervensystems.
Ökologie: Wissenschaft von den Wechselbeziehungen zwischen Organismen untereinander und zu ihrer Umwelt.
ökologische Nische: Gesamtheit der Beziehungen zwischen einer Art und ihrer Umwelt; die für jede Art typische Lebensweise; umfasst z. B. Nahrung und Lebensraum.
Ökosystem: Einheit, die aus einem Lebensraum und einer Lebensgemeinschaft besteht (z. B. Wald, See).
Organisationsebenen (Basiskonzept): Lebewesen bestehen aus Zellen, in denen einfachere Bestandteile (z. B. Zellkern, Zellmembran) zusammenwirken. Auf der untersten Ebene bestehen diese aus Atomen bzw. Molekülen bestimmter Stoffe. Bei höher entwickelten Vielzellern bilden Zellen Gewebe. Unterschiedliche Gewebe wirken in Organen zusammen. Das abgestimmte Zusammenspiel der Organe und ihrer Funktionen ermöglicht das Leben des ganzen Organismus (z. B. Pflanze, Tier, Mensch).
Paläontologie: Fossilienkunde; Wissenschaft, die sich mit der Erforschung des Lebens auf der Erde in früheren Erdzeitaltern beschäftigt.
Parasympathikus: vereinfacht auch: „Erholungs- oder Ruhenerv"; Teil des vegetativen Nervensystems; wirkt mit Sympathikus als Gegenspieler zusammen.
Parentalgeneration: Abkürzung: P; Elterngeneration bei einer Kreuzung.
passive Immunisierung: Impfung bei einer Erkrankung mit „fertigen" Antikörpern gegen den Krankheitserreger; Antikörper werden mithilfe von Tieren gewonnen und dem Kranken in Form von Heilseren verabreicht.
Pearl-Index: Maß für die Sicherheit einer Verhütungsmethode; gibt an, wie viele von 100 Frauen trotz Verhütung schwanger werden.
Penicillin: aus dem Schimmelpilz Penicillium notatum hergestelltes Antibiotikum.
peripheres Nervensystem: Gesamtheit aller Nervenbahnen, die das Zentralnervensystem mit allen Körperbereichen verbinden.
Phänotyp: Erscheinungsbild eines Organismus, das durch den Genotyp und Umwelteinflüsse geprägt wird. Dazu gehören alle Merkmale seines Körperbaus, seines Stoff- und Energiewechsels und seines Verhaltens.
Plasmazellen: aus B-Lymphocyten hervorgegangene Zellen zur Bildung spezifischer Antikörper.
Plazenta: Mutterkuchen; versorgt bis zur Geburt den Embryos bzw. Fetus und entsorgt Abfallstoffe.
Polygenie: Beeinflussung eines Merkmals durch mehrere Gene.
Population: Gesamtheit der Individuen einer Art, die zur gleichen Zeit in einem begrenzten Lebensraum leben und eine Fortpflanzungsgemeinschaft bilden.
Produzenten: autotrophe Lebewesen; stellen aus energiearmen, anorganischen Stoffen energiereiche, organische Stoffe her; Pflanzen sind mit ihrer Fotosynthese die wichtigsten Produzenten.
Pubertät: geschlechtliche Reifung; Veränderungen im körperlichen, seelischen und sozialen Bereich eines jungen Menschen; hormonell gesteuert.
Reflexbogen: häufig angeborener und festgelegter Schaltkreis im Nervensystem, der die Reizaufnahme, Erregungsleitung und Reaktion umfasst und meist unbewusst abläuft.
Regulation (Basiskonzept): In den Lebewesen werden bestimmte Zustände (z. B. Wassergehalt, Körpertemperatur, Blutzuckergehalt) konstant gehalten.
Reiz: Änderung des Zustands innerhalb oder außerhalb eines Organismus aufgrund physikalischer oder chemischer Einwirkungen, die eine Körperreaktion hervorrufen können.
Rekombination: Neukombination von Genen während der Meiose; wichtige Ursache für die genetisch bedingte Variabilität von Lebewesen.
Resistenz: angeborene oder erworbene Widerstandsfähigkeit von Organismen gegenüber Erregern oder schädigenden Einflüssen; bei Bakterien z. B. gegenüber Antibiotika.
Rezeptoren: spezialisierte Sinneszellen, die in der Lage sind, Reize aufzunehmen.
rezessiv: Erbgänge, bei denen ein Allel durch ein anderes (dominantes) in seiner Wirkung überdeckt wird.
Rückenmark: Teil des Zentralnervensystems der Wirbeltiere.
Safer Sex: (wörtlich: „sicherer" Sex); sexuelle Handlungen ohne Austausch von Körperflüssigkeiten, dadurch Verringerung des Risikos einer HIV-Infektion.

Selektion: natürliche Auslese durch genetisch bedingt unterschiedlichen Fortpflanzungserfolg bestimmter Individuen. S. gibt der Evolution eine Richtung, da der Anteil der Lebewesen, die besser an bestimmte Umweltbedingungen (z. B. Nahrungsangebot, Klima, Raubfeinde) angepasst sind, mit der Zeit zunimmt.
sensible Nervenfasern: leiten elektrische Impulse von den Körperteilen zum Zentralnervensystem.
Seuche: Infektionskrankheit, die sich schnell und über weite Teile einer Population ausbreitet.
Sexualhormone: Geschlechtshormone; Hormone, die der Fortpflanzung dienen und die Ausbildung männlicher und weiblicher Geschlechtsmerkmale steuern.
Sexualität: Geschlechtlichkeit; Unterscheidung männlicher und weiblicher Individuen aufgrund ihrer Geschlechtsmerkmale; beim Menschen die Gesamtheit der geschlechtlichen Lebensäußerungen.
Silur: erdgeschichtliche Phase (vor ca. 440 Mio. Jahren), in der Pflanzen das feste Land als Lebensraum erobert haben.
Sinnesorgane: aus Sinneszellen und Hilfsgeweben bestehende Organe; nehmen Reize aus der Umwelt auf und wandeln sie in elektrische Nervenimpulse um.
Sinneszellen: Rezeptorzellen, die adäquate Reize in elektrische Impulse umwandeln.
spezifische Abwehr: im Lauf des Lebens erworbenes, körpereigenes Abwehrsystem; beteiligte Zellen und Proteine richten sich gegen „ausgewählte" Erreger bzw. Fremdstoffe.
Stammbaum: Darstellung, welche die Abstammung von Arten bzw. Verwandtschaftsgruppen voneinander sowie die zeitliche Abfolge ihres Auftretens zeigt.
Stoff- und Energieumwandlung (Basiskonzept): Lebewesen nehmen Stoffe und Energie auf und wandeln diese so um, dass der Stoffwechsel sowohl Energie für die Lebensvorgänge als auch Körperbaustoffe bereitstellen kann.
Stoffkreislauf: wiederkehrendes Auftreten und Wiederverwenden von Stoffen in Ökosystemen.
Stoffwechsel: alle Aufbau-, Abbau- und Umbauprozesse von Stoffen im Organismus.
Stress: aus dem Englischen: Druck, Anspannung; die durch äußere Reize verursachten körperlichen und seelischen Reaktionen des Körpers, die ihn befähigen, besondere Belastungen zu bewältigen.
Struktur und Funktion (Basiskonzept): Bestimmte Teile (Strukturen) ermöglichen in einem Lebewesen die Erfüllung spezieller Aufgaben (Funktionen). Beispiele: Der Bau der Chloroplasten ermöglicht die Fotosynthese in einer Pflanzenzelle. Der Bau der Lunge ermöglicht den Gasaustausch des Organismus mit der Luft.
Sympathikus: vereinfacht auch: „Leistungsnerv"; Teil des vegetativen Nervensystems; wirkt mit dem Parasympathikus als Gegenspieler zusammen.
Symptome: Anzeichen, mit denen eine Erkrankung in Erscheinung tritt.
Synapse: besonderer Teil einer Nervenzelle mit einer nachgeschalteten Zelle, die der Signalübertragung dient.
System (Basiskonzept): Lebende Systeme sind Einheiten (z. B. der Organismus) in denen unterschiedliche Teile (z. B. Organe) zusammenwirken. Zu den Systemen, die von Biologen untersucht werden, gehören auch die Ökosysteme (z. B. Wald, Gewässer).
Treibhauseffekt: Erwärmung der Erdatmosphäre durch Reflexion der von der Erde ausgesandten Wärmestrahlung; wird durch verschiedene Gase, darunter Kohlenstoffdioxid und Methan, verursacht.
Trisomie: ein bestimmtes Chromosom eines diploiden Chromosomensatzes, kommt dreimal vor (z. B. Trisomie 21: Down-Syndrom).
Umwelt: Zur Umwelt eines Lebewesens gehören biotische Faktoren (z. B. Fortpflanzungspartner, Räuber, Parasiten) und abiotische Faktoren (z. B. Faktoren der Luft, des Bodens und des Wassers).
Umweltfaktor: einzeln messbare oder beschreibbare Größe, die auf ein Lebewesen einwirkt.
unspezifische Abwehr: angeborenes körpereigenes Abwehrsystem; richtet sich unspezifisch gegen alle körperfremden Strukturen (z. B. Zellen).
Variabilität: Unterschiedlichkeit der Individuen einer Art in einer Population, die zum Teil genetisch bedingt ist.
vegetatives Nervensystem: autonomes Nervensystem oder Eingeweidenervensystem; steuert Lebensfunktionen, die kaum willentlich beeinflusst werden können.
Vererbung: Weitergabe von Erbanlagen von einer Generation an die nächste.
Versteinerung: Form der Fossilbildung, bei der die organischen Stoffe des Lebewesens durch Kalk oder Kieselsäure ersetzt werden.
Viren: bestehen aus genetischem Material (DNA; RNA) und einer Eiweißhülle; ohne eigenen Stoffwechsel; Vermehrung mithilfe von Wirtszellen.
Wachstum (Basiskonzept): Die Zellen bzw. die Körper von Lebewesen können an Masse und Volumen zunehmen (z. B. Pflanzenwachstum).
Wahrnehmung: durch das Zusammenwirken von Sinnesorganen und Gehirn entstehendes inneres Abbild der Welt.
weiße Blutzellen: als Abwehrzellen an der körpereigenen Abwehr beteiligt.
Zellkern: Träger der Erbinformation in Form von Chromosomen; Ort der Steuerung der Zellvorgänge.
Zentralnervensystem (ZNS): Teil des Nervensystems zur Verarbeitung von Sinnesinformationen, der Koordination der inneren Organe und der Speicherung von Gedächtnisinhalten. Zum ZNS gehören Gehirn und Rückenmark.
Züchtung: die vom Menschen kontrolliert vorgenommene Fortpflanzung von Nutztieren und Kulturpflanzen, um genetisch bedingte Merkmale zu verbessern bzw. zu erhalten.
Zwischenformen (Übergangsformen): Ausgestorbene oder noch existierende Lebewesen, die Merkmale unterschiedlicher Gruppen in sich vereinen. So weisen z. B. Urvögel Kriechtier- und Vogelmerkmale auf.

Register*

*f. nach der Seitenzahl bedeutet „und folgende Seite“, ff. „und folgende Seiten“.

Quellenverzeichnis

A 1 PIX: 168/1 | action press: 95/7 (Sunshine), 115/2 (Lehtikuva Oy) | adpic.de: 16/1, 20/2, 32/1 | Agentur Focus: 26/2 (SPL/Roberts), 26/3 (SPL/Gschmeissner), 26/4 (SPL/Gschmeissner), 64/1 r. (SPL/Stannard), 66/3 und 4 (SPL), 67/5 r. und 6 r. (SPL/Pasieka), 72/1 (SPL), 72/3 (SPL), 74/1 (SPL), 80/1 l. (SPL/Ford), 80/1 r. (eye of science), 86/2 (SPL/Marrazi), 142/3 (eye of science), 178/2 (Reades/SPL) | akg- images: 66/1-2, 76/1, 82/2, 112/1, 118/2, 168/2, 169/4, 183/4 | Amadeus: 193/6 | Amazonen-Werke H. Dreyer GmbH: 192/2 | Archiv Hoyer: 224/2 | Arco images: 62/1 (Gehlken), 132/1 (Wegner), 178/1 (NPL), 216/2 (NPL) | Ardeq: 169/5 | Argus: 84/1 (Schroeder), 94/2 (Schroeder), 198/1 (Lopez) | Arteria Photography: 101/5 | Augenblick: 86/1 (Rzepka) | Avenue images/Index Stock/RO-MA Stock: 12/1 | Avenue Images/life: 8/2 | Bach-Kolster, H.: 212/1, 213/4 | Behnke, C.: 174/1 | Berliner Wasserbetriebe: 226/3 | Bevilacqua/Cedri: 106/2 | Bildagentur online: 64/1 l. (Bergsteiger) | Bilderberg: 159/4 (Ernsting), 180/1 (Ernsting/Rekonstruktion Schnaubelt & Kieser, Wild Life Art) | Bilderbox.com: 44/1 (Wodicka), 194/1 und 2 | Blickwinkel: 173/4 (Schmidbauer), 193/5 (Kosten), 201/4 (Hecker/Sauer), 202/1 (Delpho), 224/1 (Mahlke), 226/2 (Wothe) | BMU: 193/9 r. | Breslawsky, H.:125/5 | Bridgemanart. com: 176/1 | Bruce Colemann Collection: 159/6 (Ziesler) | Bruce Colemann Collection: 159/6 (Ziesler) | Bundesanstalt für Arbeitsschutz und Arbeitsmedizin: 31/5 | BZGA: 54/1, 63/7, 88/1 | Caro: 193/9 l. (Oberhäuser) | Corbis: 43/1 (ZEFA), 57/4 (Mc Carthy), 67/5 l. (CDC/Phil), 77/3 (Bettmann), 78/1 (Bettmann), 99/2 (St. Prezant), 119/6, 146/1 l. (ZEFA) | Cornelsen Archiv: 40/1 u. l., 40/2 | Cymorek, S.: 205/8 | Das Fotoarchiv/Powell: 93/1, 96/2 o. r. | digitalstock.de: 36/1, 132/1 (o. r.), 217/3, 217/6, 218/1, 218/2, 219/4, 219/5 | Döring, V.: 9/3, 9/4, 9/6, 9/7, 9/8, 14/1, 14/3, 17/6, 21/6, 24/2, 27/6, 28/2, 30/1, 32/5, 38/1, 44/2, 46/1, 52/1, 54/2, 58/1, 58/4, 59/2, 62/3 l., 94/1, 96/1, 96/2 u. r., 99/4, 109/4, 114/1, 114/2, 120/2, 138/1, 198/2 | dpa: 221/4 (Lehtikuva Oy) | eye of science: 16/3, 89/4 (NIBSC/SPL) | f1 online: 95/5 (Watson Images), 99/3, 201/3 (Ziegler), 212/2 (Bauer) | Fischer, Christian (Berlin): 177/5 | Förster, F.: 204/2, 204/3, 204/4, 204/5, 204/6, 205/7, 205/9, 205/10 | Frances, S.: 159/5 | Fujitsu Siemens Computers: 182/1 d | Gartenfreund: 184/1 (links) | Gelderblom, H.: 68/2 | Getty Images: 9/5 (Stone/Edwards), 96/2 u. r. (Taxi), 157 l. (King) | GloFish.com: 119/7 | Harre, W.: 165/5 | Heinzel, K.: 57/3, 222/4 | Hessisches Ministerium für Umwelt, Landwirtschaft und Forsten: 225/4-6 (M. Graw/D. Borchardt) | Hollatz, J.: 18/2, 84/3, 231/1, 97/4 | IFA/Comnet: 108/2 | Images/fotokurier.at: 45/6 | Inst. f. Humangenetik und Anthropologie, Erlangen: 124/2-3 | Inst. für Mineralogie, Universität Bremen: 182/2 | Inst. für Paläontologie, Universität Bonn: 171/4, 189/2 | Inst. für Paläontologie, Universität Würzburg:189/1 | Joker/C.: 107/8 | Juniors Bildarchiv: 150/1 (r.), 158/2 | Kage, M.: 123/4 | Keystone: 44/4 (Schulz), 56/1 (Schulz), 82/1, 192/1 (Zick) | Kleinert, R.: 48/1 | Landesgendarmeriekommando Tirol: 189/4 | Lieder, J.: 101/6 | Litzbarski, H.: 223/5 | Lonely Planet Images (images.de): 217/4 | Masterfile: 136/1 | Mathar, R.: 232/3 | mauritius images: 23/3 (age), 34/1 (Phototake), 94/3 (Nitz), 100/2 (Oxford Scientific), 111/3 (Reik), 115/1 (age), 118/1 (Phototake), 128/1 (Phototake), 216/1 (age) | Mauritius: 44/3 (Marka), 63/8 (Ripp), 81/4 (Ripp), 95/4, 96/2 o. l. (workbookstock.com), 104/2 (Swan) | mediacolors: 28/1 (Firofoto), 50/1 (dia) | Mukoviszidose e. V. (Fachkliniken Wangen): 152/1 | NASA: 233/4 | National Medical Slide Bank, UK: 102/2 | Naturbildportal: 119/5 (de Cuveland) | Naturkundemuseum Senckenberg, Frankfurt/M.: 170/1 a, 170/1 b | Nilsson, L.: 18/1 l., 106/3, 106/4, 117/2, 121/3 | Okapia: 17/4, 38/3 A (Reschke, E./Arnold, P./Inc.), 40/1 (NAS/Faulkner), 49/3 (NAS), 62/2 (Kage), 62/3 r. (Reinhard), 63/4 (Rose), 67/6 (Lowell/Georgia), 72/2 (Kage), 85/5 u. (Neufried), 104/1 (Bromhall/OSF), 105/2, 106/5 (Bromhall/OSF), 119/3 (NAS/Biophoto Associates) | 123/5 (Biophoto Associates/Science Sov., 148/2 (Bengtsson), 157/r. (Gohier), 162/1 (NAS/Tweedie), 166/2 l. (Brehm), 166/2 r. (Layer), 212/0 (Zettl), 213/3 (Buchhorn), 224/3 (Meyers) | P. H. M. Schulz/United Features Syndicat Inc.: 81/5 | Paradigma: 219/6 | picture press: 47/3 (Wartenburg) | picture-alliance: 7/2 (ZB), 45/5 (ZB), 22/1 (dpa), 22/2 (Okapia), 23/6 Photoshot), 45/7 (dpa), 59/1 (picture press), 63/6 (ZB/Kasper), 70/1 (KPA), 107/7 (dpa), 110/1 (dpa), 122/1 (dpa), 137/3 (Okapia/Neufried), 137/4 (dpa/Hoffmann), 140/1 (ZB), 148/1 (ZB), 150/1 (dpa), 154/1 (dpa/ZB) | Pixelquellen.de: 182 1 c, 184/3 | plainpicture/Hoch zwei: 7/1 | Podhraski, M.: 182/1 b | Pohl, H.: 153/3, 201/2 (ZB/Kluge), 210/1 l. (ZB), 210/1 r. (ZB/Pleul), 217/5 (dpa), 226/1 (dpa) | Pondorf, P.: 229/4, 231/2, 232/2 | Premium/Colemann/Taylor: 191/1 | Premium: Titelfoto (Martin-Vegue), 107/6 | Project Photos: 29/5, 31/4, 117/1, 204/1 | Reinbacher, L.: 85/5 o. | Reinhard, H.: 55/3, 182/3, 195/3 l. u. r., 200/1 | Remacle, D.: 184/2 | Robert-Koch-Institut Berlin: 69/6 (Özel) | 69/7 bis 9 (Wecke) | Roselins, R.: 148/3 | Rühmkorf, C.: 90/1 | Scholz, F.: 192/3 | Silvestris: 158/1 (Fleetham), 193/4 (Kuchelbauer), 199/3 (Wisniewski), 199/4 (Rosing), 199/5 (Günter) | Studio-TV-Film: 177/3, 182/1 a | Superbild: 23/4 (Sunset), 53/3 (Marco Polo), 53/4 (Powell), 95/6, 105/1 (Cheadle, Ch.) | 109/5 (Marco Andreas Est) | Technische Universität Berlin, Pressestelle: 189/3 | Thiele, C.: 184/1 (rechts) | Thomson, S. A.: 146/1 (r.) | Tillmann, R.: 10/1 | Tri Ass/Brennecken: 149/5 | Ullstein bild: 58/2 (Westphal) | Universität Frankfurt: 176/2 (Müller, S.) | Vario images: 8/1, 145/4 | Vario-press: 63/5 (Baumgarten) | Visum/Steinmetz: 152/2 | Weisenböhler, C.: 205/13, 205/14 | Weiß: 21/5 | Wermelinger, B.: 205/12 | Westend 61: 218/3 (Dittrich) | Wikipedia: 143/6 | Wildlife: 184/5 l. u. r.(Harms), 193/7 (Usher), 193/8 (Stein), 213/5 (Shpilenok) | Willemsen, T.: 24/1 | Wirtz, P.: 55/4, 58/3 | ZEFA: 51/3, 61/1 (Moellenberg) | Zimmek/Anthony: 206/1.

Zusammenspiel der CD-ROM mit dem Buch

Das Buch enthält Verweise auf die CD-ROM:
Neben dem CD-Symbol im Buch steht ein Code.
Diesen Code gibt man in das Eingabefeld auf der Software-Oberfläche ein.

Es erscheint eine Übersicht der genau passenden Angebote.

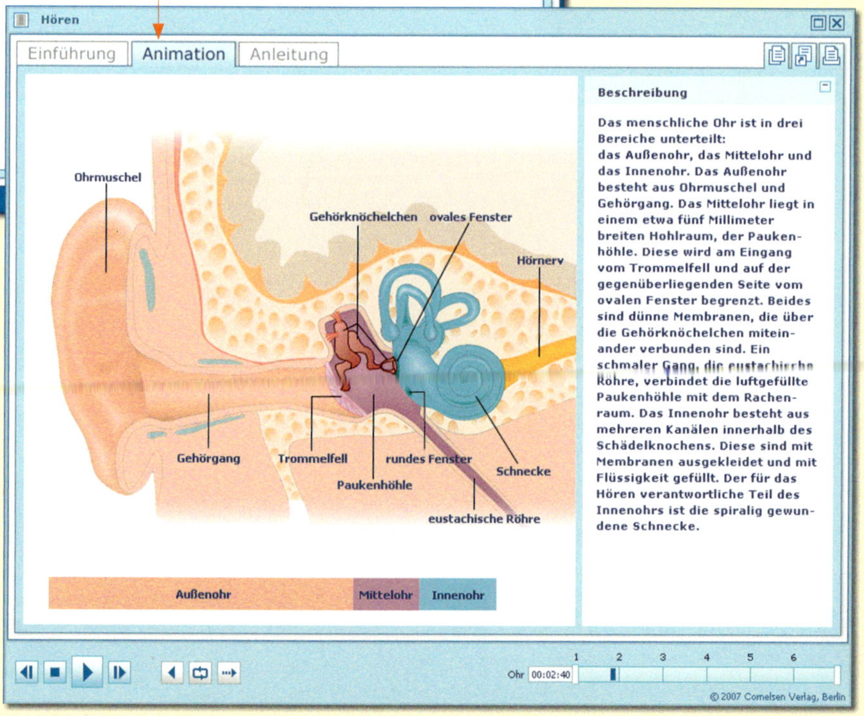

Auf der CD befinden sich Übungen, Animationen, Bilderserien und weiteres Material.